BURSCHELL · ERINNERUNGEN 1889 - 1919

**Veröffentlichungen des Stadtarchivs Ludwigshafen am Rhein**

**Band 23**

Umschlagbilder  Vorderer Buchdeckel: Ludwigshafen und Heidelberg um 1900
Hinterer Buchdeckel: Friedrich Burschell gezeichnet von B.F. Dolbin

Friedrich Burschell

# Erinnerungen
# 1889 - 1919

Herausgegeben von
Roland Krischke

Ludwigshafen 1997

ISBN: 3-924667-27-6
Herausgeber: Stadtarchiv Ludwigshafen am Rhein
Gesamtherstellung: Druckhaus Diesbach, Weinheim

# INHALT

*Prolog* ... 7
*Editorische Notizen* ... 11

## Friedrich Burschell: Erinnerungen

Kindheit in Ludwigshafen am Rhein (1889 - 1898) ... 19
Ostern in Speyer - Ein Intermezzo ... 30
Gymnasiastenjahre (1899 - 1908) ... 37
Sommerwochen in Frankreich ... 47
Auf der Düsseldorfer Theaterakademie ... 53
Student in München ... 61
Student in Berlin ... 69
Heidelberg (1911 - 1914) ... 80
Eine Jugendfreundschaft ... 103
1914 - 1915 ... 116
1916 ... 137
Ballonbeobachter und Ortskommandant ... 148
Frühjahr 1918 und Urlaub vom Krieg ... 162
„Revolution" und „Neue Erde" ... 205

## Anhang

*Anmerkungen* ... 216
*Friedrich Burschell 1919 - 1970. Eine biographische Skizze* ... 249
    *Seeshaupt und Heidelberg (1919-1925)* ... 249
        *Berlin (1925-1933)* ... 254

| | |
|---|---|
| *Spanien (1933/34)* | 263 |
| *Prager Jahre (1934-1938)* | 265 |
| *England (1938-1954)* | 271 |
| *Wieder in Deutschland (1954-1970)* | 284 |
| *Zeittafel* | 293 |
| *Abbildungsnachweis* | 299 |
| *Personenregister* | 300 |

## *Prolog*

„Träumte heute nacht, dass sich Burschell erschossen habe"[1], notiert Hermann Kasack am 27. März 1931 in seinem Tagebuch, ohne das nächtliche „Ableben" seines Freundes mit einem weiteren Kommentar zu bedenken. Der träumliche Tod, von dem er vermutlich nie etwas erfahren hat, traf Friedrich Burschell im Alter von 42 Jahren. Er befand sich quasi „nel mezzo del cammin" seines fast 81 Jahre währenden Lebens, war auf der Höhe seiner Schaffenskraft und seines Bekanntheitsgrades. Zwei Jahre später setzte die Emigration der erfolgreichen Periode seines Lebens ein Ende.
Im Jahre 1912 hatte Burschell sich „spontan"[2] zum Beruf des freien Schriftstellers entschlossen. Zu diesem Zeitpunkt hatte er nicht mehr als eine Handvoll Essays geschrieben, einige davon waren immerhin in der *Neuen Rundschau* erschienen, zu deren festem Mitarbeiterstamm er von da an zählte. Zwei Jahre später veröffentlichte er auch in den *Weissen Blättern*, der *Schaubühne* und in der von Ernst Blass in Heidelberg herausgegebenen Zeitschrift *Die Argonauten*. Ende 1918 und Anfang 1919 war Burschell in München Herausgeber der kurzlebigen, expressionistisch gestimmten Blätter *Revolution* und *Neue Erde*. Zwei kleine Essaybände erschienen. Seither war er nicht nur als von Rilke befürworteter Übersetzer Charles-Louis Philippes im Insel-Verlag hervorgetreten, sondern zudem als Herausgeber und Biograph Jean Pauls. Der Band *Jean Paul. Die Entwicklung eines Dichters*, 1926 in Stuttgart bei der Deutschen Verlagsanstalt erschienen, erhielt Lob von vielen Seiten. Oskar Loerke fand das Buch „meisterlich".[3]
Im Berlin des Jahres 1931 war Burschell als Essayist, Rezensent und Übersetzer längst anerkannt. Seine kleinen Erzählungen und Aufsätze erschienen in allen bedeutenden Zeitschriften und Zeitungen der Zeit, in der *Literarischen Welt*, der *Vossischen Zeitung*, der *Frankfurter Zeitung* und im

---

[1] Heribert Besch: *Dichtung zwischen Vision und Wirklichkeit. Eine Analyse des Werkes von Hermann Kasack mit Tagebuchedition (1930-1943)*, St. Ingbert 1992, S. 389.
[2] So Burschell in dem Aufsatz *Bild meines Vaters*, in: *Unterhaltungsblatt der Vossischen Zeitung* vom 29. Mai 1933.
[3] Von einem „meisterlichen Buche" spricht Oskar Loerke in seiner überschwenglichen Besprechung in der *Vossischen Zeitung* vom 10. Oktober 1926. (Wieder abgedruckt in: Oskar Loerke: *Der Bücherkarren. Besprechungen im Berliner Börsen-Courier 1920-1928*, unter Mitarbeit von R. Tgahrt hrsg. von H. Kasack, Heidelberg/Darmstadt 1965, S. 416f.)

*Berliner Tageblatt.* Hin und wieder las er im Sender „Berliner Funkstunde" eigene Texte. Er verkehrte u.a. mit Oskar Loerke, Moritz Heimann, Alfred Döblin und Wolfgang Koeppen. Mit Ernst Blass, Alfred Wolfenstein und Ernst Bloch war er befreundet. Seit 1925 war er Mitglied im Schutzverband deutscher Schriftsteller, 1926 wurde er in den P.E.N.- Club gewählt.

Im Mai 1933 brannten Burschells Bücher Unter den Linden. Er selbst war schon zwei Monate zuvor über Paris nach Spanien aufgebrochen. Später zog er weiter nach Prag und Oxford. 21 Jahre verbrachte er im Exil.

Als Friedrich Burschell 1954 nach Deutschland heimkehrte waren seine vor dem Kriege erschienenen Schriften nahezu vergessen. Seine besten Jahre hatte er mit Exilarbeit verbracht, für die ihm nun kaum mehr jemand Dank wußte. Gegenüber Wilhelm Hausenstein bekannte er, daß er keine Neugier mehr habe.[4] Er war schon fast ein alter Mann.

Mit Rundfunkbeiträgen über England, wo er 15 Jahre gelebt hatte und mit Übersetzungen aus dem Englischen fand er noch einmal einen Neuanfang. Für den Suhrkamp-Verlag übertrug er drei Romane Henry Greens ins Deutsche, gab eine Auswahl aus Byrons Briefen und Tagebüchern (Fischer) und Jean Pauls *Siebenkäs* (Rowohlt) heraus, vor allem aber wandte er sich noch einmal seinen früh begonnenen Schillerstudien zu. 1958 erschien bei Rowohlt die Bildmonographie *Friedrich Schiller*, zehn Jahre später vollendete er seinen großen *Schiller*, den ebenfalls der Rowohlt-Verlag in gewaltiger Auflagenhöhe herausbrachte. Die Reaktionen waren kontrovers, der Erfolg bei den Kritikern blieb weitgehend aus. Ein begeistertes Echo kam nur von dem befreundeten Emil Belzner: „Endlich wieder ein gültiges Schillerbuch."[5] Der *Spiegel* rezensierte vernichtend.

Als Burschell zwei Jahre darauf stirbt, ist sein Tod den großen Tageszeitungen nurmehr eine Kurzmeldung wert. Er fällt fast vollständig der Vergessenheit anheim. Weder die Brockhaus-Enzyklopädie noch die Neue Deutsche Biographie führen ihn auf. Die kleine Schillermonographie, die im Jahre 1996 eine Auflagenhöhe von 200.000 Stück erreicht hat, ist der Bestseller eines Unbekannten geworden.

„Burschell war ein fauler Schriftsteller. Er hätte viel mehr schreiben können. So blieb es oft bei Kurzgeschichten. Briefe schrieb er ebenfalls

---

[4] Tagebucheintragung Wilhelm Hausensteins vom 5. August 1956, in: *Impressionen und Analysen. Letzte Aufzeichnungen*, München 1969, S. 125.
[5] Emil Belzner: *Burschells „Schiller"*, in: *Rhein-Neckar-Zeitung* vom 2. August 1968.

wenig"[6], berichtet Burschells zweite Frau Fritta zwölf Jahre nach dem Tod ihres Mannes in einem Zeitungsgespräch. Und auch er selbst gesteht sich freimütig ein, daß er „das Gegenteil eines betriebsamen Menschen"[7] ist. Doch in der mangelnden Produktivität allein ist der Grund für das Vergessen nicht zu suchen.

Burschell war keiner der Großen, deren sich Memoirenschreiber gerne entsinnen. Er war ein Eigenbrötler, der bisweilen von einem schwer verständlichen Hochmut und einem kleinlichen Geiz nicht frei war und sich dadurch gewiß keine Freunde schuf. Daß er auch anders konnte, beweist ein weiterer Tagebucheintrag Hermann Kasacks, der für sich festhielt: „Seine Ehrlichkeit ist schön, und er bestätigt seinen schönen Wesens-Grund immer wieder auf rechte Weise."[8] Burschells Name fehlt selbst in den Erinnerungen seiner Weggefährten zumeist.

Nur eine Marginalie ist er in Büchern über Expressionismus, Exil, die Essayistik der Weimarer Republik, Schiller oder Jean Paul und das, obwohl seine Aufsätze und Bücher mit Louise Dumont, Hermann Kasack, Ernst Bloch und Hans Sahl prominente Fürsprecher genug gefunden haben. Ist es das Genre: der Essay, die Biographie, die Übersetzung, die die Zeiten nicht überdauern? Soll man die Schuld dem von Curt Hohoff fortgeführten einflußreichen Literaturgeschichtswerk Albert Soergels *Dichtung und Dichter der Zeit* zuschreiben, das Burschell in der erweiterten Neuauflage von 1961 mit keinem Wort erwähnt? Dem mißgünstigen Schicksal, das ihn ins Exil trieb und seinen Namen dadurch verblassen ließ?

Vieles von dem, was Burschell geschrieben hat, kann man heute nur noch aus historischer Sicht lesen. Die Zeit um den Ersten Weltkrieg hat ihn zum Pathetiker werden lassen, doch stand er damit nicht allein. Unter seinen zahlreichen Essays und Erzählungen findet sich manches Schmuckstück, das es auch heute verdiente, wahrgenommen zu werden. Burschell, vielleicht aus Trägheit zur kleinen Form neigend, ist ein Künstler der Kurzprosa. Sein Stil ist eigen, seltsam zwischen Biederkeit und Größe balancierend. Ernst Bloch hat ein treffliches Wort dafür gefunden: „vornehm, wenn auch nicht 'faustisch'".[9]

---

[6] Achim Barth: *Aufregende Collage eines Künstler-Lebens: Fritta Brod-Burschell,* in: *Münchner Merkur* vom 25. November 1982.
[7] Vgl. das Kapitel „*Revolution* und *Neue Erde*", S. 207.
[8] Tagebucheintragung vom 3. November 1930, in: Heribert Besch, a.a.O., S. 384.
[9] Ernst Bloch in einem Brief vom 27. Januar 1936 an Klaus Mann, in: Ernst Bloch: *Briefe 1903-1975,* hrsg. von K. Bloch, J.R. Bloch u.a., 2 Bde., Frankfurt a.M. 1985, Bd. 2, S. 644f.

Bedeutend ist Burschell als Zeuge seiner Zeit. Er hatte an der literarischen Bewegung seiner Jugend aktiv Anteil und hat es in den hier vorliegenden fragmentarischen *Erinnerungen* beschrieben: Der Heidelberger Freundeskreis, der sich in den Jahren vor 1914 um den Kaffeehausliteraten Kurt Wildhagen, den Verleger Richard Weissbach und den Dichter Ernst Blass scharte, war bisher nur in einer Schilderung Jacob Picards gegenwärtig.[10] Erstaunlich ist die Episode um Friedrich Sieburg. Erstmals erhält man breiteren Aufschluß über die lebenslange Freundschaft zwischen Burschell und Bloch. Seine Bekanntschaft mit Rilke war fast nur aus Briefen bekannt.

Die deutsche Literaturgeschichte des vergehenden Jahrhunderts braucht wegen Friedrich Burschell nicht umgeschrieben zu werden. Besinnen aber sollte man sich auf einen bemerkenswerten Literaten, der als Herausgeber, Biograph, Rezensent, Übersetzer und Autor eine Persönlichkeit eigener Färbung war. Hans Sahl hat es in seinem Nekrolog festzuhalten verstanden: „Burschell war ein kritischer Kopf, mit einem profunden Wissen und einem untrüglichen Gefühl für Qualität, in vielen Sprachen und Literaturen zuhause, ein Connaisseur, der geniesserisch am Leben hing, obwohl es ihm genug zugesetzt hatte. Er liebte gute Bücher, gute Weine, gute Zigaretten und gute Gespräche; er war ein Grandseigneur, der die Noblesse einer vergangenen Zeit bedächtig auskostete und an seine Freunde verschenkte, und ein Abend mit ihm und der auch von uns verehrten 'Fritta' war eine Reise über den Ozean wert."[11]

---

[10] Jacob Picard: *Ernst Blass, seine Umwelt in Heidelberg und „Die Argonauten"*, in: IMPRIMATUR. Ein Jahrbuch für Bücherfreunde, Neue Folge Band III (1961/62), S. 194-199.

[11] Hans Sahl: *Ein Connaisseur der Dichtung. Zum Tode Friedrich Burschells*, in: Aufbau 36 (1970), Nr. 18 vom 1. Mai 1970.

## Editorische Notizen

### Die Autobiographie Friedrich Burschells

Die *Erinnerungen* Friedrich Burschells liegen als 245seitiges Typoskript in zweifacher Ausfertigung im Archiv der Akademie der Künste in Berlin, das den größten Teil des literarischen Nachlasses des Schriftstellers und Publizisten verwahrt. Beschrieben werden die Jahre 1889 bis 1918, die Burschells Kindheit und Jugend in Ludwigshafen, seinen Aufenthalt an der Düsseldorfer Theaterakademie, das Studium in München, Berlin und Heidelberg, Kriegsjahre im Felde und die Münchner Revolution umfassen. Die ursprüngliche Idee zu einer Autobiographie stammte vermutlich aus den Tagen des Exils. Burschell beabsichtigte offenbar, einen autobiographischen Roman mit dem Titel *Robert Beaufort* zu schreiben, ein 68 Seiten starker Entwurf liegt ebenfalls im Berliner Archiv der Akademie der Künste. Ein Kapitel aus diesem Roman las Burschell 1954 im Südwestfunk.[12] Bereits im September 1949 wird *Robert Beaufort* in einem Artikel der *Rheinpfalz* als „vor dem Abschluß"[13] bezeichnet und die Behauptung, Burschell habe diesen Roman vollendet, findet sich später auch andernorts immer wieder. Hier dürfte es sich allerdings um einen hartnäckigen Mythos handeln, denn weitere Teile des Romans waren bisher nicht aufzufinden. Es ist viel wahrscheinlicher, daß Burschell schon lange vor seiner endgültigen Rückkehr nach Deutschland (1954) das Romanprojekt aufgegeben und sich für Memoiren in der vorliegenden Form entschieden hat.
Burschell hat recht häufig autobiographische Aufsätze veröffentlicht. Schon 1927 erschien ein Essay über seinen Schüleraufenthalt in Frankreich[14], 1933 das *Bild meines Vaters*[15], ein Jahr später ein autobiographisch gehaltener Artikel zur Erinnerung an Erich Mühsam.[16] Von 1941 an wendet sich

---

[12] Friedrich Burschell: *Ausflug in das Pfälzer Weinland* (aus: *Robert Beaufort*), Radiosendung des SWF vom 20. September 1954.
[13] L.W.: *Friedrich Burschell* [Zum 60. Geburtstag], in: *Die Rheinpfalz* vom 9. August 1949.
[14] Friedrich Burschell: *Als Sohn im französischen Hause. Erinnerungen eines Austausch-Schülers*, in: *Vossische Zeitung* vom 25. Mai 1927 (Erste Beilage).
[15] Friedrich Burschell: *Bild meines Vaters*, in: *Unterhaltungsblatt der Vossischen Zeitung* vom 29. Mai 1933, (wieder abgedruckt unter dem Titel: *Bildnis meines Vaters, der ein Handwerker war*, in: *Rhein-Neckar-Zeitung* vom 21. Mai 1949).
[16] Friedrich Burschell: *Erich Mühsam. Ermordet im Juli 1934*, in: *Die neue Weltbühne* 31 (1935), Nr. 28 vom 11. Juli, S. 868-870.

Burschell immer häufiger seiner persönlichen Vergangenheit zu und in Zeitungen und Zeitschriften schreibt er über sein Leben. Es handelt sich fast ausschließlich um vorveröffentlichte Episoden aus dem Korpus der *Erinnerungen*, die sich entweder kaum von dem hier vorliegenden Text unterscheiden oder wenigstens dieselben Themen umkreisen: Kindheitserlebnisse in Ludwigshafen[17], ein Aufenthalt in Speyer[18], die Studienzeit in München und Berlin[19] und eine Episode aus dem Ersten Weltkrieg[20] werden beschrieben.

Burschells Erinnerungen an seine 1918 und 1919 herausgegebenen expressionistisch gestimmten Zeitschriften, die hier als letztes Kapitel angefügt wurden, sind ursprünglich nicht Teil des in Berlin aufgefundenen Typoskripts der Autobiographie. Sie erschienen unter dem Titel *'Revolution' und 'Neue Erde'. München 1918/19* erstmals 1961/62 im Jahrbuch der Gesellschaft der Bibliophilen *IMPRIMATUR*. Vier Jahre später hat sie Paul Raabe auch in den Band *Expressionismus. Aufzeichnungen und Erinnerungen der Zeitgenossen* aufgenommen. Da sich diese Schilderung zeitlich direkt an die in dem Kapitel „Frühjahr 1918 und Urlaub vom Krieg" beschriebenen Vorgänge anschließt, erschien eine Angliederung an die *Erinnerungen* angeraten.

Für die Jahre nach 1919 liegen weitaus weniger schriftliche Äußerungen Burschells vor. Als eine Rückschau auf die erste Zeit seines Exils veröffentlichte er *Blick auf eine spanische Stadt*.[21] Mit der Internierung auf der Isle of Man im Jahre 1940 beschäftigen sich der Artikel *Camp-father's task* und

---

[17] Kindheitserlebnisse beinhalten folgende Aufsätze Burschells: *Börne and Heine in exile*, in: Hans J. Rehfisch (Hrsg.): *In Tyrannos. Four centuries of struggle against Tyranny in Germany*, London 1944, S. 162-180; *Träume der Kindheit – Bilder der Jugend. Erinnerungen aus den frühen Ludwigshafener Jahren*, in: *Die Rheinpfalz* vom 9. August 1969 und *Was ich meiner Heimat verdanke*, in: Pfälzisches Lehrerwaisenstift (Hrsg.): *Von der alten Straße zum großen Tor*, Bd. 3, *Uns aber rauschet der Rhein*, Ludwigshafen und Arbogast 1959, S. 81f.

[18] Friedrich Burschell: *Kindheit in Speyer*, in: *Die Zeitung* (London) vom 30. März 1945. Unter dem Titel *Ostern in Speyer* in: *Stimme der Pfalz* 16 (1965), Heft 1, S. 11-13.

[19] Friedrich Burschell: *Aus meiner Studentenzeit*, in: *Rhein-Neckar-Zeitung* vom 8. August 1949; *Zwischen München und Berlin*, in: *Deutsche Rundschau* 89 (1963), 5. Heft, S. 31-39 und *Erinnerungen an den jungen Ernst Bloch*, in: *Stimme der Pfalz* 21 (1970), Heft 3, S. 3f.

[20] Friedrich Burschell: *Verwandlung einer Hexe. Eine Geschichte aus dem ersten Weltkrieg*, in: *Die Zeitung* (London) vom 15. April 1941.

[21] Friedrich Burschell: *Blick auf eine spanische Stadt*, in: Der literarische Verein der Pfalz (Hrsg.): *Spuren und Wege. Pfälzische und saarländische Dichtung der Gegenwart*, Landau 1958.

die Erzählung *Abschied vom Internment-Camp*.[22] Bisher unveröffentlicht ist ein mehrseitiges Typoskript *Wiedersehen mit Deutschland*, das Burschells erste Eindrücke nach dem Kriege und die Rückkehr in die Heimat schildert. In der biographischen Skizze im Anhang werden Auszüge aus diesen autobiographischen Texten zitiert.

Mehrere auf die Gegenwart Bezug nehmende Bemerkungen Burschells (z.B. auf den Seiten 20 und 77) deuten darauf hin, daß die *Erinnerungen* in der hier vorliegenden Form, etwa zwischen 1950 und 1961 geschrieben wurden. Auch in den folgenden Jahren arbeitete Burschell aber weiter an dem geplanten Buch. Zumindest trug er sich mit der Absicht, die Arbeit daran wieder aufzunehmen. In Paul Raabes Erinnerungsanthologie zum Expressionismus wird Burschells Beitrag mit der Anmerkung versehen: „Die Lebenserinnerungen von Burschell, in die vorliegende Ausführungen aufgenommen werden, erscheinen demnächst in Buchform."[23] Diesen Plan hat Burschell nicht mehr verwirklicht.

## *Zu dieser Ausgabe*

Bei den *Erinnerungen* handelt es sich offensichtlich um ein Fragment, das zwar handschriftliche Verbesserungen, jedoch keine abschließende Bearbeitung erfahren hat. Zahlreiche Rechtschreibfehler, abweichende Schreibweisen und stilistische Ungereimtheiten deuten darauf hin, daß Burschell seinen mit der Maschine getippten Entwurf nur oberflächlich durchgesehen hat.

Die Aufgabe des Herausgebers bestand demnach darin, einen Text anzubieten, der durch überflüssige Unkorrektheiten den Lesefluß nicht hemmt, andererseits aber seine Vorläufigkeit nicht verleugnet.

Burschells handschriftliche Korrekturen wurden fast in jedem Falle als gültig anerkannt. Rechtschreibfehler wurden verbessert, fehlerhafte Eigennamen berichtigt und alternierende Schreibweisen - so z.B. die wechselnde Schreibung von ss und ß (zu ß) - vereinheitlicht. Die Zeichensetzung jedoch blieb ebenso unangetastet wie unvollständige Überschriften oder sprach-

---

[22] Fredric Burschell: *Camp father's task*, in: *The Camp*, N° 5, October 20, 1940 [Zeitung der Internierten im Hutchinson-Camp, Douglas, Isle of Man] und Friedrich Burschell: *Abschied vom Internment Camp*, in: *Die Zeitung* (London) vom 12. März 1941.

[23] Paul Raabe (Hrsg.): *Expressionismus. Aufzeichnungen und Erinnerungen der Zeitgenossen*, Olten und Freiburg 1965, S. 361.

liche „Palatinismen". Es ist teilweise auffällig, wie sehr Burschell in pfälzischen Redeweisen schwelgt und man mag es der erinnerungszugewandten Gattung zuschreiben, daß hier das Idiom seiner Kindheit zum Leben erwacht.

Der Anmerkungsteil informiert zum einen über Autoren, die dem heutigen Leser kaum geläufig sein können, zum anderen sollen Burschells Schilderungen darin präzisiert oder mit exakten Daten erhellt werden. Die Auswahl dieser Erläuterungen ist durchaus willkürlich.

Die biographische Skizze stellt eine Fortführung der *Erinnerungen* unter breiter Heranziehung von Selbstzeugnissen dar. Sehr bewußt wurde hier auf ein Nachwort mit distanziertem Blick auf Leben und Werk verzichtet. Eine Kontinuität des Erzählens sollte beide Teile verbinden.

Dieses Buch ist die erste umfangreichere Veröffentlichung zu Friedrich Burschell überhaupt. Bisher wurde seiner nur in Rezensionen, Zeitungsartikeln zu runden Geburtstagen oder im Rahmen seiner Verbindung mit dem Expressionismus, der Berliner „Gruppe 1925" oder der Zeit des Exils gedacht. Es ist klar, daß mit einem Band, in dessen Mittelpunkt die Autobiographie Burschells steht, die bisherigen Versäumnisse nicht wettgemacht werden können. Eine fehlende finanzielle Förderung der in jeder Beziehung aufwendigen Quellenarbeit hat den Fortgang der Arbeit zudem nicht gerade erleichtert. Vieles bleibt noch zu tun. So ist für die Zukunft die Veröffentlichung einer in Vorbereitung befindlichen Gesamtbibliographie ebenso zu wünschen wie eine Auswahl von Burschells Essays. Eine Briefauswahl ist denkbar. Leben und Werk könnte in einer Ausstellung aufgearbeitet werden.

## *Dank*

Dank gebührt vor allem dem Stadtarchiv Ludwigshafen und seinem Leiter Dr. Willi Breunig für den schnellen Entschluß, Burschells *Erinnerungen* in der Reihe des Archivs zu veröffentlichen. Die große Langmut angesichts mehrfach überschrittener Abgabefristen ist bemerkenswert.

Dem stellvertretenden Archivleiter Dr. Stefan Mörz, der sich des Projektes von Anfang an mit Rat und Tat angenommen hat, verdankt das Buch und mehr noch der Herausgeber überaus viel. Unsere freundschaftliche Zusammenarbeit rechne ich zu den schönsten Erträgen dieser Veröffentlichung.

Für die Überlassung der Rechte ist Kristin Harbers (Kronberg i.Ts.) zu danken. Die Gesellschaft der Bibliophilen (Frankfurt a.M.) ermöglichte großzügig den Abdruck von Burschells Artikel „*Revolution* und *Neue Erde. Aus meinen Erinnerungen*". Die Stiftung Archiv der Akademie der Künste in Berlin stellte mir eine für meine Arbeit unerläßliche Gesamtkopie der *Erinnerungen* zur Verfügung. Für ihre ausgiebigen Bemühungen anläßlich meiner Nachforschungen zum Nachlaß Burschells gilt hier Elisabeth Unger mein besonderer Dank.

Für eine Rekonstruktion der Vita Burschells waren die Gespräche mit seinen Verwandten und Freunden unverzichtbar. Meine hierbei entstandenen Notizen haben, ohne das dies im einzelnen angemerkt wurde, in vielfältiger Weise Eingang in die Erläuterungen und die biographische Skizze gefunden. Ursula Lehrburger-Larsen (London), Herbert Schlüter und sciner Frau (München), Sylvia Schweizer (Bad Homburg) und Peter Brod (München) sei hierfür ein besonderer Dank ausgesprochen. Peter Brod hat überdies in großzügiger Weise seine „Burschellsammlung" von Briefen und Dokumenten zur Verfügung gestellt. Sylvia Schweizer übergab mir einige wertvolle Photographien aus ihrem Besitz zur Reproduktion.

Dr. Jan Robert Bloch (Kiel) schickte mir Kopien zweier Briefe Burschells an Ernst Bloch. Erich Eberts (Ludwigshafen) händigte mir uneigennützig seine Forschungsergebnisse aus. Manuel R. Goldschmidt (Amsterdam) verdanke ich den wichtigen ersten Fingerzeig, daß es sich im Kapitel „Eine Jugendfreundschaft" bei „M." um Friedrich Sieburg handeln könnte.

Für Auskünfte, Hinweise und Hilfestellungen bin ich außerdem folgenden Personen sehr zu Dank verpflichtet: Dr. Heribert Besch (Quierschied), Prof. Dr. Hartmut Binder (Ditzingen), Ernst Günther Bleisch (München), Dr. Dr. h.c. Bernhard Degenhart (München), Prof. Dr. Peter Demetz (New Haven), Prof. Dr. Jens Malte Fischer (München), Fritz Haller (München), David Jervis (London), Rolf Otto Karnahl (München), Prof. Dr. Wolfgang Kasack (Much), Anita Otto (München), Arno Reinfrank (London), Prof. Dr. Gert Ueding (Tübingen).

Den nachfolgend aufgeführten Institutionen bin ich für Hinweise und die Genehmigung einer Veröffentlichung von ihnen verwahrter schriftlicher und photographischer Dokumente dankbar:

Archiv des S. Fischer Verlages in Frankfurt a.M., Bayerisches Hauptstaatsarchiv (Kriegsarchiv) in München, Deutsches Literaturarchiv in Marbach a.N, Deutsches Exilarchiv der Deutschen Bibliothek in Frankfurt a.M., Kunsthalle Bremen, Münchner Stadtmuseum, Schweizerisches Literaturarchiv in Bern, Stadtarchiv Heidelberg, Stadtarchiv München, Theatermuseum Düsseldorf, Universitätsarchiv Heidelberg, Zentralbibliothek Zürich.

Zahlreiche Bibliotheken und Archive haben durch ihre Auskünfte Anteil an diesem Buch. Zu nennen sind hier u.a.: die Stadtarchive von Düsseldorf und Speyer, das Monacensia-Literaturarchiv in München, die Landesarchive in Berlin und Speyer, die Handschriftenabteilung der Staatsbibliothek zu Berlin, das Institut für Zeitgeschichte in München, das Institut für Zeitungsforschung in Dortmund, das Thomas-Mann-Archiv in Zürich, die Universitäts- und Landesbibliothek Düsseldorf und die Universitätsbibliothek Tübingen.

Besonderer Dank gilt der Universitätsbibliothek Heidelberg. Stellvertretend für viele Mitarbeiter sei Herr Dieter Klein hervorgehoben.

Meinen Freunden danke ich für mancherlei Hilfe und für ihre geduldigen Ohren. Margarete Lüneburg leistete Lektorinnendienste. Christian Toepfer half nicht nur einmal über meine Defizite in der modernen Textverarbeitung hinweg.

Thomas Rezek hat das Unternehmen mit tätigstem Interesse begleitet und mittels erstaunlicher Funde großen Spürsinn bewiesen.

Manuela Berwanger hat mich in vielfältiger Weise unterstützt und dieses Buch durch Ratschläge und Urteile mitgeformt.

Meine Eltern aber haben in jeder Beziehung jene Rahmenbedingungen geschaffen, denen Bücher ein gedeihliches Wachstum verdanken.

Heidelberg, im Mai 1997

Roland Krischke

# Erinnerungen
# 1889 - 1919

# Kindheit in Ludwigshafen am Rhein (1889 - 1898)

Als Kind muß ich nach allem, was ich über diese dunkle Zeit in Erfahrung bringen konnte, ungemein neugierig gewesen sein.
Meine Eltern[1] sagten mir oft, daß man mich in der ersten Zeit, und auch als ich schon gehen konnte, nie ohne Aufsicht lassen durfte. Was sich von den Greiforganen meiner kleinen Hände nur irgendwie packen oder heben ließ, führte ich meinem Mund und meiner Zunge zu, und während jedes junge Tier bald nach seiner Geburt mit untrüglichen Sinnen in seine Umwelt hineinwächst, war es bei mir, wie mir versichert wurde, ein reines Wunder, daß ich am Leben blieb, dergestalt riß, zerrte, leckte, schluckte und kaute ich an den ungeeignetsten, mit meinem Fortkommen schwer verträglichen Dingen.
Es ging so weit, daß man mich eines Tages im Schlafzimmer meiner Eltern vor der großen Spiegelscheibe des Kleiderschrankes fand, die ich jauchzend betatschte, bis man mich zu meinem großen Kummer bei dem Versuch unterbrach, in das Glas hineinzubeißen, um mein eigenes Bild mir einzuverleiben und so früh schon hinter mich selbst zu kommen.

Als ich zu sprechen gelernt hatte, begann ich auch gleich zu fragen. Ich weiß nicht, welche Antworten ich erhielt. Die Märchen sind ja noch da, die man mir erzählt haben dürfte. Ich weiß nur noch, daß mich selten eine Antwort befriedigte und daß vor allem jeder Schluß mich reizte, wenn die Stimme des Erzählers sich zu senken pflegte und er alles für gut und schön und damit abgetan erklärte. Ich kann mir den Schmerz noch zurückrufen, den ich empfand, wenn der erwachsenen Person, der man immer mit Gewalt die Antworten und die Geschichten entreißen mußte, die Worte hastiger über die Lippen kamen oder wenn sie gar aufstand, als ob ich nicht selber gewußt hätte, daß es jetzt zu Ende ginge. Wahrscheinlich ahnte ich damals schon, daß die schneller gesprochenen Worte, bei denen die Erwachsenen vermutlich an etwas anderes dachten, an das Unbekannte, über das sie keine Auskunft gaben, nur Formeln waren und Beruhigungen. So schön es klang: „Und da lebten sie dann in ihrem Schloß herrlich und in Freuden bis an ihr seliges Ende", es war doch ganz auf den Ton gestimmt, mit dem man mich auf meine Fragen abzulenken hoffte: „So, jetzt mußt du mir aber deinen Baukasten zeigen und dann wollen wir ein Haus bauen oder willst du lieber eine Kirche?"

Gewiß beruhigte ich mich, gewiß wollte ich lieber eine mit einem Turm verzierte Kirche. Der Schmerz hatte nur ein paar Augenblicke gedauert. Ich war ein Kind und spielte, es war nichts Besonderes an mir, nur daß ich eben mit meiner Neugier meiner Umgebung sehr zur Last fiel.
Immer öfter weigerten sich die Tanten, die uns besuchten, bei Spaziergängen das Stückchen mit mir vorauszugehen, das die Kinder von der geheimnisvollen Welt der Erwachsenen trennt. Aber es fand sich doch immer jemand, der mit mir ging, und wenn es die Tante Bertha war, die Schwester meiner Mutter, freute ich mich besonders. Sie glich nicht den andern Erwachsenen, die entweder flüchtig oder mit verstellter Kindlichkeit sprachen. Sie beugte sich mit dem lächelnden, verjüngten Gesicht meiner Mutter zu mir herab, wenn ich etwas fragte. Sie bekam eine Falte auf der Stirn, weil sie nachdenken mußte, und gleich danach sagte sie mit lauter und geduldiger Stimme, was sie gefunden hatte. Ich lohnte ihr die Mühe schlecht. Ich hatte endlich ein gütiges Wesen an der Hand, das meine Sorgen verstand, und hütete mich, es loszulassen. Bei ihr konnte ich fragen, so viel ich wollte. „Und dann, ja und dann, Tante?", fragte ich, wenn sie fertig war. Und sie fand nicht selten wirklich noch etwas, was die Geschichte hinauszog. Sie konnte sogar ein paar hübsche Einzelheiten über das freudenvolle Leben im Schloß erfinden und gelegentlich, wenn sie sich gar nicht anders zu helfen wußte, schmückte sie die Erzählung mit moralischen Bemerkungen etwa der Art aus, daß man immer brav sein und den Eltern gehorchen müsse, was ja nicht gerade von besonderer Phantasie zeugte, aber dafür es mir unmöglich machen sollte, immer weiter „Und dann?" zu fragen.
Denn soweit war ich noch nicht „Warum?" zu fragen.

Schon als Kind war ich gern allein.
Zu meinen frühesten Erinnerungen, die ich mir kurz aufgezeichnet habe, als ich sie noch frisch im Gedächtnis hatte, gehören die Stunden, die ich in gespannter Erwartung am Fenster meines Kinderzimmers verbrachte. Das Zimmer lag in einem Anbau des väterlichen Hauses. Vier hölzerne Stufen führten zu ihm hinab, in ein eigenes Reich, in dem ich selten gestört wurde.
So lebhaft ist meine Erinnerung geblieben, daß ich den kleinen Buben vor mir sehe, der ich damals war, und ich mich wundern muß, wie mehr als sechzig Jahre vergangen sein können.
Denn ich stehe noch immer in meinem Matrosenanzug am Fenster dieses Zimmers, die Nase gegen die kalte Scheibe gedrückt. Ich bemerkte damals noch nicht, wie häßlich die gegenüberliegende Brandmauer war, wie

**A.**

Nr. *77*.

*Ludwigshafen* am *10. August* 18*89*.

Vor dem unterzeichneten Standesbeamten erschien heute, der Persönlichkeit nach ———————————————————— *be*kannt,

*Friedrich Ludwig Wilhelm Burschell,*
*Schreinermeister,*

wohnhaft zu *Ludwigshafen,* ————————————
*evangelischer* Religion, und zeigte an, daß von der
*Frau Sophie Amelie Nutzinger, seiner*
*Ehefrau,* ————————————
——————————— *evangelischer* Religion,
wohnhaft *bei ihm,* ————————————

zu *Ludwigshafen* ————————————
am ——— *neunten* ten *August* des Jahres
tausend acht hundert *achtzig und neun*, *Nachmittags*
um *halb drei* Uhr ein Kind *männ*lichen
Geschlechts geboren worden sei, welches ——— *die* Vornamen
*Johann Friedrich* ————————————
erhalten habe. ————————————

Vorgelesen, genehmigt und *unterschrieben von dem*
*Unterschrieben: Fr. Wilh. Burschell.*

Der Standesbeamte.

*Unterschrieben J. Kuttler*

Die Uebereinstimmung mit dem Hauptregister beglaubigt.

*Ludwigshafen* am *10*ten *August* 18*89*.

Der Standesbeamte.

*J. Kuttler*

*Die Geburtsurkunde*

schmutzig der Hof, wie traurig die Front der Hinterhäuser. Meine Augen hingen an einer dunklen Öffnung in einem hohen Backsteingiebel, der hinter den Dächern dieser Häuser emporragte. Vor dem Loch in dem Giebel zeichnete sich deutlich eine runde Scheibe ab. Um sie war ein Seil gespannt, das mit beiden Enden in einen unsichtbaren Raum hinunterlangte. Manchmal schaute ich in den Hof hinunter, wo die Kinder aus den Hinterhäusern lärmten oder Kisten, angefüllt mit Holzwolle und Glaswaren, ausgepackt wurden. Manchmal blickte ich einer Rauchfahne nach, bis sie der Wind in nichts auflöste. Aber ich ließ mich nicht ablenken. Meine Blicke kamen immer wieder auf die Winde in dem hohen Giebel zurück. Das Herz klopfte mir, wenn meine Erwartung sich erfüllte, wenn die Scheibe sich drehte, das Seil zu gleiten begann, kaum merkbar sich warf, dann stärker schwankte und schließlich mit der Scheibe stillstand. Das war der Anfang, der viel versprach. Eine Pause folgte. In ihr lag für mich, den kleinen Jungen, der noch nicht viel erfahren hatte, die ganze eigentümliche, süß schmerzliche Qual jeder Erwartung des Menschenherzens. Tief unten, in dem unsichtbaren Raum hinter den vorgelagerten Häusern, mußte sich inzwischen etwas ereignet haben. Denn jetzt begann sich die Scheibe aufs neue zu drehen, langsamer diesmal, mitsamt seinem Seil, das nun straff gespannt war. Nach einer Weile erschien über dem letzten Dachfirst ein großer Haken und dann kam eine Last, die an dem Haken hing und sich schwerfällig um sich selber drehte. Es war ein prall gefüllter Sack oder etwas Gebündeltes, jedenfalls ein Geheimnis, vielleicht gar ein Schatz, der oben im gähnenden Loch des Giebels keinesfalls von Menschen, wie ich sie kannte, wahrscheinlich von Zauberern in Empfang genommen wurde. Die Märchen, die man mir erzählte, konnten nicht spannender sein.
Wenige Jahre später wählte ich mir für meine Träume einen anderen Platz. Ich durfte schon allein auf die Straße, aber ich hatte nicht weit zu gehen, nur bis zu der Apotheke, ein paar Häuser vom Geschäft meines Vaters entfernt. Ich stellte mich neben der Glastür der Apotheke auf. Jedesmal, wenn ein Kunde die Ladentür aufstieß, überfiel mich mit dem lustig scheppernden Läuten eines Glöckchens ein zugleich scharfer und lindernder Geruch, wie er ähnlich aus dem Medizinschränkchen im Schlafzimmer meiner Eltern drang. Die Apotheke, über deren Tür ein Adler seine goldenen Flügel spannte, war das letzte Haus in der Oggersheimer Straße[2], meiner engeren Heimat. Ich hätte nur um die Ecke zu biegen brauchen, dann wäre ich in eine andre und sehr interessante Straße gekommen. Aber ich wollte nicht. Es war für mich viel interessanter, auf meinem Platz neben der Apothekentür stehen zu bleiben und die andre Straße im Dunkel zu lassen. Natürlich

wußte ich genau, daß es die Hauptstraße war, die hinter der Ecke lag. Ich wußte, daß ich mit einem Geldstück in der Hand in dem ersten Laden neben dem Eckhaus der Apotheke beim Herrn Ruélius bunte Klicker kaufen konnte, die kleinen tönernen im Dutzend, die großen gläsernen einzeln. Ich war mir auch klar, daß sich einige Häuser weiter oben der Laden des Hutmachers Vogel befand. Ich war, wie sich aus meinen Notizen ergibt, schon einige Male bei dem artigen Hutmacher Vogel gewesen. Dabei hatte ich mich immer ärgern müssen. Denn meine sparsame Mutter kaufte mir nur Mützen, die anderthalb Nummern größer waren als jene, die der Herr Vogel für passend erklärte, wobei sie jedesmal bemerkte, daß ich in Kürze den gleichen Dickkopf wie mein Vater bekäme. Nun wünschte ich freilich gleich anderen Kindern möglichst schnell erwachsen zu werden. Aber es verdroß mich doch sehr, als ein Provisorium angesehen zu werden. Kurz, die Hauptstraße war für mich eine höchst reale, von wohlbekannten Menschen bewohnte und mit allerhand Erlebnissen gepflasterte Straße. Sobald ich mich jedoch an meinem Platz vor der Adlerapotheke aufgestellt hatte, galt diese Erinnerung nichts mehr. Selbst wenn hinter den Platanen des vor mir liegenden Marktplatzes die Pferdebahn auftauchte, an der Ecke bimmelnd hielt und dann in den nicht abzuleugnenden Schacht zwischen der anderen Seite der Apotheke und dem gegenüberliegenden Zigarrenladen verschwand, selbst dann weigerte ich mich, an die Existenz der Hauptstraße zu glauben. Umgekehrt und radikaler als ein Erwachsener, der von gewissen Erlebnissen, die ihn stören, so lange mit seinen Bekannten spricht, bis sie ihm entfremdet werden, umgekehrt und radikaler verstand ich es, die Vorstellung einer wohl bekannten Straße aus der Tafel meiner inneren Aufzeichnungen zu löschen.

So vorbereitet stand ich an der Ecke, und je unbeachteter ich mich fühlen durfte, umso vergnügter war mir zu Mut. Ich konnte vor Entzücken außer mir geraten, wenn ich aus dem unterweltlichen Bezirk jenseits der Ecke zuerst nur einen Arm oder ein vorgestrecktes Bein erscheinen sah und gleich hinterdrein die Person, die zu den Armen und Beinen gehörte. Diese Person und alle andern, die ihr folgten, hatte ich aus dem Dunkel hervorgezaubert. Sie konnten nicht wissen, die Armen, daß sie ausschließlich von der Gnade eines Knirpses lebten. Sie konnten nicht wissen, daß es mein Blut, mein Atem und meine Augen waren, die ihnen zu ihrer höchst flüchtigen Erscheinung verhalfen. Sehr spaßhaft war es für mich, den Passanten zuzusehen, wie sie sich spreizten und sich wichtig nahmen, als wären sie nicht eben erst von den Schatten auferstanden und als würden sie nicht gleich wieder ins Nichts verschwinden, ähnlich wie meine Bleisoldaten, die ich in ihren Schachteln einsargte, wenn ich genug von ihnen hatte. Nur waren es diesmal Menschen, die großen, erwachsenen, unverständlichen Geschöpfe, über die ich nach meinem Willen gebieten konnte. Über den Abgrund der Jahre hinweg weiß ich noch gut, daß es mich immer wieder an den Platz vor der Adlerapotheke zog. Ich empfand es nicht als ein Spiel, sondern als eine Arbeit, was ich da glühend vor Herrschbegierde vollbrachte. Ich gab mich ganz hin an diese Marionetten und Schatten, die unter meinen Blicken zu Menschen wurden, von denen keiner dem anderen glich. Ohne daß ich es wußte, war ich zu einem Geisterbeschwörer geworden, geschützt vor dem Zauberkreis, in dessen Mitte ich stand.

Als ich noch klein war, betrat ich nie ohne Scheu das Reich meines Vaters. Die Tür, die zu ihm führte, war mit Eisenblech gefüttert und mit breiten Riegeln geschützt, um nächtlichen Dieben den Eintritt zu wehren. Uhren tickten von allen Wänden. Die Pendel schwangen hin und her, manche bedächtig und leise, einige laut und energisch, viele emsig und klappernd, alle stetig und unermüdlich. Es gab Uhren von allen Sorten. Es gab Standuhren, mächtig wie Türme, und bunte Pendulen aus Porzellan. Es gab Taschenuhren aus Gold und Silber, eingebettet in violetten und blauen Samt. Gewichtige Regulatoren hingen in einer Reihe, darüber die blauweißen Küchenuhren und die Kuckucksuhren, die mit ihrem braunen Schnitzwerk und den Dächern wie kleine Häuser aussahen. Nüchterne Bürouhren mit strengen Zifferblättern machten sich anderswo breit. Dicht unter der Decke drängten sich die stumm gewordenen alten Uhren und die verstaubten Ladenhüter. Dafür waren neue Uhren erschienen, glänzend vor Eifer, die Zeit anzusagen. Sie waren frisch aus dem Schwarzwald gekommen und den Tälern der Schweiz. Sie lehnten wie Reisende an der Wand, zum Teil ihrer Hüllen noch nicht entledigt.
Mein Vater pflegte nicht aufzublicken, wenn ich zu ihm hereinkam. Ich sehe ihn noch, den mächtigen, respekteinflößenden Mann, angetan mit einer grünen Schürze, über dem kahlen Schädel sein blaues Käppchen, vor der lang gestreckten Werkbank sitzen. Statt des goldenen Zwickers, den er sonst trug, hatte er ein merkwürdiges Ding ins Auge geklemmt, eine Art Hülse aus porigem Kork. In ihr saß vorne eine gewölbte gläserne Scheibe, durch die man alles, was vor einem lag, anders erblickte, scharf, klar und vergrößert. Mein Vater hatte mir erklärt, das sei eine Lupe, in dem strengen Ton, den er meist gegen mich anschlug. Viele Instrumente umgaben ihn, eines immer kleiner und spitzer als das andre. Auch sie hatten alle ihre besonderen, komisch klingenden Namen. In Glasschälchen funkelten rote

Steine, keiner größer als ein Stecknadelkopf. Fläschchen zu mannigfachem Gebrauch standen in Reihen hintereinander. Am leichtesten war für mich der Salmiakgeist zu erkennen. Wenn ich an ihm riechen durfte, kamen mir gleich die Tränen. Rechts und links vor meinem Vater standen niedrige Holzgestelle mit übereinandergelagerten, durchlöcherten Brettchen, in denen winzige Räder und Schrauben staken. „Rühr mir bloß nichts an", war seine ständige Rede, wenn ich ihm zu nah über die Schulter blickte. Der Gegenstand, den er bei solchen Gelegenheiten oft in der Hand hielt, war eine silberne Taschenuhr, die man ihm anvertraut hatte, eine unbrauchbar gewordene, stumme Uhr. Ein paar Minuten hantierte er mit seinen spitzen Instrumenten an ihr herum, dann hatte er sie ganz auseinandergenommen. Nur noch ein leeres Zifferblatt und ein enthülstes Gehäuse erinnerten an ihre frühere Existenz. Viele verschiedenartige Trümmer lagen stattdessen vor dem Uhrmachermeister Friedrich Wilhelm Burschell. Sie nahmen so viel Platz auf der Werkbank ein, daß ich mich höchlichst wundern mußte, wie sie Platz in dem engen Gehäuse gefunden hatten. Mein Vater nahm dann eine spitze Pinzette und legte mit ihr die größeren Stücke in eine flache Schale. Aus einer Flasche goß er eine helle Flüssigkeit mit Namen Benzin darüber, deren Geruch mir sehr angenehm war, weil sie eine sonderbare Wachheit im Kopf erzeugte. Während sich mein Vater mit dem blauen Käppchen und der Lupe im Auge über die kleineren Teile beugte und mit Putzhölzern, weichen Tüchern, nadelscharfen Instrumenten, kleinen Feilen und Hämmern hantierte, bildete sich in der Schale ein trüber, schmutziger Bodensatz. „Es ist eine Schande, wie die Leute mit ihren Uhren umgehen", pflegte er bei diesem Anblick zu sagen. Diese Bemerkung sollte wahrscheinlich nur die Predigt ergänzen, die er mir, ein für allemal, über die Bedeutung und die Unentbehrlichkeit der Uhren gehalten hatte. Ich fand diese Bemerkung auch ganz in Ordnung, aber nicht so Herr Ruélius, der Besitzer des interessanten und schon angeführten Spielwarenladens. Herr Ruélius trieb sich häufig in der väterlichen Werkstatt umher. Er war ein kleiner, behender Mann mit einem bemerkenswerten Bart, einem schwarzen Vollbart, der in zwei spitzen, leicht gekräuselten Hörnern auslief. Ich weiß das darum noch so gut, weil ich lange eine Photographie besessen habe, auf der Herr Ruélius an einer festlichen Tafel, einen Humpen schwingend, neben meinem Vater zu sehen war.

Wenn nun mein Vater so oder ähnlich auf die Kunden schimpfte, die ihre Uhren leichtfertig ruinieren, sagte der Spielwarenhändler manchmal mit einem listigen Blinzeln, das mir mißfiel: „Aus dir wird nie ein Geschäftsmann, Willi". Ich wußte nicht recht, was unter einem Geschäftsmann zu

verstehen sei. Offenbar fühlte sich Herr Ruélius als solcher. Ich gönnte es ihm und war stolz auf das Manko meines Vaters.
Voller Bewunderung sah ich zu, wie es ihm gelang, die für mich unübersehbaren und jetzt vor Sauberkeit funkelnden Teile wieder im Gehäuse unterzubringen. Während noch ein paar Schräubchen befestigt wurden, wurde die Uhr schon munter. Mit einer bläulich schimmernden Spirale begann es. Ein Metallteil, der in seiner Form an einen verkleinerten Anker erinnerte und zu meiner Genugtuung auch so hieß, setzte die ruhelose Bewegung fort und übertrug sie auf das ganze Werk.
Laut und fröhlich tickte die Uhr. Unter den geduldigen Meisterhänden des Vaters war sie plötzlich zum Leben erwacht. In solchen Augenblicken sprach er manchmal, zu mir gewendet, die geflügelten Worte: „Schon dein Urgroßvater ist ein Uhrmacher gewesen. Die große Uhr in der Ecke stammt von ihm. Er hat sie selber angefertigt in Frankfurt am Main. Damals hat es noch keine Fabriken gegeben, wo sie das moderne Dreckzeug machen. Sein Name steht auf dem Zifferblatt. Leider kannst du noch nicht lesen".

Genau diese Bemerkung soll, wie man mir oft versichert hatte, schuld daran gewesen sein, daß ich lesen lernte, bevor ich noch in die Schule ging. Ich lernte es ganz ohne fremde Hilfe und zwar vor allem vor Ladenschildern. Bei manchen konnte ich ahnen, was die Riesenlettern bedeuten sollten. Ganz klar lag die Sache bei dem Laden, der dem väterlichen Geschäft gegenüber lag. Er gehörte dem Konditor Wildt. Die goldenen Buchstaben auf der weißen Marmorplatte sahen ebenso sauber und appetitlich aus wie die Schillerlocken, die Crèmeschnitten und die mit farbigem Marzipan überzogenen Torten hinter den beiden Schaufenstern. Ich hatte damals gewiß noch keine Vorstellung von der Macht des Wissens. Ich glaubte damals wahrscheinlich nur, ein größeres Anrecht auf Schillerlocken und Torten zu besitzen, wenn ich die geheimen Zeichen enträtseln könne. Der Erfolg gab mir recht. Ich nahm meine Mutter bei der Hand, führte sie über die Straße, deutete mit dem Finger auf das Marmorschild und buchstabierte stolz und vernehmlich: „Kon-di-to-rei Wildt".
Meine Mutter, die leicht zu rühren war, weinte Tränen der Freude über ihren aufgeweckten Sohn, und der Konditor Wildt mit der weißen Schürze, der sich geschmeichelt fühlte, weil sein Ladenschild so augenfällig der Mehrung des Wissens diente, schenkte mir, wie man mir oft erzählt hat, eine Tüte mit Abfall, worunter sich Makronenreste und leicht angebrannte und sitzen gebliebene Kuchenreste befanden. „Der Fritz ist nämlich ein

Süßel, Herr Wildt" sagte meine Mutter, um die Gier zu entschuldigen, mit der ich sogleich die Tüte durchwühlte.
Auch dieser Ausspruch ist ein geflügeltes Wort in unsrer Familie geblieben.

Eine andre Szene aus meiner Kindheit, die mir noch vor Augen steht, muß sich später abgespielt haben, zu einer Zeit, als ich schon in die Volksschule ging. Offenbar war ich des kindischen Spieles, das ich an meinem Platz vor der Apotheke mit den Schatten betrieb, überdrüssig geworden. Ich hatte mir einen andern Platz ausgesucht, der meinem vorgerückten Alter besser entsprach. In Wirklichkeit hatte ich nur ein Zauberreich mit dem andern vertauscht.

Auch zu dem neuen Platz hatte ich nicht weit zu gehen. Ich brauchte nur den vor unserm Haus liegenden Markt mit den breiten Platanen zu überqueren, dann öffnete sich ein hohes, eisernes Gitter und wenige Stufen führten mich zu dem Hafen hinunter. An dieser Stelle muß ich der Genauigkeit halber erwähnen, daß die Stadt meiner Jugend Ludwigshafen am Rhein war, eine rasch emporgeschossene Stadt mit vielen grauen Fabriken und einem Wald von rauchenden Schloten. Aber sie war meine Heimat und in meiner Kindheit bemerkte ich ihre Häßlichkeit nicht. Ich liebte den verwahrlosten Platz vor dem ovalen Becken des sogenannten Winterhafens schon deshalb, weil es dort still war und er mir allein gehörte. Wenn ich über das träge Wasser schaute, dehnte sich vor mir die breite Hafenzunge. Auf ihr standen lang gestreckte, niedrige Lagerschuppen mit flachen Dächern. Ich ignorierte ihren prosaischen Zweck und sah in ihnen Kasematten. Hinter dem Geländer ihrer Zinnen reckten sich Ladekräne mit langen eisernen Armen in die Höhe. Manchmal bewegten sich die Ungetüme schwerfällig hin und her. Die Arme hoben und senkten sich, und ich hörte ein Geräusch von rasselnden Ketten. Mit Leichtigkeit redete ich mir ein, altertümliche Festungsgeschütze vor mir zu haben, Katapulte oder Wurfmaschinen. Das Massiv der Festung lag näher bei mir, im rechten Winkel zur Hafenmauer. Insgeheim konnte ich nicht leugnen, daß es ein ganz gewöhnliches Zollamt war, wo Beamte hinter ihren Akten zu sitzen pflegten, darunter sogar der leibhaftige Vater eines meiner Mitschüler. Aber da ich meist erst in den späten Nachmittagsstunden den Hafen betrat, lag das Gebäude wie ausgestorben und in den schmalen, vergitterten Fenstern brach sich die Abendsonne in tiefroten Strahlen wie auf den Bildern in meinen Kinderbüchern. Zu meiner Linken war der Hafenplatz von den hochaufragenden Kulissen der grauen Lagerhäuser begrenzt. In ihren Speichern vermutete ich märchenhafte Schätze. Die Schiffe, die sie hergebracht hatten, lagen zu meinen Füßen im öligen, schmutzig schillernden Wasser des Hafens. Offenbar wußte ich damals schon, daß man sich vom Augenschein nicht täuschen lassen darf. Ich ließ mich deshalb auch nicht von der friedlichen Wäsche beirren, die zwischen den Masten trocknete, auch nicht von den idyllischen Fuchsien vor den winzigen Fenstern der Kajüten. Die schwarzen, tief im Wasser liegenden Boote mit ihren gerade noch sichtbaren roten, gelben oder weißen Streifen hatten nicht ohne Arglist diese harmlose Maske angelegt. Sie hatten nur obenhin Ziegeln, Holz oder Kohle geladen. Tief in ihren Bäuchen lag das eigentliche, von Abenteuern umwitterte Gut, Schmuggelwaren oder gar Piratenbeute, Spezereien des Orients, Damast und Seide, Gold, Edelsteine und kostbare Waffen.

Vor diesen verdächtigen Booten wanderte ich auf und ab, mit mir selbst und meinen Träumen beschäftigt. Ich ging zwischen den verrosteten Schienen eines toten Geleises und hüpfte vor Freude von Schwelle zu Schwelle. Ich beachtete kaum das dürftige Gras, das Unkraut und den Unrat des Hafenplatzes. Umso lieber hingen meine Blicke an der gegenüber liegenden Hafenmauer. Von hier aus konnte ich den Fluß nicht sehen. Die Hafenmündung war zu schmal und rechts und links verdeckten die Schuppen die Aussicht. Doch ab und zu erblickte ich einen bunt bewimpelten Mast oder Rauchfahnen, die langsam vorüberzogen. Das Herz klopfte mir, ich ahnte den Rhein, den Strom meiner Heimat. Natürlich konnte ich ihn, so oft ich Lust hatte, von unsrem Balkon und den Uferstraßen bequem übersehen. Aber verspielt wie ich war und es bis zu einem gewissen Grad noch heute bin, bereitete es mir ein besonderes Vergnügen, mich mit den Andeutungen zu begnügen, den Masten und Wimpeln, den Rauchfahnen, den Sirenen und Schiffsglocken.

Bei meinen Wanderungen über das Hafengelände kam mir zuweilen ein Satz in den Sinn aus einem Buch, das ich am Abend vorher gelesen hatte. Ich hatte mir den Satz gemerkt, weil er eine Regel enthielt oder auch nur einen Wink, der mir wichtig erschien. Ich pflegte solche Sprüche laut vor mich hin zu sagen, um sie mir fest einzuprägen. Von all diesen Sätzen habe ich nur den einen in der Erinnerung behalten: „Karl der Große hatte einen Gang, der den Herrscher verriet. Er berührte mit vollen Sohlen die Erde, die sein Eigentum war, und er kam aufrecht einher wie ein mächtiger Turm, mit sicheren und starken Schritten und leicht am Körper pendelnden Armen."

Und von den vielen Stunden, die ich in meiner frühen Knabenzeit am Winterhafen verbrachte, ist mir keine so deutlich im Gedächtnis geblieben wie jene, als ich mich auf den glatten Steinen der Böschung übte, aufrecht zu gehen wie ein Turm, mit vollen Sohlen aufzutreten und leicht die Arme pendeln zu lassen.

## Ostern in Speyer. Ein Intermezzo

Von unserm Balkon konnte ich nicht nur den Rhein, sondern auch bei klarem Wetter über den Dächern und Türmen von Mannheim, unsrer Nachbarstadt, die blauen Berge des Odenwalds und die verschwimmenden Kuppen der Bergstraße sehen. Dahinter lag die Heimat meiner Mutter. Sie hatte mir oft von ihr erzählt. Im Dunst der Ferne glaubte ich deshalb Heidelberg und das Neckartal zu sehen, die mit Efeu umrankten Ruinen, die verfallenen Schlösser, die dunklen Wälder, die verwunschenen Dörfer, die Giebeldächer und winkligen Gassen, die ich zudem aus meinen Märchenbüchern kannte.

Mein Vater hatte für solche Träumereien nicht viel übrig. Oft genug wies er mich zum Ärger meiner Mutter daraufhin, daß die Länder rechts des Rheins nicht zu unsrer engeren Heimat gehörten. Er machte kein Hehl daraus, daß er die Großherzogtümer Baden und Hessen, wo die Verwandten meiner Mutter lebten und fremde Fahnen wehten, nicht sonderlich schätzte.

In den seltenen Fällen, wenn er mir gegenüber bei Laune war, konnte er mich auf das flache Dach unsres fünfstöckigen Hauses führen. Bei solchen Gelegenheiten deutete er mit einer weiten und stolzen Gebärde auf die grüne Ebene und die Weinberge links des Rheins, auf die angestammte Heimat, die königlich bayerische Rheinpfalz, beherrscht von dem Prinzregenten Luitpold[3] und der weißblauen Flagge.

Flußabwärts jedoch, unsichtbar hinter den Gipfeln der Rheinpappeln, lag die alte Stadt Speyer, wo mein Vater geboren war und mein Großvater lebte. Ich war über fünf Jahre alt, als meine Eltern in der Osterwoche mit mir nach Speyer fuhren. Von da an nahmen sie mich jedes Jahr über Ostern nach Speyer mit, um dem alten Großvater, der niemand außer einer Haushälterin bei sich hatte, für eine Woche Gesellschaft zu leisten und ihm dabei den ältesten Enkel vorzuführen.

Sieben Jahre später, nach dem Tod des Großvaters, unterblieben die Reisen nach Speyer. Nachträglich, in der Erinnerung, will es mir nicht gelingen, die Erfahrungen, die sich über sechs aufeinanderfolgende Ostern erstreckten, zeitlich auseinanderzuhalten. Doch schon nach meinem zwölften Lebensjahr, als ich schon die Mütze eines Gymnasiasten trug, sammelten sich die verschiedenen Eindrücke zu einem Bild, das zwar manche wechselnde Farben aufwies, aber zusammengehalten war von einem festen Rahmen. Auch bei diesem Bericht kann ich mich auf frühere Aufzeichnungen stützen.

Zunächst und vor allem war Speyer für mich eine fremde Stadt. Schon wenn ich nach der kurzen, mir aber unendlich lang vorkommenden Eisenbahnfahrt in Begleitung meiner Eltern aus der Bahnhofsallee in den Stadtbezirk einbog, hatte ich immer den Eindruck, in einen vollkommen neuen Bereich einzutreten, so verschieden war alles, Häuser, Kirchen, Straßen und Plätze, von meiner gewohnten Umgebung. Schon der Geruch war verschieden. In den Vorgärten und an den Bäumen waren die Knospen, die zu Haus erst braune, klebrige Hüllen waren, schon zum Teil aufgebrochen, und selbst der Himmel und die Wolken schienen mir andere Farben zu zeigen.

Derart plötzlich und überraschend war der Eindruck der Fremde, daß ich mit einem starken, unvergeßlichen Ruck an mir selber eine Verwandlung spürte. Es war, als ob eine zweite, größere und flinkere Person in mir verborgen gewesen wäre, die nur auf diesen Augenblick gewartet hätte, um zum Vorschein zu kommen und sich der fremden Welt gewachsen zu zeigen. Mein ganzer Körper streckte sich, meine Haut wurde straffer, mein Herz schlug geschwinder, meine Beine bewegten sich leichter und in allen Gliedern und vor allem in den Augen spürte ich eine mir bisher unbekannte Gelenkigkeit.

Einer der Gehilfen meines Vaters hatte mir in der Werkstatt von seinen Gesellenfahrten jenseits der Alpen erzählt. Diese Berichte hatten in mir eine Sehnsucht nach dem Süden erweckt, noch so kindlich und unbestimmt, daß sie leicht zu stillen war.

So erschien mir Speyer, das keine fünfzig Kilometer südlich von Ludwigshafen liegt, damals nicht als ein Vorgeschmack, sondern gleich als eine Erfüllung.

Mit einem Entzücken, das mit jeder neuen Entdeckung mich nur noch stärker ergriff, sah ich hier bestätigt, was mir der zungengewandte Gehilfe von den Tessiner und den italienischen Städten erzählt hatte. Da waren die kleinen Kapellen, die alten Kirchen, der ungeheure, wuchtige Dom. Da waren die schwarzen Priester mit den blauen und roten Schärpen und den seltsamen flachen Hüten. Da waren die Nonnen mit den riesigen Flügelhauben und dem Rosenkranz im Gürtel. Da waren Wälle und Türme, alte stattliche Häuser am Markt mit steinernen Wappen und bunter Bemalung. Da standen vor den Haustüren die immergrünen Pomeranzen- und Zitronenbäumchen, und es machte keinen Unterschied, daß sie in Kübeln gezogen wurden. Da waren die Bauernmädchen, die mit stolz gerecktem Körper auf ihren Köpfen, geschützt von kreisrunden, dick gefütterten Polstern, schwere

Körbe balancierten. Da waren die offenen Läden und die Cafés mit ihren rot und weiß gestreiften Marquisen.
Auch waren die Leute in Speyer nicht so schäbig angezogen wie viele der Bewohner meiner Heimat, der Fabrikstadt Ludwigshafen. Die Kleider der Speyerer Bürger waren solid und an keine besondere Mode gebunden. Die Männer hatten ihre Röcke aufgeknöpft. Manche trugen ihre Hüte in der Hand, schlenkerten verwegen mit ihnen und ließen sich den Wind über die bloßen Köpfe wehen, den kühlenden Wind, der vom Land oder den Rheinwiesen her durch die Straßen strich. In meiner Vaterstadt hatten es die Menschen eilig und zeigten geschäftige oder verschlossene Mienen. Hier in Speyer gingen die Leute offenbar zu ihrem Vergnügen über die Straßen, die nicht wie zu Haus mit glatten Steinen, sondern mit Katzenköpfen gepflastert waren. Die Männer gingen langsam und bedächtig ihres Weges. Kleine Gruppen kamen in angeregtem und weithin schallendem Gespräch aus den Weinstuben mit den golden blinkenden Schildern und den verschnörkelten Inschriften heraus. Diese fröhlichen Männer hatten soeben, so belehrte mich mein auf diesem Gebiet zuständiger Vater, ihren Frühschoppen zu sich genommen und zu ihrem Viertelchen Wein oder ihrem Schorlemorle ein schweinernes, rosa geräuchertes Rippchen und einige der duftenden, hellbraunen Bretzeln verspeist, die ich schon in den Körben der Landmädchen gesehen hatte und die nach den Worten meines Vaters mindestens so berühmt waren wie der Speyerer Dom.
Andere Männer blieben genießerisch vor den Schaufenstern stehen. Sie schauten und warteten so lange, bis sie einen Bekannten getroffen hatten. Sobald sie sich sahen, verbeugten sie sich, zogen tief die Hüte, schüttelten sich die Hände und entfalteten eine Höflichkeit, die mich tief erstaunte.
Frauen waren, von den Bäuerinnen und den Marktweibern abgesehen, nur spärlich auf der Straße zu treffen. Auch in diesem Punkt hatte der Gehilfe die Wahrheit gesprochen. Es schickte sich nicht für die Frauen, sich schon in den Morgenstunden auf der Straße herumzutreiben. Die Waren und Lebensmittel wurden von den Metzgerburschen in ihren weißen Kitteln und den grün beschürzten Ladenausläufern direkt in die Wohnung geliefert. Die Frauen waren, wie mir meine Mutter erklärte, in Speyer um diese Zeit in ihrem Haushalt beschäftigt. Sie hatten nach den Kindern und den Dienstboten zu sehen. Sie hatten das Essen vorzubereiten, die gute Stube abzustauben oder Strümpfe zu stopfen. Daneben taten sie noch etwas anderes. Der Gehilfe hatte es zu erwähnen vergessen. Meine Mutter ergänzte es, indem sie auf die Fenster in den oberen Stockwerken wies. Dort

ragten merkwürdige Apparate aus grün lackiertem Blech und mit Spiegelscheiben zu beiden Seiten hervor.
„Das sind die sogenannten Spione", erklärte mir meine Mutter, „sie sind sehr beliebt bei den Speyerer Damen. Mit ihnen kann man sehen, was auf der Straße vorgeht, ohne selber gesehen zu werden. Man kann sehr genau mit ihnen sehen, nach rechts und nach links. Wenn sich die Damen von ihrer Arbeit ausruhen wollen, setzen sie sich in ihren Lehnstuhl ans Fenster, schlagen den Vorhang nur ein bißchen zurück und können dann in aller Gemütlichkeit ihre Beobachtungen machen."
Unter solchen und ähnlichen Betrachtungen waren wir vor einem der alten Häuser am Markt angelangt. Die Tür wurde aufgerissen. Ein helles Glöckchen läutete stürmisch. Ein steinalter Mann stand schon auf der Schwelle, breitete die Arme aus und schrie vor Freude.

Der Großvater war siebenundachtzig Jahre alt, als ich ihn zum ersten Mal sah. Beim letzten Mal, kurz vor seinem Tod, war er dreiundneunzig. Er veränderte sich kaum während dieser letzten sechs Jahre. Er war schon so alt, daß er nicht mehr älter zu werden brauchte. Seine Gestalt war gebeugt, seine Haut war gelb und eingeschrumpft und so voller Runzeln, daß kein Platz mehr für neue war.
Was er an Beweglichkeit seiner Glieder eingebüßt hatte, machte er wett durch die Lebhaftigkeit seiner Stimme. Sie hatte sich in seinem hohen Alter in ein krähendes Falsett verwandelt, dem die Jahre nichts mehr anhaben konnten. Mit diesem lauten Organ war er das Musterexemplar eines Pfälzer Krischers.
Es dauerte nur immer einige Zeit, bis ich ihn verstehen konnte. Die Speyerer Mundart war freilich nur wenig verschieden von dem heimatlichen Dialekt. Aber die Sprachmelodie war anders. Der Großvater sang und schleppte seine Vokale und verschluckte noch mehr Silben, als es zu Hause üblich war. Außerdem verwendete er eine Reihe von Wörtern, die mir zunächst unverständlich waren. Mit der Zeit konnte ich verstehen, was mit einem Schilee und einem Barblee gemeint war, weil die betreffenden Gegenstände, der Rock und der Schirm, mit Händen zu greifen waren. Aber er gebrauchte andere Wörter, die mir selbst mein Vater nur dem ungefähren Sinn nach erklären konnte. Gleich das erste Wort, mit dem er an der Haustür seine Besucher begrüßt hatte, blieb für immer ein Geheimnis. „Pujuh!" hatte der Großvater geschrien und pflegte er zu schreien, wenn ich zu ihm in die Stube kam.

Gewiß habe ich erst später, als ich die ersten Klassen des Gymnasiums besuchte, einigermaßen begreifen können, warum sich so viele französische Bezeichnungen in das pfälzische Idiom eingeschlichen hatten. Ich hörte mit Staunen, daß der Vater meines Großvaters, der auch in Speyer lebte, gegen Ausgang des vergangenen Jahrhunderts das französische Bürgerrecht besessen und in den Zeiten der großen Revolution mit seinen Nachbarn vor seinem Haus, einem anderen Haus weiter oben am Markt, einen Freiheitsbaum errichtet habe.

Auch mein Großvater war in seiner Jugend ein Revolutionär gewesen. Er war im Jahr 1832 mit einer Speyerer Delegation, die eine schwarzrotgoldene Fahne mit sich führte, zu dem Hambacher Fest gepilgert, wo die südwestdeutschen Liberalen auf der über der Rheinebene gelegenen Schloßruine ebenso begeistert wie vergeblich für ein einiges demokratisches Deutschland und eine Erneuerung der vergessenen Menschenrechte demonstriert hatten. Ich begriff damals noch nicht, was damit gemeint war. Besser verstand ich meinen Großvater, als er schmunzelnd erzählte, ihm sei bei dem großen Gedränge vor dem Hambacher Schloß seine silberne Uhr gestohlen worden. Das hatte ihn aber offenbar nicht an den Idealen seiner Jugend irre werden lassen. So jung ich war, entging es mir nicht, daß er sich über die schwarzweißrote Bismarckschwärmerei meines Vaters lustig machte.

Ich paßte schon deshalb auf, weil mir der Name Bismarck den ersten großen Schreck meines Lebens eingejagt hatte. Ich war neun Jahre alt, als mein Vater eines Morgens, ich lag noch im Bett, zu mir ins Zimmer kam und schluchzend hervorstieß: „Bismarck ist tot, jetzt gnade uns Gott!" Aber es war nicht die Nachricht von Bismarcks Tod, die mich noch ahnungslosen Jungen erschreckte, sondern die Entdeckung, daß es etwas gab, was meinen Vater zum Weinen brachte. Wütend habe ich meinen Vater öfter gesehen, besonders auf den Mann, der den Bismarck fortgejagt hatte, den Kaiser Wilhelm den Zweiten mit seinem hochgebürsteten Schnurrbart, dem „Schnorres", wie mein Vater auf Pfälzisch zu sagen pflegte.

In der Verachtung dieses Mannes waren sich Großvater und Vater, wie ich mit Befriedigung feststellte, immer einig.

Mein Großvater war über fünfzig Jahre hindurch Stadtuhrmacher von Speyer gewesen, und jedesmal, wenn er mit mir am Altpörtel vorüberging, dem großen Turm, der die lang vergangene Brandschatzung Speyers überdauert hatte, zeigte er voll Stolz auf die riesige Uhr in der Höhe, zu der er bis zu seinem fünfundsiebzigsten Jahr regelmäßig hinaufgeklettert war.

Wie es in dem Haus meines Großvaters aussah, weiß ich nicht mehr genau. Ich entsinne mich nur noch an dunkle Treppen und lange Gänge und viele Scherenschnitte und verblichene Photographien an den Wänden. Auf eine dieser Photographien war mein Großvater besonders stolz. Sie zeigte einen stämmigen Mann mit einem Knebelbart und in einer fremdländischen Uniform, neben sich einen Tschako mit einem Helmbusch und an der Hüfte einen mächtigen Säbel. Dieser Mann, erklärte man mir, war der Bruder meines Großvaters, mein Großonkel William, deshalb so genannt, weil er gleich vielen seiner Landsleute nach dem Scheitern der süddeutschen Revolution nach Amerika ausgewandert war. Er hatte es dort zu Ansehen und Vermögen gebracht und als Oberst in der nordamerikanischen Armee an dem Bürgerkrieg gegen die Südstaaten teilgenommen. Die Waffe, die er auf dem Bild trug, war ein Ehrensäbel, der ihm von seinen Landsleuten überreicht worden war, als er an der Spitze seines siegreichen Regiments nach Philadelphia heimgekehrt war. Später, nach des Großvaters und des Großonkels Tod, bildete dieses prunkvolle Stück eine Zierde unsrer Wohnung in Ludwigshafen.

Außer den Treppen, den Gängen und Bildern gab es in dem Speyerer Haus allerdings noch etwas, woran ich mich lang und lebhaft erinnern konnte: die niedrigen Tapetentüren in den unteren Zimmern und die gleichfalls verkleideten Wandschränkchen, die sich an unerwarteten Stellen öffneten und in ihren Tiefen dunkel schimmerndes Zinn und blitzende Gläser und Flaschen zeigten. Doch nicht wegen des Kristalls und der zinnernen Schüsseln habe ich die Tapetentüren und die Wandschränkchen so gut im Gedächtnis behalten, sondern wegen der Gerüche, die ihnen entströmten. Es war ein unbeschreiblicher Duft, in dem die Süßigkeit der Erdbeeren, der bittere Reiz der Quitten, der milde Geruch der Birnen, die angenehme Säure der Äpfel und der scharfe Geist der Kirschen ineinander verschmolzen. Über die Feiertage standen die Wandschränkchen meist offen. Dann verbreitete sich der Duft durch das ganze Haus.

Der Duft begleitete mich, wenn ich allein oder an der Hand meines Vaters an den überraschend länger gewordenen Abenden durch die Straßen Speyers ging oder vor den Kaisergräbern in der düsteren Krypta des Doms verweilte.

In der Karwoche waren die Domglocken stumm geblieben. Auf meine Frage bekam ich zur Antwort, sie seien nach Rom geflogen, um vom Papst gesegnet zu werden. Jahre hindurch schenkte ich dieser Erklärung Glauben. Denn ich sehe mich noch am Karsamstag in den südlichen Abendhimmel starren und auf das Flügelrauschen der riesigen Glocken warten, die jetzt

nach Speyer zurückkehren sollten, um am nächsten Morgen die Auferstehung des Herrn und das Frühlingsfest einzuläuten.
Ich weiß nicht mehr, wie lang ich in diesem kindlichen Glauben verharrte. Aber dann muß ich mich von einem Osterfest zum andern geweigert haben, ein Kind zu bleiben.
Ich entsinne mich an einen Morgen des Ostersonntags, des vorletzten oder letzten, den ich in Speyer verbrachte, als meine Mutter in meine Schlafkammer kam, gerade, als die großen Domglocken tief und summend zu läuten begannen und sie mir verkünden wollte, daß die Glocken über Nacht zurückgeflogen seien. Ich erinnere mich noch sehr gut, daß ich sie dabei mit lautem Lachen unterbrach.
Es war ein besonderes, ein spöttisches, überlegenes Lachen, das ich nun schon seit einiger Zeit hatte anbringen können, wenn man mir mit den alten Geschichten kam, wie denen vom Christkind oder vom Knecht Rupprecht oder gar der vom Storch, der die Kinder bringt.
Erwachsen war ich deshalb noch lange nicht.

## Gymnasiastenjahre (1899 - 1908)

Vom sechsten bis zum zehnten Jahr war ich in die Volksschule meiner Vaterstadt gegangen, ohne große Begeisterung, schon deshalb, weil mich der muffige Geruch der verwahrlosten Klassenzimmer bedrückte und mir die meisten meiner für mich ununterscheidbaren Mitschüler mit ihrem Lärm und ihrem Geraufe zuwider waren. Auch langweilte mich der schwerfällige Unterricht in dem bißchen Schreiben und Rechnen, der mir auf begriffsstutzige Tölpel zugeschnitten schien.

So ist es wohl zu erklären, daß mir von dieser Zeit kaum etwas in Erinnerung geblieben ist, bis auf einen Vorfall, der mir noch heute lebhaft vor Augen steht.

An einem schönen Frühlingsmorgen blickte ich von meinem Eckplatz aus durch das nahe, halb offenstehende Fenster auf den Schulplatz hinaus, unwillkürlich angezogen von dem fröhlichen Zwitschern eines Vogels, der sich in einem der hohen Platanenbäume niedergelassen hatte. Ich hörte so hingenommen zu, daß ich eine an mich gerichtete Frage des Lehrers für einen Augenblick überhörte. Dieser Lehrer, ich habe seinen Namen bis heute nicht vergessen, er hieß Hall, ein kleiner behender Mann mit einem schwarzen Bärtchen, ließ mir aber keine Zeit. Er eilte sogleich auf mich zu und zerrte mich aus meiner Bank. Er griff nach dem Rohrstock, der immer auf seinem Pult bereit lag. Ich mußte meine nach oben geöffneten Hände ausstrecken und erhielt zwei pfeifende, mit solcher Gewalt geführte Hiebe, daß sie rote Striemen auf meinen Handflächen hinterließen. Ich war bisher noch nie ernstlich geschlagen worden, auch von meinem Vater nicht, und ich war, ganz abgesehen von dem brennenden Schmerz, bis ins innerste empört über eine Welt, wo man einen kleinen Jungen so grausam bestrafen durfte, bloß deshalb, weil er sich von dem Gesang eines Vogels hatte ablenken lassen.

Mein Vater, bei dem ich mich bitter darüber beklagte, versuchte mich mit der Bemerkung zu trösten, daß ich von dem Herrn Hall nichts anderes erwarten könne, da er ein berüchtigter Knieschnackler sei. Mein Vater, der saftige und bilderreiche Ausdrücke liebte, gab mir damit zu verstehen, daß der schwarzbärtige Lehrer zu jener Schar katholischer Bürger gehörte, die regelmäßig, dunkel gekleidet und eine brennende Kerze in der Hand, mit der Fronleichnamsprozession an unserm Haus vorüberzogen und ganz in unsrer Nähe vor einem blumengeschmückten Altar tief in die Knie gingen.

Mein Vater, ein aufrechter protestantischer Presbyter, fand ein solches Betragen an erwachsenen Männern ebenso lächerlich wie entwürdigend.
Ich weiß nicht mehr, ob ich mich damit trösten ließ. Aber ich bin überzeugt, daß mein unvermindert heftiger Abscheu vor jeder Form von Brutalität und menschenunwürdiger Behandlung auf dieses Kindheitserlebnis zurückzuführen ist.

Mein Vater hatte oft seinen Besuchern in der Werkstatt erklärt, daß ich, der Fritz, mit meinen linkischen Händen - ich war wirklich ein Linkshänder - zu dumm für einen Uhrmacher sei und wohl später einmal studieren müsse. Deshalb nahm er mich aus der Volksschule heraus und meldete mich bei dem humanistischen Gymnasium an. Vor dem Eintritt mußte ich eine Aufnahmeprüfung bestehen, eine reine Formalität.

Mein Schulweg war kurz, knapp fünf Minuten, um zwei Straßenecken herum, vorbei an dem grauen Block der von mir bald vergessenen Volksschule.

Neun Jahre bin ich diesen Weg gegangen. Er schien mir damals endlos lang. Wir haben in unsrer Jugend ein andres Zeitgefühl wie im Alter, und es bleibt eine der merkwürdigsten Tatsachen in unsrer Lebensgeschichte, daß die Zeit, in der wir aufwachsen und in der die entscheidenden, körperlichen und geistigen Veränderungen an uns geschehen, uns unerträglich lang erscheint, während später die Jahre zu fliegen scheinen. Jedenfalls erinnere ich mich deutlich, daß mich bei meinem Schulweg manchmal eine Art von Verzweiflung packte bei dem Gedanken an die langen Jahre, die bis zum Abitur, dem Tag der Befreiung, noch vor mir lagen.

Dabei hatte ich mich eigentlich nicht zu beklagen. Ich war von Anfang an ein anstelliger und guter Schüler und wurde selbst von den strengsten Lehrern fast immer mit Wohlwollen behandelt. In den späteren Jahren, an die ich mich naturgemäß besser erinnern kann, war ich, ich glaube von Untersekunda an, der unbestrittene Primus in meiner Klasse, zu meiner Schande sei es gestanden. Doch hatte ich die Stellung eines Vorzugsschülers keineswegs meinem Fleiß, an dem es bedenklich haperte, als vielmehr der Geschicklichkeit zu verdanken, mit der ich mich den damals herrschenden Spielregeln, vor allem denen der Mogelei, anpaßte und auf die verschiedenen Eigenarten unsrer Lehrer einzugehen verstand.

Wir hatten Lehrer von allen Sorten, eine so bunt gemischte Schar, wie sie auf den heutigen, mehr beamtenmäßig betriebenen Schulen kaum noch anzutreffen sein dürfte.

Wir hatten, besonders in den ersten Klassen, ganz junge Lehrer, die eben erst ihre Prüfungen hinter sich hatten und sehr bemüht waren, einen guten Eindruck auf uns zu machen. Wir hatten ältere Professoren, meist aus dem rechtsrheinischen Bayern, die ihr Amt an dem frisch gebackenen Gymnasium unserer pfälzischen Industriestadt wie eine Strafversetzung empfanden und an uns ihren Groll ausließen.

In der Minderzahl waren die Lehrer, die ihren Beruf ernst nahmen und uns wirkliche Kenntnisse beizubringen verstanden. Einen von diesen hatte ich am liebsten, den Professor Mann, ein Mann in der Tat, hoch aufgerichtet, energisch, ein glänzend begabter Lehrer, der seine Schüler mitzureißen verstand. Ich sehe ihn noch, wie er in der ersten Stunde nach den großen Ferien, tief gebräunt von seinen Wanderungen in den Alpen, vor uns trat mit den belebenden, in seinem Mund gar nicht komisch klingenden Worten: „Nun aber ran ans Geschirr!"

Natürlich hatten wir auch eine ganze Reihe von Originalen, darunter ein paar wie alten Witzblättern entsprungene Karikaturen. Unvergeßlich blieb all seinen Schülern der Professor Bimann, der uns in der Obertertia fortgeschrittenes Latein beibringen sollte, wobei er sich meist darauf beschränkte, nach einer Theorie an der er fanatisch festhielt, jedes lateinische c wie ein deutsches k auszusprechen. Er sagte demnach in seiner oberfränkisch klingenden Mundart Käsar und Kikero und jedesmal scholl ihm ein tolles Gelächter entgegen, das er mit einer Grimasse über sich ergehen ließ, die nur neue Heiterkeit erregte. Der unwahrscheinliche Mann trug den Spitznamen „der Labbe", auf hochdeutsch der Lappen, und zwar wegen seines langen, zerknüllten, total beschmutzten und nach Schnupftabak stinkenden Taschentuchs, das ihm aus dem Schwalbenschwanz seines abgeschabten, gleichfalls mit Flecken übersäten Rockes baumelte und natürlich, wenn er den Rücken drehte, von flinken Händen noch weiter herausgezogen und zum Überfluß mit Tinte beschmiert wurde. Auch sonst sorgte der Labbe für die Erheiterung unsrer Klasse. Zu den Nachmittagsstunden erschien er nicht selten in angesäuseltem Zustand. Von einem Unterricht war dann zu unsrer Freude keine Rede. So erinnere ich mich, daß er uns eines Nachmittags in bester Laune aus seinem Leben erzählte und dabei einfließen ließ, daß er es in seiner Jugend in der Kunst des Trompetenblasens recht weit gebracht habe. Er spitzte den Mund und machte uns vor, wie man am besten diese schwere Kunst erlernen könne: man brauche nur in die Öffnung des Rohres zu flüstern: „Und heut da gibts Kartoffelsupp und nix als wie Kartoffelsupp". Er wiederholte das mehrere Male, drehte sich dann zu dem

emaillierten Waschbecken um und übergab sich würgend und röchelnd vor unsren Augen.
Den denkbar größten Kontrast zu diesem verkommenen Mann bildete der Professor, bei dem wir zwei Jahre später, in Obersekunda, die Odyssee durchnahmen. Seinen Namen habe ich vergessen, nicht aber seine Erscheinung.[4] Eine solche Eleganz und Adrettheit hatten wir auf unsrem Gymnasium, ja in unsrer Stadt noch nicht gesehen. Uns verblüfften nicht nur seine tadellos sitzenden Anzüge, die wie er selber wohlgefällig hervorhob, von einem der weltbekannten böhmischen, in München domizilierten Schneider aus englischen Stoffen angefertigt waren, sondern auch sein ondulierter Spitzbart und seine mit auffallenden Ringen geschmückten Hände. Mit manikürten Nägeln schlug er den Takt zu den homerischen Hexametern, um ihren Wohlklang zu unterstreichen. Daß er uns Gymnasiasten antizipatorisch, wie er sagte, mit „meine Herren" ansprach, hätte uns, ganz abgesehen von seiner feinsinnigen Begeisterung für die griechischen Texte, für ihn einnehmen können, wäre er nicht so maßlos eitel gewesen. Er war vor Jahren Prinzenerzieher am Hof der Wittelsbacher gewesen. Das war ihm in den Kopf gestiegen und keine Stunde verging, in der er nicht mehrere Male auf seine ehrenvolle Vergangenheit anspielte. „Da sagten Hoheit zu mir" oder „Hoheit waren so gnädig" waren nur einige seiner ständigen Redensarten, über die in den hinteren Bänken eifrig Buch geführt wurde. Wir waren Pfälzer und liebten es nicht, wenn sich einer vor uns hinstellte und sich großtat oder Sprüche klopfte. Diese Abneigung ist mir bis heute geblieben und hat sich derart verstärkt, daß mir vor Schwadroneuren physisch schlecht wird.
Solche Lehrer zu betrügen, wo man nur konnte, war Ehrensache. Außerhalb des Gesetzes stand allein der Professor Mann. Keinem der Gymnasiasten, und sicher nicht mir, wäre es eingefallen, in seinen Stunden sich der sonst üblichen Hilfsmittel und Praktiken zu bedienen, der Spickzettel oder der handlich gedruckten, wörtlichen Übersetzungen der schwierigeren klassischen Texte, ironischerweise von einem „Schulmann" angefertigt und natürlich streng verboten. Noch strenger aber war der Komment, der unter uns herrschte und darin bestand, unverbrüchlich gegen die Lehrer zusammenzuhalten, den schwächeren Schülern zu helfen, ihnen einzuflüstern, wenn sie stockten oder ihnen von der vorderen Bank aus Blätter vorzuhalten, von denen sie ablesen konnten. In dieser Hinsicht wurde von mir, dem sozusagen besten Schüler, allerhand verlangt. Ich tat, was ich konnte, aber auch ich hatte meine schwachen Seiten. Ich tat mir hart in Algebra und Geometrie, gar Trigonometrie blieb mir so gut wie unverständ-

lich. Da war ich auf die Hilfe mathematisch begabter Mitschüler und meine eigene Findigkeit angewiesen, ebenso wie bei den Geschichtszahlen, die ich immer wieder vergaß oder durcheinanderbrachte. Meine Meisterleistung vollbrachte ich bei einem Verhör über den dreißigjährigen Krieg, bei dem ich besonders gut abschnitt, aus dem einzigen Grund, weil es mir gelungen war, in winziger Schrift alle wichtigen Daten auf den Nägeln meiner zehn Finger festzuhalten.

Nein, ich war ganz und gar nicht fleißig. Ich trieb Allotria, wie einige meiner Lehrer mit väterlichem Vorwurf bemerkten. Ich war nicht gesonnen, die kostbaren Stunden meiner freien Zeit mit Pauken und Büffeln zu verbringen. Die Hausarbeiten, die man uns täglich auferlegte, erledigte ich meist in fliegender Eile und letzter Stunde, kurz vor dem Frühstück.

Ich entsinne mich noch gut dieser Morgenstunden. Bei aller Hast, mit der ich die mir lästigen Arbeiten hinter mich bringen mußte, fühlte ich mich frisch und neugeboren nach dem tiefen, ununterbrochenen Schlaf der Jugend. Ich brauchte nicht an meinem Federhalter zu kauen oder an die Decke zu starren. Wie im Flug erhaschte ich die lateinischen und griechischen Vokabeln, und die Sätze, die ich niederzuschreiben hatte, reihten sich wie von selbst aneinander. Manchmal mußte ich selbst darüber lachen, wie wenig Mühe mir diese Arbeiten machten und wie wenig man von uns Gymnasiasten verlangte. Da stellte ich andere Anforderungen an mich selber, vor allem seit meinem fünfzehnten oder sechzehnten Jahr. Damals begann ich mit den abendlichen Studien, die ich selten versäumte und bei denen ich mir für den Rest meines Lebens meine Augen verdarb, weil ich so von meinen Büchern gefesselt war, daß ich mir nicht die Zeit nahm, die Petroleumlampe anzuzünden, wenn die Dämmerung hereinbrach. Auch im Bett setzte ich meine Lektüre fort, bis meine Mutter kam und mir scheltend die Kerze ausblies. Die Bücher, die ich mit solcher Inbrunst verschlang, waren zum großen Teil nicht für Knaben, auch nicht für die reiferen Alters bestimmt. Aber je schwieriger mir ein Buch erschien, desto mehr reizte es mich. Was bedeuteten mir meine Schularbeiten, zugeschnitten auf den Durchschnittsverstand eines halbwüchsigen Buben, gegenüber den Problemen der Kantischen Philosophie oder den Rätseln, die der zweite Teil des Faust mir aufgab? Ich fürchte sehr, der geistige Hochmut, gegen den ich bis heute anzukämpfen habe, schreibt sich von daher.

Niemand aber wird mir nachsagen können, daß ich an sozialem Hochmut leide. Wenn ich in jenen Morgenstunden gelegentlich von meinen Schulbüchern und Heften aufblickte, konnte ich durch das weitgeöffnete Fenster die langen Kolonnen der Fabrikarbeiter sehen, die sich auf den

Hemshof zubewegten, auf die rußgeschwärzte Vorstadt, wo aus dem trübseligen Wald ihrer dampfenden Schlote der bittere Geruch der chemischen Werke herüberwehte. Bis zu meinem Fenster im dritten Stock hinauf war das nicht enden wollende Schlurfen der schon vor Beginn der Arbeit müden Sohlen und das Klirren der Blechgefäße zu hören.
Von der anderen Seite der Medaille, dem üppigen Prunk der Wilhelminischen Epoche, hatte ich bisher kaum etwas zu Gesicht bekommen. In der Stadt, in der ich aufwuchs, wurde zwar viel Geld gemacht, aber das Geld wurde anderswo ausgegeben, in schöneren und eleganteren Städten, zum Beispiel im nahen Heidelberg, wo damals die Industriellen und die Kommerzienräte ihre Villen zu bauen begannen, die mit ihren Türmen und Zinnen wie Burgen aussahen.
Meine Sympathien waren nicht bei diesen Wirtschaftsemigranten. Sie waren bei den grauen Arbeitermassen. Damals, in den neunziger Jahren des vergangenen Säkulums, gab es noch ein wirkliches Proletariat, das sich als solches fühlte und auch als solches behandelt wurde. Damals war es für einen jungen, empfindsamen Menschen, wie ich einer war, so etwas wie eine Ehrensache, sich auf die Seite der Unterdrückten und Ausgebeuteten zu stellen. Auch hatte ich selber zu viel an Not und Elend gesehen. Als ich noch in die Volksschule ging, hatte ich Freunde unter den Arbeiterkindern. Manchmal besuchte ich sie in ihren verwahrlosten, überfüllten Hinterhäusern, und der penetrante, süßlich faule Geruch der Armut, der aus allen Türen quoll, liegt mir noch in der Nase.
Ich weiß nicht mehr, wann ich anfing, mich als eine Art von Revolutionär zu fühlen. Es lag damals in der Luft, und die Bücher, die mich in meiner Gesinnung bestärkten, boten sich mir von selber an. Ich las Ibsen und Tolstoj, Zola und den frühen Gerhart Hauptmann, den Münchner „Simplicissimus"[5], der damals ein echt revolutionäres Organ war, und die „Sozialistischen Monatshefte"[6]. Mein Vater, der mit seiner Bismarckschwärmerei ein fanatischer Nationalliberaler war, soweit man das überhaupt sein konnte, versuchte mir die aufrührerischen Bücher und Zeitschriften zu konfiszieren. Doch er gab es bald auf, schon darum, weil ich mir die Bücher mit dem Geld gekauft hatte, das ich von Unterprima an mir selber durch Stundengeben verdiente. Schließlich war mein Vater, obwohl er es nicht zugab, stolz darauf, einen Sohn zu haben, der trotz seiner verrückten, hypermodernen Ansichten alles zu wissen schien und fast nur Einsernoten in seinen Zeugnissen nach Hause brachte. Ich besinne mich, daß eines Tages der sozialdemokratische Reichstagsabgeordnete unsrer Stadt, der Tapezierermeister Ehrhart[7], ein biederer Mann mit einem röt-

lichen Knebelbart, meinen Vater in seiner Werkstatt besuchte. Mein Vater ließ mich kommen und stellte mich ihm nicht ohne Genugtuung mit den Worten vor: „Da schaun Sie sich meinen Fritz an. Der ist noch viel röter wie Sie."

Nun muß man wissen, daß damals im Königreich Bayern unter der Herrschaft des weißbärtigen Prinzregenten Luitpold im Gegensatz zu dem Preußen des Dreiklassenwahlrechts ein Geist der Freiheit, der Toleranz und eines Liberalismus herrschte, wie es ihn in dieser gemütlichen Form heute nicht mehr gibt. Die Redakteure meines Leibblatts, des „Simplicissimus", wurden zwar gelegentlich, wenn sie es mit ihren Karikaturen auf den hochgezwirbelten Schnurrbart und die säbelrasselnden Reden des Hohenzollernkaisers etwas zu weit getrieben hatten, wegen Majestätsbeleidigung vor den Richter zitiert. Aber sie erhielten höchstens ein paar Wochen Festung, eine Art Ehrenstrafe, die ihnen den Aufenthalt in einem Sanatorium ersparte. Auch der Militarismus, dessen Arroganz in Preußen und in dem uns benachbarten Reichsland Elsaß-Lothringen seine viel beredeten, viel verspotteten Blüten trieb, trat in Bayern verhältnismäßig milde auf. Es war das einzige deutsche Land, wo Juden jene Stufe erreichen konnten, die damals als eine der erstrebenswertesten in der gesellschaftlichen Rangfolge galt. Sie konnten Reserveoffiziere werden, natürlich nur bei gewissen, minder geachteten Regimentern.

Was mich betraf, so war jedenfalls sicher, daß ich dank dieser Toleranz die Schwingen meines rebellisch gewordenen Geistes so gut wie ungehindert entfalten konnte. Mit sechzehn Jahren war ich so weit, daß ich mich von der religiösen Bindung löste, in der ich aufgewachsen war. Zwei meiner Onkel, die uns öfter besuchten, waren protestantische Pfarrer und ich selber hatte noch zwei Jahre zuvor als Konfirmand im schwarzen Anzug das erste Abendmahl mit Schauern der Ergriffenheit und guter Vorsätze zu mir genommen. Ich kann mich noch gut auf den Anlaß besinnen, der aus mir, wenigstens für eine Zeit lang, einen Abtrünnigen machte. Wir hatten bisher als Religionslehrer einen strenggläubigen Pfarrer gehabt, einen salbungsvollen Mann, der mir als Person zwar nicht viel Respekt einflößte, aber keinen Zweifel aufkommen ließ an dem Offenbarungscharakter der Heiligen Schrift. An seine Stelle trat nun ein liberaler Pfarrer von der Art, wie sie damals Mode zu werden begann. Die Wirkung war verheerend, wenigstens was mich betraf. Denn plötzlich sollten die göttlichen Offenbarungen nichts weiter als eine Kette frommer Legenden sein, entsprungen der exaltierten Phantasie eines subtropischen Wüstenvolkes. Übrig blieben ein vager Gottesglaube und eine Reihe seichter, rational begründeter Moralbegriffe.

Ich nahm es dem neuen Pfarrer persönlich übel, daß er mich meinem Kinderglauben abspenstig machte, und mit der ganzen Radikalität der Jugend kündigte ich ihm den Kampf an, indem ich ihn zu übertrumpfen versuchte. Um mich dafür zu rüsten, studierte ich mit verbissenem Eifer die sogenannten Materialisten, Feuerbach[8], Moleschott[9] und Ludwig Büchner[10], schöpfte aus ihnen Argumente, an die ich selbst nicht recht glaubte, und warf sie dem Religionslehrer an den Kopf. Als es mir nicht gelang, seine gleichmäßig freundliche und herablassende Haltung zu erschüttern, trat ich in Streik. Ich gab ihm keine Antworten mehr und weigerte mich, die üblichen Gebete zu Beginn des Religionsunterrichtes zu sprechen. Der gute Mann wurde auch darüber nicht böse und sagte meinem Vater, der einigermaßen besorgt war, der Most müsse gären, bevor er ein guter Wein werden könne, ein Spruch, den ich in meiner Jugend noch öfter zu hören bekommen sollte. Meinem Vater schien das einzuleuchten, mich aber brachte es nur noch mehr in Rage.

Die Materialisten kamen mir im weiteren Verlauf meiner Studien denn doch zu platt und abgeschmackt vor. Ich brauchte Empfindungen und Gedanken, die feierlicher klangen, mich mitreißen und erheben konnten, und nach einigem Grübeln kam ich auf die Idee, eine eigene Religion zu begründen und mich zu einem Glauben zu bekennen, den ich mit dem kühnen, wenn auch nicht originellen Namen des Pantheismus belegte. In der schwärmerischen Unschuld meiner Jugend war ich sehr stolz auf meine Erleuchtung und so sehr von ihr überzeugt, daß ich darauf ausging, Proselyten zu machen. Nun hatte ich damals unter meinen Mitschülern einen kleinen Stamm von Freunden, die zum Teil schon deshalb an mir hingen, weil ich ihnen bei ihren Arbeiten helfen konnte.

Unsre Zusammenkünfte fanden nach Schluß des Nachmittagsunterrichts in dem zu ebener Erde gelegenen Klassenzimmer statt, also gleichsam in der Höhle des Löwen. Ich versprach mir davon eine größere Wirkung. Mit der Miene von Verschwörern verließen wir das Schulgebäude, kehrten aber schon an der nächsten Straßenecke um und gingen einzeln zurück, drückten uns an der Wohnung des Pedells vorbei und stiegen von der Hofseite her durch ein Fenster ein, das wir vorsorglich offen gelassen hatten. Ich begab mich auf das Katheder und erfüllt von meiner Mission ließ ich mich gehen. Ich weiß nicht mehr, was ich da zusammenschwatzte und wieviel halb verdaute Lesebrocken ich von mir gab. Ich weiß nur noch, daß ich begeistert war und meinen Vortrag regelmäßig im schönsten Pfälzisch mit den Worten des Faust aus der Gartenszene schloß:

„Nenn es dann, wie du willst,
Nenns Glück! Herz! Liebe! Gott!
Ich habe keinen Namen
Dafür! Gefühl ist alles;
Name ist Schall und Rauch,
Umnebelnd Himmelsglut."

Ob ich damit auf meine Freunde Eindruck machte, möchte ich bezweifeln. Jedenfalls wurde aus der Religionsgründung nichts. Dagegen hatte ich einen großen, allerdings unbeabsichtigten Erfolg in einem anderen Lager. Viel später, lange nachdem ich das Gymnasium verlassen hatte, erzählte mir einer der jüngeren Professoren, der mir freundschaftlich gesinnt blieb, daß man mir damals höheren Orts auf meine Schliche gekommen sei, schon deshalb, weil ich auf dem Katheder ein so markerschütterndes Geschrei erhoben habe, daß man mich bis in das Konferenzzimmer hören konnte. Die dort noch versammelten Lehrer gingen, so behauptete mein Freund, auf Zehenspitzen über den Gang und lauschten vor der Tür auf die Worte des jungen Propheten. Es soll dabei zu einem ziemlichen Gedränge vor dem Schlüsselloch gekommen sein.

Ebenso wenig ernst schienen meine Lehrer meine revolutionäre Gesinnung zu nehmen, die sich mittlerweile, mehr und mehr beflügelt durch meine ausgedehnte Lektüre, auch auf andre Gebiete erstreckte. Die deutschen Aufsätze, die ich zu schreiben hatte, bekamen meist einen Einser, manchmal sogar einen Einser mit Stern. Nur wenn ich, vermutlich von Obersekunda an, ein politisches oder ein patriotisches Thema zu behandeln hatte, erhielt ich meine mit viel Hingebung beschriebenen Blätter mit der Bemerkung zurück, daß man mir dafür keine Note erteilen könne. Das ärgerte mich, aber hielt mich nicht ab, weiterhin meine Meinung zu sagen. Einmal, daran erinnere ich mich gut, hieß das uns gestellte Thema: „Warum müssen wir unser Vaterland lieben?" Ich beantwortete diese Frage mit der kecken Behauptung, daß für mich kein Grund bestünde, gerade Deutschland besonders zu lieben und daß eine Vaterlandsliebe, die einem zur Pflicht gemacht werde, nicht gerade das richtige sein könne. Außerdem, setzte ich spitzfindig auseinander, seien meine Ahnen väterlicherseits nachweisbar Hugenotten gewesen, nach dem berüchtigten Edikt von Nantes in die Gegend am Main und Rhein ausgewandert, woraus zu schließen sei, daß französisches Blut in meinen Adern fließe.[11] Welches also sei mein Vaterland, so fragte ich meinerseits, das süße Frankreich, das Land, wo meine Vorfahren viele Jahrhunderte gelebt hätten, oder das kaiserliche

Deutschland, das erst seit knapp vierzig Jahren existiere? Europa sei mein Vaterland, erklärte ich stolz.

Das waren starke Worte in jenen Tagen, so liberal es auch sonst zuging und es war mein Glück, daß sie bei meinen Lehrern nichts andres als Gelächter erregten.

So genoß ich bis zum Ende meiner Gymnasiastenzeit eine Art von Narrenfreiheit, die mir freilich kaum zu Bewußtsein kam, da es mir viel zu ernst damit war, alles Hergebrachte in Zweifel zu ziehen und mir eine eigene Meinung zu bilden.

## Sommerwochen in Frankreich

Es war im Frühjahr 1907, ich war gegen achtzehn Jahre alt und in der Unterprima, als unser Französischlehrer, der Professor Kiene, der versammelten Klasse eine Botschaft vortrug, die er im Auftrag und mit ausdrücklicher Empfehlung des Königlich Bayrischen Kultusministeriums uns zu übermitteln habe. Professor Kiene, auch eines unserer Originale und ein Wichtigmacher erster Ordnung, war nicht der Mann, eine Sache in einfache Worte zu kleiden. Trotzdem begriff ich, worum es ging: um den für damalige Zeiten kühnen Versuch, einen deutsch-französischen Schüleraustausch anzubahnen. Dazu war nichts weiter nötig, als daß sich ein deutscher Gymnasiast zu einem Ferienaufenthalt in einem französischen Haus melden solle und das Einverständnis seiner Eltern mitbringe, die sich ihrerseits bereit erklären müßten, einen französischen Schüler an Stelle ihres Sohnes in ihr Haus aufzunehmen.
Ich war von dem Plan und den überraschenden Aussichten, die sich mit ihm boten, derart begeistert, daß es mir nicht schwer fiel, die Zustimmung meiner Eltern zu erhalten.
Gleich am ersten Tag meiner Sommerferien durfte ich mich auf die Bahn nach Frankreich setzen. So reist man später nicht mehr, so neugierig, so auf alles gespannt, so dankbar und so harmlos zufrieden. Zudem war es meine erste größere Reise.
Ich fuhr in der Nacht durch das damals noch deutsche Elsaß und sah mit einem nie wieder so stark empfundenen Entzücken die Sonne hinter den Pappelstraßen rechts des Rheins aufgehen und mit ihrem langsam heller werdenden Licht auf der anderen Seite die Konturen der Vogesen nachzeichnen. In Mülhausen stieg ich in einen Lokalzug um, der dicke Rauchschwaden ausstieß und mich unter Rattern und Schnauben durch ein kurvenreiches Vogesental zur deutschen Endstation emportrug. Dort wartete der Postwagen, ein Ungetüm von einem Vehikel, das mich mit dem Vorspann seiner vier kräftigen Pferde und der schwarzen, rissig und etwas schimmelig gewordenen Lederbekleidung zu meiner Genugtuung an Bilder aus Gerstäckers[12] Wildwestgeschichten erinnerte. Doch gab es bei dieser Höhenfahrt an dunklen Tannenwäldern vorbei zum Col de Bussang keine Abenteuer außer dem erregenden Gefühl, mich zum ersten Mal in meinem Leben einem fremden Land zu nähern.
Frankreich war plötzlich da, die blauweißroten Zollschranken öffneten sich, Paßformalitäten gab es in jenen, heute legendär gewordenen Friedenszeiten

nicht, und während ich mir vor der Douane die Füße vertrat, blickte ich von der Paßhöhe herunter auf ein weites, sonniges Tal und einen Kranz im Blauen verschwimmender Berge. Ich war etwas enttäuscht, weil ich diese Landschaft wenig verschieden von der fand, die ich verlassen hatte.

Erst unten im Tal, als ich den französischen Personenzug bestieg, der mich zu meiner Bestimmung bringen sollte, überkam mich das lang vorhergewünschte Gefühl der Fremde.

Die Bahnhofsanlagen und die Häuser längs der Schienen sahen anders aus wie zu Hause oder noch im Elsaß. Sie kamen mir verwahrlost vor und gleichsam provisorisch hingestellt, wie von einem Volk, das die moderne Technik nicht ernst nahm. Auch der Menschenschlag, der die langen Bänke des durchgehenden Wagens besetzt hielt, war mir ungewohnt, vor allem die Bauern mit ihren langen, über die Schenkel herunterhängenden Blusen, ihrem Geruch nach Knoblauch und dem beißenden Qualm ihrer starken, schwarzen Zigaretten. Was mich aber am meisten verblüffte, war die ungezwungene und zungengewandte Art, mit der die Passagiere in einer mir völlig unverständlichen Sprache durcheinander plapperten.

Stärker noch, ja fast bedrückend, empfand ich die Atmosphäre der Fremde, als ich das Haus in dem Marktflecken Le Thillot betreten hatte, wo ich für die nächsten zwei Monate wohnen und leben sollte. Zwar wurde ich von der verwitweten Madame Leblanc, der Mutter jenes Etienne, der jetzt an meiner Stelle und in meiner Stube bei meinen Eltern lebte, auf das freundlichste empfangen. Ich hatte ein hübsches Zimmer im oberen Stockwerk des weiträumigen Hauses und sah mich verwöhnt wie ein Sohn, auf den man seit langem gewartet hatte.

In den ersten Wochen hatte ich Grund genug, auf unsern Professor Kiene böse zu sein. Er hatte uns allerdings in seiner umständlichen Art eine klare und gewählte Aussprache des Französischen beizubringen versucht, aber die Übungssätze, die er zu diesem Zweck für uns ausgesucht hatte und die wir immer aufs neue hersagen mußten, hatten nicht die geringste Beziehung zu der Realität des Lebens, in dem ich jetzt stand. Außer „Oui" und „Non" und „Merci bien" und „S'il vous plaît" konnte ich kaum etwas von meinen Kenntnissen anbringen. Es kränkte mich tief, daß ich, der zu Haus den Ruf eines ausgezeichneten Schülers genoß, den Gesprächen, die mich umschwirrten, nicht folgen und auf die an mich gerichteten Fragen nur mit einem albernen Lächeln antworten konnte. Nicht nur mein Ehrgeiz war geweckt. Ich sah mich durch die Umstände einfach gezwungen, den Sinn der hervorgesprudelten fremden Laute aufzufassen und mich selber verständlich zu machen. Außerdem kam ich bald dahinter, daß die Franzosen

es einem Ausländer übel nehmen, wenn er nicht innerhalb kurzer Frist ihre Sprache, auf deren Schönheit und Eleganz sie mit Recht so große Stücke halten, einigermaßen zu beherrschen lernt. Madame Leblanc, meine stellvertretende Mutter, führte im Erdgeschoß einen von ihrem verstorbenen Mann überkommenen Laden, eine Art gemischte Warenhandlung, wo man, wie mir vorkam, alles kaufen konnte, was das Herz begehrte. In einem der hinteren Räume, eher einem Verschlag, der durch ein kleines Fenster mit dem Laden verbunden war, herrschte Monsieur Fromentin, ein strenger und oft mürrischer Mann mit einem Spitzbart, auf dem Kopf eine graue Mütze, die er höchstens beim Essen abnahm. Er war, das hatte ich bald heraus, die Seele des Geschäfts, Buchhalter und Verwalter des Vermögens, das er Sou auf Sou übereinanderlegte, um die Rente der Witwe und die Erziehungskosten ihrer Söhne zu sichern. Zur Bedienung der Kunden ließ sich Monsieur Fromentin nur bei dem Andrang vor Sonn- und Feiertagen herab. Sonst saß er hinter seinem kleinen Fenster, schrieb, rechnete und paßte auf den Laden auf. In der ersten Zeit wunderte ich mich über seine ungeduldige Stimme, mit der er gelegentlich zum ersten Stock, wo sich das Weibervolk umhertrieb, etwas hinaufrief, was mir als das größte Geheimnis der französischen Sprache erschien, das mir bisher unterlaufen war. Nach mehrmaligem Hören klang es wie „Ya du monde". Natürlich wußte ich, daß le monde so viel wie die Welt heißt, aber das machte es nur noch geheimnisvoller. Schließlich hielt ich die Ungewißheit nicht länger aus und bat Monsieur Fromentin um eine Erklärung. Mit einem Entgegenkommen, das ich mir von ihm nicht vermutet hätte, setzte er mir auseinander, daß mit le monde auch die einzelnen, auf dieser Erde lebenden Menschen gemeint sein könnten und er mit seinem Ruf nur die Weiber darauf aufmerksam machen wolle, daß sich Kunden im Laden befänden. Ich weiß noch gut, daß mir mit dieser Erklärung sozusagen ein Knopf aufging und ich von diesem Tag an mehr und mehr von dem gesprochenen Französisch verstand. Und was ich nicht verstand, danach konnte ich bald geläufig fragen.
Der Gipfel meines Stolzes war erreicht, als mich schon nach wenigen Wochen bei einem Radausflug nach dem Städtchen Remiremont eine Bäuerin, bei der ich mich nach dem Weg erkundigte, für einen Eingeborenen von Le Thillot hielt. Die wären, meinte sie mißbilligend, alle so unhöflich wie ich und vergäßen das „Madame", das zu jedem an eine Frau gerichteten Satz gehöre.
Ich war gekommen, um mich belehren zu lassen, und es geschah auf die einfachste und natürlichste Art, indem ich nur da war und mit den empfäng-

lichen Sinnen der frühen Jugend und der leichten Gewöhnung an andre Sitten die fremde Umgebung auf mich wirken ließ. Ich kann mich nicht erinnern, daß mir je eine Zeit so rasch und ergiebig vorüberging wie diese Ferienwochen in Frankreich.

Der Ort war klein und leicht überschaubar. Wenn ich auf die Straße ging, traf ich lauter Bekannte. Ich war „le jeune Allemand de Madame Leblanc" und die braven Einwohner von Le Thillot machten sich eine Ehre daraus, mir sonst selten gewährte Einblicke in ihr Leben zu verschaffen. Die Handwerker, der Schreiner, der Schmied und der Schuhmacher, riefen mich aus ihren offen stehenden Werkstattüren an. Ich ließ mir von ihnen an Hand ihrer Tätigkeit ihre Fachausdrücke erklären und lieferte ihnen den gern gesehenen Vorwand, mit mir einen erquickenden Umtrunk zu tun. Flaschen zu diesem Zweck standen überall griffbereit, auch bei dem Curé des Ortes, einem liebenswürdigen, beleibten Herrn in einer langen, etwas speckigen Soutane. Ich saß in seinem kahlen, weißgetünchten Eßzimmer, das auf Rosenspaliere und einen großen Obstgarten blickte, und lauschte seinem klassischen Französisch, das ihm ganz offenbar mir zur Liebe und zur Belehrung in langen, rollenden Perioden von den Lippen strömte. Er beklagte sich bei mir, dem Protestanten, über den schweren Stand seiner Kirche in dem laizistischen Frankreich, und wie um mich und sich zu trösten, griff er hinter sich auf die Fensterbank nach den dickbauchigen Flaschen selbstgebrauter Schnäpse, die er, wie er nie zu versichern vergaß, aus Rücksicht auf seinen Stand und meine zarte Jugend mit Grenadine und Sodawasser verdünnte.

Anders herzhaft ging es in dem Café, das zugleich Estaminet war, am Marktplatz zu, wohin ich auch an Wochentagen von meinen besser gestellten Gönnern eingeladen wurde. Selten habe ich so viel Freundlichkeit erfahren wie in diesem nicht ganz sauberen und verräucherten Lokal mit den vielen trüben Spiegeln. Ich wurde mit Witzen und Wortspielen regaliert, an denen sich meine Zunge üben sollte. Ich wurde in die Kunst des Billardspiels eingeweiht, sowie in die Handfertigkeit beim Drehen von Zigaretten und nicht zuletzt in das Mixen köstlich und verboten schmeckender Apéritifs.

Auch ein paar Volksschullehrer lernte ich dort kennen. Sie waren mit dem ihnen zustehenden pädagogischen Eifer drauf bedacht, meine französischen Kenntnisse zu erweitern und forderten mich auf, wann immer es mir beliebe, ihren Unterrichtsstunden beizuwohnen. Ich kann mich noch gut an die Vormittage erinnern, an denen ich auf Zehenspitzen eines der mir vorher bezeichneten Klassenzimmer betrat und mich auf einen Wink des auf dem Katheder thronenden Lehrers auf einen Platz in einer der hinteren Bänke setzte. Ich wunderte mich über die Bravheit der Kinder, die bei meinem Erscheinen in lautes Kichern ausgebrochen waren, bald aber unter dem drohenden Blick des Lehrers mit hingebungsvollem Ernst ihre eingelernten Lektionen herunterschnurrten, pathetische Gedichte aufsagten, um schließlich, aufgeräumt und aus schmetternden Kehlen, die hübschen Lieder Frankreichs zu singen.

Unterdessen blätterte ich in ihren Unterrichtsheften, die mir der Lehrer zur Durchsicht vorgelegt hatte. Dabei entdeckte ich auf der hinteren Umschlagseite ganze Reihen in grellen Farben gedruckter Bilder, die mich höchlichst erstaunten. Ich fand da deutsche Soldaten dargestellt, Produkte der scheußlichsten Phantasie, dickschädlige, struppige, rotbärtige Ungeheuer, deren Lebensinhalt darin zu bestehen schien, gewaltige Bierhumpen zu leeren, Sauerkraut in ihre rohen Mäuler zu stopfen und nebenbei Pendulen zu stehlen und Kinder auf ihre Bajonette zu spießen. Ich erinnere mich, daß ich nach einer solchen Stunde voller Empörung zu den mir bekannten Lehrern lief und ihnen vorhielt, wie sie es dulden könnten, daß man derart die Gemüter der ihnen anvertrauten Kinder vergifte. Ich fragte sie, mit einem Finger auf mich deutend, ob ich, der hierher geschickte Repräsentant des Deutschtums, so aussehe und je so aussehen würde. Ob ich damit Eindruck machte, kann ich nicht sagen. Die Lehrer gaben zwar zu, daß es sich um Karikaturen handle, aber bei aller Freigeisterei, in der sie sich gefielen, glaubten sie unerschütterlich an nationalistische Legenden, wie zum Beispiel daran, daß die tapferen französischen Armeen den Krieg 1870/71 nur deshalb verloren hätten, weil ihre Generale von den Preußen bestochen gewesen seien.

Da war mit den rotbehosten Soldaten, die während der Sommermanöver durch die Gegend zogen, anders zu reden. Ich saß bei ihnen am Biwakfeuer, der leichte Rotwein ging um in den Blechgefäßen und unter ihnen war ich, so schien mir, im besten Frankreich, am Herzen eines gutmütigen, heiteren und friedlichen Volkes. Sie waren sehr neugierig und stellten mir viele Fragen. Ich war nämlich für sie der Deutsche schlechthin, um dessentwillen man sie ihrer Heimat entrissen hatte und sie mit Schießen, Marschieren und anderem Unsinn plagte. Aber nachdem ich sie über meine Gesinnung aufgeklärt hatte, nahmen sie es mir nicht weiter übel, und als es unter unsern Gesprächen dunkler wurde und der Heugeruch von den Wiesen her sich verstärkte, versicherten sie mir beinahe feierlich, daß sie mit mir, mochten auch die Forts auf den Bergen ringsum mit noch so vielen

Kanonen bespickt sein, keinen neuen Krieg beginnen und sich weigern würden, wenn es doch dazu käme, auf mich zu schießen.
Sie oder ihre Kameraden haben freilich ein paar Jahre später mehr, als mir lieb war, in der Champagne und an der Somme auf mich geschossen. Aber damals meinten sie es ehrlich.
Denn das französische Volk, so weit ich es an jenem Abend beim Biwakfeuer, und anderswo, auf Festen und Märkten und am Familientisch, kennen lernte, ist nicht nur nach außen hin heiter, gesellig und liebenswürdig, sondern seinem Wesen nach von tiefer Friedfertigkeit. Ich wenigstens habe in dem Vogesental, das so nahe der deutschen Grenze lag, keine radikalen Nationalisten gefunden, von den paar Volksschullehrern abgesehen. Ich war zwar manchmal erstaunt, wenn ich die Menschen, mit denen ich näher verkehrte, bei ihrer täglichen Arbeit beobachten konnte und dabei bemerkte, wie sehr die meisten Monsieur Fromentin glichen, wie kleinlich und zäh sie rechneten und wie wenig von dem ihnen angedichteten Leichtsinn zu spüren war. Erst allmählich ging mir auf, daß in dieser französischen Provinz noch die alte gallische Tradition galt: daß die Menschen dort nur darum so verbissen ihre Arbeit taten, um möglichst bald sich frei zu machen für den Genuß des irdischen Daseins, an dem sie wie die Kinder freuen konnten.
Ich lernte in diesen acht Wochen meiner frühen Jugend nicht nur mehr, als ich aus noch so viel Büchern hätte erfahren können; ich lernte etwas, was sich aus Büchern überhaupt nicht erfahren läßt. Ich hatte mich zwischen den grünen Hügeln der Vogesen zu wohl gefühlt, um nicht ganz Frankreich lieben zu müssen, und wenn ich später, wiewohl lange vergeblich, einiges tat, um die Vorurteile und die sinnlose Feindschaft zwischen den beiden, so eng aufeinander angewiesenen Völkern abbauen zu helfen, so war nicht zum wenigsten jene Zeit daran schuld, die ich wie ein Sohn in einem französischen Haus hatte verbringen dürfen.

## Auf der Düsseldorfer Theaterakademie

Neun Jahre hindurch war ich den ewig gleichen Weg zu dem wenig einladenden Bau unsres Gymnasiums gegangen, an den trübseligen und verwünschten Fassaden der ewig gleichen Häuser vorbei.
Neun Jahre, die im Alter wie im Flug zu vergehen scheinen, kommen der Ungeduld der Jugend wie eine Ewigkeit vor. Es gab Morgen, wo ich auf meinem Schulweg gelähmt war von der Vorstellung, daß diese Jahre nie ein Ende nehmen würden. Und als sie dann doch vergangen waren und ich mein Abitur, ohne mich anzustrengen, bestanden hatte, war ich viel zu benommen, schon zu weit voraus mit meinen Gedanken, um mich richtig freuen zu können. Außerdem war ich beschäftigt.
Da ich immer noch als bester Schüler galt, war mir die Ehre zugefallen, bei der offiziellen Schlußfeier die Abschiedsrede zu halten. Ich sehe mich noch, wie ich, flankiert von Lorbeerbäumen, die aus grün drapierten Kübeln wuchsen, vor der Festversammlung im großen Saal des Ludwigshafener Gesellschaftshauses stand, in einem lächerlich hohen steifen Kragen, einem schwarzen Gehrock und einen Zwicker auf der Nase. So angetan hielt ich meine sorgfältig vorbereitete Rede, die, worauf ich heute noch stolz bin, beträchtliches Aufsehen erregte. Zum Entsetzen der anwesenden Honoratioren verglich ich nämlich meine Gefühle beim Verlassen unsres Gymnasiums mit denen von Sträflingen, denen sich nach langen Jahren die Tore des Gefängnisses öffnen. Dann sprach ich in hohen Tönen von dem Leben, das uns winkte, von dem eigentlichen, lebendigen Leben, das wir in Freiheit und Schönheit genießen wollten.
Natürlich waren es Ibsens Bühnenstücke, die mir diese schwungvollen Worte eingegeben hatten. Ich war in den letzten Jahren, die ich auf der Schule verbrachte, zu einem Theaternarren geworden. Von der Nachbarstadt Mannheim trennte mich nur die Brücke über den Rhein. Ich brauchte dann bloß durch den Schloßgarten zu gehen und an dem einst prächtigen, jetzt verödeten Schloß vorbei einzubiegen, um vor dem langgestreckten Bau des alten Hof- und Nationaltheaters zu stehen. Dort stellte ich mich mit meiner schon vorher erstandenen Eintrittskarte, die mich sechzig Pfennig für eine Oper, vierzig für eine normale und zwanzig für eine Volksvorstellung gekostet hatte, vor einem Seiteneingang auf, wartete geduldig Stunden lang, bis sich die Tür geöffnet hatte, und raste dann viele gewundene Treppen hinauf, um unter den ersten zu sein, die das Gitter erreichten, von dem aus es nicht mehr weit zu den Galerieplätzen war. Das Gitter blieb bis

kurz vor der Vorstellung geschlossen. Es störte mich nicht, ich konnte mich auf eine der steinernen Stufen setzen und mich an Hand eines Textbuches oder eines Reclamheftes auf die zu erwartenden Genüsse vorbereiten. Dann kam der Theaterdiener mit einem großen Schlüssel, das Gitter drehte sich kreischend in seinen Angeln und ein neuer Wettlauf war zu bestehen. Waren erst einmal die Saaltüren hoch oben im Olymp des Theaters erreicht, so galt es mit eingezogenem Kopf unter den eisernen Armstützen durchzuschlüpfen, die vor jeder der übereinanderliegenden Galeriereihen angebracht waren. Fast immer gelang es meiner Behendigkeit, in die erste Reihe zu kommen, möglichst nahe in die Mitte, wo die Galerieloge begann, die doppelt so teuer und für mich nur selten erschwinglich war.

Dort, hoch oben auf der Galerie, habe ich die glühendsten Stunden meiner Jugend erlebt. Dort habe ich den heute legendär gewordenen Josef Kainz[13] als Mephisto erlebt, höchst verführerisch und elegant in seinem Mäntelchen aus roter Seide. Der schneidend triumphierende Tonfall, mit dem er seine Sätze im Prolog im Himmel sprach, klingt mir heute noch so lebendig, daß ich sie immer noch auswendig weiß.

Das Repertoire des Mannheimer Theaters war sehr abwechslungsreich und wie für mich zugeschnitten. So konnte ich fast alle deutschen Klassiker sehen, viel Shakespeare und den jungen Gerhart Hauptmann. Ich schwelgte in der Melodienfülle Mozarts und Verdis und damals auch in den Wagneropern, in deren Motivenwelt mich ein klavierspielender Freund lange vorher eingeführt hatte.

Jeder Theaterabend war für mich ein Fest. Schon das Stimmen der Instrumente in der Tiefe des Orchesters versetzte mich in Entzücken, und wenn der mit Apollo und den Musen geschmückte Vorhang sich hob, war ich sogleich verzaubert.

Das Theater war damals für mich nicht eine Welt des bloßen schönen Scheins. Nicht umsonst erhob sich auf dem freien Platz vor dem Mannheimer Haus, flankiert von den Statuen Dalbergs[14] und Ifflands[15], die kühne Gestalt Schillers, der in seiner Jugend an dieser Stätte die Schaubühne seiner Zeit reformieren wollte. Mir und meiner damaligen Generation schien Ibsen mit seinen revolutionären, einer neuen Zeit entsprechenden Forderungen der wahre Nachfolger Schillers zu sein. Ich entsinne mich noch sehr wohl, wie ich nach einer Aufführung der „Gespenster" durch den dunklen Schloßgarten nach Haus ging, aufgewühlt wie nur noch einmal zuvor am Tag meiner Konfirmation und meines ersten Abendmahls.

Schon als Gymnasiast hatte ich Verbindungen mit einigen der jüngeren deutschen Dramatiker anzuknüpfen versucht. Dabei hatte ich die Freude, mit Herbert Eulenberg[16], dem damals bekanntesten Vertreter der sogenannten neuromantischen Schule, brieflich in nähere Beziehung zu kommen. Er schickte mir seine verträumten Dramen und Komödien sowie seine auch heute noch beliebten literarischen Porträts, die „Schattenbilder", mit schmeichelhaften Widmungen zu und lud mich schließlich ein, zu ihm nach Düsseldorf zu kommen, wo er als Dramaturg an dem Schauspielhaus, einem der modernsten Theater der Vorkriegszeit, wirkte und wo eine Theaterakademie bestand, die, so hieß es in seinem Schreiben, einem jungen Enthusiasten wie mir ein weites Feld der Belehrung und Anregung bieten könne.

Meine Eltern waren natürlich außer sich, als ich ihnen eröffnete, daß ich einstweilen auf das Universitätsstudium zu verzichten und dieser Einladung zu folgen gedächte. Meine Mutter weinte, mein Vater fluchte und drohte mir mit der Vorstellung, daß die lange Ahnenreihe der biederen Burschells sich in ihren Gräbern umdrehen würde. Aber angesichts meiner ehernen Entschlossenheit, die sich bis zu dem Schwur verstieg, mich eher umbringen zu wollen als von meinem Vorhaben abzulassen, gaben sie schweren Herzens nach. Nachdem dann noch ein Verwandter, einer meiner älteren Vetter, der in Düsseldorf ein gut gehendes Porzellan- und Glaswarengeschäft betrieb, sich bereit erklärt hatte, mich für die erste Zeit bei sich aufzunehmen, ließen sie mich etwas erleichterter ziehen.

Bei schwülem Wetter und verhangenem Himmel fuhr ich den Rhein entlang, diesmal in anderer Richtung. Ich war stromabwärts bisher nur einmal nach Worms gekommen. Mit fiebrigen Schläfen saß ich am Fenster, voller Begierde, das Rheintal so schön und romantisch zu finden, wie ich es aus Bildern kannte. Aber ich wurde enttäuscht. Ich verlasse mich dabei nicht auf mein Gedächtnis, sondern auf eine frühere Schilderung dieser Reise und meiner Ankunft. Hinter Mainz hatte es zu regnen begonnen und für eine lange Strecke fuhren wir durch ein Gewitter und tief hängende Wolken. Ich sah nur die Bahnhofsschilder: Bingen, Sankt Goar, Koblenz, ab und zu auch den metallisch schimmernden Fluß und den naß glitzernden Schiefer der Rebenhänge. Hinter Bonn hatte sich das Gewitter verzogen, aber ich war müde geworden und schlummerte ein.

Merkwürdig benommen kam ich in Düsseldorf an und hatte gleich ein Erlebnis, wie es mir in dieser Stärke nie wieder zugestoßen ist. Es war Dämmerung, als ich die mir unbekannte Wohnung meines Vetters betrat. Einer meiner ersten Blicke fiel auf eine hohe Glasvitrine, in der altes Zinn stand, Gefäße, Krüge und Teller in den verschiedensten Größen und Formen. Es war wie ein Blitz, der mich, unvorbereitet, wie ich war, bei diesem Anblick durchfuhr, zugleich erschreckend und wunderbar. Die Wissenschaft der Metapsychologie hat einen Namen für diese rasch entstehende, rasch wieder vorübergehende Sensation. Sie nennt das „déjà vu". Es kam mir nämlich nicht nur so vor, sondern ich war für ein paar Augenblicke davon überzeugt, daß ich das alles ganz genau so schon einmal gesehen hatte, das Zimmer, die Stühle, den Teppich vor der Vitrine und vor allem das dunkel schimmernde Zinn. Vielleicht hatte ich es im Traum gesehen, vielleicht in dem leichten Fieber während der Bahnfahrt. Ich wußte es nicht.

Ein paar Tage später war ich bei Herbert Eulenberg eingeladen. Er wohnte in Kaiserswerth unweit von Düsseldorf in einer unscheinbaren Villa, an die rückwärts sein Arbeitszimmer, seine weiträumige Bibliothek und eine breite Veranda mit einem freien Blick über die mir melancholisch erscheinende Landschaft des Niederrheins angebaut waren. Zum ersten Mal betrat ich das Haus eines Dichters. Mir klopfte das Herz bis zum Hals vor scheuer Ehrfurcht. Dabei hatte der neuromantische Dichter gar nichts Strenges oder Furchteinflößendes an sich. Er sprach mit einem leichten Lispeln und einem rheinischen Akzent, der in seinem Mund ebenso verspielt klang wie die Gespräche in seinen Tragikomödien. Er trug, wenn ich mich recht erinnere, einen lockeren, großkarierten, hellbraunen Anzug, dazu eine rote Weste und eine Rose im Knopfloch. In dem kleinbürgerlichen Milieu, in dem ich aufgewachsen war, hatte ich etwas so Extravagantes nie zu Gesicht bekommen. Auch verwirrte mich die mit mir geladene kleine Gesellschaft, einige elegante Damen und Herren, von denen gar einer, wie ich staunend festgestellt hatte, auf einem prächtigen Pferd vorgeritten war. Die freundliche Hausfrau wollte mich aus meiner nur allzu deutlich gewordenen Befangenheit reißen. Sie ließ Wein auf die Veranda bringen und reichte mir ein gefülltes Glas, damit ich zur Begrüßung mit ihnen anstoßen solle. Doch meine Finger gehorchten mir so wenig, daß ich daneben griff und das Glas auf den Steinfliesen zerschellte.

Unter diesem Zeichen stand mein Aufenthalt in Düsseldorf so gut wie ausschließlich. Alles gute Zureden Eulenbergs konnte nicht viel daran ändern.

Ich sah mich zu meinem Kummer in eine Welt versetzt, die eigentlich meinen Neigungen hätte entsprechen müssen, aber mir doch seltsam fremd blieb. So sehr ich den hohen Ernst anerkennen mußte, mit dem die große Tragödin Louise Dumont[17] das ihr anvertraute Schauspielhaus und die Theaterakademie leitete, so sympathisch mir auch ihre Verachtung des landläufigen Publikumsgeschmacks und ihre leidenschaftliche Hinneigung zu Goethe und Ibsen erscheinen konnten, war mir, dem jungen Pfälzer, ihr feierliches Gebaren, die hohepriesterliche Aura, in die sie sich oft genug hüllte, auf die Dauer unbehaglich. Dazu kam, daß sie mit aller Gewalt einen Schauspieler aus mir machen wollte, was ja auch der Zweck des ganzen Unterrichts war. Mein Mentor Eulenberg hatte sich da in seinem Einladungsschreiben etwas vage ausgedrückt. Er hatte Vorstellungen in mir erweckt, die mehr dem Ideal einer klassischen Akademie als der Realität eines modernen Theaterinstitutes entsprachen.

Ich will nicht undankbar sein. Ich lernte allerhand in Düsseldorf. Louise Dumont, gar nicht feierlich, sobald es um die Elemente ihres Berufes ging, war eine ausgezeichnete Lehrerin. Sie gab sich große Mühe mit mir. Sie gewöhnte mir langsam meine pfälzische Mundart ab, auf die ich bisher noch kaum geachtet hatte. Sie lehrte mich richtig sprechen, klar und deutlich, mit reinen Vokalen. Sie lehrte mich richtig betonen und auch richtig und zweckentsprechend atmen.

Ich werde nie vergessen, wie sie mich während einer ihrer Stunden aufforderte, meine Hand auf ihren Bauch zu legen, damit sie mir ihre Atemtechnik vorführen könne. Ich glaubte nicht recht zu hören, und erst, als sie ihren Befehl energisch wiederholte, wagte ich sie zu berühren, wobei ich vor Scham zu vergehen glaubte.

Mit der Zeit überwand ich freilich meine übergroße Schüchternheit, die sich so wenig mit der ganzen Atmosphäre des Theaterbetriebs vertrug, in den ich mich verstrickt sah.

Denn zu den Aufgaben der Akademieeleven gehörte es, bei allen Vorstellungen mitzuwirken, bei denen Statisten und Komparsen benötigt wurden. Zunächst bekam ich zu hören, daß ich mich nicht ordentlich, ungezwungen von der Schulter herab, bewegen noch auch richtig stehen könne. Nachdem das einigermaßen korrigiert war, erhielt ich mit den anderen, neu eingetretenen Schülern Lektionen im Florett- und Säbelfechten, teils zur Hebung der körperlichen Gewandtheit, teils um in den Schlachtszenen, an denen beispielsweise die Shakespearedramen so reich sind, meinen Mann stellen zu können. Auch wurde uns die Kunst beigebracht, historische Gewänder mit Würde und ohne Stolpern zu tragen.

So vorbereitet durfte ich bei einer Auffführung von „Nathan dem Weisen" zum ersten Mal die Bühne betreten, und zwar als ein Klosterbruder im Gefolge des zelotischen Patriarchen von Jerusalem. Es war ein kurzer Auftritt, bei dem es nur darauf ankam, mit frommer Miene und der Andeutung eines Gebetes auf den Lippen über den Hintergrund der Bühne zu wandeln. Lessings Nathan ist ein ernstes Stück, das schönste Zeugnis der deutschen Humanität, und ich hätte stolz sein sollen, darin eine wenn auch noch so untergeordnete Rolle spielen zu dürfen. Aber ich erinnere mich nur, daß ich Mühe hatte, mir das Lachen zu verbeißen, da der Mönch an meiner Seite, ein ausgepichter rheinischer Witzbold, statt ein Gebet zu murmeln gotteslästerlichen Unsinn anstimmte.

Welch ein Abstand von der Ergriffenheit, die ich noch vor ein paar Monaten in dem doch reichlich provinziellen Mannheimer Theater empfunden hatte, zu der Ernüchterung, in die mich jetzt die Blicke hinter die Kulissen versetzten. Ich war viel zu jung und ungeduldig, um die Arbeit würdigen zu können, die damals in Düsseldorf geleistet wurde. Die ewigen Wiederholungen und das Stückwerk der unendlich langen Proben, denen ich beizuwohnen hatte, ermüdeten mich so, daß mir jeder Genuß verging, ähnlich wie auf dem Gymnasium bei der schulmeisterlichen Behandlung der Horazischen Oden.

Das änderte sich wenig, als mich die Direktion für fortgeschritten genug hielt, nun auch kleinere Sprechrollen zu übernehmen. Natürlich war ich nicht wenig stolz darauf, meinen Namen auf dem Theaterzettel gedruckt zu sehen; bei einer Aufführung des „Wilhelm Tell", in dem es bekanntlich von Nebenrollen wimmelt, gleich dreimal. Besonderes Lob erhielt ich für meine Darstellung des Schweizer Eidgenossen „Auf der Mauer". Da hatte ich nämlich in der Rütliszene die bedeutungsvollen Worte zu sagen: „Ein Regenbogen mitten in der Nacht".

In einem Stück des Ibsenepigonen Max Dreyer[18] durfte ich meine größte Rolle spielen, die eines ollen, ehrlichen Seemanns, angetan mit einem schwarz lackierten Südwester, einer struppigen, fest angeklebten Schifferkrause und bis über die Knie reichenden Gummistiefeln. Am Morgen nach der Erstaufführung fand ich in einer Düsseldorfer Zeitung meine erste Kritik. Sie hatte folgenden Wortlaut: „Fritz Burschell stellte einen prächtigen Lotsen auf die Beine".

Etwas später widerfuhr mir die Ehre, von dem unvergeßlichen Alexander Girardi[19] einer Ansprache gewürdigt zu werden. Der große Schauspieler war aus Wien gekommen, um am Düsseldorfer Schauspielhaus seine berühmteste Rolle zu spielen, den Valentin in Raimunds[20] „Verschwender". Vor der ersten Probe, zu der sich alle Mitwirkenden auf der Bühne versammelt hatten, trat er auch auf mich zu, streckte mir die Hand entgegen und sagte wörtlich: „I bin der Herr Girardi, und wer san nachher Sie?"

Neben ihm war ich niemand, und als ich ihn dann das Hobellied singen hörte, so, wie nur er es singen konnte, war es aus mit meinem theatralischen Ehrgeiz, falls er je ernsthaft bestanden hatte.

### Dienstag, den 2. März 1909:
#### Zum ersten Male:

# HANS.

Drama in drei Akten von Max Dreyer.
Regie: Arthur Holz
PERSONEN:
Prof. Dr. Hartog, Leiter einer biologischen Anstalt . . . . Hanns Schreiner
Johanna Hartog, seine Tochter . . Erna Liebenthal
Rechnungsrath a. D. Mahnke, sein
Schwiegervater . . . . . Reinhard Bruck
Anna Brendt . . . . . Anna Grecza
Grossmutter Jensen, Mutter eines Lotsenkommandeurs . . . . . . Johanna Platt
Heinrich Jensen, Lieutenant zur See
a. D. ihr Enkel . . . . . Emil Mamelok
Dr. Brömel, 1. Assistent } von Hartog. Alfred Breiderhoff
Dr. Graff, 2. Assistent Ferdinand Freytag
Christine, Dienstmädchen bei Hartog Hedy Wurzel
Hennerk Petersen, invalieder Lotse, .
Diener beim Lotsenkommandeur . Fritz Burschell

Spielt in der Gegenwart auf einer Nordseeinsel.

Nach dem 2. Akte 15 Minuten Pause. Vor der Pause fällt der Hauptvorhang.

#### PREISE DER PLÄTZE:

| | | | |
|---|---|---|---|
| 1. Rang Proszeniumloge . . . . Mark 8.— | 8.—15. Parkett Reihe . . . . . Mark 2.95 |
| 1. Rang Untere Proszeniumloge . . „ 7.— | 2. Rang Balkon 1.—2. Reihe . . . „ 2.— |
| 1. Rang Mittelloge . . . . . „ 3.85 | 2. Rang 3.— 5. Reihe . . . . „ 1.50 |
| 1. Rang Seitenloge . . . . . „ 3.85 | 2. Rang 6.— 9. Reihe . . . . „ 1.— |
| Parkettloge . . . . . . „ 3.85 | 2. Rang 10.—11. Reihe . . . . „ 0.70 |
| Parkett 1.—7. Reihe . . . . „ 3.85 | 2. Rang Stehplatz . . . . . . „ 0.50 |

exklusive der städtischen Billetsteuer und Garderobengebühr.

Beginn der Vorstellung 7½ Uhr. Ende vor 10 Uhr. Kassenöffnung 6½ Uhr. Einlass 7 Uhr.

Die Tageskasse (Eingang Kasernenstrasse) ist morgens von 10—2 Uhr geöffnet. (Tel. 5001.)
Die voraus bestellten Billets müssen am Tage der Vorstellung bis 1 Uhr mittags an der Kasse erhoben werden, sonst wird anderweitig darüber verfügt. Vormerkungen auf Billets nimmt die Tageskasse an, die Billet-Ausgabe für alle Plätze beginnt am Vormittag des der Vorstellung vorhergehenden Tages an der Tageskasse in dem Passagebureau des Nordd. Lloyd, Emil Meyer, Wilhelmplatz 9 am Hauptbahnhof (Telephon 7851) in der Schrobsdorff'schen Buchhandlung (Walther Peters) Königsallee 22 (Telephon 1009). und bei Gebr. Hartoch, Flingerstrasse, (Telephon 493, 415 und 7733)

| Anfang 8 Uhr: | Mittwoch den 3. März 1909: | Anfang 8 Uhr: |
|---|---|---|

## KONZERT
### des
# Ferencz Hegedüs.

Buchdruckerei Obligschläger, Düsseldorf Volmerswerthstr. 51a.

Ich faßte mir ein Herz und erklärte Louise Dumont kurz darauf, daß ich mich zum Schauspieler doch wohl nicht eigne. Sie lachte mich aus und versicherte mir kategorisch, daß ich nach den Proben, die ich bisher geliefert habe, der geborene Heldenvater sei.

Ich war damals neunzehn Jahre alt, und die Verlegenheit, die mich bei dieser Aussicht ergriff, war mindestens so groß wie die bei diesen Worten ausbrechende Heiterkeit der hübschen Schauspielschülerinnen, vor denen ich mich ungleich lieber in einer anderen Rolle gesehen hätte.

Damit ging meine theatralische Sendung ihrem Ende entgegen. Louise Dumont und Herbert Eulenberg sahen mich mit Bedauern scheiden. Ich aber war in Gedanken schon wieder anderswo, in den Sälen der Universität, wo ich meinen durch die Karenzzeit nur noch gesteigerten Wissensdurst zu stillen gedachte.

# Student in München

Im Frühjahr 1909, bald nach Ostern, packte mir meine Mutter wieder meinen Koffer und mein Vater brachte mich auf die Bahn, wobei er seine Genugtuung nicht verhehlte, daß ich nunmehr den rechten Weg einzuschlagen gedenke.
Ich selber war in den Wochen, die ich nach dem Abschied von Düsseldorf zu Haus verbrachte, allmählich recht ungeduldig geworden. Denn schon der Name Universität, die lateinische universitas, worunter das Ganze des Wissens und der Bildung verstanden werden wollte, hatte für mich nach der Enttäuschung, die ich auf der niederrheinischen Akademie erfahren hatte, einen unwiderstehlichen, ja einen magischen Klang erhalten.
Dazu kam, daß ich München für mein erstes Semester ausersehen hatte, die Hauptstadt meiner bayrisch-pfälzischen Heimat. Ich war dieser Stadt zugetan, noch bevor ich sie kannte, und als ich dann bei meiner Ankunft die Türme der Frauenkirche mit ihren grün patinierten Hauben auftauchen sah, klopfte mir das Herz, wie übrigens immer, so oft ich später nach München kam.
Das Studentenviertel in Schwabing wirkte nicht gerade einladend. Aber die großzügig angelegten, von den Greueln der Gründerjahre unberührt gebliebenen Straßen, die herrlich weiten Plätze, Vorboten eines heiteren Südens, lagen ganz in der Nähe, knapp um zwei Ecken herum. Die Straßenbahnen waren blau wie ein italienischer Himmel, in den Bäckerläden roch es nach Anis, und wenn ich auch nur eine Bretzel kaufte, hörte ich zum Abschied: „Beehrens mich wieder, junger Herr!"
Mit der gleichen Ehrfurcht, mit der ich vor mehr als einem halben Jahr zum ersten Mal einem Dichter begegnet war, betrat ich jetzt die Hallen der Universität am Siegestor, um die Worte gelehrter und weiser Männer in mich aufzunehmen. Ich hatte, da ich Germanistik studieren wollte, was mir selbstverständlich erschien, bei dem weit über München hinaus als Klopstockforscher bekannten Professor Muncker[21], dem Senior der deutschen Literaturgeschichte, ein Kolleg über den Sturm und Drang belegt. Ich war darauf besonders gespannt, weil ich in mir selber einen Stürmer und Dränger zu sehen glaubte. Zu der ersten Vorlesung hatte ich mir ein dickes, jungfräulich weißes Kollegheft mitgebracht. Der Professor erschien auf dem Katheder, Bücher unter beide Arme gepreßt und von einem stürmischen Trampeln begrüßt, eine akademische Sitte, die mir neu war und meine Spannung noch erhöhte, obgleich die Erscheinung des derart gefeierten

Lehrers mir keineswegs imponierend erschien. Er begann mit einem langen und monotonen Diktat der einschlägigen Bibliographie, die ich brav mit allen Daten, Verfassern, Titeln, Erscheinungsorten und Jahreszahlen, in mein Kolleghheft eintrug. Dann aber reckte sich das unter der Last der Gelehrsamkeit gebeugte Männchen empor, hob seine Arme, wobei es offenbar vorsichtshalber mit je vier Fingern seine losen, gestärkten Manschetten festhielt, und brach mit überschnappender Fistelstimme aus: „Der Sturm und Drang, meine Herren, diese überschäumende Bewegung..." Diese Worte haben sich mir eingeprägt, und was darauf folgte, muß danach gewesen sein. Denn meine Enttäuschung war grenzenlos. Erst später ging mir der Sinn für die Komik auf, die in dem grotesken Gegensatz zwischen dem Vortragenden und seinem Gegenstand lag.

Nach diesem ersten niederschmetternden Eindruck war ich entschlossen, von der mir gebotenen akademischen Freiheit radikal Gebrauch zu machen. Tage hindurch betrat ich das Universitätsgebäude nicht. Ich vergrub mich in meine Bude, die in der Blütenstraße lag, und studierte für mich selber. Schon als Gymnasiast war ich, wie man weiß, ein unersättlicher Leser gewesen. Hier in München, wo mich kein Mensch störte und ich nur um die Ecke zu gehen brauchte, um rasch in einem Bierkeller ein Schweinernes mit Kraut zu vertilgen, trieb ich wahre Lese-Orgien. Wenn ich auf einen Autor stieß, der mich packte, ruhte ich nicht eher, bis ich seine gesamten, mir zugänglichen Werke hinter mir hatte. So las ich hintereinander den ganzen Dostojewskij, den ganzen Balzac, den ganzen Dickens. Damals fiel mir auch die neue, vollständige Insel-Ausgabe der „Erzählungen aus den tausendundein Nächten" in die Hände.[22] Ich hatte eines Abends im Bett den ersten der grünen Bände zu lesen begonnen. Ich las die ganze Nacht hindurch bis in den hellen Morgen. Nach einem kurzen Schlaf braute ich mir meinen Tee und stürzte mich sogleich wieder in die zauberhafte Lektüre. Ich nahm mir nicht einmal die Mühe, mich anzuziehen, und für das bißchen Essen, das ich brauchte, ließ ich meine Wirtin sorgen. So trieb ich es mehrere Tage und Nächte hindurch, ganz hingegeben, gespannt und verzückt und nur darüber traurig, daß die Geschichten schließlich doch einmal zu Ende gingen.

Natürlich fand ich inzwischen immer wieder den Weg zur Universität, schon darum, weil er nicht weit war. Nur von einem Fachstudium war jetzt nicht mehr die Rede. Wenn ich in der Säulenvorhalle vor den schwarzen Brettern mit den Vorlesungsverzeichnissen stand, staunte ich über die Fülle der Themen und Gegenstände, von denen ich kaum eine Ahnung hatte. Hier, sagte ich mir, war der Ort, diesem Mangel abzuhelfen. Ich war lächerlich jung, ganz unbekümmert um meine Zukunft und in einer Beziehung höchst unbescheiden: Ich wollte, wenn nicht alles, so doch das meiste wissen. Dabei zog eins das andere nach sich. Ich hörte Geschichte, Philosophie und Soziologie, ohne mir Gedanken darüber zu machen, wie ich das alles bewältigen sollte. Ein paar Mal besuchte ich sogar die Vorlesungen des Physikprofessors Röntgen, bloß weil ich neugierig auf eine weltberühmt gewordene Erscheinung war. Doch ich erinnere mich nur noch an einen bescheiden wirkenden Mann mit einem schwarzen Vollbart, der mir unverständliche Formeln auf eine Tafel schrieb und sie immer wieder mit einem nassen Schwamm auslöschte.

Daß ich in München auch Kunstgeschichte trieb, und zwar mit großer Liebe, läßt sich schon eher begreifen. Die Häßlichkeit der Industriestadt, in der ich aufgewachsen war, machte mich besonders empfänglich für die Schönheit der Bilder und Formen, die sich meinen noch ganz unverwöhnten Augen in den beiden Pinakotheken und der Glyptothek, wann immer ich wollte, in unerwarteter Fülle darboten.

Während meines zweiten Münchener Sommersemesters muß es gewesen sein, daß ich das Glück hatte, Wölfflin[23] zu hören. Ernst und streng, führte er, einen langen Stab in der Hand, seine meisterlich ausgesuchten Lichtbilder vor und erklärte an ihnen wunderbar genau und lebendig trotz seines schweizerisch trockenen Tonfalls die Abwandlungen der von ihm aufgestellten Kunstgesetze.

Vorher schon war ich in das Seminar des jungen, viel zu früh im ersten Weltkrieg gefallenen Kunsthistorikers Fritz Burger[24] aufgenommen worden. Im Gegensatz zu Wölfflin war er ein Schwärmer, dem es vor allem darauf ankam, seine Begeisterung auch im privaten Verkehr auf seine Schüler zu übertragen. Eines Tages sagte mir Burger, er habe über Pfingsten eine Exkursion nach Oberitalien vor, zu der auch ich eingeladen sei. Zu meinem Bedauern mußte ich ihm erklären, daß mein schmaler Monatswechsel eine solche Reise nicht erlaube. Daraufhin nahm mich Burger beim Arm und führte mich in einen kleineren Hörsaal, wo hinter einem Tisch zwei freundliche Männer saßen. Der schwärmerische junge Professor sagte ihnen, ich sei ein strebend bemühter Jüngling, nur leider ohne Geld für seine italienische Exkursion, worauf mir die zwei Männer, ohne viel zu fragen, ein Stipendium gewährten, das sie mir auch sogleich aus einer vor ihnen stehenden Kassette in Form eines knisternden braunen Hundertmarkscheins überreichten. Es war genug für den Zweck und mehr als genug für einen anspruchslosen Studenten. Es war ein Wunder, das mir geschah, diese

unverhoffte und so ganz unkomplizierte Erfüllung meines Traums vom Süden.
Träume, sagt man, gehen nie oder in andrer Form in Erfüllung. Doch in meiner Jugend kam ich aus dem Staunen, dem schönsten Teil des Menschen, selten heraus. Für mich jedenfalls überstieg die Wirklichkeit, die sich mir in Padua, in Vicenza und in Venedig zeigte, meine Erwartungen bei weitem.
Venedig war unser Hauptquartier. Dort hatte Fritz Burger, ein idealer Reisemarschall, seine kleine Schar am Lido untergebracht, nicht in einem der gräßlich prunkvollen Hotelkästen an der adriatischen Seite, sondern in einem altmodischen, gemütlichen Gasthof unmittelbar bei dem Anlegeplatz des Vaporetto. Jeden Morgen fuhren wir gleich nach dem Frühstück an der Insel mit dem armenischen Kloster vorbei zu den Marmorstufen der Piazetta. Jeden Morgen hob sich aus dem Dunst die Silhouette Venedigs, die Umrisse des Dogenpalastes, der Markuskirche, des Campanile und der Kuppel der Kirche von San Giorgio Maggiore. Nie hat Venedig seinen Reiz für mich verloren, auch später nicht, als es längst zu einem Rummelplatz der Fremdenindustrie degradiert worden war. Damals, in meiner Jugend, als ich Venedig zum ersten Mal sah, war ich so berückt und traumhaft verloren wie nur noch einmal kurz zuvor, bei der Lektüre der Geschichten aus den tausendundein Nächten.
Professor Burger hatte den Schlüssel zu dieser Stadt. Er führte uns in halb verfallene Paläste, die man ohne ihn nicht hätte betreten können. Er führte uns durch das Labyrinth der Gassen hinter dem Markusplatz über die Bogen der Brücken, von Insel zu Insel, vorbei an offenen Läden und Handwerkerbuden, quer über kleine, verschwiegene, entzückende Plätze, wo nur Katzen sich sonnten, bis eine weite Fläche sich auftat mit dem überraschend gewaltigen Reiterstandbild des Colleoni. Am meisten aber war unsrem Führer daran gelegen, uns für die Maler zu begeistern, die in dem opalenen Licht der einmaligen Stadt ihre Farben gemischt hatten: den prächtigen Paolo Veronese, den lieblichen Giorgione, den großen Tizian und immer wieder und immer aufs neue, so viele Wände waren mit ihm geschmückt, den lang gering geachteten Tintoretto, dessen Reize er uns mit der Freude eines Entdeckers pries.
Am lebendigsten jedoch sind mir die Abende in Erinnerung geblieben, wenn wir, müde von den Besichtigungen, zu unserm Gasthof auf dem Lido zurückkehrten und uns die italienische Küche und den Rotwein schmecken ließen. Nach dem Essen nahmen wir unser Badezeug und gingen durch eine kurze, von Akazienbäumen bestandene Allee zum offenen Meer. Die

Akazien standen um diese Zeit in Blüte und verbreiteten in der lauen Dämmerung einen Duft, der mit meiner Jugend unzertrennlich verbunden bleibt. Der Duft ging mit uns bis zu dem herrlich erquickenden Bad an dem hell schimmernden Sandstrand.

Kurz nach dieser Reise entstand in München mein erster einigermaßen ernsthafter schriftstellerischer Versuch, eine vielleicht etwas zu poetische Beschreibung der auf einer Anhöhe nahe bei Vicenza gelegenen Villa Rotonda des Palladio, die mit Raffinement ihrer vier, eine weite Landschaft in sich einbeziehenden Säulenfronten einen großen Eindruck auf mich gemacht hatte. Der Aufsatz wurde von dem damals anspruchsvollsten Organ Deutschlands gedruckt, der Frankfurter Zeitung.

Damit konnte ich als Literat gelten. Daß ich danach dem Seminar des jungen Literaturdozenten Arthur Kutscher[25] angehörte, verstand sich von selbst. Ähnlich wie Burger war Kutscher ein Enthusiast. Was er selber von sich gab, war bei aller Emphase, mit der er sich auszudrücken liebte, freilich nicht gerade umwerfend. Dafür hatte er die bei Universitätsprofessoren ungewöhnliche Begabung, seine Hörer zu seinen Freunden zu machen und das beste aus ihnen herauszulocken. Ganze Generationen literarisch beflissener junger Menschen haben zu seinen Füßen gesessen und sind ihm gleich mir dankbar geblieben.

Durch Arthur Kutscher lernte ich zwei der markantesten Erscheinungen des damaligen München kennen: Frank Wedekind[26] und Thomas Mann.

Frank Wedekind empfing wöchentlich einmal einen kleinen Kreis seiner Freunde und Verehrer an seinem Stammtisch in der Torggelstube, einer Weinwirtschaft ganz in der Nähe des Hofbräuhauses, das damals schon eine Hauptattraktion für die Besucher Münchens darstellte und das ich genau aus diesem Grund bis heute nicht betreten habe. Kutscher wollte mir den ihm befreundeten Dramatiker, über dessen dämonisches Genie er in seinem Seminar so oft und so viel gesprochen hatte, in Person vorführen und nahm mich ein paar Mal an den Stammtisch in der Torggelstube mit. Ich saß als stummer Gast dabei. Ich war noch immer von Ehrfurcht gepackt, wenn ich einem leibhaftigen Dichter begegnete, und Wedekind war auch ganz der Mann, einen jungen Adepten einzuschüchtern. Der Eindruck, den er auf mich machte und auf den mich wohl auch Kutschers Schilderungen vorbereitet hatten, war der einer satanischen Eminenz. So präsidierte er an der Stirnseite des Tisches, vor sich einen Holzteller, von dem er rohen Schinken zu essen pflegte. Wedekind war von einem undurchdringlichen Ernst und einer zeremoniösen Höflichkeit, die sich durch nichts erschüttern ließ, auch nicht durch die gelungensten Späße, Wortspiele und Schüttelreime des rotbärtigen Anarchisten Erich Mühsam[27]. Wedekind sprach langsam, betont und gewichtig, mit einem rollenden Bühnen-R. Soweit ich mich erinnere, sprach er besonders gern von der Heimtücke der preußischen Zensur, die ihm Schwierigkeiten über Schwierigkeiten machte, ohne einsehen zu wollen, daß er im Grunde ein Moralist sei.

Nicht minder undurchdringlich erschien mir damals Thomas Mann. Er las vor ein paar Ausgewählten des Kutscherschen Seminars in einem der separaten Räume eines großen Bräus in der Kaufingerstraße ein Kapitel aus der „Königlichen Hoheit", dem Roman, an dem er damals schrieb. Er trug sich an diesem Abend, so wenigstens kam es mir armen Studenten vor, mit überwältigender Eleganz und Distinguiertheit. Dabei hatte er noch, was mir besonders imponierte, einen schönen Hund mitgebracht, der unbeweglich zu seinen Füßen ruhte, während er seine höchst ungewöhnlich und prächtig stilisierten Sätze las. Er verfügte damals noch nicht über die absolute Meisterschaft des Vortrags, mit der er später seine Hörer entzücken konnte. Er las, schien mir, etwas gleichgültig und wie von oben herab. Bei der Unterhaltung, die sich anschloß, entfaltete er zwar die sprichwörtlich gewordene Urbanität seines Wesens, aber die Zugeknöpftheit des gebürtigen Hanseaten schloß jede Vertraulichkeit aus. Ich entsinne mich noch recht deutlich, wie er auf meine naive, offenherzige Frage nach dem Erlebnischarakter seiner Arbeit einen leeren Teller hinhielt mit den Worten: „Ich trage mein Herz nicht zur Schau", eine Bemerkung, die ich wie eine Zurechtweisung empfand, obwohl sie wahrscheinlich nicht so gemeint war. Der Gerechtigkeit halber muß ich gleich hier erwähnen, daß ich Thomas Mann fünfundzwanzig Jahre später, während der Emigration, näher und von einer ganz anderen Seite kennen lernte.[28]

Arthur Kutscher verdankte ich damals auch die Bekanntschaft mit dem jungen Norbert von Hellingrath[29]. Der hatte zu jener Zeit seine Studien schon abgeschlossen, besuchte uns aber von Zeit zu Zeit in dem munter lebendigen Betrieb des Seminars, um uns von seinen Arbeiten über Hölderlin zu berichten, von seinen Funden in den schwäbischen Archiven, die den geliebtesten aller deutschen Dichter erst in seiner wahren Bedeutung zeigten.

Hellingrath, eine merkwürdige Mischung aus sprödem Ernst und großer Begeisterungsfähigkeit, auch er ein frühes Opfer des ersten Weltkrieges, gehörte zu der Schule und Gefolgschaft Stefan Georges[30]. Er führte mich bei Karl Wolfskehl[31] ein, der zu den nächsten Freunden des Meisters zählte und wegen seiner imponierenden Gestalt und seines schwarzen Bartes der Zeus von Schwabing genannt wurde. Er schien Gefallen an mir zu finden

und lud mich zu seinen Jours in seiner großbürgerlich ausgestatteten Wohnung nahe der Leopoldstraße ein.
Bei meinem ersten Besuch fand ich eine große Gesellschaft vor, viele Leute von Rang und Namen, aber auch jüngere Menschen. Zu meinem Erstaunen stellte ich fest, daß die meisten der bei Wolfskehl versammelten Jünglinge eine gewisse Familienähnlichkeit aufwiesen. Sie trugen kurze, schwarze, hochgeschlossene Röcke und statt einer Krawatte einen auf altmodische Art geschlungenen violetten Knoten. Auch in ihren Zügen waren sie seltsam miteinander verwandt. Sie glichen den strengen hochmütigen Köpfen, wie man sie aus den Büsten römischer Kaiser der Verfallszeit kennt.
Wolfskehl führte mich an dieser auffälligen Schar vorbei zu einem weiblichen Wesen und empfahl mich ihrer Obhut. Die Dame war, wie ich später erfuhr, die Schwester Ludwig Derleths[32], auch eines der nächsten Jünger Stefan Georges. Sie hieß allgemein die Nonne, nicht nur wegen ihres klösterlichen Gewandes, das nur mit einer riesigen silbernen Brosche über ihrem flachen Busen geschmückt war, und ihrer für damalige Zeiten ungewöhnlich schlichten Frisur, sondern auch weil sie die mystischen Neigungen ihres Bruders teilte. Dessen ungeachtet war sie zu mir von bestrickender Freundlichkeit und belehrte mich, vielleicht auch, weil sie einen kommenden Jünger in mir witterte, eingehend über die Eigenarten des Kultes, der in dem höchst exklusiven Kreis um Stefan George getrieben wurde.
Ich saß mit der „Nonne" in einem der abgelegenen Zimmer und wunderte mich über den feierlich gedämpften Ton der Gespräche, die in unsrer Nähe geführt wurden.
Ich entsinne mich noch genau, wie die Gespräche verstummten, als Karl Wolfskehl mit einem der römisch aussehenden Epheben, dessen bleich gestrafftes Gesicht höchste Erregung verriet, an uns vorbeikam, eine Seitentür öffnete und geheimnisvoll mit ihm verschwand. Auf meine Frage wurde mir kund, daß hinter dieser Tür kein geringerer als der Meister sitze, der bei seinen Besuchen in München immer bei Wolfskehl wohne. Es käme, so hörte ich weiter, selbstverständlich nicht in Frage, daß er sich unter die zum Teil doch recht profane Menge mische, und nur Auserwählte, wie gerade eben dieser junge Mann, würden vorgelassen.
Ein oder zwei Jahre später, in Heidelberg, hatte ich Gelegenheit genug, das mir höchst merkwürdige esoterische Wesen und Treiben des Georgekreises gründlicher und näher zu betrachten. Eines Umgangs mit dem Meister wurde ich nicht für würdig befunden. Ich hatte auch gar keinen Ehrgeiz. Nur auf der Straße sah ich Stefan George gelegentlich, meist in Gesellschaft

eines der Jünglinge seines Gefolges. Er war schon von weitem an der Baskenmütze, einer damals in Deutschland ungewöhnlichen Kopfbedeckung, zu erkennen. Sein Anblick war, wenigstens für mich, zugleich erschreckend und imponierend, so sehr erinnerte sein Gesicht mit den tief liegenden Augen und den scharf ausgeprägten Zügen an die bekannte Büste des Dichterfürsten Dante.

Natürlich bewunderte ich, wie viele meiner literarisch anspruchsvollen Zeitgenossen, die Gedichte Stefan Georges, ihre Erlesenheit, ihre Strenge, Unerbittlichkeit und Verhaltenheit. Ich bewunderte sie, aber ich liebte sie nicht. Ich liebte Hölderlin und Matthias Claudius, ich war entzückt von den wenigen großen Gedichten Clemens Brentanos und von der neueren, bildhaft gewordenen Lyrik Rainer Maria Rilkes. George war mir ein Dichter neben andern. Meinem ganzen Wesen widerstrebte die abgöttische Verehrung, die ihm dargebracht wurde, und mehr noch die in dem Kreis hochmütig zur Schau getragene Verachtung der ganzen übrigen zeitgenössischen Literatur, Hauptmann und Rilke nicht ausgenommen.

Wolfskehl dagegen, sicher im Vertrauen des Meisters, durfte seiner expansiven Natur gelegentlich die Zügel schießen lassen. Ich erinnere mich mit Vergnügen an die langen Gespräche mit ihm, in denen er die künstlerische Revolution begrüßte, die damals in München mit Franz Marc und seinem Kreis der „Blauen Reiter" anbrach.

Noch etwas ist mir aus meiner ersten Münchener Zeit in schöner Erinnerung geblieben: eine Fußwanderung, die ich mit zwei Freunden von Mittenwald aus nach Innsbruck und in die Tiroler Alpen machte. Man begegnete damals noch keinen Automobilen und keinen Touristenhorden. Wir hatten Straße und Wege und die ganze große Landschaft für uns. Wir saßen morgens nach dem tiefen, erquickenden Schlaf der Jugend im Freien vor einer Bauernwirtschaft, aßen Speck und Butterbrote, tranken die frische Milch und atmeten in vollen Zügen die herrliche Luft, die von den bunten Alpenwiesen und den Gletschern herüberwehte. Wir saßen abends, wohltuend müde und hungrig, unter einer Petroleumlampe an einem anderen Bauerntisch und tranken den roten Landwein zu Wurst und Käse.

Wir kannten damals, so vermessen das heute klingt, weder Angst noch Sorgen.

Am Ende des achtzehnten Jahrhunderts wurde in Frankreich gesagt, wer die Jahre vor der Revolution nicht gekannt habe, wisse nicht, wie schön das Leben sein könne. Die Generation, zu der ich mich zähle und die noch die Zeit vor den Katastrophen der beiden Weltkriege erlebte, kann, wie ich glaube, eine ähnliche Behauptung wagen.

# Student in Berlin

In München, hörte ich immer wieder, lebe es sich gewiß sehr schön, aber für junge strebsame Menschen sei in Berlin am meisten zu holen. Da ich Abwechslung liebte, brauchte man mir nicht lange zuzureden, und so ergab es sich, daß ich für die nächsten zwei Jahre jeweils den Sommer in München und den Winter in Berlin studierte.

Zunächst freilich bereute ich meinen Entschluß. Denn ich war an einem trüben Herbstabend in Berlin angekommen, und trübe, öde und melancholisch präsentierte sich mir die unübersehbare Stadt, so verschieden von meinem geliebten, dörflich gebliebenen München. Zudem hatte ich mich, um nahe der Universität zu sein, im Berliner Norden einquartiert, einem Viertel, das mit den langgestreckten Zeilen seiner Mietskasernen meine Stimmung nicht gerade besserte. Außerdem mußte ich feststellen, daß die bequeme, nur mit zu viel Plüsch ausgestattete Bude, die ich mir ausgesucht hatte, in einer berüchtigten Straße lag. Vor vielen Häusern brannten dort abends rote und blaue Kugellampen, hinter denen sich billige Vergnügungslokale mit sogenannter Damenbedienung verbargen. Wie es darin zuging, kann ich freilich nicht sagen, denn ich, ein Jüngling mit strengen Prinzipien, habe nie einen Fuß über ihre Schwelle gesetzt.

Das Berlin, das ich in dem ersten Winter kennen lernte, blieb in der Hauptsache auf das Kastanienwäldchen bei der Universität, auf die Museumsinsel, das Deutsche Theater in der Schumannstraße und das Lessingtheater am Spreeufer beschränkt.

Unter den Linden sah ich ein paar Mal den Kaiser vorüberfahren. Hupen kündigten ihn von ferne an. Sie klangen wie Fanfaren, wie ein schmetterndes Tatü-Tata. „Für unser Geld" übersetzten es die schnoddrigen Berliner. Seine Majestät war hinter den Scheiben des vorübersausenden Automobils, eines damals selbst in Berlin noch recht seltenen Fahrzeugs, nicht zu erkennen. Man sah nur die kaiserliche Standarte auf der Kühlerhaube, dazu das Spalier stramm stehender Polizisten und die Passanten, die bei seinem Nahen Front machten und tief die Hüte zogen. Ich selber sah keine Veranlassung, meinen Hut abzunehmen. Den grimmigen Haß meines Vaters auf den Mann mit dem verkrüppelten Arm, der Bismarck entlassen hatte, konnte ich nicht teilen. Mir genügten schon seine Reden, in denen er seinen Untertanen versprach, sie glänzenden Zeiten entgegenzuführen, Schwarzseher nicht duldete und alles zu zerschmettern drohte, was ihm im Wege stand. Über seinen „Sang am Aegir" mußte ich schon lachen, als ich ihn in einem unsrer Schullesebücher fand. Ich war nicht nach Berlin gekommen, um diesen Kaiser zu sehen. Mir genügte vollkommen das auf allerhöchsten Befehl exekutierte Bild in der Lindenpassage, wo es neben den dort ausgestellten Panoptikumsgreueln und Kitschartikeln seinen angemessenen Platz gefunden hatte. Auf diesem Bild, von dem es gewiß noch Reproduktionen gibt, war er mit seinem hochgewichsten Schnurrbart vor einer mächtigen Säulenkulisse zu sehen, in schimmernder Wehr, in silbernem Panzer, den Adlerhelm auf dem Kopf und die Hand am Degen.

Dabei mußte ich wieder an München denken, wo der Prinz Ludwig[33], der spätere bayerische König, neben uns jungen Studenten die Schulbank drückte, soweit ich mich erinnere, in einem Kolleg des Nationalökonomen Lujo von Brentano[34]. Der Prinz trug eine kleine silbergefaßte Brille auf der Nase und war angetan mit einem braunen Bratenrock, mit dessen Ärmel er, offenbar in Gedanken verloren, auf dem Rückweg zur Residenz an den Häuserfronten der Ludwigsstraße entlangstrich.

Auch anderswo konnte ich den Kontrast zwischen dem liberalen München und der kaiserlichen Hauptstadt erleben. Freunde nahmen mich zu einer Massenversammlung mit, in der gegen das in Preußen noch immer herrschende Dreiklassenwahlrecht protestiert werden sollte. Der Hauptredner war der berühmte Liberale Friedrich Naumann[35], ein behäbiger gemütlicher Mann mit den Allüren eines Pastors. Seine Ausführungen erschienen der meist aus sozialdemokratischen Arbeitern bestehenden Versammlung offenbar zu zahm. Denn ich entsinne mich der lärmenden Zurufe, in denen seine Ansprache unterging. Schließlich erhob sich die Menge von den Stühlen und stimmte die Internationale an. Während des Tumultes hatte sich Friedrich Naumann eine Virginia angezündet und wie mit einem Taktstock dirigierte er damit den mächtig anschwellenden Chorgesang. Als ich mit meinen Freunden das Versammlungslokal verließ, sahen wir, daß sich auf der Straße ein Zug formierte. Statt der revolutionären Stimmung, die im Saal geherrscht hatte, zeigte sich jetzt preußische Disziplin. Stumm und entschlossen traten die Demonstranten in sauber ausgerichteten Achterreihen an und setzten sich hinter ihren Ordnern und roten Transparenten, die die Aufschrift trugen „Nieder mit dem Dreiklassenwahlrecht", in Bewegung. Doch sie kamen nicht weit. Denn plötzlich, ausgespien aus Haustoren und Hofeingängen, in denen sie sich verborgen hatten, waren bewaffnete blaue Polizisten mit ihren glitzernden Pickelhauben da und sperrten die Straße in ihrer ganzen Breite. Junge Offiziere, zugleich martialisch und geschniegelt, die Hand an ihren Revolvern, sprangen vor die Front und befahlen mit Kommandostimmen, die ich in so schneidender Schärfe nie zuvor aus eines Menschen Mund vernommen hatte, den Zug aufzulösen und sich zu zerstreuen, was auch nach einem kurzen Zögern der Verblüffung in Ruhe und Ordnung geschah.

Einige Zeit später war mein alter Gönner Herbert Eulenberg zur Uraufführung seiner neuesten Komödie, die in den Reinhardtschen Kammerspielen in der Schumannstraße vor sich gehen sollte, nach Berlin gekommen. Eines Abends hatte er mich in sein dicht bei der Friedrichstraße gelegenes Hotel gebeten. Dort hatte ich einen Anblick, der mir noch viel unheimlicher vorkam.

Schon die große, nach hinten sich verbreiternde Hotelhalle, in der ich auf Eulenberg wartete, war mir unbehaglich mit ihrem falschen Wilhelminischen Prunk. An einem Tisch mir gegenüber hatte sich eine Gruppe junger Gardeoffiziere niedergelassen, rote Leibhusaren, blaue Dragoner und weiße Kürassiere, hoch elegante Vertreter der stolzesten preußischen Regimenter. Obwohl es noch früh am Abend war, tranken die Herren Champagner. Worüber ich aber noch mehr staunte, war ein gläserner Pokal, der zwischen den Kelchen stand und fast bis zum Rand mit funkelnden goldenen Zwanzigmarkstücken angefüllt war. Damit trieben die jungen Offiziere vor aller Augen eine Art Würfelspiel. Die Goldstücke wurden durcheinander geschüttelt und dann über das weiße Tischtuch geworfen. Sie stießen klingend zusammen oder rollten auseinander, und als sie umfielen und zur Ruhe gekommen waren, beugten sich die Spieler mit ernsten, verbissenen Mienen über den Wurf. Vielleicht ging es dabei um eine Wette, vielleicht um eine mir unbekannte Abart des Spieles „Kopf oder Adler". Auf jeden Fall war es ein unwahrscheinlicher Anblick, der mir noch phantastischer vorkam, als sich von dem Nachbartisch ein paar junge Frauen in tiefdekolletierten Balltoiletten erhoben, um das Spiel aus der Nähe zu verfolgen. Mit erregtem Lachen beugten sie sich dabei über die bunten Uniformröcke und ließen ihre halbnackten Brüste vorspringen. Noch ein anderer beugte sich über die Szene, nur für den Bruchteil einer Sekunde, aber ich glaubte ihn zu erkennen. Es war der Tod mit grinsendem Schädel und weitem schleppendem Mantel, vielleicht hervorgetreten aus einem Bild, das sich mir im Kaiser-Friedrich-Museum eingeprägt hatte.

Weit entfernt lag wieder einmal das heitere, gemütliche München, weit entfernt das Gefühl, in einer paradiesischen Epoche zu leben.

Doch Berlin hatte Kompensationen zu bieten.
Damals wurde dort Theater in einer Vollendung gespielt, wie vermutlich nur noch bei Stanislawskij[36] in Moskau. Ich habe noch die letzte Blütezeit

des Lessingtheaters erlebt und versäumte keine der großen Vorstellungen. Um mir die achtzig Pfennige für ein Studentenbillet im Stehparkett leisten zu können, begnügte ich mich oft in meinem Stammlokal Aschinger gegenüber dem Bahnhof Friedrichstraße mit einer Bockwurst, wozu man freilich gratis und franko eine unbeschränkte Zahl der knusprigen Berliner Schrippen verzehren konnte.

Otto Brahm[37], der Leiter des Lessingtheaters, hatte den von ihm geschaffenen realistischen Bühnenstil zu einer Meisterschaft und Perfektion entwickelt, der gegenüber all meine bisherigen Theatereindrücke verblaßten. Allerdings standen ihm Schauspieler größten Formats zur Verfügung. Doch erst in seiner Schule fanden sie ihre volle Statur. Er duldete keine Stars und Virtuosen. Für ihn gab es auch keine Nebenrollen, nur ein vollendetes Ensemble. Otto Brahm verband fanatischen Ernst mit sicherer Intuition. Ihm kam es ausschließlich darauf an, den Text der von ihm ausgewählten Dramen so exakt und dabei so lebendig wie möglich zu interpretieren. Darin glich er Arturo Toscanini, dem Genie unter den zeitgenössischen Dirigenten. Festspiele, wie sie sich heutzutage als ein Teil der Vergnügungsindustrie an vielen Orten breit gemacht haben, gab es damals so gut wie gar nicht. Im Lessingtheater wurde jeder Abend zum Festspiel. Brahm hatte, wie ich erfahren konnte, strikte Anweisung gegeben, daß seine Darsteller kurz vor und während der Vorstellung in ihrer Sammlung nicht gestört werden durften, von keinem Besuch, keinem Telefonanruf und keiner Post. Der Abend war für Otto Brahm so etwas wie eine heilige Handlung.

So entsinne ich mich einer Aufführung von Ibsens „Wildente", in der mein Landsmann Albert Bassermann[38] den Hjalmar Ekdal und der unvergeßlich große Oscar Sauer[39] den Gregers Werle darstellte. Sie und ihre Kollegen, deren Namen mir entfallen sind, spielten nicht Rollen im üblichen Sinn. Sie waren alle mit jedem Wort, jeder Geste und besonders mit den Pausen zwischen den Worten, womit Brahm die überraschendsten Wirkungen erzielte, ganz und gar und exemplarisch die Menschen, die Ibsen in seinem hintergründigen Schauspiel vorgezeichnet hatte.

Vollends zu Hause war Otto Brahm bei Gerhart Hauptmann, mit dessen Aufstieg zum bedeutendsten Dramatiker der Zeit er nun schon seit über zwanzig Jahren, seit dem Epoche machenden Theaterskandal bei der Uraufführung des Jugendstückes „Vor Sonnenaufgang", auf das engste verbunden war.

Von den Hauptmann-Aufführungen, die ich im Lessingtheater sehen konnte, ist mir die des „Biberpelz" am lebhaftesten in Erinnerung geblieben. Dieses wunderbare Lustspiel, das heute, wenn man es wieder liest, ebenso frisch wirkt wie am ersten Tag, erlebte ich in einer Darstellung von so fein nuancierter, unüberbietbarer lokaler Echtheit, daß sie den Illusionscharakter der Bühne aufhob. Ich habe nie wieder etwas ähnlich Vollendetes gesehen.

Die Aufführung von Hauptmanns „Ratten", der ich einige Zeit später im Lessingtheater beiwohnte, war ein Triumph, aber auch so etwas wie ein Abschluß. Mit ihr hatte sich eine Epoche ihrem Ende zugeneigt, die des deutschen Naturalismus.

Um mich davon zu überzeugen, hatte ich nicht weit zu gehen, nur in die Schumannstraße, wo man durch einen Hofeingang das Deutsche Theater Max Reinhardts[40] erreichte.

Ein größerer Kontrast war schwer zu denken: im Lessingtheater sorgfältig gehütete Tradition, fanatische Werktreue, keine lauten Effekte, keine dem Auge schmeichelnden Bühnenbilder; bei Reinhardt dagegen Pracht, Glanz und Pomp eines entfesselten Theaters, Virtuosenstücke, Komödiantentum, unerschöpfliche Improvisation, farbiger Zauber der Bühne.

Lang blieb ich diesem Zauber verfallen. Mit dem merkwürdigen Eklektizismus der Jugend genoß ich es, daß Berlin zwei so wunderbare Theater hatte. Vor allem hatten es mir die Shakespeare-Aufführungen Reinhardts angetan. In ihnen konnte sich seine Theaterbesessenheit am reichsten und wohl auch am legitimsten entfalten. Neben seinen prachtvoll exzentrischen Komikern, Clowns und Rüpeln ist mir die Schauspielerszene in seinem „Hamlet" bis heute in Erinnerung geblieben. Shakespeare, der Theaterdirektor, der sich so beredt über die Beschränkungen seiner Bühne beklagen konnte, hätte an diesem Nachkommen seine helle Freude gehabt.

Was ich dagegen an der Berliner Universität, die ich zunächst fleißig besuchte, zu hören bekam, ist zum größten Teil längst von mir abgeglitten. Nur zwei Gestalten stehen noch heute lebendig vor mir, die Philosophieprofessoren Adolf Lasson[41] und Georg Simmel[42]. Lasson las einmal in der Woche spät am Abend ein öffentliches Kolleg, eine Art Einführung in die Probleme der Philosophie. Der Zulauf war so groß, daß viele Hörer, obwohl das Kolleg in einem der geräumigsten Säle stattfand, sich mit einem Stehplatz begnügen mußten. Die Wirkung des damals genau achtzigjährigen, aber äußerst munteren und vitalen Mannes war enorm. Er gab seinen Hörern, die kein Eintrittsgeld zu entrichten hatten, eine Vorstellung, die manchmal sogar die der begabtesten Komiker Reinhardts in Schatten stellte.

Schon seine Augenbrauen waren bemerkenswert. Die eine war schneeweiß und sanft gebogen, die andre pechschwarz und diagonal. Wenn er seine saftigen Späße machte, schoß die schwarze Braue wie ein Pfeil über seine hohe Stirn.

Studentinnen, die es damals erst in wenigen Exemplaren gab, konnten natürlich nicht bei ihm hören. Lasson hatte ihnen den Zutritt nicht so ausdrücklich verboten wie einige seiner rigoros antifeministischen Kollegen. Er wollte sie auch nicht absichtlich verjagen, wie ich es bei einem der jüngsten Kunsthistoriker erlebte, der, als er ein weibliches Wesen in seinem Kolleg über Michelangelo erblickte, das Bild der Leda mit dem Schwan derart obszön glossierte, daß die arme Person hochrot im Gesicht enteilen mußte. Lasson war nicht mit Absicht obszön, er war bloß von Natur unflätig, und jede Studentin, die sich in seine Vorlesungen verirrte, wurde gleich zu Beginn von dem grausamen Gelächter des männlichen Auditoriums in die Flucht geschlagen. Die jungen Herren, von denen manche zu meiner Verblüffung im Zylinder erschienen waren, wollten unter sich sein und ungeniert die kräftige Sprache des munteren Greises genießen.

Noch heute weiß ich ein paar Sätze auswendig, mit denen Lasson eine dieser Vorlesungen begann: „Meine Herren", sagte er mit krähender Stimme in einem Dialekt, der aus Pommern oder Mecklenburg stammen konnte, „ick bin geboren in dem Jahr, als Joethe starb. Damals hat mich meine Frau Mama auf den Armen jewiecht und damals habe ick manches jefühlt. Da habe ick nämlich in die Windeln jeschissen. Aber seit der Zeit habe ick nischt mehr jefühlt, da habe ich nur noch jedacht und begriffen!" Bei diesen Worten hieb er kräftig mit den Fäusten auf das Katheder. Die schwarze Augenbraue schoß nach oben und die Hörer gröhlten und trampelten vor Entzücken.

Bei allen Clownerien, an denen sich Lasson nicht genug tun konnte, meinte er es ernst. Er meinte es bitter ernst. Er war ein Hegelianer von der strengsten orthodoxen Observanz, ein unerbittlicher Feind aller modernen liberalen Tendenzen. Nur wenn er von dem Meister sprach, als dessen Stellvertreter er sich in Berlin fühlte, verklärten sich seine Züge und seine Stimme tönte wie eine Orgel. Sobald er aber seiner Kollegen gedachte, kannte sein Spott keine Grenzen. Stumpf[43] und Riehl[44] hießen die zwei Professoren, die sich zu seiner nur allzu verständlichen Entrüstung in den Lehrstuhl teilten, den einst an der gleichen Universität der gewaltige Hegel eingenommen hatte. „Die janze philosophische Fakultät muß mit Rumpf und Stiel ausgerottet werden", donnerte der alte Mann, ungeachtet der Tatsache, daß er selber zu ihr gehörte.

Aber seine größte Wut und seine grimmigsten unflätigen Witze richteten sich gegen die damals höchst einflußreichen liberalen Theologen. Ich konnte ihn darin recht gut verstehen. Wie meine Leser wissen, hatte mich schon als Gymnasiast ein liberaler Pfarrer aufs Blut gereizt. Überdies zählten zu der badischen Familie meiner Mutter zwei protestantische Pfarrer, die auf die neue Richtung eingeschworen waren und das Wort Gottes, an das ich selber längst nicht mehr glaubte, in einen Brei unverbindlicher Gefühle und moralisierender Sprüche aufgelöst hatten. Das unbestrittene Haupt der liberalisierenden Theologie war damals in Berlin der Kirchenhistoriker Adolf von Harnack[45], berühmt geworden durch sein viel gelesenes Buch über das Wesen des Christentums. „Dieses Buch", flötete Lasson mit besonders stark hochgezogener Augenbraue, „ist in alle Sprachen übersetzt, sogar in das Hottentottische ist es übersetzt, hat man mir versichert. Kollege Harnack hätte gut daran jetan, es gleich in dieser Sprache zu schreiben".

Bei dem Philosophen Georg Simmel war man in einer anderen Welt. Lasson lebte, wenn auch auf seine exzentrische Art, noch ganz in der alten Tradition der deutschen Hochschulen, in denen gelehrte Dispute hart und rücksichtslos ausgefochten wurden. Er war ein denkwürdiges Relikt, die letzte Säule des Hegelianischen Systems, einer Art Diktatur der Vernunft, der sich die Realitäten zu fügen hatten.

Auch Simmel glaubte an ein übergeordnetes Reich der Ideen und Werte, aber nur insofern, als sie mit der Wirklichkeit konfrontiert werden konnten oder als sie sich, wie er schon damals gern sagte, an ihr relativierten.

Simmel war der erste wirklich moderne Geist, der mir auf der Universität begegnete. Er hatte nichts von der sonoren Würde des damals üblichen Professorentyps an sich, obwohl das Dozieren sein Element war. Ihm zuzuhören war ein hoher Genuß. Er verstand es, jedem Gegenstand, den er behandelte, auch den scheinbar trivialsten wie dem der Mode oder des Geldes, überraschende und tiefsinnige Deutungen abzugewinnen, ihn bis auf seine feinsten Nuancen zu erhellen, ohne kaum je den Blick auf den Zusammenhang mit einer übergeordneten philosophischen Erkenntnis zu verlieren.

Bei seinem freien und erstaunlich flüssigen Vortrag hatte Simmel eine für ihn charakteristische Geste. Er holte mit einer eleganten Drehung seiner erhobenen Hand seine Sätze gleichsam aus der Luft. Er zählte gewiß nicht zu den bedeutenden Philosophen. Dazu dachte er, ein Kind seiner Zeit, zu impressionistisch. Aber gerade deshalb wurde er mir, der ich keinen philosophischen Ehrgeiz hatte, zu einem meiner anregendsten Lehrer.

Während des ersten Berliner Winters hatte ich wenig Umgang gehabt, was mich, von ein paar melancholischen Abenden abgesehen, nicht sonderlich störte. Denn damals schon und bis heute war mir die eigene Gesellschaft und die guter Bücher mehr als genug.

Meinen zweiten Berliner Winter verbrachte ich nicht mehr in der Nähe der Universität, in dem trübseligen Studentenviertel des Nordens. Unabhängiger und selbstbewußter geworden, nahm ich mir eine Bude in dem vornehmen Charlottenburg. Hier fand ich, besonders in den Cafés am Kurfürstendamm, Gesellschaft genug, fast keine Studenten darunter, zumeist jüngere Literaten von einer Sorte, wie ich sie in München nicht getroffen hatte. Es waren, soweit ich mich erinnern kann, helle und scharfe Köpfe, die mir Neuling sehr imponierten, obwohl ich mich an ihren Jargon nicht gewöhnen konnte, der aus zynischer Absprecherei und schnoddriger Überheblichkeit gemischt erschien. Freunde habe ich in ihren Reihen nicht gefunden.

Dagegen lernte ich damals den Menschen kennen, der einer der vertrautesten Freunde meiner Jugend und Manneszeit werden sollte, meinen Landsmann Ernst Bloch, bekannt geworden durch sein erstes bedeutendes Buch, den „Geist der Utopie".

Er hatte wie ich die Bänke des Ludwigshafener Gymnasiums gedrückt. Aber er war rund fünf Jahre älter, ein sogenannter Oberklässler und somit durch eine unübersteigbare Kluft von mir getrennt. Er war mir zum ersten Mal aufgefallen, als ich vor dem Schulportal an ihm vorbeiging und dabei bemerkte, daß er statt der obligaten Schulbücher und Hefte ein paar grüne, mit goldenen Leisten und Schnörkeln verzierte Bücher offen unter dem Arm trug. Selbstverständlich kannte ich, wie damals fast jeder Junge, diese Bücher. Neu war mir nur, daß der „Winnetou" Karl Mays oder seine „Abenteuer aus dem Land des Mahdi" unsre lateinische Grammatik oder den Leitfaden der bayerischen Geschichte überflüssig machen konnten. Daß Bloch als schlechter Schüler galt, ja, daß er einmal, ich glaube in Obertertia, sitzen geblieben war, erhöhte nur meine Bewunderung für ihn. Seine frechen, kaltblütig ausgeführten Streiche, die er einigen der skurrilsten Lehrer spielte, machten ihn zu einer Art Berühmtheit. Er war das Haupt seiner Klasse, die nicht zum mindesten wegen des Unfugs, den er trieb, als besonders rebellisch galt. Dabei war Ernst Bloch ein Jude. Aber das spielte damals wenigstens auf unsrem Gymnasium kaum eine Rolle. Antisemitismus lag uns fern. Schon die Vorstellung, Juden könnten eine besondere oder gar minderwertige Rasse sein, wäre uns damals eher komisch erschienen. So waren in meiner Klasse zwei junge Juden meine besten

Freunde, aus dem einfachen Grund, weil sie mir ungleich klüger und umgänglicher erschienen als meine anderen Klassenkameraden.

Diesen Ernst Bloch nun, die legendär gewordene Figur aus meiner Schulzeit, sah ich in Berlin während eines Kollegs bei Georg Simmel wieder. Er war mit seinem dichten schwarzen Haar, das ihm ungewöhnlich tief in die Stirn wuchs, und seinen scharfen Brillengläsern leicht zu erkennen. Nach der Vorlesung faßte ich mir ein Herz und sprach ihn an. Er schien erfreut, in mir einen Landsmann und Kopennäler kennen zu lernen. Da auch er im Westen wohnte, gingen wir zusammen den weiten Weg die Linden entlang, durch den Tiergarten, über den Lützowplatz bis zu einer Kneipe in der Rankestraße. Dort lud mich Bloch zu einem Eisbein ein, einer Berliner Spezialität, die er nicht genug zu rühmen wußte und mit einem Genuß verschlang, der auch mich auf den Geschmack brachte.

Wie er mir später gestand, hatte er sich an diesem Abend unsres ersten Zusammentreffens vorgenommen, mich zu verblüffen und mir zu demonstrieren, daß er mindestens so klug und geistreich sei wie sein Lehrer Simmel. Es gelang ihm mühelos. Er redete intensiv und fast unaufhörlich, mit einer mir bisher unbekannten Mischung aus Witz und Ernst, aus würzigen Anekdoten, weither geholten, aber immer treffenden Analogien und den erstaunlichsten Zitaten, die er nur so aus dem Ärmel zu schütteln schien. Sein Gedächtnis war ebenso phänomenal wie seine Vitalität, die übrigens heute, da er über fünfundsiebzig geworden ist, noch ebenso erstaunlich ist, wie ich kürzlich feststellen konnte, als er mich nach langen Jahren der Trennung wieder einmal hier in München besuchte.

Vor allem über unsre gemeinsame Vaterstadt Ludwigshafen wußte er merkwürdig genau Bescheid. Unter anderem machte er mich hier im fernen Berlin auf den Brunnen aufmerksam, der sich auf dem Marktplatz gegenüber meinem Geburtshaus in Form eines Obelisken erhob. Für mich war dieses seltsame Gebilde nur ein Monstrum mehr in der tristen Häßlichkeit meiner jugendlichen Umgebung gewesen. Für meinen neuen Freund aber war dieser Brunnen, der „Monumentalbrunnen", wie er im Stadtführer hieß, das aufregendste Renaissancedenkmal des neunzehnten Jahrhunderts. Er stellte es in der Berliner Kneipe neu vor mich hin. Er ließ mich wieder die verschieden gefärbten Sorten des pfälzischen Sandsteins sehen, aus denen es erbaut war, nebst allen Talmidekorationen, Plaketten, Girlanden, Fruchtkränzen, Wappensprüchen, den Säulchen, den Schiffchen, den neckischen Nischen und den mickrigen Urnen. Auch die Personen, die meine frühe Jugend umstanden, kannte er weitaus besser als ich, die Buch- und Papierhändler, die Metzger, Bäcker und Friseure, den Huthändler

Vogel, den Tapezier Ehrhart, den Konditor König. Wenn er von ihnen erzählte, die lustigsten Geschichten und daneben eine ganz provinzielle chronique scandaleuse auskramte, sprach er mit breitem pfälzischem Akzent, in den ich in seiner Gegenwart unwillkürlich selber verfiel.
Bloch stammte gleich mir aus einem kleinbürgerlichen Milieu. Aber während ich mir über meine Herkunft keine großen Gedanken machte und sie mich nur gelegentlich in meiner Jugend im Umgang mit anderen Menschen hemmte, schien mein neuer Freund, wie ich ihn bald nennen durfte, nicht davon loszukommen. Die Mischung aus Hohn und Belustigung, mit der er zum Beispiel von seinen Eltern sprach, von seinem Vater besonders, einem subalternen Beamten bei den Pfälzischen Eisenbahnen, war schon damals reinster Expressionismus. Dieser von sich besessene, ehrgeizig genialische Mensch konnte sich nicht genug über seine ungemäße Abstammung wundern.
Ernst Bloch war nicht der einzige Gewinn meines zweiten Berliner Winters. In dieser Zeit waren meine ersten Beiträge in der „Neuen Rundschau"[46] erschienen, der von Oskar Bie[47] brillant redigierten Zeitschrift des S. Fischer Verlages. Bei einem Besuch in der Redaktion machte mich Bie mit Oskar Loerke[48], einem der jüngeren Autoren des Verlages, bekannt. Loerke, der heute als einer der größten modernen Lyriker gilt, wurde in dieser Zeit, obwohl er schon eine Reihe vielversprechender Bücher veröffentlicht hatte, nur von einem kleinen Kreis stiller Freunde geschätzt. Ich durfte mich zu ihnen zählen und bin oft in jenem Winter und auch später mit ihm zusammengewesen. Ich entsinne mich noch an das mit Büchern vollgestopfte Zimmer seiner kleinen Wohnung hoch oben in einem häßlichen Hinterhaus in Halensee.
Er war ein schwerblütiger, schwer und bedächtig sprechender Mensch mit etwas groben, holzschnittartigen Zügen, die schön wurden durch den Blick seiner Augen und durch sein scheues, manchmal verschmitztes Lächeln. Musik war seine Leidenschaft. Die Dürftigkeit seiner Umgebung verschwand, wenn er sich an das Klavier setzte und mir summend und nickend seine Lieblinge, Bach und Bruckner, vorspielte.
Loerke verdankte ich auch die Bekanntschaft mit Moritz Heimann[49], dem Lektor des S. Fischer Verlages. Mit seinem wunderbar modellierten Kopf war Heimann schon äußerlich einer der eindrucksvollsten Menschen, denen ich je begegnet bin. Güte und Weisheit waren in ihm vereinigt. Er war selber ein bemerkenswerter Schriftsteller, aber sein eigentliches Verdienst, seine besondere Begabung war die selbstlose Art, mit der er andere, vor allem die Jungen, anzuregen und zu fördern verstand. Ich habe Heimann

öfter in seinem Büro im Verlagshaus in der Bülowstraße besucht. Er hatte immer Zeit für mich, obwohl er ein vielbeschäftigter Mann war und ich kaum mehr vorzuweisen hatte als meinen jugendlichen Enthusiasmus und ein paar ebenso jugendliche Dramen.

Ich hatte sie während der langen Ferien in meiner elterlichen Wohnung, in München und auch in Berlin geschrieben, schnell und fiebernd, eins hinter dem andern, natürlich in Jamben. Ich weiß fast nichts mehr von ihnen. Nur noch einen Titel kenne ich: „Die Herzogin von Orlamünde". Ich weiß auch nicht mehr, ob ich die Manuskripte vernichtet oder verloren habe, so gleichgültig sind sie mir geworden.[50]

Heimann hatte eins oder das andre dieser Dramen gelesen und er sprach mit mir darüber. Wenn er sich mit mir unterhielt, tat er immer so, als ob es kein wichtigeres Geschäft für ihn gebe. Er sagte mir, ich sei gewiß nicht unbegabt, aber mir fehle der Ernst und die Erfahrung und die Jamben seien mir viel zu leicht gefallen. Mit großer Geduld wies er mich darauf hin, was ich noch alles zu lernen hätte, gewiß nicht das Dramenschreiben, davon möchte ich einstweilen die Finger lassen. Dabei war sein Lob, das er einfließen ließ, ebenso produktiv wie sein Tadel.

Bei diesen Gesprächen gab er mir ein Gefühl der Sicherheit und Geborgenheit in meinem eigenen Wesen, wie ich es bisher noch nicht so empfunden hatte.

Manchmal, wenn sich die Unterredung zu lange hinzog, durfte ich ihn auf seinem Weg zum Bahnhof am Nollendorfplatz begleiten.

Dann war ich stolz und lobte mir mein Berlin.

# Heidelberg (1911 - 1914)

Im Frühjahr 1911, nach meinem letzten Wintersemester in Berlin, entschloß ich mich für Heidelberg.[51] Was mich dazu bestimmte, weiß ich nicht mehr. Verwandte meiner Mutter lebten dort, aber das wäre, wie ich mich kenne, eher ein Grund gewesen, eine Stadt zu meiden, die zudem nur eine knappe Stunde von meiner Vaterstadt entfernt lag und also den Reiz der Ferne entbehrte. Außerdem war mir Heidelberg schon seit meiner frühen Jugend durch die verhaßten sonntäglichen Familienausflüge verleidet. Auch kam mir, von Berlin aus gesehen, der vielbesungene Ort durch die falsche Romantik, die sich an seinen Namen heftete, einigermaßen verdächtig vor. Aber hatte nicht auch Hölderlin, der geliebteste unter den deutschen Dichtern, Heidelberg besungen?
Auf seine Autorität hin wagte ich es, und kaum hatte ich mich in Heidelberg niedergelassen, zunächst in einem Gaubenzimmer über der breiten, baumbestandenen Avenue der Anlagen nahe der Peterskirche und der Universität, kaum hatte ich die ersten freien Schritte getan, die ersten Bekanntschaften geschlossen, als ich mich von einem Zauber überwältigt fühlte, gegen die meine früheren Vorurteile nicht aufkommen konnten.
So stark und nachhaltig wirkte der Zauber, daß ich über vier Jahre in Heidelberg blieb und gewiß noch länger geblieben wäre, wenn mich nicht ein unerbittliches Ereignis daraus vertrieben hätte.
Ich habe Heidelberg später oft wiedergesehen, auch gelegentlich für längere Zeitspannen dort gewohnt. Aber die Stadt meiner Jugend habe ich nicht wiedergefunden.
Denn man mußte jung sein, um sich in Heidelberg wohl und glücklich zu fühlen. Man mußte jung sein, um übersehen zu können, was die barbarischen Gründerjahre dem schönen Stadtbild angetan hatten.
Heidelberg lebt und leuchtet in meiner Erinnerung vor allem als die Stadt des Frühlings und der Freundschaft. Ich hatte dort überraschend schnell Freunde und Bekannte gefunden, mit denen sich reden und diskutieren ließ, wie es vielleicht nur so in der aufgeschlossensten und internationalsten aller damaligen deutschen Universitäten möglich war.
Die ganze Stadt, von den Neckarufern bis zum Schloßberg und dem Philosophenweg hinauf, war wie ein großer Garten, der uns gehörte. Wie kann ich den Duft der lauen Abende vergessen, wie das zarte Lila der Glyziniendolden, die von Balkonen und Terrassen herunter unsre Wege bekränzten! Die ganze Atmosphäre verführte zu Schwärmerei, zu Heiterkeit

und Übermut, aber so jung und unbeschwert waren die meisten von uns wiederum nicht, daß sie nicht auch von der geistigen Atmosphäre Heidelbergs angesteckt wurden, von jenem besonderen Ernst, mit dem man sich hier trug. Wie in der lieblichen Neckarlandschaft schienen damals alle Wege offen zu stehen. Es war eine Welt der Vorläufigkeit und der Verheißung, die ich jedenfalls umso stärker genoß, je mehr ich im Lauf der Jahre spürte, daß sie sich ihrem Ende zuneigte.

Die Freunde, die ich damals in Heidelberg fand, verdankte ich zum größten Teil dem Wohlwollen eines Mannes, der die meisten der begabten und sonst interessanten jungen Leute um sich zu versammeln pflegte. Kurt Wildhagen[52], ein Sonderling von hohen Graden und wahrscheinlich der letzte der großen deutschen Bohemiens, hauste und herrschte im Café Haeberlein in den Anlagen, schräg gegenüber meinem ersten Quartier. Heute befindet sich dort betrüblicherweise eine Autowerkstatt. Damals war es so etwas wie das geistige und künstlerische Zentrum Heidelbergs. Wildhagen war fast immer vom frühen Nachmittag bis zur späten Nacht dort zu finden. Er wurde, wie es sich einem Mann gebührt, der die Hauptattraktion dieses Lokals ausmachte, mit Vorzug behandelt und von dem schlitzöhrigen Oberkellner Josef kostenlos bedient, was der Wirt sich schon deshalb leisten konnte, weil er die Bedürfnislosigkeit seines Stammgastes kannte. Soweit wir es kontrollieren konnten, verzehrte Wildhagen täglich nicht mehr als zwei Eier im Glas nebst ein paar Butterbroten, außerdem nahm er im Lauf der vielen Stunden ein paar Gläser Mélange zu sich und ab und zu auch ein Viertelchen Wein. Er war äußerst ungepflegt. Rasiert war er selten und seine langen, ungekämmten Haare fielen auf einen Kragen, der gewiß nicht rein war. Auf der Straße trug er einen zerbeulten Schlapphut mit breiter Krempe und unter dem Arm immer eine prall gefüllte, abgeschabte und brüchig gewordene Mappe. Man hat ihn deshalb und auch, weil er die meiste Zeit seines Lebens arm wie eine Kirchenmaus war, mit einem Bettelmönch verglichen. Aber er war weder fromm noch bettelte er. Er war im Gegenteil ein Verschwender, wie eine Geschichte beweist, die sich kurz vor meiner Ankunft in Heidelberg abgespielt hatte.

Wildhagen war in Moskau als Sohn eines deutschen Kaufmanns geboren. Nach dem Tod seines Vaters war ihm unter anderem ein Bett zugegangen und auch ein Teil der Erbschaft in bar, ganze 2000 Mark, eine für ihn ungeheure Summe. Ein junger Student, der an Wildhagens Tisch zu sitzen pflegte und von dem Glücksfall erfahren hatte, erzählte eine lange, rührende Geschichte von seiner Geliebten und einer Reise in die Schweiz, von der sein Glück abhänge, die er sich aber nicht leisten könne. „Wieviel Geld brauchst Du dazu?" fragte Wildhagen mit seiner krähenden Stimme. „2000 Mark", sagte der geriebene Bursche, worauf der Erbe mit kindlicher Freude in seine Tasche griff und die ganze, noch unangebrochene Summe auf den Tisch hinzählte. Der windige Student verschwand damit auf Nimmerwiedersehen. Aber zu Wildhagens Glück hatte er einen rechtlich denkenden Vater, der von dem Unterschleif seines Sohnes erfuhr und das Geld in Raten zurückzahlte, hundert Mark im Monat. Er zahlte noch zurück, als ich Wildhagen kennen lernte und er mir stolz erklärte, daß er nunmehr finanziell gesichert sei.

Wildhagen war etwa zwanzig Jahre älter als die meisten von uns. In seiner Jugend war er, wie lange nach ihm der Dichter Boris Pasternak[53], von Moskau nach Marburg gekommen, um bei dem strengen Kantianer Hermann Cohen[54] Philosophie zu hören. Von früh auf hatte er den Zug zur Unabhängigkeit. Er machte kein Examen, weil er mit ihm nichts hätte anfangen können. Er ging nach Heidelberg, das ihm besser gefiel und das er zeit seines Lebens nicht mehr verließ. Wenn es ihm behagte, gab er russischen Studenten, von denen es damals in Heidelberg wimmelte, deutschen Unterricht. Auch bildungsbeflissene Damen aus der Bürgerschaft, über die er sich lustig machte, zählten zu seinen sporadischen Schülerinnen. Gelegentlich übersetzte er aus dem Russischen, Turgenjew und Tolstoj. Eine Zeit lang hatte er sogar für ein Heidelberger Lokalblatt[55] Theaterkritiken geschrieben. Aber diese Tätigkeit fand ein rasches Ende, da ihm die Direktion wegen ungebührlichen Betragens das weitere Betreten des Heidelberger Stadttheaters verboten hatte, was er leicht verschmerzen konnte.

Wildhagen verfügte über ein profundes und dabei erstaunlich weit ausgedehntes Wissen. Sein literarischer Geschmack war etwas eklektisch. Nur in philosophischen Fragen verstand er keinen Spaß. Da war er ganz der strenge und grobe Kantianer aus der Marburger Schule.

Vollends verblüffend war sein Gedächtnis. Lange Goethestellen konnte er auswendig hersagen, aber auch alle Marburger Wirtinnenverse waren ihm geläufig und seine Freude war groß, als er seine Sammlung durch ein paar besonders ergötzliche Strophen erweitern konnte, die in unserm Kreis entstanden waren. Auch mit den saftigen Würzburger Studentenversen, die den Baron von Kiesewetter, den größten Schweinehund von je, besangen, konnte er aufwarten.

Lange blieb mir unklar, warum er ständig seine abgeschabte und prall gefüllte Aktentasche mit sich herumschleppte. Bis ich eines Abends entdeckte, daß er sie zur Stütze seines Gedächtnisses brauchte. An diesem Abend war einer seiner ältesten Freunde nach langer Abwesenheit im Café Haeberlein erschienen: Carlo Philips, bekannt geworden durch eine schöne, etwas eigenwillige Übersetzung der Orestie des Aischylos, die im Insel-Verlag erschien.[56] Im Gegensatz zu Wildhagen war Philips ein Mann, der zu leben verstand. Er wohnte abwechselnd in der damals aufblühenden Künstlerkolonie des Monte Verità in Ascona und in Heidelberg, genauer in dem nahegelegenen Handschuhsheim, wo er sich eine hübsche Wohnung an einem der von Reben bestandenen Sandsteinhänge eingerichtet hatte. Auch war er nicht so bescheiden wie unser Freund. Er hatte geringelte schwarze Haare, den Kopf eines Römers und ein dementsprechendes südliches Temperament, dem er an diesem Abend, offenbar angeregt durch die neugierigen Blicke, die sich auf ihn richteten, die Zügel schießen ließ. Ich habe längst vergessen, worüber er sprach. Ich weiß nur noch, daß er mehr und mehr ins Schwadronieren geriet und die kühnsten Behauptungen aufstellte. Wildhagen hörte ihm lange schweigend zu, bis er ihn mitten in einem schneidend vorgebrachten Urteil über irgend eine literarische Frage sanft unterbrach: „Aber hör mal, Carlo, vor vier Jahren hast du genau das Gegenteil behauptet. Du kannst das nicht leugnen. Ich kann es dir nämlich beweisen." Dabei schob er seine Mappe heran, schüttete ihren Inhalt, die uns schon bekannten vollständigen Sammlungen der Wirtinnen- und Kiesewetterverse, mehr oder weniger vergilbte Zeitungsausschnitte und hunderte von beschriebenen Blättern und Zetteln vor sich auf den Tisch. Er wühlte darin umher und es dauerte nicht lange, bis er einen alten Briefumschlag gefunden hatte, den er triumphierend schwenkte: „Da steht es geschrieben", verkündete er, „Gespräch mit Carlo Philips am so und sovielten Mai 1908. Ich hab mir die Stichworte notiert. Ich werde sie dir vorlesen."

Im Lauf der Jahre hatten sich um diesen rührenden und immer etwas geheimnisvoll wirkenden Mann allerlei Legenden gewoben. So konnte man zu meiner Zeit hören, nicht Emil Ludwig[57], sondern Kurt Wildhagen sei der eigentliche Verfasser jener Biographien, die sich damals einer ungewöhnlich großen Popularität erfreuten. An dieser Behauptung war nur so viel richtig, daß Wildhagen dem erfolgreichen Emil Ludwig, den er von früher her kannte und gelegentlich in seinem prächtigen Haus in Ascona besuchen durfte, Quellenmaterial und sonstige Unterlagen für seine Arbeiten lieferte. Jedem, der Wildhagen auch nur einigermaßen kannte, mußte es absurd erscheinen, sich diesen redlichen Mann, der überdies nicht den leisesten schriftstellerischen Ehrgeiz hatte, als Verfasser jener auf Effekt frisierten und oberflächlichen Werke vorzustellen.

Was Wildhagen für seine nicht unbeträchtlichen Dienste an diesem lukrativen Unternehmen erhielt, habe ich nicht erfahren. Viel kann es nicht gewesen sein. Er war viel zu bescheiden, um ein angemessenes Honorar für seine Bemühungen zu erwarten. Sicher ist, daß er auch damals so arm blieb wie zuvor. Wie arm, konnte ich feststellen, als ich ihn eines Vormittags zur Bahn begleitete. Die Gattin Emil Ludwigs, die auf der Durchreise war, hatte ihn für ein paar Minuten ihres Aufenthaltes dorthin bestellt. Von der Perronsperre aus konnte ich sehen, daß sich eine elegante, mit einer kostbaren Pelzjacke bekleidete Dame aus dem Fenster ihres Schlafwagenabteils beugte, einige Zeit sich mit Wildhagen unterhielt und sich dann von ihm etwas reichen ließ. Was es war, konnte ich nicht erkennen. Als aber der Zug aus der Halle geglitten war, kam mein Freund hochrot vor Empörung auf mich zu und krähte lauter als sonst: „Weißt du, was die Ziege von mir gewollt hat? Sie hat kein Kleingeld, hat sie gesagt, sie braucht ein Trinkgeld für den Schlafwagenschaffner. Und da hab ich ihr meine letzten zwei Mark gegeben." In Erinnerung an meinen Freund werde ich selber noch heute wütend, wenn ich an diese Geschichte denke.

Wildhagen war einer der offenherzigsten Menschen meiner Bekanntschaft. Gerade deshalb intriguierte es mich und meine Freunde, daß er in einem besonderen Punkt jeder Frage auswich. Wir konnten nie die genaue Adresse seiner Wohnung erfahren. Wir wußten nur, daß er irgendwo in einer der kleinen Seitengassen zwischen dem Karlsplatz und dem Karlstor hausen mußte. Manchmal begleitete ich ihn nachts auf seinem Heimweg in der stillen Hoffnung, hinter sein Geheimnis zu kommen. Jedesmal aber, wenn wir den Karlsplatz hinter uns hatten, verabschiedete er sich hastig und fing auf eine seltsam trippelnde Art zu laufen an. Wenn er merkte, daß ich ihm nachsah, verschwand er um Ecken herum, die unmöglich zu seiner Behausung führen konnten, und schlug Haken wie ein Hase, der seine Verfolger von sich abschütteln will.

Der Arme hatte offenbar Grund, sich so zu verstecken. Nur einem seiner Freunde, dem vorhin erwähnten Carlo Philips, war es, soviel wir wußten, gelungen, in seine Wohnung vorzudringen. Er schilderte uns später einmal die groteske Unordnung, die darin herrschte, den Boden, auf dem man kaum gehen könne, so bedeckt sei er mit Speiseresten, schmutzigem Geschirr und wild übereinandergehäuften Bücherstapeln; das Bemerkenswerteste aber sei Wildhagens Bett, ein Erbstück aus Moskau, das ihm vor Jahren als Frachtgut zugestellt worden sei, fest verschnürt und in einer doppelten Schicht fester Pappe verpackt; nach Empfang dieses Möbels habe Wildhagen sich nicht anders zu helfen gewußt, als mit einem Messer den oberen Teil der Pappeschicht an den Rändern aufzuschlitzen, ihn nach hinten zurückzuschlagen und sich so sein Bett zu bereiten; noch heute sei es im gleichen Zustand.

Diese Geschichte machte in Heidelberg die Runde. Aber da sie aus dem Mund von Carlo Philips kam, der gern übertrieb, glaubte niemand so recht an sie.
Doch fünfunddreißig Jahre später fand ich sie bestätigt. Ich greife voraus, was ich noch öfter zu tun gedenke.
Bald nach dem Ende des zweiten Weltkrieges, nach den langen Jahren meiner Emigration, war ich zum ersten Mal wieder nach Deutschland gekommen, selbstverständlich auch nach Heidelberg. Ich fand die Stadt meiner Jugend traurig verändert, voll, wie sie in diesen ersten Nachkriegsjahren war, von hungernden Menschen, gierigen, von überallher zusammengelaufenen Huren und schon am Tag betrunkenen amerikanischen Siegern. Auch meinen Freund Wildhagen fand ich trüb verändert. Er trug einen grauen, struppigen Bart und war erschreckend gealtert und eingefallen. Nur der Schlapphut war noch der alte. Man hatte mir erzählt, welche Rolle dieser Hut in der gerade vergangenen Zeit der deutschen Schande gespielt hatte. Wildhagen war unbehelligt geblieben, obwohl er die Nazis aus tiefster Seele haßte. Gerade deshalb und vermutlich auch, weil er so harmlos war, galt er als komische Figur. Nur manchmal, wenn er die Hauptstraße entlang ging, finster und verschlossen, seine Mappe an sich gedrückt, stellten sich ihm Spaßvögel, meist junge Studenten, in den Weg und schmetterten ihm mit abgewinkeltem rechten Arm den sogenannten deutschen Gruß entgegen. Dann soll Wildhagen groß aufgeblickt und mit entwaffnend weiter Gebärde seinen abgetragenen Schlapphut bis tief zur Erde gezogen haben.
Er war zu Tränen gerührt, als er mich wiedersah. Ich hatte mir für ihn ein großes Paket mit Lebensmitteln in dem amerikanischen PX-Laden besorgt, und da das Café Haeberlein nicht mehr existierte, die meisten anderen Lokale von den amerikanischen Besatzungsbehörden beschlagnahmt waren, führte er mich, schwach vor Hunger, schnurstracks in seine Wohnung. Sie lag weiter ab vom Karlsplatz, als ich dachte, in der mir bisher unbekannt gebliebenen Kisselgasse. Eine morsche Holztreppe führte in seine Behausung, und als ich sie betrat und mich neugierig umsah und mir ein penetranter, süßlich fauler Geruch entgegenschlug, fand ich, daß Carlo Philips in seiner Beschreibung eher noch untertrieben hatte. Freilich war inzwischen eine lange Zeit vergangen, in der sich entsprechend mehr Staub und Moder hatte ansetzen können. Und da, in einer offenen Kammer, halb verborgen hinter einem riesigen Büchergestell, stand wahrhaftig auch noch das Bett, das einst viel beredete Bett aus Moskau. Nur waren die Schnüre, die es früher zusammengehalten hatten, jetzt in dünne Fäden aufgedröselt und von der Pappe der Umhüllung hingen nur noch einzelne Fetzen herunter. Aber auf die hohe

eiserne Röhre war ich nicht gefaßt, die vor der wüsten Unordnung seines wackligen Schreibtischs stand. Ein großer, grün eingebundener Atlas des russischen Zarenreiches lag als Deckel über der Röhre. Wie sich herausstellte, diente ihm dieses Möbel nicht nur als Schreibtisch – sondern auch als Nachtstuhl.
Bei diesem Anblick war ich mehr traurig als angeekelt. Aus dem Freund meiner Jugend war ein alter hilfloser Greis geworden, der allen Stolz verloren hatte und nun das so lang gehütete Geheimnis seiner Verkommenheit preisgab. Bald danach ist er gestorben und Heidelberg war mir von nun an verleidet.

Damals aber, in der Zeit vor dem ersten Weltkrieg, die ich jetzt wieder beschwören will, stand es in Blüte, für mich jedenfalls und für meine Freunde. Ich habe mich an mehr als vier Jahre zu erinnern und es ist schwer, diese lange Zeit, die damals, von außen betrachtet, fast ereignislos dahinfloß, sauber auseinanderzuhalten oder die Erlebnisse, die sie mir dennoch brachte, und die Stadien meiner geistigen Entwicklung einigermaßen genau zu fixieren.
Soviel weiß ich noch, daß ich in der ersten Zeit, etwa zwei Jahre hindurch, brav und geduldig Vorlesungen hörte, Seminare besuchte und gelegentlich in ihnen Arbeiten vortrug, die zwar fleißig gearbeitet, aber nicht ganz geheuer waren. Denn noch immer liebte ich es, wie in meinen Gymnasiastenjahren, meine Lehrer mit kühnen Behauptungen zu verblüffen.
Vor allem der Germanist war von mir schockiert. Er hieß Freiherr von Waldberg[58], seltsamerweise. Denn er war unverkennbar von jüdischer Rasse, dabei sehr reich und gepflegt, mit einem koketten schwarzen Bärtchen. Er hatte ein paar größere Arbeiten geschrieben, die philologische Akribie, aber keinerlei Funken aufwiesen. Gerade deshalb reizte mich der Mann. Doch nahm er mir nach dem ersten Schreck meine Angriffe auf seine konventionellen Ansichten nicht weiter übel. Er lud mich sogar in seine prächtig ausgestattete Villa ein, die in der Mönchhofstraße in Neuenheim lag, und stellte mir großmütig seine ungewöhnlich reichhaltige Bibliothek zur Verfügung.
Weniger zu spaßen war mit dem Philosophen und Geheimrat Wilhelm Windelband[59]. Er war weit über Heidelberg hinaus bekannt und galt als Autorität, vor allem auf dem Gebiet der Geschichte der Philosophie. Seine Vorlesungen, die ich einige Zeit lang gern besuchte, waren ganz ohne die Finessen und Subtilitäten meines Berliner Lehrers Simmel. Aber man lernte viel bei ihm. Niemals zuvor hatte ich klarer und einprägsamer einen Über-

blick über die Entwicklung der bedeutsamsten philosophischen Probleme und Begriffe erhalten. Windelbands Lehrbuch der Geschichte der Philosophie, ein Geschenk meines Freundes Ernst Bloch, in gotischen Buchstaben mit seinem Namen gezeichnet, steht noch heute, eines der wenigen Überbleibsel aus den Schiffbrüchen meines Lebens, griffbereit auf dem schwedischen Regal über meinem Schreibtisch.

Ich weiß, das Buch ist heute in vielen Punkten veraltet. Doch wenn ich über die Philosophie der Griechen, über Locke, Hume und Kant und den deutschen Idealismus nachschlagen will, lasse ich mich noch immer von ihm unterrichten. Dann freilich, nach Lotze[60] und Hartmann[61], wird es mulmig. Wir, Ernst Bloch und ich, haben seinerzeit viel gelacht über die Behandlung, die Windelband Nietzsche angedeihen ließ. Er nannte ihn wörtlich den Dichter F. Nietzsche, der dämmrig im Unbestimmten schwelge und von dem Leser kein zusammenhängendes begriffliches Denken verlange.

Auch als Person war Windelband reinstes neunzehntes Jahrhundert. Ich hatte die Ehre, da ihm offenbar mein Vortrag über die Prolegomena zu Kants Kritik der reinen Vernunft in seinem Seminar gefallen hatte, gelegentlich in seine in der Landfriedstraße gelegene Wohnung eingeladen zu werden. Die Wohnung war ebenso bemerkenswert wie Windelbands Vollbart. Sie war im schönsten Makartstil gehalten, mit gerafften Plüschvorhängen, mit ausschweifend ornamentierten Möbeln, mit künstlichen Blumen und Nippes. Unvergeßlich blieb mir ein Thermometer, eingerahmt von einer Hellebarde aus Holz, auf der ringsum in Brandmalerei die Worte zu lesen waren: „Zu Straßburg auf der Schanz", vermutlich ein Erinnerungsstück an Windelbands Professorat in dieser Stadt.

So ernst der Geheimrat auf dem Katheder und in seinem Seminar sein konnte, so neckisch gab er sich privat. Einer seiner Schüler, ein hervorragend törichter Italiener, war mit einer Heidelberger Bardame durchgebrannt. Als Windelband davon erfuhr, sagte er mit erhobenem Zeigefinger, ich habe es mir wörtlich gemerkt: „Da hat wohl Eros die Hand im Spiele gehabt".

Inzwischen hatte ich das achte oder neunte Semester hinter mir und mein Vater, der mein Studium, wenn auch bescheiden, so doch regelmäßig finanziert hatte, redete mir zu, mich auf ein Abschlußexamen vorzubereiten und mit dem Gedanken vertraut zu machen, einen der vorgeschriebenen, pensionsberechtigten Berufe zu ergreifen, etwa den eines Mittelschullehrers. Ich konnte meinem Vater dieses Verlangen nicht übel nehmen. Er folgte darin nur, obwohl er in seiner Jugend recht leichtsinnig gewesen war und durchaus unbürgerliche Züge aufwies, dem auf Sicherheit der Existenz

Grossherzoglich Badische
# Universität Heidelberg.

## Anmeldung
für das Winter — Sommer-Semester 1911

1. Familienname und Vorname: *Fritz Burckhall*
2. Geburtstag und -Jahr: *9. Aug. 1889.*
3. Geburtsort: *Ludwigshafen a. Rh.*
4. Geburts-Land (bei Deutschen Bundesstaat und bei Preussen auch Provinz): *Bayern (Pfalz)*
5. Staatsangehörigkeit: *Bayer*
6. Studium: *phil.*

7. Vor- und Familienname, Stand und Wohnort (Strasse) des Vaters oder (wenn dieser verstorben) der Mutter oder des Vormundes:

*Friedr. Wilh. Burckhall*
*Schneidermeister*
*Ludwigshafen a. Rh. Oggersheimerstr. 5.*

8. Religion: *ev.*

9. Hiesige Wohnung (nämlich Strasse und No. des Hauses und Name des Vermieters): *Luisenstr. 4, Otto Reizinger*

Die Richtigkeit dieser Angabe bestätigt

Heidelberg, *2 Mai* 1911

Unterschrift des Studierenden:

*Fritz Burckhall*

bedachten Tradition seiner Vorfahren und dem noch stärkeren Einfluß seiner kleinstädtischen Umgebung. Mich aber, eigensinnig und radikal, wie ich mich seit meiner Jugend entwickelt hatte, ließen die Vorhaltungen meines Vaters kalt. Ich hielt sie nicht einmal des Nachdenkens wert und als mein Vater von Mal zu Mal immer dringender wurde, kam ich dem zu erwartenden Ultimatum zuvor und sagte ihm kühl und entschieden, daß ich von nun an auf seinen Monatswechsel verzichte, da ich selber in der Lage sei, für mich zu sorgen.

Ich war keineswegs in dieser Lage. Doch mich beseelten damals ein Trotz und eine Zuversicht, um die ich mich heute beneide. Außerdem war man in Heidelberg auf mich aufmerksam geworden. Längst hatte ich das puerile Dramenschreiben, das mir viel zu leicht gefallen war, aufgegeben und mich ernsteren Dingen zugewendet.

Bei meinen Studien, die ich damals ebenso eifrig, aber zielbewußter als früher trieb, hatte mich eine Gestalt besonders angezogen: der Königsberger Johann Georg Hamann[62], bekannt geworden als der Magus im Norden, der Lehrer Herders, der Gegenspieler seines jüngeren Landsmannes Kant. Was mich an Hamann zur Darstellung reizte, war nicht nur die vollkommene Originalität seiner schwierigen, rätselhaften, disparaten, zugleich zynischen und frommen Äußerungen, sondern die Tatsache, anerkannt von jenen, die nach ihm kamen und es wissen mußten, von Goethe, Schelling, Hegel und Jean Paul, daß er gewissermaßen den Orgelpunkt bildete, aus dem sich die Fülle ihrer Themen und Melodien entwickelten.

Dieser Figur galt meine erste selbständige Heidelberger Arbeit. Der Aufsatz, den ich heute noch besitze und dem ich später eine andere, etwas lebendigere Fassung gegeben habe, dürfte im Lauf des Jahres 1912 entstanden sein. Denn er erschien zu Beginn des Jahres 1913 in der internationalen Zeitschrift „Logos", deren deutsche Ausgabe von Vertretern der sogenannten Südwestdeutschen Schule in Tübingen herausgegeben wurde.[63] Wie es zu dieser Veröffentlichung kam, habe ich vergessen. Ich erinnere mich nur noch, daß man mir sagte, ich sei der erste Student, dem die Ehre widerfahren sei, neben Husserl, Meinecke[64], Rickert[65], Simmel, Troeltsch[66], Max Weber[67] und Wölfflin zu erscheinen.

Merkwürdigerweise machte das auf mich keinen besonderen Eindruck. Bei diesem Anlaß wurde mir zum ersten Mal klar, daß ich so ziemlich frei von jener Eitelkeit bin, die ich damals und später an meinen intellektuellen Bekannten in mehr oder minder offener und, wie mir schien, übertriebener Weise beobachten konnte. Nicht als ob es mir an Selbstbewußtsein fehlte.

Aber ich war kritischer und anspruchsvoller geworden, besonders mir selbst gegenüber.
Unterdessen hatten sich meine äußeren Umstände überraschend gebessert. Zu meinen Freunden und Gönnern unter den jüngeren Universitätsprofessoren zählte der Philosoph Emil Lask[68], ein äußerst scharfsinniger und eigenwilliger Logiker und Erkenntnistheoretiker. Mehr aus Zuneigung zu ihm als aus Interesse an dem von ihm behandelten Problemkreis, hatte ich sein Seminar besucht, so lange, bis Lask mir freundlich davon abriet, da ich, wie er meinte, ein Schöngeist sei, dem er wenig zu bieten habe. So blieben unsere Zusammenkünfte auf gemeinsame Spaziergänge, auf Mahlzeiten, zu denen er mich einlud, und vor allem auf gelegentliche Kinobesuche beschränkt. Der sonst so ernste, präzise Lask war kindisch begeistert von den ruckartig zappelnden und flimmernden Bildern der ersten noch ganz primitiven Streifen, die von einem Ansager erklärt und von einem Klavierspieler mit teils sentimentalen, teils heiteren Weisen, manchmal auch mit donnernden Märschen begleitet wurden.
Lask stammte, wie viele der damaligen jüdischen Dozenten, aus einem reichen Haus. Als er erfahren hatte, daß ich durch meinen Entschluß, auf die Zuschüsse meines Vaters zu verzichten, in Bedrängnis geraten war, ließ er mir durch seine Bank monatlich hundert Mark überweisen, mit der ausdrücklichen Verpflichtung, die Sache geheim zu halten und auch zwischen uns nie zu erwähnen.
Hundert Mark waren damals viel Geld. Dazu kamen die Honorare von den Zeitschriften, für die ich zu schreiben begonnen hatte, vor allem von den sozusagen avantgardistischen und gut zahlenden „Weissen Blättern"[69]. Auch half meine Mutter, die mich für den Wegfall des Monatswechsels durch heimatliche Freßpakete und Weinsendungen entschädigte.
So konnte ich mir eine bessere Bleibe leisten, Ich war von der bescheidenen Gaubenbude in den Anlagen nach Neuenheim gezogen, in das sich leicht dem Gedächtnis einprägende Haus Brückenstraße Nummer 1. Es war ein weiß angestrichenes, villenartiges Gebäude, gleich links, wenn man von der Stadt her die Neue Brücke überquerte. Das Haus war damals in einzelne Zimmer aufgeteilt, die an Studenten und jüngere Ärzte von den gegenüber liegenden Kliniken vermietet wurden. Ich selber bewohnte die meiste Zeit ein geräumiges, bequem möbliertes Zimmer mit einem breiten Balkon, von dem man über die tiefer gelegene Uferstraße hinweg einen schönen Blick auf den Neckar und den Gaisberg hatte. Ein Bekannter nach dem andern war in das Haus an der Brücke gezogen und allmählich wohnten nur Freunde da, die

aufeinander eingespielt waren und es sich zur Regel machten, einander in ihren Lebensgewohnheiten nicht zu stören.

Am wenigsten war das von Ernst Blass[70] zu erwarten, dem jungen Lyriker, der aus Berlin gekommen war, um hier, wenn ich mich recht erinnere, seinen Doktor der Jurisprudenz zu machen. Blass war ein scheuer, in sich verschlossener Mensch mit einem stillen, ungemein ansprechenden Lächeln und gekennzeichnet von den unverkennbaren Zügen einer Hypochondrie, die wir erst viel später begriffen, als er auf beiden Augen erblindet war. Seine frühen Gedichte, die er aus Berlin mitbrachte und in Heidelberg drucken ließ, hatten ihn schon damals bekannt gemacht. Es waren die ersten Gedichte, in denen die Großstadt wie eine andere Landschaft behandelt wurde, mit zarten, schwebenden, unvergeßlich einfachen Worten. „Die Strassen komme ich entlang geweht", hieß die erste Zeile des schönsten Gedichtes und nach ihr der Titel des ganzen Bandes. Die Damen der von Ernst Blass gern frequentierten Bar, die ganz in der Nähe unsres Stammcafés lag, wußten ganze Strophen auswendig und waren stolz darauf, den Dichter mit seinen eigenen Worten begrüßen zu können: „Ich bin so sanft mit meinen blauen Augen".

Richard Weissbach[71] hieß der Verleger, der diese Gedichte in einem schönen, himmelblau gebundenen Band herausgebracht hatte. Weissbach war ein Eigenbrötler, ein richtiger verschrullter Schwabe, dabei ein fanatischer Bibliophile von erlesenstem Geschmack, der in sonderbarstem Gegensatz zu seinem mehr als bescheidenen Lebensstil stand. Er wohnte mit seiner von ihm unzertrennlichen, unverheirateten Schwester in ein paar kleinbürgerlich ausgestatteten, aber mit Büchern vollgestopften Zimmern im Parterre eines Hauses in Neuenheim, nicht weit von unsrer Brückenstraße. Von dort aus vertrieb er seine kostbar gedruckten Bücher. Er hatte kein Büro und außer der ihm treu und fleißig ergebenen stillen Schwester keine Angestellten. Seine Spezialität waren Luxusausgaben klassischer Texte, zu denen ihm moderne Künstler Lithographien geliefert hatten. Die wenigen numerierten Exemplare waren auf kaiserlich Japan, auf Stratford und Strathmore in der Offizin von Drugulin in Leipzig gedruckt und für damalige Zeiten lächerlich teuer. So verlangte er für eine von ihm gedruckte Gogol-Novelle, die er in Ganzpergament hatte binden lassen, die gewaltige Summe von 600 Mark.[72] Auch den Versand besorgte Weissbach selber. Nur ungern vertraute er seine Erzeugnisse der lieblosen Paketpost an. Am meisten schätzte er die Kunden, die in Heidelberg selber wohnten. Hatte er dort einen Liebhaber gefunden, was nicht alle Tage vorkam, lieferte er das kostbare Exemplar, in feinstes Seidenpapier eingepackt, persönlich ab, nicht ohne bescheiden vor der

Lieferantentür stehen zu bleiben und um Rückgabe des wohl nicht mehr benötigten Seidenpapiers und auch der Verschnürung zu ersuchen.
Dieser so wenig großzügige Mann hatte dennoch ausschweifende Pläne. Die Luxusausgaben befriedigten seinen Ehrgeiz nicht ganz, er wollte aus Heidelberg so etwas wie einen literarischen Umschlagplatz machen. Wenn ich mich recht erinnere, war er es, der eine literarisch-akademische Gesellschaft ins Leben rief. Jedenfalls sorgte er mit großem, immer etwas kindlich anmutendem Eifer dafür, daß sich die meisten der damals von einer kritischen Elite geschätzten Autoren in Heidelberg präsentierten. Nach Schluß der Vorlesung ließ Weissbach es sich nicht nehmen, seine hohen Gäste an unsern Tisch ins Café Haeberlein zu führen. Von diesen flüchtigen Besuchern erinnere ich mich nur noch an den sich in Schweigen hüllenden Heinrich Mann, den eleganten und exuberanten Alfred Walter Heymel[73], den Gründer der Insel, deutlich an den jungen Franz Werfel, der uns Verdi-Arien vorsang, sowie an einen heute unbekannten Romancier mit Namen Martin Beradt[74], an ihn ganz besonders. Der etwa zehn Jahre ältere Beradt ließ sich von uns erzählen, wie wir in Heidelberg lebten. Er wandte sich an jeden einzelnen von uns und fragte uns aus, lang und beharrlich. Als er im Morgengrauen von uns Abschied nahm, sagte er uns mit einer Bitterkeit, die unerwartet aus ihm hervorbrach, daß wir keine Ahnung hätten, wie glücklich wir uns preisen könnten; ihn packe der Ekel, wenn er daran denke, daß er morgen nach Berlin zurückfahren müsse, zu seiner Rechtsanwaltpraxis, wo nichts auf ihn warte, als die schäbigen, dreckigen Streitfälle seiner Mandanten, eine Welt des gemeinsten Alltags, von der wir uns hier in Heidelberg keine Vorstellung machen könnten.
Es ist mir später öfter geschehen, daß Menschen, die in ihren bürgerlichen Berufen keine Befriedigung fanden, ähnlich neidvoll und erbittert meine Existenz mit der ihren verglichen. Ich war davon immer tief berührt. Nicht weil mir selber meine Existenz so beneidenswert erschien, sie war es oft keineswegs, sondern weil ich mit den Augen eines andern sehen konnte, weil ich von mir abrücken und mich wie ein Fremder beurteilen konnte.
Damals in Heidelberg, bei dem Ausbruch Martin Beradts, hatte ich dieses Gefühl, das doch wohl jeden auf sich aufmerksamen Menschen gelegentlich überkommt, zum ersten Mal in voller Stärke.
Wenn ich es genau besehe, habe ich von dieser Nacht an so etwas wie ein Doppelleben geführt, ein Leben mit gespaltenem Bewußtsein. Ich lebte für lange Perioden dahin wie sonst, heiter und unbeschwert oder auch ernst und melancholisch, ich las und studierte, ich schrieb meine Sachen, war verliebt

und führte lange Gespräche, aber plötzlich konnte es geschehen, daß ich den Doppelgänger sah, der mir prüfend, sondierend über die Schulter blickte.
So gab es Tage, wo ich mir jene Stelle aus Hölderlins Brief an seinen Bruder vorsagen mußte: „... keine Zeit ist schlimmer in jeder Rücksicht, als der Uebergang vom Jüngling zum Mann. Die andern Menschen und die eigene Natur machen einem, glaub ich, in keiner andern Lebensperiode so viel zu schaffen, und diese Zeit ist eigentlich die Zeit des Schweißes und des Zorns und der Schlaflosigkeit und der Bangigkeit und der Gewitter, und die bitterste im Leben..."[75]
Aber von Schlaflosigkeit war bei mir nicht die Rede. Es waren nur Stimmungen, denen ich unterlag, und wirklich bittere Zeiten sollte ich erst später kennen lernen.
Mehr aus den Berichten meiner Bekannten als aus eigener Erinnerung weiß ich, wie ich damals meine Tage und Nächte in der Brückenstraße 1 verbrachte.
Meine näheren Bekannten und Freunde schilderten mich, wenn sie über mich sprachen, was sie, angesteckt von der Heidelberger Atmosphäre, gerne taten, als einen erstaunlich strebsamen und ernsten jungen Menschen. Selbst ein solches Wunder an produktiver Vitalität wie mein Freund Ernst Bloch, der sich um diese Zeit in Heidelberg niederließ, worüber ich noch zu erzählen haben werde, sagte mir später mehr als einmal, daß ihn Neid und Staunen packten, wenn er mich schon am frühen Morgen an meinem Schreibtisch über Papieren und Büchern sah, gekleidet in die Mönchskutte eines billigen, weißblau gestreiften Schlafanzugs, im Mund eine Zigarre, die er für meinen einzigen Luxus hielt. Noch Jahrzehnte später konnte er mich daran erinnern, daß ich damals regelmäßig eine blonde, in ein Sandblatt gewickelte, Sumatra rauchte, die den Namen Rheinstrom trug und für zwölf Pfennige beim Tabakhändler Grimm gleich am Anfang der Hauptstraße zu haben war.
Meine anderen Freunde, die zumeist aus reichen jüdischen Häusern stammten, übersahen die Zigarre und hielten mich geradezu für einen weltabgewandten Asketen. Ich bemühte mich, sie von dieser Meinung abzubringen, und lud sie, wenn wieder ein Eßpaket meiner Mutter eintraf, zu einem pfälzischen Abendessen ein. Ich setzte ihnen Schwartemagen vor, stark gewürzte Leber- und Griebenwurst und dazu einen Gimmeldinger aus dem Keller meines Vaters. Sie nannten diese Genüsse köstlich rustikal, aber blieben bei ihrer Meinung, die sich zu einer Art Legende verdichtete.
So kann ich mir erklären, daß eine meiner ersten Arbeiten, die in dem Balkonzimmer in der Brückenstraße entstand, den Titel trug „Von der Askese, dem Künstler und der neuen Menschlichkeit". Ich besitze diese

Arbeit noch heute und möchte ein paar Stellen zitieren, nicht nur, weil sie einen wesentlichen Schritt im Gang meiner Entwicklung darstellt, sondern auch deshalb, weil sie in einigen Formulierungen symptomatisch war für die Empfindungen einer Generation, die damals mitten im seligsten Frieden nicht ganz ohne Vorahnung der kommenden Dinge aufwuchs:

„Man scheint heutzutage darauf aus zu sein, alles nur immer Mögliche durcheinander zu bringen und zu verwirren und grenzenlos zu machen; man scheint, da man den Ernst der Worte und der Namen nicht mehr fühlt, darauf aus zu sein, alle Worte und Namen umzubiegen oder zu vertauschen. Wie spricht man doch vom Künstler, wie sprechen da noch die Besten? Es geht eine häufige Rede, mit matter Scheu vorgebracht, die Künstler seien wie Asketen und Heilige zu betrachten und überhaupt, es lasse sich bemerken, daß wieder ein Enthaltsamkeitsgefühl heraufkomme, aus dem die früheren Helden und Genies hervorgegangen seien.

Aber damit ist entweder eine sehr alte und höchst negative Weisheit gesagt, die für jeden Künstler gilt: daß nämlich die Form Beschränkung sei, oder es ist damit nur ein vage und allgemein Menschliches getroffen, die Flucht des modernen Menschen vor der erdrückenden Macht der technischen Mittel, die alle Zwecke an sich gerissen zu haben scheinen und nun, herrschsüchtig geworden, blindlings weiterlaufen, sich immer mehr in sich selber komplizieren müssen, und da ist kein Ende abzusehen. Allein weder hier noch dort darf von Askese gesprochen werden. Man soll das nachdrücklich betonen, man soll darauf aufmerksam machen, daß die sentimentale Genugtuung, die in diesem Wort liegt, schlecht zu der Aufgabe paßt, die der Künstler hat und die der neue Mensch in sich fühlen muß, wenn er sich auf sich selber besinnt..."

Dann entwarf ich das Bild des Asketen, wie ich ihn sah, schon aus Freude daran, mich von ihm abzusetzen. Ich schilderte ihn als ein Produkt reifer Kulturen, als den Menschen, der mit sich fertig geworden ist, der, allein mit Gott, alles von sich abgetan hat, seinen Namen, seine Eigenschaften und selbst die Arbeit. In der Entwicklung des neunzehnten Jahrhunderts, meinte ich, sei der Schreck der Entfremdung gekommen, der Mensch habe seine herrschende Stellung verloren, daher die Trauer der Dichter und die Verzweiflung der Philosophen. Aber eine entschiedenere Zeit mit neuen Menschen bahne sich jetzt an, glaubte ich prophezeien zu können, und so schloß ich:

„Denn was auch immer von der neuen Menschlichkeit gesagt werden kann, die auf den nervös zerschlagenen und sich fremd fühlenden Typus folgen soll, so kann doch dies eine wenigstens für sicher gelten, daß in ihr nicht von irgendwelcher Askese sein darf. Ich glaube zu sehen, es zeige sich in der neuen Generation der Zwanzigjährigen, auf der das Gewicht einer großen Aufgabe liegt, der Typus dieser neuen Menschlichkeit, und ich möchte das Gleichnis von ihnen behaupten, daß sie listig wie die Schlangen und fromm wie die Tauben sind. Ihr Wille ist, sich in vieles zu mischen und sich herumzuschlagen und sich zu messen und ein Maß zu finden; sie sind aber von vornherein schlau und lassen sich in keiner Enttäuschung erbittern; der Aufwand ihrer Listigkeiten ist nur die Hut vor dem Schatz ihrer Frömmigkeit. Denn diese neue Menschlichkeit soll glauben und vertrauen und verehren und wieder Großes sagen."[76]

Diese sozusagen programmatischen Ausführungen sind 1913 geschrieben und erschienen zu Beginn des ominösen Jahres 1914 in der ersten Nummer der Heidelberger Zeitschrift „Die Argonauten". Der Verleger Richard Weissbach hatte den Druck mit seltenem Geschmack besorgt und es sich nicht nehmen lassen, eine Reihe von Exemplaren in der Presse numerieren und auf kostbaren Papieren abziehen zu lassen. Als Herausgeber zeichnete unser Freund Ernst Blass.[77] Auf dem Titelblatt stand der Goethespruch:

„Im hehren Argonautenkreise
War jeder brav nach seiner eignen Weise,
Und nach der Kraft, die ihn beseelte,
Konnt er genügen, wo´s den andern fehlte."[78]

Leider wurde der Spruch nicht in dem Sinn befolgt, in dem er gemeint war. Ernst Blass hatte als Herausgeber das Manko, ein zu nachsichtiger Freund zu sein und den heterogensten Einflüssen nachzugeben. Andrerseits konnte er bei aller Bescheidenheit eigensinnig, ja störrisch sein. Jedenfalls ließ er in unsrem engsten Kreis, der sich in unsrem Haus in der Brückenstraße oder bei Weissbach zu versammeln pflegte, bei der Entscheidung über die eingesandten oder in Auftrag zu gebenden Beiträge schwer mit sich reden. So kam es, daß die Argonauten in ihrem Inhalt ein ziemlich gesprenkeltes Aussehen zeigten. Besonders die philosophischen Artikel, zu denen Blass keinen rechten Zugang hatte und bei deren Auswahl er auf den Rat eines auch nicht sehr kompetenten alten Berliner Freundes[79] hörte, waren in ihrer Qualität zu ungleichartig und auch sonst nicht aufeinander abgestimmt.

Auch litt die Zeitschrift unter der Wandlung, die in Ernst Blass unter dem Einfluß eines besonderen Heidelberger Klimas vor sich gegangen war. Als junger Mensch war er in Berlin an der Seite des kämpferisch aufgeregten Kurt Hiller[80] und des unbändigen Lyrikers Georg Heym[81] gestanden. Mit

# DIE ARGONAUTEN

EINE MONATSSCHRIFT

HERAUSGEGEBEN

VON

ERNST BLASS

CHIRON. Im hehren Argonautenkreise
War jeder brav nach seiner eignen Weise,
Und nach der Kraft, die ihn beseelte,
Konnt er genügen, wo's den andern fehlte
*Goethe*

HEIDELBERG 1914

VERLAG VON RICHARD WEISSBACH

seinem Freund Hiller, der schon damals Kräche zu entfesseln liebte, war er aus dem „Neopathetischen Club" ausgewandert und hatte in dem von ihnen neu gegründeten literarischen Kabarett „Gnu" seine frühen Gedichte vorgetragen, die originellen Gedichte eines empfindsamen „Großstadtbauern" wie Ernst Bloch ihn nannte. Sie waren nicht so wild expressionistisch wie die Georg Heyms, doch ebenso neuartig im Ton.

Das änderte sich bald in Heidelberg. Der aggressive Aktivist Kurt Hiller war fern, er hätte auch nicht nach Heidelberg gepaßt. Der priesterlich verführerische Meister Stefan George war nahe. Sein letzter Gedichtband „Der Stern des Bundes" war Ernst Blass aufgegangen und in einer Besprechung, die in den Ausdrücken höchster Verehrung schwelgte und Stefan George den Rang eines göttlich inspirierten Sehers zuschrieb, wurde die Wendung augenfällig, die sich wenngleich subtiler, schon in seinen ersten in den Argonauten abgedruckten Gedichten spüren ließ.[82] Sie waren streckenweise noch immer schön und ansprechend, aber sie hatten den Reiz und die Ironie seiner Berliner Lyrik verloren.

Blass war zu ehrlich, auch zu sehr in seine Melancholie versponnen um sich von dem bewunderten Vorbild anstecken zu lassen. Er wurde vielmehr klassizistisch, nicht auf eine strenge Art, das lag seinem Wesen nicht, sondern verhalten, mit Anklängen an den späten Goethe. Diese klassizistische Neigung zeigte sich auch darin, daß er in den späteren Nummern Paul Ernst[83] und Rudolf Borchardt[84] einen Platz einräumte.

Doch Blass war feinhörig genug, um auch die unter den jüngeren Autoren aufzunehmen, die mehr oder minder der neuen, sich schon expressionistisch gebärdenden Generation angehörten. Vor allem diese Beiträge waren es, die seine Zeitschrift an die Seite der kurz zuvor erschienen, vorzüglichen „Weissen Blätter" rückten.

Robert Musil, damals erst von wenigen erkannt, erschien mit einem mitleidlos objektiven Stück Prosa über das Sterben der Fliegen auf einem mit giftigem Leim präparierten Papier.[85] Walter Benjamin, den Blass in Berlin entdeckte, zeigte gleich zu Beginn seiner Laufbahn seine subtilen Gedankenkünste.[86] Mein Heidelberger Studienfreund Erich Auerbach, der spätere bedeutende Romanist und Morphologe der Literatur, trat hier zum ersten Mal mit Nachdichtungen aus Dante und Petrarca auf.[87]

Selbstverständlich fehlte Ernst Bloch nicht. Wie schon gesagt, hatte auch er sich in Heidelberg niedergelassen. Wir hatten uns seit geraumer Zeit nicht mehr gesehen. Die Atmosphäre hatte sich zwischen uns, um in seiner Sprache zu reden, nicht unerheblich gekräuselt. Hinter meinem Rücken hatte er einer Frau, einer aus unserer pfälzischen Heimat stammenden Schriftstellerin, mit der ich meine erste Liebesaffäre hatte, einen Brief geschrieben, worin er ihr Komplimente über ihre Bücher machte, die er gar nicht gelesen hatte, und ihr auseinandersetzte, daß ich ihrer Zuneigung nicht würdig sei. Mit der Bemerkung, daß ich seltsame Freunde hätte, zeigte sie mir den Brief. Was aus ihm sprach, war pure Herrschsucht und wohl auch so etwas wie Eifersucht. Es verletzte mich sehr, obwohl ich wußte, daß ich nicht der einzige unter seinen Freunden war, der unter seinem launischen Temperament zu leiden hatte. In Heidelberg ging ich ihm zunächst aus dem Weg, bis er eines Abends im Café Haeberlein erschien und mit ausgestreckter Hand auf mich zukam. Er hatte den ehrlichen Wunsch, unsre alte Freundschaft wieder aufzunehmen, und seiner Überredungskraft fiel es nicht schwer, mich zu versöhnen. Von gelegentlichen Rückfällen abgesehen, war er damals milder geworden. Er hatte auch Ursache dazu, er hatte eine Frau gefunden, die in ihrer Sanftmut und Güte einem Engel glich und ihn schwärmerisch verehrte und verwöhnte. Sie war eine Baltin aus Riga, Elsa von Stritzky mit ihrem Mädchennamen, aus einem sagenhaft reichen Haus. Für Ernst Bloch war diese Ehe die Erfüllung lang gehegter Träume. Endlich konnte er über seine Herkunft und seinen muffig kleinbürgerlichen Vater triumphieren. Endlich konnte er nicht bloß in Gedanken aus dem Vollen schöpfen. Er hatte sich am Neckarufer in der Ziegelhäuser Landstraße ein großes, prächtiges Haus gemietet, eine weiß schimmernde Gralsburg, die mit Balkonen, Terrassen, Rosenspalieren und Säulengängen prunkte. Für schweres Geld hatte er sich dieses Haus von der renommierten Firma Bernheimer in München im Geheimratsstil einrichten lassen. Bald jedoch behagte ihm die kalte Pracht nicht mehr. Er stieß sie an einen Käufer ab, zu dem sie besser paßte. Er selber warf sich mit dem ihm eigenen Eifer auf den Erwerb alter Möbel, die damals erst Mode zu werden begannen und noch in großer Auswahl billig zu haben waren. In kurzer Zeit hatte er seine Burg am Neckar in ein Schatzhaus umgewandelt. Ich kann mich noch gut an die reich geschnitzte Ulmer Truhe in seinem Arbeitszimmer erinnern, an die erlesenen Teppiche, das prächtige Zinn und die langen Reihen der in Leder gebundenen großen Philosophen.

Als ich ihn nach unsrer Versöhnung dort zum ersten Mal besuchte, führte er mich voller Besitzerstolz durch sein Haus und derart kitzelte ihn der Übermut, daß er von dem weit vorspringenden Balkon, von dem aus man die grünen Hügel des Neckartals und die Schloßruine überblickte, in hohem Bogen hinunterspuckte.

Ich war dann oft bei ihm zu Gast, meist am Abend, der Zeit, wo er am lebendigsten war, sofern es bei ihm einer Steigerung seiner Vitalität überhaupt bedurfte. Nach dem Abendbrot, das meist aus einer ins Haus gelieferten vorzüglichen kalten Küche bestand, pflegte er sich an den Flügel zu setzen. Seine Musikalität war so genialisch wie sein ganzes Wesen. Sein Klavierspiel war nicht gerade exakt zu nennen. Fingerübungen waren nie seine Sache gewesen. Dafür schaffte er es mit Schwung und Begeisterung. Wenn er Wagner spielte, donnerte es, bei Beethoven vibrierten die Saiten. Seine Hörer sollten zu spüren bekommen, was große Musik sei. Er unterbrach sich häufig, erläuterte die Stelle, auf die es ihm gerade ankam. Melodien, die er liebte, begleitete er summend oder laut singend mit seinem sonoren Baß. Eine Melodie oder vielmehr eine ätherisch hingehauchte Harmonienfolge, die ich bei ihm hörte, verfolgt mich noch heute, ähnlich wie sich Swann in Marcel Prousts Erinnerungswerk den Genuß eines besonderen musikalischen Themas immer wieder zurückrufen muß. Doch während Swann sich darüber klar war, daß die bezaubernden Takte aus einer bestimmten zeitgenössischen Sonate stammten, habe ich meine Lieblingsstelle später nie mehr lokalisieren können. Manchmal, in einem Konzert oder später, wenn ich Musik am Radio hörte, glaubte ich die Stelle erhaschen zu können. Aber sie war es dann doch nicht. Nichts ist mir geblieben als die Ahnung eines Gefühls vollkommener Reinheit und Seligkeit.

Aber Bloch konnte auch anders. Er liebte Wechsel und Sprünge. Von einem der Lieder des jungen Richard Strauss, die er damals besonders liebte, oder von einem Satz einer Mahlerschen Symphonie konnte er mit großem Gusto zu ordinären Schlagern und Märschen übergehen, wie man sie als Begleitmusik zu den zappelnden Streifen des damaligen Kinematographen hören konnte.

Nach der Musik kam die Zeit für Männergespräche. Frau Else hatte sich lächelnd, ich kannte sie fast immer nur lächelnd, zurückgezogen zu ihrer Lektüre des Neuen Testaments, das, wie mein Freund nicht müde wurde zu betonen, immer auf ihrem Nachtisch lag.

Ernst Bloch war schon immer schier unerschöpflich im Gespräch gewesen. Hier, als Herr in seinem eigenen gesegneten Haus, konnte er sich in vollem Behagen gehen lassen. Er hatte es nicht nötig, mir zu imponieren, oder sein Rad zu schlagen, wie er es in seinen jungen Jahren wie unter einem inneren Zwang in Gesellschaft fast immer tat. Bei mir, den er so lange kannte, war er seiner sicher. Unsre Gespräche zogen sich lange hin, oft die ganze Nacht hindurch, manchmal sogar bis zum Frühstück.

Wie bei seinem Klavierspiel liebte er es auch hier von einem Thema zum andern zu springen. Viel Scherz war dabei, schon deshalb, weil wir Landsleute waren, die sich immer gern necken und in spaßhaften Erinnerungen kramen. Außerdem hatten wir für uns Elias Niebergall[88] entdeckt. Wir lasen uns gegenseitig seine Lokalpossen, den „Datterich" und den „Tollen Hund" vor, in unserem pfälzischen Dialekt, der dem Darmstädter Original einigermaßen nahekommt. Daneben hatten wir noch einen gemeinsamen Liebling, den Frankfurter Dialektdichter Friedrich Stoltze[89], dessen lustigsten Geschichten, vor allem die vom Davidche und seiner Kapp, wir nicht erst zu lesen brauchten, da wir uns beim Hersagen gegenseitig aushelfen konnten. Dabei tranken wir ein von Bloch ausfindig gemachtes Bier, ein leichtes helles Bier aus dem Karlsruher Brauhaus Moninger. Ich habe den Namen behalten, einmal weil eine meiner Tanten eine geborene Moninger aus der Karlsruher Brauerfamilie war, dann aber auch, weil sich Ernst Blass, den ich bei meinem Freund eingeführt hatte, früh in der Nacht mit der Bemerkung entschuldigte, der ungewohnte Genuß des Moningerschen Bieres habe ihn schläfrig gemacht. Komisch, wie eine so nichtige, nur durch ihre altfränkische Formulierung besondere Bemerkung bis heute im Gedächtnis haftet, während ich von den vielen ernsten und kühnen Wendungen, die Bloch in jenen Nächten neben seine Witze, Späße und Anekdoten setzte, so gut wie alles vergessen habe.

Ein Teil davon ist in den Argonauten nachzulesen. Blass war von dem ihm bisher unbekannten jungen Philosophen so fasziniert, daß er ihn zur Mitarbeit drängte. Gleich der erste Beitrag „Die Melodie im Kino oder immanente und transcendentale Musik"[90] war typisch für Blochs Denk- und Arbeitsweise. In ihm spannte sich in einer zwischen Anschauung und Reflexion eigentümlich abwechselnden Sprache ein Bogen von dem Teppich der banal befeuernden Musik, der damals unter dem Lichtbild ausgebreitet war, zu der großen, erst noch zu erwartenden Symphonik. Dieser Essay und die andern, die ihm folgten, vorzüglich der über die Negerplastik und ein späterer über den Don Quixote, waren Studien und Vorarbeiten zu seinem ersten umfassenden Werk, dem „Geist der Utopie".[91] In ihnen jedenfalls war von dem Marxismus, den er später auf seine höchst eigenwillige Art vertrat und modifizierte, kaum etwas zu spüren, umso mehr von einer durchaus religiös gemeinten, utopisch prophetischen Intensität. Nicht auf eine Apologie des dialektischen Materialismus kam es ihm damals an, sondern auf philosophische Untersuchungen, in denen nach seinen Worten „die Frage nach uns" das einzig wirkliche Problem ist und die „zur Manifestation Gottes" verhelfen sollen.

Auch in den Arbeiten, die ich in Heidelberg für die Argonauten schrieb, war die Frage nach uns gestellt, nicht philosophisch, wozu ich nicht taugte, sondern vom eignen Erlebnis her. Wenn ich in einer längeren Abhandlung in Form eines Briefes und Tagebuchblättern über das Wesen der Freundschaft schrieb, hatte ich nicht so sehr einen bestimmten Freund vor Augen wie mich selber und mein Verhalten in der Spannung, die sich immer aus der Beziehung zwischen zwei eng miteinander verbundenen Menschen ergibt.[92] In einer anderen Arbeit, „Das Lob der Schmerzlichkeit"[93] überschrieben, ging ich von meinen eigenen, tief empfundenen jugendlichen Schmerzen aus, wobei ich mich zu der Erkenntnis durchzuringen versuchte, daß, dem Sinn nach zitiert, „Leid und Schmerzen zwar den Fluß des Lebens in seiner Leere und Gleichgültigkeit offenbar machen, aber selber nicht gleichgültig sind und in sich die Wärme und Fülle des großen Gefühls enthalten".

Noch etwas anderes habe ich damals begonnen. Das 1911 erschienene Buch von Georg Lukács[94] „Die Seele und die Formen" hatte mich auf den darin gepriesenen französischen Dichter und Romancier Charles-Louis Philippe[95] neugierig gemacht. Ich las von seinen Romanen „Bubu de Montparnasse", „Marie Donadieu" und „Croquignole" und war entzückt. Die leichte Sentimentalität, die manchmal in ihnen durchbrach, störte mich nicht, im Gegenteil, sie zog mich an durch ihren echten, aus einem tief empfindenden Herzen kommenden Ton. Vor allem hatte es mir seine Sprache angetan, die sich auf weite Strecken merkwürdig einfach und nüchtern gibt, bis sie von bestimmten Gegenständen oder Situationen hingerissen wird und sich zauberhaft aufschwingt.

Charles-Louis Philippe, der Sohn eines Holzschuhmachers, lebte bis zu seinem viel zu frühen Tod in Paris als Angestellter bei der Stadtverwaltung. Er war arm, er hat viel gelitten, unglücklich geliebt, aber er besaß einen unbändigen Willen zur Form und zur Klarheit über sich selber. Das zeigt sich am schönsten in seinen Jugendbriefen. Sie fesselten mich derart, daß ich mich entschloß, eine Auswahl aus ihnen für die Argonauten zu besorgen. Nun lag bereits eine autorisierte Übersetzung vor. Doch ich sträubte mich, sie zu übernehmen, so wenig schien sie mir dem Ton des Originals zu entsprechen, ganz abgesehen von den Fehlern und Mißverständnissen, die sie enthielt. Aber der ursprüngliche Übersetzer bestand auf seinen Rechten und der Nennung seines Namens.[96] Er konnte es freilich nicht hindern, daß ich seine Arbeit gründlich revidierte. Erst später, nach dem Krieg, konnte ich Charles-Louis Philippe unter meinem Namen und ganz auf meine Art übersetzen, dank eines Gutachtens zu meinen Gunsten, das Rilke und Hofmannsthal dem Insel-Verlag zur Verfügung stellten.

Für meine Freunde und mich hatte die Veröffentlichung der Jugendbriefe Philippes nicht bloß einen literarischen Wert. Wir konnten in ihnen die auf eine exemplarische Art dargestellte Entwicklung von einem weichen, tränenseligen Jüngling zu einem seiner selbst bewußten Mann und Künstler verfolgen. Vor allem aber fanden wir darin eine neue Gesinnung, die sich in manchen Punkten mit unsrer und des sich jetzt schon abzeichnenden Expressionismus deckte.

Hier die bezeichnende Stelle: „Anatole France ist herrlich, er weiß alles, er sagt alles, er kennt alles: deshalb gehört er zu einem Geschlecht von Schriftstellern, das ausstirbt; deshalb ist er der Schlußstein der Literatur des 19.

Jahrhunderts. Jetzt brauchen wir Barbaren. Man muß nahe bei Gott gelebt und ihn nicht aus Büchern studiert haben. Man muß Gesichte des natürlichen Lebens haben, Kraft, selbst Hingerissenheit. Die Zeit der Süße und des Dilettantismus ist vorüber. Zeiten der Leidenschaft kommen. Ich weiß nicht, ob einer von uns ein großer Schriftsteller wird, aber ich weiß, daß wir vom kommenden Geschlechte sind, daß wir wenigstens zu den vielen kleinen Propheten gehören, die den Christ verkündeten, bevor er kam, und schon nach seiner Lehre predigten."[97]

# Eine Jugendfreundschaft

Es dürfte bald nach Beginn des Sommersemesters 1912 gewesen sein[98], als mir einer meiner Bekannten sagte, unbedingt müsse ich einen jungen Mann kennen lernen, der vor kurzem in Heidelberg aufgetaucht sei. Bald ergab sich die Gelegenheit. Der Bekannte deutete auf einen Jüngling, der ohne Hut, was damals ungewöhnlich war, vor einer Buchhandlung in der Hauptstraße stand. Das erste, was mir an ihm auffiel, war die geringschätzige Miene, mit der er die ausgestellten Novitäten überblickte. Der Jüngling war auch sonst bemerkenswert. Er war auffallend hübsch, schlank wie ein Ephebe, mit einem Schopf blonder Haare, die er ab und zu mit einem ungeduldigen Ruck aus der Stirn nach hinten warf. Auch wenn ich nicht vorher darauf aufmerksam gemacht worden wäre, hätte ich in ihm seinem ganzen Habitus nach einen Jünger Stefan Georges erkannt.
Kaum war ich ihm vorgestellt, als er sich mit größter Zutraulichkeit und in einem einschmeichelnden rheinischen Akzent mit mir zu unterhalten begann. Den Namen dieses Jünglings, der noch heute betagt und in hohen Ehren, wenn auch nicht ganz unangefochten, unter uns lebt, muß ich verschweigen, aus Gründen, die sich aus der folgenden Geschichte von selber ergeben.[99]
M., wie wir ihn tarnen wollen, lud mich gleich bei diesem ersten Zusammentreffen auf seine in der Plöck gelegene Bude ein. Während er offenbar Gefallen an mir findend, immer weiter auf mich einsprach, blickte ich neugierig, wie ich damals war und heute noch bin, auf die paar Bücher, die auf dem Tisch vor mir lagen. Obenauf, unverkennbar mit seinem weißen und goldenen Einband, lag das „Jahr der Seele", Georges schönster Gedichtband. Ich griff danach und der Atem stockte mir, als ich auf der ersten Seite in der wohlbekannten Handschrift des Dichters eine Widmung las, die so formuliert war:

heil dem kommenden
für m. (Vor- und Zunamen waren deutlich ausgeschrieben)
büdesheim bei bingen
st. g.

Ich war, wie schon angemerkt, kein Anhänger der Schule. Dennoch war das Staunen nicht gering, mit dem ich diesen von dem Meister so schmeichelhaft angekündigten Jüngling ansah.

Respekt verlangte er nicht von mir, das merkte ich bald. Er blieb zutraulich und aufmerksam, er lachte gern und viel mit mir, und schon nach wenigen Wochen hatte sich zwischen uns eine herzliche Freundschaft gebildet.
Neidlos sah ich dem Aufstieg zu, den er in kürzester Frist in Heidelberg nahm und der ihm keinerlei Mühe zu kosten schien. Man riß sich um seine Gesellschaft, man umschmeichelte ihn und er konnte sich viel erlauben. Er tätschelte die Wangen ehrwürdiger Geheimratsgattinnen und nannte sie bei ihren Vornamen, was sie sich kichernd gefallen ließen. Zu seinen besonderen Verehrerinnen zählten ein paar aus reichen Frankfurter Häusern stammende junge Mädchen, die in Heidelberg Literatur- und Kunstgeschichte studierten. Die Juddemädche, wie sie scherzhafterweise unter uns hießen, standen bescheiden im Vorhof des Tempels, der zu dem inneren Kreis Stefan Georges führte, und hofften von seiner Hand einige Schritte weiter geführt zu werden. Ich entsinne mich gut an einen Besuch, den ich ihm an seinem Geburtstag machte. Er zeigte mir unter anderen Geschenken eine kostbar in Leder gebundene Ausgabe der Göttlichen Komödie Dantes, auf dünnem Papier im Urtext und daneben in deutscher Übertragung gedruckt. In strahlender Laune forderte er mich auf, in dem umfangreichen Band zu blättern. Es lohnte sich, das Buch war gespickt mit lauter Devisen, einem erlesenen Assortiment von weißen Pfundnoten und knusprig bunten Scheinen in Dollar-, Franken-, und Guldenwährung.
Das darauf folgende Wintersemester verbrachte mein neu gewonnener Freund in München. Er schrieb mir heiter gestimmte Briefe über sein dortiges Leben und Treiben und lud mich ein, mit ihm die letzten Wochen des Faschings zu verbringen. Das Bild, das er von den Freuden, die mich erwarten sollten, entworfen hatte, war so verführerisch, daß ich nicht widerstehen konnte.
Ich wohnte bei ihm in der einst hochberühmten, heute nicht mehr existenten Pension Führmann, in der Belgradstraße hoch im Norden Schwabings. In dem Zimmer, das ich mit ihm teilte, hatte der Meister eine Zeitlang gelebt. Junge baltische Damen, Gegenstücke zu den Frankfurter Mädchen in Heidelberg, erschienen bei uns in der Hoffnung, doch noch Spuren von ihm zu entdecken.
Sonst war nichts Ehrwürdiges an der Pension des Herrn Führmann. Sie bestand aus einem weitläufigen Gebäude, dem man noch den früheren Bauernhof ansah. Der große Speisesaal war einst ein Kuhstall gewesen. Man aß dort gemeinsam an langen Tischen, Kunstmaler, Literaten, angehende Dichter, Kunstgewerblerinnen, schöngeistige Studenten beiderlei Geschlechts, ein bunt gemischtes heiteres Künstlervölkchen, wenn es je eines

gegeben hat. Der Pensionswirt, von dem das Gerücht ging, er sei Mädchenhändler in Argentinien gewesen, hielt streng auf Münchener Gebräuche. Er war in seiner bayerischen Ehre tief gekränkt gewesen, als ihm ein paar Kunstmaler, die seit langem ihre Rechnungen schuldig geblieben waren, zur Strafe für seine Mahnschreiben die Front der Pension über Nacht schwarz und weiß nach Art eines preußischen Schilderhauses angestrichen hatten. Er pflegte abends von Tisch zu Tisch zu gehen und dem Lärm der Kunstdispute zu lauschen, bis es ihm zu dumm wurde. Der Ausspruch, den ich selber von ihm hörte, ist in München zur Legende geworden. „Jetzt wird nix mehr dischkutiert, jetzt gehts an die Arbeit", rief er aus und klatschte in die Hände, worauf Tische und Bänke beiseite geräumt wurden und das Klavier zu dröhnen begann. Die Arbeit, die Herr Führmann meinte, bestand in der lang ausgedehnten, oft wiederholten Aufführung der Française, die mit ihren improvisierten Variationen, ihrem Toben, Stampfen, Jauchzen und Jubeln den Inbegriff und die Krönung des Münchner Faschings darstellte.

Mein Freund, der in München womöglich noch mehr Freunde und Gönner gefunden zu haben schien, führte mich eines Abends zur Abwechslung auf eine der viel gerühmten Redouten. Dort mußte man ein guter Tänzer sein, um in Stimmung zu kommen. Ich war es nicht und trank stattdessen über Gebühr. Erst auf dem Heimweg wurde ich übermütig. In der Barer-Straße verlockte mich ein einsam erleuchtetes Fenster. Es stand verführerisch offen, ein rötlich schimmernder Vorhang bewegte sich und dahinter glaubte ich den Schatten einer Frau zu erkennen. Wahrscheinlich um meinem Freund zu imponieren, der mich wegen meines schüchternen Verhaltens auf dem Ball aufgezogen hatte, versuchte ich in meinem halb trunkenen Zustand an der Hausfront emporzuklettern. Dabei glitt ich aus und stürzte. Es tat zunächst nicht sonderlich weh, nur mußte ich humpelnd meinen Weg fortsetzen.

Am nächsten Morgen war mein Fuß schmerzhaft geschwollen. Ein Arzt stellte eine Sehnenzerrung fest und verordnete Umschläge und eine Liegekur. In dieser mißlichen Lage wurden wir von zwei Damen besucht, die meinen Freund mütterlich an ihr Herz geschlossen hatten. Die eine war die Frau des Professors Jaffé, eine geborene von Richthofen, die Schwester jener lebenslustigen Frieda, die sich gerade damals mit dem englischen Romancier D.H. Lawrence verbunden hatte.[100] Die beiden Besucherinnen zeigten sich von Mitleid ergriffen, nicht nur mit mir, auch mit meinem Freund, der ihnen von den Strapazen des Faschings mitgenommen erschien. Frau Jaffé, die Güte in Person, bot uns sogleich zur Erholung ihr zur Zeit leer stehendes Landhaus im oberen Isartal an.

Da mir noch jeder Schritt weh tat, holte sie ihre beiden Patienten in einem Zweispänner zur Fahrt in die Nähe von Wolfratshausen ab. Die Villa war schon zu unserm Empfang gerüstet. Vorräte, mehr als genug für eine Junggesellenwirtschaft, warteten auf uns in Küche und Keller. Unsre Wohltäterin verweilte nicht lange. Erst nach ihrem Abschied entdeckte mein Freund, daß sie auf einer Schale in der Halle ein paar Goldstücke diskreterweise hinterlassen hatte.

Ich sehe noch die diebische Freude, mit der er mir das Gastgeschenk an das Lager brachte, auf dem ich mich gleich nach der Ankunft ausgestreckt hatte. Überflüssig zu sagen, daß wir es uns gut sein ließen. Rascher als erwartet, konnte ich mich wieder ohne Schmerzen bewegen. Untertags machten wir lange Spaziergänge über die Wiesen und an den Ufern der Loisach, abends lasen und tranken wir gemeinsam. Es war die letzte schöne und ganz unbeschwerte Zeit, die ich mit M. verleben konnte.

Im folgenden Sommersemester war er wieder in Heidelberg. Ich sah ihn seltener, nicht weil unsere Beziehung sich abgekühlt hätte, sondern weil er sich jetzt in anderen und höheren Kreisen bewegte. Gundolf[101], den ich nur flüchtig kannte, hatte sich seiner angenommen. Es ging das Gerücht, er sei derart von dem vielversprechenden Jüngling begeistert, daß er ihm seine Gedichte zu widmen gedenke. Gundolf war es auch, der ihn bei Max Weber einführte, und zwar zu den Jours, die allwöchentlich in seinem Haus an der Ziegelhäuser Landstraße stattfanden.

Damit nimmt die Geschichte eine interessante Wendung. Der große Gelehrte war der erste unter den Heidelberger Koryphäen, der sich von dem jugendlichen Zauber M.s nicht bestechen ließ. Kurz und entschieden sagte er zu seinen Gästen, kaum daß M. gegangen war: „Der junge Mann gefällt mir nicht".

Es war ein folgenschwerer Satz, der bald in Heidelberg die Runde machte. Man begann stutzig zu werden und M. auf die Finger zu sehen. Dabei kam heraus, daß er nicht nur großzügig aufgeschnitten, sondern auch glatte Lügen verbreitet hatte. So kam man dahinter, daß er sich einer Zusammenkunft mit dem Meister gerühmt hatte. Die Lüge war ebenso überflüssig wie ungeschickt. Denn es ließ sich nachweisen, daß weder der Ort noch die Zeit, die er angab, stimmten. Einer der jüngeren Georgiasten, ein baltischer Baron, wenn ich nicht irre, hatte einen besonderen Grund, entrüstet zu sein. Er hatte nämlich, als er seine überaus reizvolle Braut zu einer ungewöhnlichen Zeit in ihrer Pension besuchen wollte, unsern M. in flagranti mit ihr erwischt, und als er sich mit geballten Fäusten auf den Verräter stürzen wollte, habe ihn dieser,

so wurde mir berichtet, mit den Worten entwaffnet, der Meister habe ihm gerade das zum Besten seiner Entwicklung empfohlen.
Ich selber war zu bekümmert, aber nicht direkt betroffen, da M. es bei der Art unsrer Beziehung nicht nötig gehabt hatte, mich zu beschwindeln. Schließlich jedoch, nachdem eine Enthüllung auf die andre gefolgt war, forschte man auch nach der Widmung Stefan Georges im „Jahr der Seele", die ich offenbar nicht allein gelesen hatte. Wie vorauszusehen, erkundigte man sich danach bei Friedrich Gundolf, dem Statthalter und Siegelbewahrer des Meisters in Heidelberg. Der ließ, aus allen Wolken gefallen, empört und kategorisch verkünden, daß die Widmung gefälscht sei.
Damit war M. in Heidelberg erledigt. Auch die bisher vertrautesten Freunde zogen sich von ihm zurück und schnitten ihn auf der Straße. Nur ich hielt noch zu ihm, nun erst recht, da er so tief gestürzt war. Ich entsinne mich noch unsrer letzten Unterredung. Er saß unglücklich auf einem Stühlchen vor dem Haus am Schloßberg, wo er wohnte. Ich tröstete ihn, so gut ich konnte, und bestärkte ihn in seinem Entschluß, Heidelberg den Rücken zu kehren und in Freiburg weiter zu studieren.
Man hörte nichts mehr von M., man wollte auch nichts mehr von ihm hören. Auch ich blieb ohne Nachricht, ich wußte nicht einmal seine Adresse.
In dem neuen Wintersemester aß ich regelmäßig zu Mittag in einer Pension in der Gaisbergstraße zusammen mit ein paar Bekannten, die alle der Schule Georges nahe standen. Eines Tages fand ich sie bei meinem Eintritt auf dem Korridor vor dem dort aufgehängten Kasten des Telefons versammelt. Einer sprach laut und erregt in den Apparat und ich hörte Fragen, die mitten im Frieden der Vorkriegszeit äußerst sonderbar klangen: „War er gleich tot?" und „Was ist mit der Leiche geschehen?" Es war ein langes Gespräch. Der Jüngling, der den Hörer am Ohr hielt, unterbrach es mitunter, um die Umstehenden zu unterrichten. Ich verstand kein Wort und bat um Auskunft. „M. spricht aus Freiburg", wurde ich aufgeklärt, und was danach folgte, vergißt sich nicht leicht, „er hat sich wunderbar benommen, er hat einen ungarischen Grafen im Duell erschossen, weil der ihm homosexuelle Beziehungen zu Stefan George vorgeworfen hat. M. hat ihm gesagt, diese Schmach kann nur mit Blut abgewaschen werden." „Und jetzt?" fragte ich. „Jetzt will er Geld. Er braucht es dringend, um nach der Schweiz zu gehen, bis Gras über die Geschichte gewachsen ist." Die Jünglinge schienen nicht bereit, dieser Bitte zu entsprechen. Nachdem sie untereinander gewispert hatten, wandte der Sprecher seinen Mund wieder der Muschel zu, und ich hörte, wie er seinem Gesprächspartner in Freiburg des längeren auseinandersetzte, der Fall müsse erst Gundolf zur Entscheidung vorgelegt werden. M. gab sich

offenbar mit diesem Bescheid nicht zufrieden. Inständig drang seine Stimme aus dem Hörer, aber so verzerrt, daß ich nichts unterscheiden konnte. Die Stimme schien immer dasselbe zu wiederholen und immer hörte ich die gleiche kategorische Antwort. Ich hielt es nicht länger aus, schob den Sprecher beiseite, nahm ihm den Hörer ab und meldete mich. „Ach, Friedrich, wie gut, deine Stimme zu hören", kam es aus Freiburg, den Tonfall habe ich noch jetzt in den Ohren. „Diese harten Menschen..." wollte M. fortfahren, doch ich unterbrach ihn und sagte ihm kurz, da mir das Gespräch schon viel zu lange gedauert hatte, er solle sofort nach Heidelberg kommen, wir würden schon etwas finden, um ihm zu helfen. „Ich komme gern", hörte ich ihn sagen, „aber ich habe kein Fahrgeld". Das soll er meine Sorge sein lassen, antwortete ich, ließ mir seine Adresse geben und hängte ab.
Gleich nach dem Essen eilte ich auf das nahe gelegene Hauptpostamt. An diesem Tag bestand mein Vermögen, woran ich mich noch gut erinnern kann, aus einem goldenen Zwanzigmarkstück und etwas Kleingeld. Die zwanzig Mark überwies ich telegraphisch nach Freiburg im Breisgau.
Einige Stunden später saß M. in meinem Zimmer in der Brückenstraße. Ich hatte meine Mitbewohner von dem Zweck seines Besuches unterrichtet. Der Lyriker Ernst Blass fragte betroffen: „Mit einem Mörder unter einem Dach?" Ein kleiner Kreis von Freunden hatte sich bei mir eingefunden und wartete gespannt auf den Bericht. Eine solche Geschichte hörte man nicht alle Tage. M. war schon immer ein guter Erzähler gewesen. An diesem Abend war er besser als je.
Die ganze Sache hatte, so berichtete M., nach einer Skitour in der Trinkstube des bekannten Hotels auf dem Feldberg begonnen. Er war mit Kommilitonen, die einer schlagenden Verbindung angehörten, ruhig an einem Tisch gesessen und hatte zunächst die höhnischen Bemerkungen ignoriert, die ein offenbar angetrunkener junger Mann vom Nebentisch aus an ihn richtete. Doch auf die Dauer waren die Provokationen nicht zu überhören. Worum es ging, wußte ich schon vom Telefon her. Ich wußte auch, daß er dem jungen Mann zugerufen hatte, die Schmach könne nur mit Blut abgewaschen werden. Kurz und gut, er sah sich gezwungen, den Beleidiger, den bereits telefonisch erwähnten Grafen, zu einem Duell zu fordern. Der Zweikampf sollte, da nicht nur seine Ehre, sondern auch die des Meisters auf eine so perfide Weise in den Schmutz gezogen worden sei, auf der Stelle ausgetragen werden. Die Verbindungsstudenten, die mit ihm zusammen waren, boten ihm ihre Waffenhilfe an. Der ungarische Graf fand seine Sekundanten unter den Corpsbrüdern, die mit ihm gezecht hatten. Und auch die Waffen fanden sich, zwei gezogene Pistolen, und selbst ein Arzt war zur Stelle. Die feindlichen

Parteien fuhren in zwei Automobilen eine kurze Strecke den Berg hinunter. Eine Tannenschonung, die abseits der Straße auf einem Plateau lag, wurde als Duellplatz ausersehen. Da es trotz des Schnees zu dunkel war, mußten die vier Scheinwerfer der Wagen abmontiert werden. Sie wurden so aufgestellt, daß ihre Lichter den Platz markierten. Auf den üblichen Versöhnungsversuch, der abgelehnt wurde, folgten die ebenfalls üblichen Instruktionen. M. war, wie er uns versicherte, in dieser unvermutet über ihn hereingebrochenen Situation ganz ruhig geblieben. Er stellte sich, wie vorgeschrieben, mit dem Rücken zu dem Beleidiger auf, tat die vorgeschriebenen Schritte, drehte sich um und hob die Pistole. Er hatte den ersten Schuß. Er hatte zunächst nicht die Absicht zu zielen, sagte er uns, obwohl oder vielleicht gerade weil er ein recht guter Schütze sei, was ich bestätigen konnte, da wir beide uns im Winter des vergangenen Jahres damit vergnügt hatten, im verschneiten Garten der Villa im Isartal auf leere Konservenbüchsen zu schießen. Er feuerte also, fuhr er fort, nur so in die Luft und war äußerst betroffen, als sein Gegner gleich nach dem Knall zusammensackte. Der Arzt sprang herbei, beugte sich über den hingestreckten Körper und konstatierte nach einer Stille, die ewig zu währen schien, einen Kopfschuß, der den sofortigen Tod herbeigeführt habe. „Ausgerechnet durchs Jochbein", ergänzte der Doktor. Um es ganz klar zu machen, deutete M. dabei mit einem Finger auf eine Stelle über seiner Schläfe.

Über die nächsten Stunden, über die Heimfahrt und den Abtransport der Leiche glitt er hinweg. Sie hätten ihn, erklärte er, zu sehr angegriffen und stünden mit ihrem Schrecken noch zu lebhaft in seiner Erinnerung. Dagegen berichtete er des längeren über den Besuch, den er am nächsten Morgen auf dringendes Anraten seiner Sekundanten dem Universitätsrichter abgestattet hatte. Er unterrichtete den Beamten über den tragischen Ausgang des Duells und wollte wissen, was er nunmehr zu erwarten habe. Der Richter, setzte M. auseinander, erwies sich erfreulicherweise als ein mitfühlender und verständnisvoller Mann. Er erklärte sich bereit, die Sache zu vertuschen und sie als einen Unglücksfall zu registrieren, vorausgesetzt, daß M. zur Deckung der entstehenden Kosten und als eine Art von Sühnegeld einen Betrag von fünfhundert Mark an die Kasse des Universitätsgerichts entrichte. Außerdem sei es dringend zu raten, daß sich M. für einige Zeit ins Ausland begebe, am besten wohl in die nahe gelegene Schweiz. Nun ginge es darum, schloß M. seine Erzählung, die erforderlichen Summen, die er sich unmöglich selber verschaffen könne, hier in Heidelberg aufzutreiben, und er vertraue dabei auf die von mir so freundschaftlich angebotene Hilfe.

Die paar Freunde, die, wie sich denken läßt, dem Bericht mit größter Aufmerksamkeit gefolgt waren, verließen daraufhin diskret das Zimmer.
Wir beide machten uns gleich daran, Briefe an Leute zu schreiben, von denen man Hilfe erwarten konnte. Ich war dafür, es kurz zu machen, da ich der Meinung war, die Sache spreche für sich selber. M. aber bestand darauf, die verzweifelte Lage, in der er sich befinde, so eindringlich wie nur möglich darzustellen. Ich ließ mich überzeugen und schrieb, teilweise nach seinem Diktat, eine Reihe von Briefen, die einen Stein hätten erweichen können.
Dann eilte ich über die Brücke zum Kasten an der Hauptpost, der bis spät in die Nacht geleert wurde. Auf der Brücke lief mir jemand nach. Ich drehte mich um und stand vor einem meiner Zimmernachbarn, Franz Heinrich Stärk mit Namen, der schon in seinen jungen Jahren im Gegensatz zu mir etwas von einem Weltmann an sich hatte. Er war unter den Zuhörern in meinem Zimmer gewesen und wußte auch schon von den Briefen, die ich in der Hand hielt. „Du bist das größte Arschloch, das mir je vorgekommen ist", sagte er wörtlich, „Merkst du denn nicht, daß alles purer Schwindel ist?" Dabei packte er mich am Arm und empfahl mir energisch, die Briefe in den Neckar zu werfen. Verärgert über so viel Zynismus riß ich mich los.
Die Nacht verbrachte M. bei Ernst Blass, der über das einzig bequeme Sofa im Haus verfügte. Seine anfängliche Scheu hatte der Lyriker allerdings noch nicht ganz überwunden. Am nächsten Morgen jedoch schien er sehr erleichtert. Er sagte mir, M. sei sehr umgänglich gewesen, habe im Casanova geblättert, ihm vor dem Schlafengehen die Wangen getätschelt und „mein Täubchen" zu ihm gesagt.
Bei unserm gemeinsamen Frühstück gab M. zu bedenken, daß wir mit den gestern Nacht abgegangenen Briefen doch wohl nicht alle Möglichkeiten ausgeschöpft hätten. Wirklich fiel mir auch gleich jemand ein, der sehr in Frage kam und den ich gestern Abend, wo doch so viel von einem Ungarn gesprochen worden war, unerklärlicherweise übersehen hatte; nämlich Georg von Lukács, der Sohn des jüdischen, von Kaiser Franz Joseph geadelten ungarischen Finanzministers, der gleiche Lukács, der mich auf Charles-Louis Philippe hingewiesen hatte, damals noch Vorkämpfer und Interpret des konservativen, neoklassizistischen Dramatikers Paul Ernst, später weithin bekannt geworden durch seine marxistisch-leninistischen Analysen der großen Literaturen.
Lukács wohnte nur um ein paar Ecken herum in Neuenheim. Ich machte mich gleich auf den Weg, gefolgt von M., der den ungarischen Essayisten nicht kannte. Lukács war zu Haus und erbleichte vor Schrecken und Mitgefühl, als ich ihm von dem mörderischen Duell und der dadurch entstandenen Notlage

meines Freundes erzählte. Er war sofort bereit zu helfen, bedauerte nur, nicht genügend Bargeld bei sich zu haben, und forderte mich auf, ihn auf seine Bank zu begleiten. M. hatte vor dem Hause gewartet, ich warf ihm einen der Blick der Ermunterung zu und er kam hinter uns her. Auf der in der Hauptstraße gelegenen Bankfiliale wurde Lukács im Nu bedient. Er überreichte mir zwei Hundertmarkscheine, die sich so frisch anfühlten, als seien sie eben erst aus der Notenpresse gekommen. Das sei alles, was er zur Zeit erübrigen könne, entschuldigte er sich, verbat sich jeden Dank und eilte davon. M. strahlte, als er mich mit den Scheinen in der Hand auf sich zukommen sah. Er nahm sie, zerknüllte sie spielerisch in seiner geschlossenen Hand und steckte sie mit einer nachlässigen Geste in seine Hosentasche. Unmittelbar darauf, das hat sich mir eingeprägt, deutete er auf das gegenüber liegende Trottoir. „Da geht Fräulein Schwarzschild", sagte er, „sprich mit ihr, Friedrich, die gibt sicher auch was." Fräulein Schwarzschild, eines der schon erwähnten reichen Frankfurter Mädchen, war aber bereits unterrichtet und blieb unerbittlich. Im stolzen Gefühl der Mitwisserschaft erklärte sie mir, der Fall sei von höherer Stelle entschieden, M. habe aus seinem ehrenhaften Verhalten nun auch die einzig mögliche Konsequenz zu ziehen, sich dem Gericht zu stellen und die Ehrenstrafe einer Festungshaft auf sich zu nehmen, in diesem Fall werde man ihm bereitwillig jede Unterstützung angedeihen lassen, vorher aber nicht. Als ich M. von diesem Bescheid in Kenntnis setzte, zuckte er resigniert die Achseln.
Alle weiteren Versuche, die ich im Lauf dieses Vormittages unternahm, blieben ohne Erfolg. Ich stieß überall auf die gleiche Mauer.
Nachmittags brachte ich M. auf die Bahn. Er verabschiedete sich in bester Stimmung: er habe immerhin zweihundert Mark und vertraue auf meine weitere Hilfe.
Als ich allein auf dem Bahnsteig zurückblieb, wurde ich plötzlich sehr nüchtern. Ich hatte bisher, in meinem Streben, einem alten Freund zu helfen, keinen Gedanken an die Glaubwürdigkeit der von ihm vorgebrachten Geschichte gewendet. Jetzt aber fiel mir Franz Heinrich Stärk ein, den ich gestern Abend auf der Brücke so leichthin abgewiesen hatte. Und noch etwas andres kam mir merkwürdig vor: M.s muntere Laune.
Draußen auf dem Bahnhofsplatz schlug ich mir vor den Kopf und sagte laut zu mir selber, auch das weiß ich noch gut: „Sollte ich einem Schwindler aufgesessen sein?"
Die nächsten Tage vergingen mit Nachforschungen. Zunächst suchte ich einen mir empfohlenen Rechtsanwalt auf, einen früheren Verbindungsstudenten, der unter anderem auch mit Ehrenhändeln zu tun hatte. Nachdem

er mich angehört hatte, sagte er mir, die Annahme, man könne ein tödlich verlaufenes Duell als Unglücksfall frisieren und die Sache gar mit Geld abmachen, sei absurd und eine Beleidigung des deutschen Richterstandes. Als er mein bestürztes Gesicht sah, fügte er, vorsichtig, wie Anwälte sind, hinzu, wenn mein Freund das im Ernst behaupte, müsse es wohl so sein, in diesem Fall herrschten in Freiburg aber seltsame Sitten.

Es sollte noch anders und dicker kommen.

Die Sache hatte sich in Heidelberg herumgesprochen und das lebhafteste Interesse erregt. Als ich an einem der nächsten Abende ins Café Haeberlein kam und wieder einmal die Geschichte, von der schon die verschiedensten Versionen umliefen, in allen Einzelheiten von mir geben mußte, erhob sich einer der Anwesenden, der ein Skiläufer war, ging zum Telefon und ließ sich mit dem Hotel auf dem Feldberg verbinden. Nach einigen Minuten kam er zurück und teilte uns mit, daß an dem in Frage kommenden Abend alle Zufahrtswege zum Hotel total vereist und für Autos unpassierbar gewesen seien. Dann kam ein Arzt, der zugehört hatte, auf mich zu: „Was hat er gesagt 'ausgerechnet durchs Jochbein' und dabei auf die Schläfe gedeutet? Das Jochbein ist hier", erklärte der Arzt in begreiflichem Unmut und zeigte auf den Knochen dicht unter dem Auge. „Was hat er gesagt?" fuhr mich einer der wenigen Autobesitzer unter meinen Bekannten an, „der Duellplatz soll mit abmontierten Scheinwerfern erhellt worden sein? Versuchen Sie's mal und schrauben Sie die Dinger von meinem Wagen, ob sie dann noch brennen!"

Kurz, M. war wieder einmal, schlimmer als früher, entlarvt und ich selber zum Gegenstand teils spöttischen teils aufrichtigen Mitleids geworden. Ich war niedergedrückt, nicht so sehr wegen meiner mangelnden Menschenkenntnis, sondern weil mich ein Freund so leichthin verraten und zum Narren gehalten hatte.

In dieser Stimmung erhielt ich nach wenigen Tagen ein Telegramm aus Freiburg, das folgenden Wortlaut hatte: „Hier soweit alles in Ordnung. Wo bleibt übriges Geld?"

Die Wut, die mich daraufhin packte, brauche ich nicht auszumalen. Ich mußte mir Luft machen, doch keiner meiner Mitbewohner war auf seinem Zimmer. Da fiel mir ein, daß an diesem Abend meine Bekannten aus der Georgeschule im „Schwarzen Schiff", dem am Neckar gelegenen Restaurant, ihre wöchentliche Zusammenkunft hatten. Ich brauchte nicht weit zu gehen, nur quer über die Straße. Die Jünglinge saßen in einem Nebenzimmer über ihrem Abendschoppen und sahen mich fragend an. Ich knallte ihnen das Telegramm auf den Tisch, klärte sie, die noch nicht viel oder nichts rechtes wußten, mit

ein paar Sätzen auf und rief ihnen am Ende zu: „Da habt ihr euren M. Macht mit ihm, was ihr wollt. Ich ziehe meine Hand von ihm."
Die Reaktion war merkwürdig. Sie wurden bleich und erstarrten. Nach einer Weile brach einer von ihnen los: „Aber er hat ja noch das Bild des Meisters!" Es handelte sich, sagte man mir, um ein ganz besonderes Bild, eine Photographie, von der es nur wenige für Auserwählte bestimmte Abzüge gab. Nach einer hitzigen Diskussion wurde der Beschluß gefaßt, aus ihrer Mitte eine zweiköpfige Delegation nach Freiburg zu schicken mit dem Auftrag, dem nunmehr völlig unwürdig Gewordenen das Bild zu entreißen.
Wenige Tage darauf erfüllten die zwei Sendboten tatsächlich ihre Mission. Gleich nach ihrer Rückkehr erzählten sie mir, wie sie abgelaufen war. Ob sie dabei übertrieben, muß ich bezweifeln. Die beiden waren grundehrliche Burschen, die über keine große Phantasie verfügten. Ich halte mich deshalb an ihren Bericht, der mir, wie alles, was mit dieser Geschichte zusammenhing, noch durchaus geläufig ist.
Demnach waren die beiden spät am Abend in Freiburg angekommen. Sie machten sich auf die Suche nach dem Haus, in dem M. wohnte, etwas außerhalb der Stadt. Die Adresse hatten sie von mir. M. war nicht zu Haus. Die Wirtin bat die zwei vertrauenswürdig aussehenden Fremden in M.s Bude auf seine Rückkehr zu warten. Eingedenk ihres heiklen Auftrags lehnten sie ab. Sie zogen es vor, auf der Straße zu warten. Sie gingen vor der Haustür auf und ab, erst eine kurze, dann immer längere Strecken. Stunden vergingen auf diese Weise. Lang nach Mitternacht sahen sie auf der menschenleeren Straße eine Gestalt auf sich zukommen. Von weitem schon erkannten sie M. Sie beschrieben ihn recht hübsch. Er kam offenbar von einem Tanzvergnügen. Denn er trug einen Smoking mit leuchtend weißer Hemdbrust, den Mantel trotz der Winterkälte weit auseinandergeschlagen und einen steifen schwarzen Hut im Nacken. Er pfiff eine Walzermelodie vor sich hin und tänzelte dabei im Zickzack chassé-croisé, auf die zwei Delegierten zu. Der Anblick war nicht zu ertragen, sie riefen ihn an, und jetzt erkannte er auch die zwei düsteren Gestalten. Er soll, sagten sie, zusammengefahren sein und stotternd gefragt haben, was sie von ihm wollten. Aber dann faßte er sich, und als sie ihm eröffnet hatten, daß sie nicht gut auf der Straße mit ihm verhandeln könnten, führte er sie auf sein Zimmer. Dort unterrichteten sie ihn über den Zweck ihres Kommens. Zu ihrem Erstaunen machte er keine Schwierigkeiten. Er nahm das gewünschte Bild von der Wand und überreichte es ihnen. Dann aber, als sie schon wortlos gehen wollten, ersuchte er sie, da sie sich aller Wahrscheinlichkeit in diesem Leben nie wiedersehen würden, ihn noch für ein paar Minuten anzuhören. Was die beiden mir von

dieser Ansprache erzählten, weiß ich nicht mehr so genau. Jedenfalls lief es darauf hinaus, daß M. sich mit keinem Wort entschuldigte und nur immer wieder sagte, daß sie ihn nicht verstanden hätten, daß sie nie begriffen hätten, mit wem sie es zu tun gehabt hatten, aber sie würden schon sehen, er würde es ihnen schon allen zeigen.

Merkwürdigerweise waren das keine leeren Worte.

Damals hielt jeder, der mit ihm zu tun gehabt hatte, den jungen Mann für völlig erledigt, für immer ausgestoßen aus der Gesellschaft auch nur halbwegs anständiger Menschen. Doch das Leben und die Geschichte haben die Angewohnheit, weiter zu gehen und Überraschungen zu bringen.

Ich hätte allerdings damals schon stutzig werden können, als mir nur ein paar Monate später einer jener Abgesandten erzählte, was ihm bei seinem Aufenthalt in Rom zugestoßen sei. Trotz seinem vornehmen Namen und seinen guten Beziehungen sei es ihm nicht leicht gefallen, Zutritt zu einem der exklusiven römischen Salons zu erhalten. Darum sei sein Erstaunen nicht gering gewesen, als der erste Gast, der ihm dort lächelnd entgegentrat, kein andrer als unser M. gewesen sei.

Danach hörte ich lang nichts von ihm. Ich wußte nur, daß er wie ich am Krieg teilgenommen hatte, heil hervorgegangen war und in Berlin lebte.

In meinen „Briefen an einen Künstler", die bald nach dem Krieg in einem kleinen Essayband erschienen, hatte ich unter anderem auch über ihn geschrieben, auch damals ohne seinen Namen zu nennen.[102] Die Schilderung, die ich in diesen Briefen von ihm gab, war wesentlich verschieden von der hier vorliegenden Fassung. Nicht in den Tatsachen, die standen fest, sondern im Ton. Heute, nach über vierzig Jahren, schreibe ich, wie könnte es anders sein, nüchterner und abgeklärter. Damals ging mir noch alles sehr nah, damals bezog ich noch alles auf mich.

„Vielleicht hatten wir alle und besonders ich mehr Schuld an ihm als er selber", so meinte ich damals, „denn wir waren nicht gesonnen, ihn an seine Versprechungen zu binden. Und war es ein Wunder, daß er dann umschlagen mußte, nachdem er gleich so hoch eingesetzt hatte und es ja nicht heruntergehen durfte. Ich denke mir, daß er manchmal, wenn er allein mit sich war und überlegte, was er jetzt wieder anstellen müßte, uns für unsre Liebe hassen konnte. Denn er wurde jeden Tag älter und ärmer und sah schon die Zeit, wo er aufgedeckt werden sollte ... O, es war ein verzweifeltes Spiel, hätte man ihn weniger geliebt, so hätte sich alles viel leichter lösen lassen. Aber ich besinne mich, daß er es ja von allem Anfang an schon wußte, und ich kann ihn beruhigter aus meinem Gewissen streichen ... Er hatte alle ausgenutzt und an ihrer verwendbaren Seite genommen, aber sie hatten es so

gewollt, er kann jetzt über uns lachen oder böse sein. Aber es könnte geschehen, daß dieser Mensch diese Zeilen liest. Er soll dann hören," schloß ich, „daß ich ihn zwar, wenn kein Wunder geschieht, für dieses Leben aufgebe; denn was kann er noch tun, um gegen solchen Anfang zu bestehen: aber er kann auch lesen, daß er einmal geliebt war und vielleicht sogar an einem dennoch wahren Teil seines Wesens."
Er hat diese Zeilen zu Gesicht bekommen.
Später, als ich für ein paar Wochen von München aus nach Berlin kam, schrieb er mir einen Brief. Er ist mir abhanden gekommen. Soweit ich mich erinnere, protestierte er dagegen, ihn wegen einiger längst abgetaner Dummejungenstreiche fallen zu lassen. Im übrigen war der Brief sehr freundlich gehalten, so freundlich, daß ich mir überlegte, ob es nicht besser und menschlicher sei, den alten Groll zu vergessen und ihm und mir eine neue Chance zu geben. Ich schwankte einige Zeit, dann überwand ich mich und lud ihn zu einem Zusammentreffen ein.
Wir sahen uns in einem Café. Aber wir beide waren von Anfang an befangen und fanden auch später nicht den richtigen Ton. Zu einer Aussprache kam es erst gar nicht. M. erzählte ausschließlich von sich und seiner Tätigkeit als Korrespondent einer großen Zeitung. Er erzählte glänzend wie ehedem, bloß schien er mir bescheidener geworden. Vielleicht jedoch, so jedenfalls war mein Eindruck, wollte er mir nur zeigen, daß er jetzt, da er es zu etwas gebracht, nicht nötig hatte, groß zu tun. Sich nach mir und meinem bisherigen Leben zu erkundigen, unterließ er. Ich sah keinen Anlaß, ihm darüber etwas zu sagen.
So gingen wir auseinander, ohne uns jemals wiederzusehen, auch dann nicht, als er die Sünden seiner Jugend und auch die seiner Mannesjahre, von denen ich allerhand hörte, abgelegt zu haben schien und ein ungemein fleißiger, ehrgeiziger und von Erfolg gekrönter Autor geworden war.

# 1914 - 1915

Im Sommer 1914 war ich fünfundzwanzig Jahre alt geworden. Ich lebte noch immer in Heidelberg, nunmehr in dem Gartenhaus meines Freundes Carlo Philips vor der Stadt zwischen den Feldern, die sich zum Neckarbogen erstreckten. Dort schaltete ich als mein eigener Herr, dort besuchten mich meine Freunde und die Bücher drängten sich auf den Borden. Es waren zum großen Teil nicht meine eigenen Bücher, sondern die der Universitätsbibliothek. Ich stand mit den Beamten auf gutem Fuß und war im Lauf der Zeit dank ihrer Freundlichkeit zu einem der privilegierten Benutzer der Bibliothek geworden. Ich konnte so viel Bücher entleihen, wie ich wollte, und von Ablieferungsfristen war bei mir nicht die Rede. Gelegentlich kam es vor, daß andere Benutzer, wie es ihr gutes Recht war, auf Rückgabe der längst fällig gewordenen Bände drängten. In diesem Fall bot ich das große Zimmer meines Gartenhauses als Lesesaal und eine Art Zweigstelle der Universitätsbibliothek an, immer mit Erfolg, schon darum weil ich angenehm im Grünen wohnte und auf meinem riesigen Tisch neben die gewünschten Werke eine Kiste Zigarren und eine Flasche Pfälzer zu gefälliger Verfügung stellte. Inzwischen ging ich mit dem einen oder anderen meiner Freunde zwischen den Feldern am Neckar spazieren oder meditierte allein über die Probleme meiner Doktorarbeit, die ich zu schreiben gedachte.[103]
Die Idylle war viel zu schön. Seit einiger Zeit hatte mich das Gefühl beschlichen, das ruhige Glück des langen Friedens, in dem wir gediehen, könne nicht von Bestand sein. Meine näheren Freunde und ich waren, wie ich schon bemerkte, an politischen Dingen nicht sehr interessiert. Immerhin konnten wir nicht umhin, von den Spannungen zwischen den unheimlich aufgerüsteten europäischen Mächten Notiz zu nehmen.
Ende Juni 1914, mitten in einem strahlenden Sommer, fielen die Schüsse von Sarajewo. Die Nachricht von der Ermordung des österreichischen Thronfolgers brachte mir einen anderen, weit zurückliegenden Schrecken in Erinnerung. Ich war neun Jahre alt und ging über die Rheinbrücke nach Mannheim. Dabei las ich in einer von zu Hause mitgenommenen Zeitung. Auf der ersten Seite sprangen mir Schlagzeilen entgegen mit der Meldung, daß die Kaiserin von Österreich, die frühere bayerische Prinzessin, am Ufer des Genfer Sees von einem jungen Anarchisten erstochen worden sei.[104] Die Nachricht machte einen unauslöschlichen Eindruck auf mich, nicht nur weil das Bild in der Zeitung die Kaiserin als eine Frau von zauberhafter Schönheit zeigte, sondern auch darum, weil ich in meiner erregten Phantasie das Blut

und die klaffende Wunde sah, wie auf den Bildern der Moritaten, die auf dem Jahrmarkt vor unserm Haus zu der lärmenden, dudelnden Musik der Berg- und Talbahn in der Hafengegend vorgeführt wurden und mich bis in die Träume verfolgten.

Ich kann nicht sagen, daß ich nach dem Attentat auf den Erzherzog Franz Ferdinand, der auf den Bildern, die ich von ihm sah, recht brutal und ordinär auf mich wirkte, schlaflose Nächte verbrachte. Auch gab es in Heidelberg Leute genug, die das Gras wachsen hörten und uns erklärten, die Krise werde, wie andre zuvor, im Sand verlaufen.

Dann war er aber doch da, der Krieg, und jetzt meinte man, er sei seit langem unvermeidlich gewesen.

In den ersten Tagen des August drängten sich die Menschen vor den Anschlägen, in denen die Mobilmachung, der Kriegszustand und die Kriegserklärungen an Rußland und Frankreich verkündet wurden. Die Menschen waren aufgewühlt und begeistert und ich, eingekeilt unter ihnen, war es auch. Vergessen, verdrängt war die Lehre des alten Tolstoj von der Gewaltlosigkeit, der ich angehangen hatte. Vergessen, abgedrängt waren meine eigenen Gedanken über das Geschlecht einer neuen Menschlichkeit. Zum mindesten in den ersten Tagen fühlte ich mich wie ein anderer Mensch, fortgerissen von einem Strom, von dem ich nicht wußte, wohin er trieb. Der Krieg, der nach dem Urteil der Experten aus zwingenden Gründen nur ein paar Monate dauern konnte, erschien mir wie ein gewaltiges Abenteuer, dem ich mich nicht entziehen dürfte. Dabei war mir von vornherein klar, daß der Rausch der Begeisterung, der die Menschen ergriff, zum großen Teil dem Überdruß an der Langeweile des unabänderlich scheinenden Alltags entsprungen war. Wie kam ich dazu, mich von diesem Rausch anstecken zu lassen? Für mich hatte es keinen Alltag gegeben, mein Leben war schön und spannend gewesen. Aber vielleicht war es zu freundlich behütet, zu abgekapselt und zu wenig konkret. Gewiß, ich hatte, spät genug, die Qualen der Liebe zu spüren bekommen. Aber das griff nicht aus, das war auch noch zu süß, obwohl es im Augenblick bitter schmeckte.

Eines stand fest: die jugendlich verträumte Epoche meines Lebens war nun zu Ende.

Ich ging zu meinem Friseur und ließ mir zunächst einmal die Haare schneiden. Sie waren mir bis dahin in brünetten Strähnen über die Stirn und in den Nacken gefallen. Auch packte ich die jetzt nicht weiter benötigten Bibliotheksbücher in ein dafür gemietetes Auto und setzte mich, weil sonst kein Platz war, auf die hohen Stapel, begleitet von meinem Freund Ernst Bloch, der nicht unterließ, sich über das Opfer meiner dem Altar des

Vaterlandes dargebrachten Haare zu mokieren und mir böse Dinge zu prophezeien.

Einige Tage später stand ich wieder einmal auf dem Bismarckplatz. Ein neuer Anschlag machte die Kriegserklärung an England publik. „Hier werden noch Kriegserklärungen angenommen", hatte ein Witzbold darunter geschrieben. Eine meiner Kusinen kam vorüber und rief mir munter zu: „Noch immer nicht in Uniform, Fritz!"

Sie wunderte sich mit recht, die blutgierige Bestie. Meine gleichaltrigen Bekannten waren zum großen Teil schon eingerückt und trugen den feldgrauen Rock. Mich aber betraf die Mobilmachung einstweilen nicht. Ich hatte nicht gedient und mit dem Militär bisher nicht das geringste zu tun gehabt. Ich war, so seltsam das heute klingen mag, noch nie zu einer Musterung aufgefordert worden. Ich hatte die Sache auf sich beruhen lassen, von dem Bewußtsein gestärkt, daß es mir schon gelingen würde, mich aus der Schlinge zu ziehen. Ein in diesen Dingen erfahrener Freund hatte mir schon vor Jahren den Rat gegeben, mich notfalls bei einem der feudalen Kavallerieregimenter als Einjährig-Freiwilliger zu melden, was zur Folge hätte, daß ich bei meiner bescheidenen Herkunft für untauglich befunden würde. Jetzt jedoch lagen die Dinge anders, jetzt nahm man jeden, der einigermaßen gesund war, und überdies lockte mich das große Abenteuer. Ich hatte mir die Haare schneiden lassen, die Bücher abgeliefert und war bereit.

Ich schloß das Gartenhaus ab und machte die Läden fest. Bis auf die nötigsten Gegenstände ließ ich alles zurück, was ich an irdischen Gütern besaß. Dann schwang ich mich auf mein Rad, um zu meinen Eltern zu fahren und von ihnen Abschied zu nehmen. Das Rad war nötig, da die Bahn in den ersten Kriegswochen auf der Strecke über den Rhein nur Truppentransporte und Kriegsmaterial beförderte.

Der Weg von Heidelberg nach Ludwigshafen ist nicht weit. In normalen Zeiten hätte ich ihn bequem in etwas über einer Stunde bewältigt. Aber die Zeiten waren nicht normal und ich brauchte einen ganzen Vormittag. Vor jeder Ortschaft waren nämlich Barrikaden errichtet. Sie wurden bewacht von grimmigen Männern in Zivil, die Armbänder in den badischen Farben trugen und mit Schrotflinten und Jagdgewehren bewaffnet waren. Vor jeder Barrikade wurde ich gezwungen, abzusteigen. Ich mußte mich einem Verhör unterwerfen und meine Universitätspapiere vorweisen, die ich vorsichtshalber eingesteckt hatte. Auch auf der offenen Landstraße mußte ich ein paar Mal vom Rad herunter. Schüsse pfiffen mir um die Ohren und zwangen mich in den Straßengraben. Die Schüsse galten nicht mir, wie sich zeigte, sondern

# Im Namen Seiner Majestät des Königs.

# Bekanntmachung
## über die
# Verhängung des Kriegszustandes.

Durch A. Verordnung vom 31. Juli 1914 ist mit sofortiger Wirksamkeit über das Königreich Bayern der Kriegszustand verhängt und für den Regierungsbezirk der Pfalz das Standrecht angeordnet worden.

Hienach treten bis auf weiteres die Artikel 3, 4 und 6—10 des Gesetzes über den Kriegszustand vom 5. November 1912 in Kraft. Die Artikel 3 und 4 des Gesetzes lauten:

**Art. 3.**

Die in den §§ 81, 88, 90, 307, 311, 312, 315, 322, 323, 324 des Strafgesetzbuches für das Deutsche Reich mit lebenslänglichem Zuchthaus bedrohten Verbrechen werden mit dem Tode bestraft, wenn sie in einem im Kriegszustand erklärten Orte oder Bezirke begangen werden.

**Art. 4.**

Wer in einem im Kriegszustand erklärten Orte oder Bezirke
1. in Beziehung auf Zahl, Marschrichtung oder angebliche Siege der Feinde wissentlich falsche Gerüchte ausstreut oder verbreitet, die geeignet sind, die Zivil- oder Militärbehörden hinsichtlich ihrer Maßregeln irre zu führen,
2. eine bei der Verhängung des Kriegszustandes oder während desselben von den zuständigen obersten Militärbehörden zur Erhaltung der öffentlichen Sicherheit erlassene Vorschrift übertritt oder zur Uebertretung auffordert oder anreizt,

3. zum Hochverrat, Landesverrat oder zur Brandstiftung oder zu einem sonstigen in Art. 3 bezeichneten Verbrechen oder zum Widerstande gegen die Staatsgewalt auffordert oder anreizt oder eines der in §§ 1 und 3 des Gesetzes vom 3. Juli 1893 gegen den Verrat militärischer Geheimnisse vorgesehenen Verbrechen begeht oder anreizt,
4. eine Person des Soldatenstandes zu einer strafbaren Handlung gegen die Pflichten der militärischen Unterordnung, zur Verletzung einer Dienstpflicht bei Ausführung einer militärischen Dienstverrichtung oder zu einer fortgesetzten Handlung gegen die militärische Ordnung auffordert oder anreizt, wird, wenn nicht die Gesetze eine schwerere Strafe androhen, mit Gefängnis bis zu einem Jahre bestraft.

Durch die Anordnung des Standrechts ist die Aburteilung bestimmter strafbarer Handlungen den ordentlichen Gerichten entzogen und besonderen standrechtlichen Gerichten übertragen.

Die Zuständigkeit der Standrechtsgerichte erstreckt sich namentlich auf Zuwiderhandlungen gegen die während des Kriegszustands geltenden besonderen Gesetze und Vorschriften.

Für das Standrecht gilt ein abgekürztes Verfahren. Gegen standrechtliche Urteile findet kein Rechtsmittel statt. Todesurteile werden 24 Stunden nach ihrem Erlaß vollstreckt.

Die Bevölkerung wird an dieser Stelle und mit dem Ernst der Lage und der Strenge des Gesetzes aufmerksam gemacht, vor Unglegenheiten gewarnt und zu besonnener Haltung ermahnt.

## Der Regierungspräsident der Pfalz.

# Bekanntmachung
## über den
# Uebergang der vollziehenden Gewalt
# auf die Militärbefehlshaber.

Durch A. Verordnung vom 31. Juli 1914 ist zum Zwecke der Landesverteidigung verfügt worden, daß in den vom Kriegszustand betroffenen Gebieten für die Dauer des Kriegszustandes die Ausübung der Befugnisse der den Zivilstaatsministerien untergeordneten Staatsbehörden — mit Ausnahme der richterlichen und verwaltungsgerichtlichen Tätigkeit — auf die Militärbefehlshaber übergeht.

Die bezeichneten Staatsbehörden bleiben in ihren Funktionen; sie haben jedoch — ebenso wie die Gemeindebehörden — meinen Aufträgen und Anordnungen in gleicher Weise Folge zu leisten, wie wenn diese von den sonst zuständigen Staatsbehörden ausgegangen wären. Ich verordne was folgt:

Ausgenommen sind:

1. Der Verkehr mit Kraftfahrzeugen ist Zivilpersonen vollständig verboten.
   a) Kraftfahrzeuge, die sich durch militärischen Gestellungsbefehl ausweisen,
   b) Fahrer und Insassen, die einen blauen — von militärischer zuständigen Behörden ausgestellten — Erlaubnisschein haben.
2. Alle auf dem Rhein verkehrenden Schiffe usw. haben den Anordnungen der Strom- und Hafenwachen Folge zu leisten. Die Schiffs- oder Floßführer erhalten von dem Hafenkommissariat die Erlaubnis zur Weiterfahrt die eingerichteten Kontrollstationen Ausweise, die den Anordnungen vorzuzeigen sind.
3. Das Betreten und Befahren der Rheinbrücken darf nur mit Erlaubnis der Brückenwachen, der Zugang zu den letzten Zufgewege für einen meinen Verkehr dienenden Wegen erfolgen.
4. Jeder durch Brieftauben vermittelte Verkehr und das Beherbergen fremder Brieftauben ohne Genehmigung der Militär- und Polizeibehörden ist verboten.

Aufgefundene oder zugeflogene Brieftauben sind ohne Berührung der etwa an ihnen befindlichen Depeschen an die nächste Polizei- oder Militärbehörde abzuliefern.

Brieftauben, die Mitgliedern des Verbandes deutscher Brieftaubenliebhaber-Vereine gehören, sind sofort der Ortspolizeibehörde abzuliefern.

5. Das Aufsteigen von Luftfahrzeugen, von Lichtsignalen oder anderen Verständigungsmitteln ist ohne Veranlassung der Militärbehörden verboten. Ueber landende feindliche Luftfahrzeuge ist die nächste Zivil- oder Militärbehörde sofort in Kenntnis zu setzen. Ihrer Benutzung ist in der Nähe ihrer Zufgewege das Eintreten von Sicherheitsorganen festzuhalten; es ist zu verhindern, daß Karten, Notizen, photographische Apparate (mit Platten oder Filmen) unbrauchbar gemacht werden.
6. Private Funkstationen sind durch Entfernen der Antennen, Apparate usw. sofort stillzulegen. Der zuständigen Ortsbehörde ist hiervon sofort Meldung zu machen.

7. Die Besitzer von Sprengstofflagern sind verpflichtet, diese, soweit sie erhalten bleiben, unter sicherem Verschluß und unter steter Beaufsichtigung zu halten. Abgabe von Sprengstoffen an den Besitzern unbekannte Personen ist verboten.
8. Die Eisenbahnen und Telegraphenlinien werden besonders bewacht. Den Anordnungen dieser Sicherheitsorgane ist unweigerlich Folge zu leisten.
9. Zuwiderhandlungen gegen das Ausfuhrverbot von Pferden, Kriegs- und Bergungsausrüstung, Arznei, Verbandmitteln und ärztlichen Geräten werden nach den Kriegsgesetzen bestraft.
10. Es werden verboten:
    a) das Tragen von Waffen, Pulver und anderen Sprengstoffen, sowie das Tragen von Waffen. (Ausnahmen für letzteres können durch die örtlich zuständige Bezirksamt im Einvernehmen mit der Militärbehörde gestattet werden).
    b) Versammlungen und Zusammenläufe auf Straßen und öffentlichen Plätzen, sowie Versammlungen in Wirtshäusern oder Sälen ohne Genehmigung des örtlich zuständigen Bezirksamts.
    c) Veröffentlichungen durch die Presse über militärische Nachrichten, soweit sie nicht von der Verfügung des Großen Generalkommandos in Berlin ausgegeben sind. Strengstens verboten ist jede Veröffentlichung militärischer Maßnahmen, die in dem Westteile der Pfalz getroffen werden. Zuwiderhandlungen haben sofortige Beschlagnahme der Presse ausgesetzt und strafrechtliche Zuständigkeit zur Folge.
11. Alle in öffentlichen Diensten stehenden Beamten und Bediensteten haben auf Grund der von der Kreisregierung und dem Generalkommando abgegebenen Anweisung den Zivilbeamten der Pfalz zum Vollzug obiger Anordnungen mit allen Mitteln zu sichern.

Die Bevölkerung hat den Beamten und Bediensteten nach Kräften zu unterstützen.

Vorstehende Anordnungen erstrecken sich auf die ganze Pfalz mit Ausnahme des erweiterten Befehlsbereichs des Gouverneurs der Festung Germersheim, für welchen letzteren eine besondere Verfügung getroffen wird.

Wer den vorstehenden Anordnungen zuwiderhandelt, kann nach Art. 4,2 des Gesetzes vom 5. November 1912 mit Gefängnis bis zu einem Jahre bestraft werden, insofern nicht nach anderen Gesetzen eine schwerere Strafe verwirkt ist.

## Der Kommandeur der 5. Division.

*Aus dem Ludwigshafener General-Anzeiger*

den wenigen Autos, die vorüberflitzten. Die Wagen trugen deutlich die Wimpel deutscher Kommandostellen. Das war mein erster Vorgeschmack des Krieges und ich fühlte mich in meinem Graben einigermaßen ernüchtert. Als ich ein paar der Heckenschützen zu Gesicht bekam, wollte ich von ihnen wissen, was es mit dem Schießen auf sich habe. Aufgeregt schrien sie mir zu, die schnell fahrenden Wagen seien alle getarnt, es seien russische Autos, die das Gold des Zaren nach Frankreich bringen sollten. Später erfuhr ich, daß auf diese Weise tatsächlich deutsche Offiziere ums Leben gekommen waren.
Je näher ich dem Rhein kam, desto deutlicher bekam ich die hysterisch geladene Atmosphäre dieser ersten Kriegstage zu spüren. Über die große Eisenbahnbrücke zwischen Mannheim und Ludwigshafen mußte ich mein Rad schieben, so sehr drängten sich da die Menschen. Fast pausenlos rollten Züge an mir vorüber, Wagen mit Kriegsmaterial, mit Kanonen aller Kaliber und Truppentransporte, geschmückt mit Fähnchen und Laubgewinden. Manchmal gab es eine Stockung. Weit aus den offenen Fenstern ihrer Abteile gebeugt winkten die frisch eingekleideten Soldaten mit ihren Gewehren der jubelnden, Taschentücher schwenkenden Menge zu. Stürmisches Gelächter erregten die Kreideaufschriften, mit denen die Wagen bekritzelt waren. „Jeder Schuß ein Russ, jeder Stoß ein Franzos, jeder Tritt ein Britt", konnte ich lesen und mir wurde noch flauer zu Mut.
Zu Hause schärften mir meine Eltern ein, bei meinen Gängen durch die Stadt vorsichtig zu sein und mich unauffällig zu benehmen: es werde Jagd auf Spione gemacht und gräßliche Dinge seien geschehen. Wirklich war ein Schulkamerad, ein Vicefeldwebel der Reserve, noch in Zivil auf dem Weg von der Bahn zum Bezirkskommando, wegen seiner karrierten Reisemütze für einen englischen Spion gehalten, in einen Hausflur gezerrt und dort trotz seiner Proteste erschlagen worden.
Als ich abends, um mir nach der Radfahrt die Füße zu vertreten, auf die Straße ging, hörte ich wieder Schüsse. Sie kamen vom Bahnhofsplatz in der Nähe meiner elterlichen Wohnung. Dort sah ich Menschen in Gruppen beieinander stehen und aufgeregt auf den Rand des Himmels deuten, wo kleine, von der untergehenden Sonne beleuchtete Wolken vorüberzogen. Abseits standen ein paar Männer, die mit ihren Flinten auf diese Wolkengebilde zielten, in denen man französische Flugzeuge zu sehen glaubte.
Die Hysterie hielt nicht lange an. Ich hatte Zeit, mir die nächsten Schritte zu überlegen. Ich ging zu einem Arzt und ließ mich gründlich untersuchen. Ich sei völlig gesund, wurde mir erklärt, und es sei nicht daran zu zweifeln, daß ich früher oder später, eher früher, für felddiensttauglich befunden und irgend einem Truppenteil zugewiesen würde. Der freundliche Arzt gab mir den Rat,

von meinen Universitätsausweisen, die mir freie Bahnfahrt garantierten, Gebrauch zu machen und mich in irgend einer Garnisonsstadt als Kriegsfreiwilliger zu melden, wobei ich mir den Truppenteil aussuchen könne.

Ich fuhr also, da die linksrheinischen Strecken jetzt wieder frei waren, nach Landau in der Pfalz, wo ein Onkel wohnte, bei dem ich als Gymnasiast manche Sommerwochen verlebt hatte. Im Zug hatte ich mich mit ein paar jüngeren Heidelberger Studenten angefreundet. Gleich mir waren sie auf der Suche nach einer ihnen zusagenden Truppe. Mein Onkel hatte mir das in Landau garnisonierte 5. bayrische Feldartillerieregiment empfohlen.

Im Hof der Artilleriekaserne, zu der ich meine Reisegefährten geführt hatte, war der Andrang groß. Soviel wir erfahren konnten, wurde jeder genommen, der einigermaßen passabel aussah. Man mußte nur seine Papiere zeigen und sich dann nackt auf eine Waage stellen. Es ging dabei sehr formlos zu. Als ich selber nackt auf der Waage stand und mich schon in der Rolle eines Feldartilleristen erblickte, rief einer der neuen Kameraden, der aus dem offenen Fenster auf den Kasernenhof schaute, im Ton freudiger Überraschung aus: „Die Chevaulegers[105] sind da!" Daraufhin stürzte alles zur Tür und über die Treppen hinunter. Ich selber, angesteckt von dem allgemeinen Aufbruch, griff nach meinen Kleidern, zog sie mir hastig über und, ohne auf den Protest des um die Ermittlung meines Gewichts bemühten Sanitätsunteroffiziers zu achten, folgte der Schar, die nach einem anderen Flügel der weit angelegten Kaserne strebte. Dort lag die Unterkunft der Chevaulegers, des Stolzes der bayerischen Armee. Wir hörten sogleich, daß wir die Ersatzschwadron des 3. Regimentes vor uns hatten. Sie war von ihrem alten lothringischen Standort, dem gleich in den ersten Kriegstagen von den Franzosen überrumpelten Dieuze, nach einer umständlichen Fahrt erst vor ein paar Stunden hierher gekommen. Ausrüstungsstücke, Sattelzeug, Lanzen, Karabiner und Säbel lagen in ungeordneten Haufen auf dem Hof umher. Zwischen den Reitern, die ihre angepflockten Pferde tränkten und striegelten, bewegte sich zutraulich ein Ziegenbock mit langem Bart und mächtigen, geschweiften Hörnern, offenbar das Maskottchen des Regiments. Das große Tor, an dem wir vorüberkamen, war von einer dichten Menge junger Leute belagert, die offenbar wie wir darauf brannten, die schöne grüne Reiteruniform anlegen zu können. Nur wenige wurden eingelassen. Denn auf großen Schildern stand zu lesen: „Hier werden nur Einjährig-Freiwillige angenommen".

Ich wurde mit meinen Heidelberger Schicksalsgefährten im Nu angenommen. Wir brauchten uns noch nicht einmal nackt auf eine Waage zu stellen. Nur unsre Brust wurde von einem ob unsres Eifers ironisch lächelnden Unterarzt abgeklopft. Nachdem unsre Personalien aufgenommen waren, wurden wir in die provisorisch eingerichtete Kleiderkammer beordert. Dort warf uns ein Sergeant nach einem flüchtigen Blick auf unsre Gestalt und der Frage nach unsrer Schuhnummer Röcke, Hosen, Mütze, Reiterstiefel, Drillichmonturen und Koppelzeug zu. Unsre Zivilsachen konnten wir gleich in einem Pappkarton verstauen.

Keine Viertelstunde später war ich in einen Soldaten verwandelt. Statt der erwarteten schönen Uniform trug ich einen schlechtsitzenden, verschossenen Rock, schlotternde Pluderhosen, grobe, knallgelbe Stiefel, die fast bis zu den Knien reichten, und ein schirmloses Mützchen, das mir tief in der Stirn saß. Ich muß darin recht seltsam ausgesehen haben. Denn als ich bei meinem ersten Ausgang einen alten guten Bekannten traf, Hermann Sinsheimer[106], den Ludwigshafener Rechtsanwalt und Theaterkritiker bei der Berliner „Schaubühne", wurde ich mit einem Gelächter begrüßt, das kein Ende nehmen wollte. Sinsheimer liefen buchstäblich die Tränen über die Wangen, so groß war seine Belustigung bei meinem Anblick. Immer, wenn ich ihn später traf, erinnerte er mich an diese Begegnung.

Mir selber war gar nicht komisch zu Mut. Nach sieben Jahren der Freiheit, die ich, so gut ich konnte, genossen hatte, fühlte ich mich wieder in die Schule zurückversetzt, in eine andere, um vieles härtere Schule. Ich hätte begriffen und es, jedenfalls in der ersten Zeit, wohl auch gern auf mich genommen, wenn die Ausbildung, wie streng auch immer, uns für das Abenteuer des Krieges erzogen hätte. Davon war aber so gut wie gar nicht die Rede. Im Garnisonsdienst trainierte, teils stumpfsinnige, teils sadistische Unteroffiziere schliffen und zwiebelten uns, ließen uns Mätzchen und Männchen machen, Augen rechts, Augen links, Hinlegen, Aufstehen, Paradeschritt, Präsentieren des Karabiners. Auch mußten wir uns, erst zu Fuß und später zu Pferd, darin üben, die Lanzen über dem Kopf kreisförmig zu schwingen. Dabei mußte die Hand nach jeder Umdrehung die lange Waffe loslassen, um sie wieder zu neuem Schwung aufzufangen. Auf diese Weise sollten wir uns laut Instruktion feindliche Reiter vom Hals halten können. Auch die Naivsten unter uns mußten darüber lachen. Ein Krieg der Maschinen hatte begonnen und Lanzen waren bald nur noch altes Eisen.

Ich war kein besonders guter Soldat. Außer gelegentlichem Fußball in meinen Knabenjahren und dem Schwimmen im Rhein und im Neckar hatte ich keinerlei Sport getrieben. Ich ermüdete leicht, ich verfügte nicht über die automatisch wirkenden Reflexe und mein Handgelenk war nicht immer flink genug, die wirbelnde Lanze im richtigen Augenblick und an der richtigen Stelle aufzufangen.

Aber in anderer Hinsicht war ich gewandt und konnte für einen guten Soldaten gelten. Zu meiner eigenen Überraschung entdeckte ich in mir die Fähigkeit, mich mit den so radikal veränderten Umständen abzufinden und mich sogar an sie anzupassen. Offenbar war es diese Fähigkeit, die es mir möglich machte, die Wechselfälle und Katastrophen meines späteren Lebens einigermaßen heil zu überstehen. Damals freilich war ich durchaus nicht stolz auf eine Anlage, die wohl als Erbteil meiner bürgerlichen Ahnen in mir steckte und jetzt zu Tage trat. Sie schien sich schlecht mit dem Rebellentum meiner frühen Jugend und noch weniger mit meiner Heidelberger Existenz zu vertragen.

Doch keine halbe Stunde war vergangen, nachdem ich jene komische Uniform angelegt hatte, und der Verrat war geschehen. Man hatte uns den Befehl gegeben, das im Kasernenhof verstreute Material in Kammern und Speichern zu verstauen. Mit einem Eifer, der an Begeisterung grenzte, beluden sich die frisch gebackenen Rekruten unter den Augen der altgedienten Unteroffiziere mit schweren Lasten und trugen sie keuchend und schwitzend hohe Treppen empor. Ohne viel zu überlegen, ganz instinktiv, schloß ich mich zwei jüngeren, kräftig gebauten Kameraden an, die ein dickes Bündel Lanzen auf ihren Schultern trugen, einer vorn, der andere hinten. Ich trat in die Mitte und faßte mit an, aber nur zum Schein. Unter wiederholten Klagen über die schwere Last benahm ich mich dabei wie ein Clown im Zirkus, der auch nur so tut. Zu meiner Entschuldigung kann ich vorbringen, daß ich von allem Anfang an das Wesen des Kommiß erfaßt hatte und jede mir günstig erscheinende Gelegenheit ergriff, um mich zu drücken. Zu allem Überfluß sah ich mich darin bestätigt. Denn der aufsichtsführende Unteroffizier belobte mich für meinen so deutlich zur Schau getragenen Eifer, während der echte Schweiß der beiden anderen keiner Beachtung gewürdigt wurde.

Kein Wunder, daß ich nachträglich verwirrt und bestürzt war. Auf dem Gymnasium hatte ich mit dem besten Gewissen von der Welt meine Lehrer betrogen und ihnen, wo es ging, ein Schnippchen geschlagen. Das gehörte sich so, dazu bedurfte es keiner Anpassungsfähigkeit. Aber hier war eine völlig fremde Welt, in die ich mich doch auf der Stelle zu schicken wußte. Es war eine Welt, die mehr und anders als die der Schule Ernst mit Schwindel vereinte.

Das also hatte ich gleich heraus, obwohl es doch eigentlich um das große Abenteuer des Krieges gehen sollte und um die Bereitschaft, Strapazen auf sich zu nehmen und, wenn es sein mußte, sein Leben zu opfern.

Doch der Rausch der Begeisterung, wenn er je bestanden hatte, war schon nach wenigen Wochen verflogen und mit ihm auch das Gefühl des

Abenteuers. Die Fronten des westlichen Kriegsschauplatzes, wo es um die Entscheidung gehen sollte, waren zu Schützengräben erstarrt. Von Frontsoldaten, die auf Urlaub kamen, konnten wir erfahren, daß dabei von Romantik keine Spur war.

In unsrer Ausbildung änderte sich trotzdem nichts. Über den Sommer hinaus, den Winter hindurch und bis zum Frühjahr 1915 herrschte die gleiche Routine eines gespenstisch gewordenen Friedensbetriebs.

Ich erinnere mich an ein besonders eklatantes Beispiel, an eine Besichtigung durch ein hohes Tier, einen General. Wir mußten zu Pferd, in zwei Gliedern geordnet, lange warten, wie es der Soldat gewöhnt ist. Uns war eingeschärft worden, unsre Pferde mit den Schenkeln und der angespannten Zügelfaust zu versammeln, damit sie ihre Köpfe senken, auf die Kandare beißen und ganz allgemein das Schauspiel einer feurigen Ungeduld bieten könnten. Ein Wachtmeister, dem offenbar unsre Pferde nicht feurig genug erschienen, kam mit einer großen Seifenschüssel und schmierte den Tieren Schaum um die Nüstern, worauf sie sich ärgerlich schüttelten und weiße Flocken auf die Erde streuten, zur hohen Zufriedenheit des Generals, der gleich darauf die Parade abnahm.

Das geschah tatsächlich in einer Zeit, wo die Luft an ruhigen Abenden, wenn der Wind vom Westen wehte, manchmal ganz leise, manchmal unüberhörbar vom Rauschen des Trommelfeuers vibrierte und es keiner großen Phantasie bedurfte, um die Schreie der Getroffenen zu hören, die mit aufgerissenen Leibern in den Drahtverhauen hingen.

Ungefähr in der gleichen Zeit hatte ich ein Erlebnis, ein sehr privates Erlebnis, von dem ich hier dennoch berichten muß.

Ein halbes Jahr vor dem Ausbruch des Krieges war ich bei einem Faschingsfest in der Stadthalle einer auffallend schönen Frau begegnet. Ich tanzte fast ununterbrochen mit ihr, die leichten Tänze, die nur aus Schritten bestanden. Als ich zu spüren begann, daß sie Gefallen an mir fand, verliebte ich mich in sie. Sie war eine Jüdin, was ihren Reiz in meinen Augen nur noch erhöhte. Zu meinem Entzücken versprach sie mir ein Rendezvous an einem der nächsten Tage: sie würde in einem violetten Kleid erscheinen, damit ich sie gleich erkenne. Das Violett war nicht zu übersehen, als sie mir pünktlich zur verabredeten Stunde in den Anlagen entgegenkam. Schon jetzt hätte ich wissen müssen, woran ich war. Aber trotz meinen fünfundzwanzig Jahren war ich Frauen gegenüber noch immer von einer an Blödigkeit grenzenden Schüchternheit.

Monate hindurch blieben unsre Beziehungen in der Schwebe. Je verliebter ich wurde, desto schwerer fiel es mir, mich ihr zu erklären. Unsre Zusammenkünfte blieben zumeist auf Spaziergänge und kurze Ausflüge in das Neckartal beschränkt. Nur selten trafen wir uns in der Stadt. Dann schlug sie Nebenstraßen ein oder führte mich hinaus ins Freie auf Wege, die wenig begangen wurden.

Von Anfang an wußte ich, daß sie verheiratet war, mit einem vermögenden Fabrikanten, und allmählich konnte ich ihren scheuen Andeutungen entnehmen, daß sie sich in ihrer Ehe nicht glücklich fühlte. Ich habe ihren Mann nie gesehen und erfuhr nur durch sie, daß er kränklich, viel beschäftigt und zudem sehr eifersüchtig sei. Trotzdem oder gerade deswegen stand der Gedanke an ihn immer zwischen uns, und selbst in den Augenblicken, wenn wir in einem ländlichen, tagsüber kaum besuchten Gasthaus eng beieinander saßen und sie sich so weit vergaß, ihre Nägel in meinen Handrücken zu pressen, brachte ich es nicht über mich, sie in meine Arme zu schließen. Sah ich sie aber aus irgendwelchen Gründen mehrere Tage lang nicht, brannte ich vor Ungeduld. Ich setzte mich auf mein Rad und fuhr in den Rohrbacher Stadtteil, wo sie lebte. Von einer Straßenecke aus starrte ich lang und elend zu den verhüllten Fenstern ihrer Wohnung empor.

Unter solchen Qualen waren Frühjahr und Sommer vergangen. Nach dem Ausbruch des Krieges sahen wir uns lange nicht. Im Herbst erhielt ich endlich meinen ersten Urlaub, nur für wenige Tage. Daß ich ihn in Heidelberg verbrachte, verstand sich von selbst.

Ich wohnte in dem prächtigen, weitläufigen Haus meines Freundes Ernst Bloch. Ich trug nicht mehr die groteske Uniform, die mir in der Kammer verpaßt worden war. Ich hatte mir eine feldgraue Tunika und die vorschriftsmäßigen langen grünen Ausgehhosen mit ihren aprikosefarbenen Streifen anfertigen lassen.

Alice - wie der Name mir heute noch in den Ohren klingt - lachte nicht, als sie mich so zum ersten Mal am Neckarufer erblickte. Sie hing sich in meinen Arm und schmiegte sich an mich. Ich war kein schüchterner Schwärmer mehr, ich war ein Soldat, der es eilig hatte. Ich küßte sie zum ersten Mal, und die übermäßig lang gestauten Gefühle lösten sich in Tränen und Schwüren. Sie führten in dem stillen Zimmer über dem Neckar, in das sie mir folgte zu Umarmungen, die uns selig entspannten.

Doch als ich sie dann eine Strecke Weges über die alte Brücke begleitete, bemerkte ich an ihr wieder die ängstliche Miene, nur noch deutlicher als früher. Ich weiß nicht mehr, ob es schon damals oder bei einer unsrer späteren Zusammenkünfte geschah, daß sie mich auf dem Heimweg am Arm packte, mich in eine Seitenstraße drängte und voller Entsetzen ausrief, ihr Mann sei hinter uns her. Ich versuchte es ihr auszureden, ohne rechten Erfolg. Je glühender ihre Umarmungen wurden, desto mehr steigerte sich ihr Verfolgungswahn.

In meiner Sehnsucht nach ihr war ich erfinderisch geworden. Ungebührlich oft, fast jede Woche, meldete ich mich zum Urlaubsappell, und die Vorwände, die ich mir ausdachte, um nach Heidelberg fahren zu können, waren ebenso kühn wie mannigfaltig. Der Schwadronschef, ein mir wohlgesinnter Major, hörte sich meine Ausführungen mit belustigtem Interesse an und nickte dann gnädig, wobei er zu meiner Beschämung zu zwinkern pflegte.

Viele Monate waren darüber hinweggegangen, und was vielleicht als ein Liebesabenteuer begonnen hatte, war längst bei uns beiden zu einer zermürbenden Leidenschaft geworden.

Die wenigen Stunden, die uns, meist an Sonntagvormittagen, im Haus meines Freundes vergönnt waren, vergingen unter wütenden Liebkosungen, unter Schluchzen und Stammeln, so grausam rasch rannten sie uns davon.

Schon einmal habe ich angedeutet, wie seltsam es ist, daß man sich mit größter Deutlichkeit an recht gleichgültige Dinge erinnern kann, während andre, die uns einst tief bewegten, nicht mehr aus dem Dunkel heraufzuholen sind, nicht einmal mehr im Traum. Ich war immer mißtrauisch gegenüber Memoirenschreibern, die jede Phase ihres Lebens, mag sie auch noch so lang vergangen sein, in allen Einzelheiten zu schildern verstehen, so etwa die Einrichtung eines der vielen Zimmer, die sie einst bewohnten, oder den Schnitt und die Farben der Augen einer Jugendgeliebten. Mag sein, daß sich diese Autobiographen auf frühere Aufzeichnungen, auf Briefe oder Bilder stützen konnten. Mir sind im Lauf meines Lebens mit meinem ganzen Besitz fast alle dieser Stützen abhanden gekommen. Ich verfüge, von wenigen Ausnahmen abgesehen, über nichts mehr als über mein Gedächtnis, worin ganze Partien meines Lebens so gut wie ausgelöscht sind, während andre mit den Jahren nur noch heller werden.

So kann ich mich heute kaum noch an die Züge, kaum noch an die Gestalt dieser einst so geliebten Frau erinnern. Daß sie besonders schön und begehrenswert war, schließe ich eigentlich nur aus den mir heute noch erinnerlichen Bemerkungen meiner damaligen Freunde, die sie zufällig sahen.

Umso besser weiß ich von ihren Tränen, wenn sie sich von mir losriß und den Krieg und ihr Schicksal verwünschte. Auch höre ich noch heute die rührende Frage, die sie bei ihren Umarmungen oft wiederholte: „Hast mich auch lieb, Friedelchen?"

Manchmal rief sie mich unter der Woche, wenn ihr Mann nicht zu Haus war, von Heidelberg an. Sie tat es, nicht um mir etwas besonderes zu sagen, nur um meine Stimme zu hören und um zu erfahren, daß ich noch für sie da sei. Meist erreichte sie mich an dem Telefon in einer Wirtschaft gegenüber der Kaserne, wo ich zu Mittag zu essen pflegte.

Die Nacht aber, in der sie mich ans Telefon rief, werde ich nie vergessen. Offenbar hatte ich ihr vorher gesagt, daß ich in dieser Nacht Stallwache hatte. Es mochte um Mitternacht sein, als der diensttuende Unteroffizier mit einer Laterne in der Hand in der schwach beleuchteten Stallgasse an den schlafenden, schnaubenden, sich wälzenden Pferden vorbei auf mich zukam und mir sagte, daß ein dringendes Telefongespräch aus Heidelberg auf mich warte. Ich ging zur Wirtschaft hinüber, die schon ganz dunkel war und wo nur ein Licht in der Telefonzelle brannte. Als ich den Hörer aufnahm, dauerte es eine Weile, bis ich ihre Stimme vernahm, eine Stimme, die ich an ihr nicht kannte. Mit fliegendem Atem sagte sie mir, ihr Mann sei tot, er sei auf einer Geschäftsreise in einem Zug einem Herzschlag erlegen, ich solle zu ihr kommen, sobald es sich unter den Umständen machen ließe, in zwei bis drei Wochen.

In dieser Nacht konnte ich nicht schlafen. Ich ging in der Stallgasse auf und nieder, von Schatten zu Schatten, überdies benommen von dem scharfen Geruch aus den Boxen der Pferde, die meine Erregung zu teilen schienen. Mir war, als schnaubten und stampften sie lauter als früher. Nur der Soldat, mit dem ich die Wache zu teilen hatte, ein Bauernbursche, lag im Schlaf erstarrt, leise pfeifend und schnarchend, auf dem Stroh in einem Winkel des Stalls in seine Decke gewickelt. Ich weiß noch, daß ich mich jedesmal, wenn ich an ihm vorbeikam oder mich für kurze Zeit neben ihm ausstreckte, wundern mußte, wie Menschen so tief und so sorglos schlafen konnten.

Die ganze Nacht klang mir die Stimme aus Heidelberg in den Ohren, die atemlose, fiebrige Stimme. Ohne es auszusprechen und doch für mich nicht zu überhören, klagte sie uns beide an, sich selber, die Frau, noch mehr als mich. Sie klagte uns an, daß wir mit unsren Todeswünschen einen Mord auf unser Gewissen geladen hätten. Es war Wahnsinn, redete ich mir ein. Ich hatte nie wissentlich an den Tod dieses Mannes gedacht, geschweige denn ihn herbeigewünscht. Er war seit langem herzkrank gewesen. Er war ahnungslos und leicht in seinem Zugabteil gestorben, um vieles leichter als die vielen hunderte junger Männer, die täglich draußen an den Fronten unter Qualen verbluten mußten. Aber selbst diese Bilder brachten die Stimme nicht zum Schweigen.

Als ich ein paar Wochen später nach Heidelberg kam, konnte ich zum ersten Mal ihre Wohnung betreten, ihre Wohnung in dem Haus im Rohrbacher Viertel, zu dem ich vor einem knappen Jahr von der Straßenecke aus verstohlen und voller Sehnsucht emporgestarrt hatte.

Es war nicht Alice, die mir auf mein Läuten öffnete, sondern eine in tiefes Schwarz gekleidete Dame, die sich mir als Kusine vorstellte und gleich sehr vertraut tat. Sie sagte mir, daß die arme Alice noch immer schwer mitgenommen sei und das Bett hüten müsse, und ich solle nur ja recht behutsam sein. Was dann folgte, geschah wie im Traum. Die Verwandte führte mich durch die üppig, viel zu üppig ausgestattete Wohnung und mit der liebedienerischen Gebärde einer Kupplerin zeigte sie mir die Schätze, über die ich von nun an gebieten könne, Teppiche, Mahagoni, Silber und Porzellan. Unterdessen war aus einem der hinteren Räume eine Stimme zu hören, eine flehende, immer dringender werdende Stimme. Die Kusine führte mich vor die Tür, aus der die Stimme kam, öffnete sie, sagte leise ein paar beruhigende Worte in das Zimmer hinein, schob mich über die Schwelle und schloß die Tür hinter mir. Es war ein Krankenzimmer, das ich betrat. Die Vorhänge waren dicht geschlossen. Es brannte kein Licht, obwohl es schon gegen Abend war. Zunächst sah ich nur eine weiße Hand, die sich mir entgegenstreckte. Dann zogen mich die Arme, die ich so gut kannte, über die Kissen, in denen sie halb vergraben lag. Sie fuhr mir mit den Fingern über Stirn, Mund und Wangen, ohne mich zu küssen, wie sie es sonst immer tat, sobald sie mit mir allein war. Die Worte, die am Telefon unausgesprochen geblieben waren, kamen jetzt schwach, aber umso klarer von ihren Lippen. „Wir haben ihn getötet, Friedelchen", sagte sie immer wieder, mit einem kindlichen, eigensinnigen und bedrohlich hysterischen Ton. Ihr mit Vernunftgründen beizukommen, sie von ihrem Wahn zu heilen, wenn es ein Wahn war, dazu hätte ich, das spürte ich gleich, als sie sich in dem Krankenzimmer verzweifelter als je an mich klammerte, sehr viel Zeit und Geduld gebraucht.

An Geduld hätte es mir nicht gefehlt. Denn ich liebte sie in ihrer Verstörung mehr und verbissener als früher. Aber Zeit und Gelegenheit fehlten. In wenigen Stunden mußte ich mich wieder von ihr trennen und früher oder später in diesem Jahr wartete auf mich der Zug, der mich an die Front bringen sollte.

Ihre Zerrüttung nahm danach solche Formen an, daß sie ein Sanatorium aufsuchen mußte. Dort konnte ich sie nur noch einmal sehen. Sie weinte fassungslos und ununterbrochen, während ich sie in meinen Armen hielt, aber ich wußte, sie war mir entglitten.

In der Leere, die in mir zurückblieb, begann ich die Kameraden zu beneiden, die spät genug, da wir Kavalleristen an der Front nicht sehr gefragt waren, zu den Feldschwadronen abkommandiert wurden. Ich hatte noch einen Ausbildungskurs in einem Lager hoch oben in der holsteinischen Heide zu absolvieren und war nach der Rückkehr in die Garnison vom Unteroffizier zum Vicewachtmeister befördert worden, Gott weiß warum.[107]
Im Frühherbst 1915 kam endlich mit anderen Kameraden auch an mich die Reihe. Eines der wenigen Fotos, die ich noch aus jener Zeit besitze, zeigt mich, wie ich, umgeben von grinsenden Gesichtern, mich aus dem Abteilfenster beuge, um irgend jemand zuzuwinken. Die einst so prahlerischen Kreideaufschriften fehlten, auch der Blumenschmuck und das Laubgewinde. Wie fuhren, von niemand beachtet, mit langen Aufenthalten auf Abstellgeleisen und Zwischenstationen, halb wachend halb dösend der Front entgegen. Mein einziger Trost auf dieser Reise war mein Pferd, ein stattlich gebauter Rappe, der den schönen Namen Fortunio trug. Wann immer sich eine Gelegenheit bot, besuchte ich ihn in seinem Güterwagen, wo er neben den anderen Pferden auf dem mit Strohschütten gepolsterten Boden lag. Wenn er mich kommen hörte, richtete er sich leicht und spielerisch auf, schüttelte seine tiefschwarze Mähne, spitzte die Ohren, rieb seinen Kopf an meiner Hüfte und schnupperte an meinen Manteltaschen, bis er die Zuckerstücke fand, die ich mir für ihn aufgespart hatte.
In einem kleinen französischen Etappenort, von dem ich nur noch die bunt glasierten Ziegelsteine seiner trostlosen Häuser in Erinnerung habe, mußten wir uns beim Regimentsstab melden. Wir wurden dem Regimentschef und seinem Adjutanten vorgeführt. Bemerkenswert an ihnen war nur die Arroganz, mit der sie uns entgegentraten. Wir wurden einige Zeit von ihnen beschnüffelt, ohne zum Sitzen aufgefordert zu werden, obwohl uns die Erschöpfung nach der anstrengenden Fahrt anzumerken war. Als ich vorgenommen wurde, erklärte ich dem Chef, daß mein Beruf, falls man ihn als solchen betrachten könne, der eines freien Schriftstellers sei. Seine Miene wurde daraufhin noch eisiger und er bedeutete mir, daß in seinem Eliteregiment kein Platz für moderne Sudler sei. Obwohl er ein Bayer war, hatte er dabei ganz den Ton unsres obersten Kriegsherrn. Das brachte mich derart auf, daß ich ihm recht unvorschriftsmäßig versetzte, von mir sei nichts zu befürchten, ich beschäftige mich zur Zeit in meinen wenigen freien Stunden hauptsächlich mit dem Problem des christlichen Paradoxes, wie es von Kierkegaard aufgestellt sei. Das verschlug ihm für ein paar Augenblicke die Sprache. Dann sagte er seinem Adjutanten, an diesem Mann dürfte der Rittmeister Klein seine Freude haben.

Also hatte sich meine Kühnheit bezahlt gemacht. Mit diesem knappen Bescheid war ich der zweiten Schwadron zugeteilt, von der man mir schon in Landau erklärt hatte, daß man bei ihr am besten aufgehoben sei.
Jedenfalls schien ich es gut getroffen zu haben, als ich mit einem anderen Schicksalgefährten nach einem langen Ritt in einem Dorf im Artois halbwegs zwischen Lille und Douai eingetroffen war. Der Ort hieß Bersée, wenn mich mein Gedächtnis nicht täuscht. Er lag etwa zwanzig Kilometer hinter einem damals ziemlich ruhigen Frontabschnitt.
Am nächsten Morgen, nach einem tiefen Schlaf in einem riesigen, weichen französischen Bett, wurde ich als der ältere der beiden neuen Vicewachtmeister zuerst von dem Rittmeister Klein, dem so ironisch empfohlenen Schwadronschef, empfangen. Ich fand ihn im Bett in einem bunt gestreiften Schlafanzug mit einer Lesebrille über blinzelnden Augen. Neben ihm auf dem Nachttisch türmte sich ein Stapel von Büchern. Er gab mir die Hand, wies auf einen Stuhl und sprach lange mit mir, nicht so wie die Herren vom Regimentsstab, zwar auch hochmütig, aber von einer anderen, saloppen Art.
Im Lauf der Zeit, als ich ihn näher kennenlernte, wurde mir die Art seines Hochmuts klar. Sie war die eines überzüchteten, von den langen Friedensjahren verwöhnten Kavallerieoffiziers und erfolgreichen Herrenreiters, der es sich leisten konnte, auf den Kommißbetrieb zu pfeifen.
Vom Kommiß war bei dieser ersten Unterredung auch kaum die Rede. Auf seine Kissen gestützt eröffnete er mir, für den Dienst habe er seine darauf dressierten Unteroffiziere, seinen Fahnenjunker und zwei aktive Leutnants, ich sei, was er mir an der Nasenspitze anmerke, trotz meiner Uniform ein Zivilist, ein unverbesserlicher Zivilist, und deshalb bei ihm weitgehend vom Dienst dispensiert. Gelegentlich könne ich mich bei den Appellen zeigen und mein Pferd auf der von ihm eingerichteten Aschenbahn tummeln, wobei er sich erlauben werde, auf meinen Sitz und meine Zügelführung zu achten. Vom Frontdienst im Graben könne er mich allerdings nicht befreien, aber das habe noch Zeit, inzwischen solle ich mich in Bersée einleben und ihm manchmal abends im Kasino Gesellschaft leisten.
Tatsächlich konnte ich mich in den nächsten Wochen so etwas wie einer Ferienzeit erfreuen. Der Ort war beherrscht von einer unverhältnismäßig mächtigen, grau verwitterten Kirche, die man von weither erblicken konnte. Als ich in der Dämmerung angekommen war, hatten mich aus dem offen stehenden Portal Orgelklänge begrüßt, die einer Bachschen Fuge. Etwas später lernte ich den Organisten kennen, einen Gefreiten aus dem im Dorf gleichfalls stationierten Artilleriestab. Er hatte bisher mit Erlaubnis des noch amtierenden französischen Pfarrers allein in der leeren, wie ein Resonanz-

boden hallenden Kirche geübt. Er fand in mir in den Abendstunden seinen ersten dankbaren Hörer.

Der Ort machte, obwohl er schon zum Frontgebiet gehörte, einen merkwürdig friedlichen, sauberen Eindruck. Alle Häuser waren noch intakt, alle Kamine rauchten und aus den offenen Türen roch es nach gutem französischem Essen. Ringsum führten die Wege an Gärten, Feldern und Obstbäumen vorbei zu kleinen Wäldern und Wiesenbächen, zu abseits gelegenen Bauernhöfen, wo es noch Hühner, Schweine und Schnäpse gab. Am Ende einer langen Pappelallee lag ein reizendes, jetzt herrenlos gewordenes Rokokoschlößchen. Die unteren Räume waren in eine Kantine verwandelt. Dort konnte man echtes Münchener Bier und nur leicht beschädigte Polstersessel genießen.

Weniger gut hatte ich es, wie sich bald herausstellen sollte, mit meinem Quartier getroffen. Obwohl es als eines der am besten eingerichteten Häuser galt. Aber die offenbar vermögende Wirtin, eine schlampige Witwe mit Haaren am Kinn, saß wie ein Drache vor ihren Schätzen und spie Feuer und Flamme, wenn ich etwas erbat, ein Handtuch, ein Bettuch, einen Teller, ein Glas, man brauchte doch immer das oder jenes. Um jedes Stück entbrannte ein Kampf, und holte ich es mir erbittert selber, kläffte sie hinter mir her, warf Türen ins Schloß und rumorte im Nebenzimmer. Kurz, sie verstand es vortrefflich, auf einem verhältnismäßig engen Raum das Toben der Hölle vorwegzunehmen. Hätte dieses Spektakeln meiner deutschen Uniform gegolten, dem Eindringling, der ihren Frieden störte, hätte ich die Frau verstehen können.

Doch oft, wenn ich an ihrer immer offen stehenden Küchentür vorbeikam, konnte ich anders willkommene Gäste erblicken. Dahinter saßen beim Herd, von vollen Schüsseln und Flaschen umgeben, zwei Unteroffiziere des Artilleriestabs, die in nichts meinem Freund, dem Organisten, glichen. Es waren zwei typische Etappenhengste, faul und vollgefressen, erfüllt von ihrer eigenen Wichtigkeit und den Latrinengerüchten, die sie unter dem Siegel der Verschwiegenheit ausstreuten.

Ekelhaft war es anzusehen, wie sich die ältliche Hexe um diese Burschen bemühte, ihnen das Süppchen rührte, das Köpfchen kraulte und die Fürsorge einer Mutter mit der Zärtlichkeit einer Mutter verband.

Auch mit dem Rittmeister Klein war es auf die Dauer kein Honiglecken, obwohl ich von ihm nie ein böses Wort zu hören bekam. So schön und ungewohnt es war, fast den ganzen Tag mein eigner Herr zu sein, in einem hübschen Dogcart nach dem nahen Douai fahren zu können und mir dort in einer gut assortierten Feldbücherei Hölderlin, Hegel und Nietzsche zu

erstehen, so beschwerlich wurde auf die Dauer der unoffizielle Dienst, den ich im Offizierskasino zu leisten hatte.
Gar nicht selten kam es vor, daß ich mitten in der Nacht von den Händen eines Gefreiten, eines pfiffigen Burschen, der den begehrten Druckposten einer Kasinoordonnanz bekleidete, aus dem besten Schlaf aufgerüttelt wurde. Das Kasino lag in einer kleinen, verlassenen Villa ein paar hundert Schritte außerhalb des Dorfes. Noch vom Schlaf befangen ging ich dem bunten Feuerwerk der Leuchtraketen entgegen, die allnächtlich am Horizont aus der Gegend der Gräben aufstiegen.
Der andre Vicewachtmeister der Reserve, der mit mir zusammenwohnte, war gleichfalls geladen. Er war Jurist und nebenbei ein passionierter Klavierspieler. Mit ihm zusammen betrat ich das von Kerzen erhellte Zimmer im Parterre der Villa, wo unser Rittmeister Klein in einem tiefen Sessel hinter bauchigen Burgunderflaschen saß. Er war fast immer allein. Die zwei anderen Offiziere und der Fahnenjunker hatten sich, wenn es nur irgend ging, anderswohin zu einem gemütlichen Skat verzogen.
Bei dem Chef war es nämlich nicht sehr gemütlich. Ich kann mich nicht entsinnen, ihn jemals lachend oder aufgeräumt gesehen zu haben. Dafür war er zu später Stunde fast immer betrunken, ein Zustand, der ihn zwar nicht reizbar und hemmungslos, sondern nur höchst eigensinnig machte. Er bestand ehern darauf, von uns beiden nach seinem Geschmack und unsrem Vermögen unterhalten zu werden.
Mein Kamerad, den ich freilich nicht als solchen anerkannte, da er mir mit seiner öligen Suada mehr und mehr auf die Nerven ging, mußte ihm auf einem scheppernden Klavier Chopin vorspielen. Wie ein Kind konnte der Rittmeister nicht genug bekommen. Er wollte immer wieder die gleichen Stücke hören, die gleichen Notturnos, die gleichen Etuden und zur Krönung immer wieder die große Polonaise. Dabei schien ihn der schmalzige Vortrag des selbstgefälligen Jünglings nicht zu stören. Mir allerdings blieb Chopin, weiß Gott ein bezaubernder Musiker, auf Jahre hinaus verleidet.
Von mir wurden andre Genüsse erwartet. Ich mußte ihm Balladen vorlesen, auch immer die gleichen, wobei er am liebsten die markigen Strophen des epigonalen Börries von Münchhausen[108] hörte. Dazwischen versteifte er sich darauf, mit mir über Wallenstein, seine historische Lieblingsfigur, zu diskutieren. Mit gläsernen Augen und schwerer Zunge entwickelte er dabei abenteuerliche Theorien, von denen er sich nicht abbringen ließ. So trieb er es viele Stunden, bis er alle Flaschen geleert hatte und in seinem Sessel einnickte. Jedoch bewahrte er bis zum Schluß seine Haltung und seine, wenn

auch obstinate Ruhe. Der Mann war nicht nur hochmütig auf seine Art, er war auch zäh und romantisch und in einem gewissen Sinn sogar imponierend. Er bewies es vollends durch die Art seines Todes. Sie war so merkwürdig, daß ich von ihr berichten muß, obwohl ich mich dabei nur auf Augenzeugen berufen kann. Gleich anderen Kavallerieoffizieren, für die es im weiteren Verlauf des Krieges keine Verwendung mehr gab, war er zur kämpfenden Truppe abkommandiert worden. Ab Ende 1917 führte er ein bayerisches Infanteriebataillon. Bei der flandrischen Offensive im Frühjahr des nächsten Jahres, an der ich selber bei einer anderen Truppe teilnahm, war er mit seinen Leuten zu dem in der Kriegsgeschichte berühmt gewordenen Sturm auf den Kemmelberg angesetzt. Jeder Vorschrift zuwider hatte er seine Paradeuniform angelegt und Trommler und Trompeter um sich versammelt. Als die deutsche Feuerwalze sich auf die rückwärtigen Stellungen der Engländer konzentriert hatte und die Stoppuhr auf die für den Angriff bestimmte Minute sprang, ließ er die Trommeln schlagen und die Trompeten blasen. Dann kletterte er als erster aus dem vordersten Kampfgraben über die vorbereitete Leiter. Aufrecht und langsam ging er mit gezücktem Degen über das ansteigende freie Gelände. Von oben her fing ein einzelnes, heil gebliebenes englisches Maschinengewehr zu spucken an. Soweit ich meinen früheren Schwadronschef kannte, möchte ich nicht glauben, daß er damals verrückt war oder absichtlich den Tod suchte. Wahrscheinlich dachte er in diesem Augenblick der Bewährung nur daran, seine Würde aufrecht zu erhalten. Er kam, woran keiner, der es mit ansah, zweifeln konnte, nicht weit damit, keine zwanzig Meter. Dann sank er in die Knie und fiel nach vorn, genau mitten zwischen die Augen getroffen: wenn man so will, ein schönes Ende für einen überflüssig gewordenen Reiteroffizier.

In Bersée, zwei Jahre zurück, waren inzwischen meine Ferienwochen zu Ende gegangen. Ich erinnere mich noch, wie ich vor dem Abmarsch in die Grabenstellung meine Sachen packte. Ich erinnere mich deshalb so gut daran, weil ich dabei zu meiner lebhaften Überraschung die Entdeckung machte, wie sehr man sich in Menschen täuschen kann. Denn während ich packte, war die Wirtin in meinem Zimmer erschienen, und ich werde nie vergessen, wie sie auf einmal leise war, die sonst meist lärmende, robuste Hexe, wie sie schüchtern wurde und ein Lächeln auf ihre Lippen kam. Sie hielt einen kleinen silbernen Becher in ihrer Hand und streckte ihn mir entgegen, er sei ein Andenken an ihren verstorbenen Mann und sie habe bemerkt, daß mir ein Trinkgefäß fehle. Ich wehrte ab und gab ihr zu bedenken, daß sie das für sie gewiß sehr wertvolle Stück vielleicht nicht wiedersehen werde. Doch nun

drängte sie mir den Becher auf als ein Amulett, das mich in Gottes Namen beschützen möge.
Zehn Tage später kam ich in mein Quartier zurück.

Vorne war es die meiste Zeit wie seit Monaten einigermaßen ruhig gewesen. Aber wir Neulinge konnten uns nur schwer an die besonderen Anforderungen des Höhlendaseins in den Gräben gewöhnen und dementsprechend sahen wir aus. Mir besonders fielen die Gerüche auf die Nerven, der Gestank aus den Latrinen, vermischt mit dem ätzenden Dunst des Chlorkalks und dem süßlich penetranten des Karbols. Unsre Verpflegung war nicht die beste gewesen, unser Schlaf nicht der tiefste. In den nassen Löchern der Unterstände, wo uns die feisten Ratten über die Brust huschten, waren wir oft aufgescheucht worden von dem nervösen, nächtlichen Schießen, das wir in der ersten Zeit unmittelbar auf uns bezogen.
Aber wir hatten auch einen Gasangriff mitmachen müssen, einen der ersten des Krieges an der Westfront, wenn ich mich nicht täusche.
Deutlich erinnere ich mich an die Stimme, die sich an den Erdwänden des Unterstandes brach und mich von meiner Pritsche hochriß. „Gas!" hatte die hohle Stimme gerufen, nichts weiter. Uns war eingeschärft worden, bei diesem Alarm unverzüglich den Unterstand zu verlassen, der zur tödlichen Falle werden könnte, da das Giftgas, schwerer als Luft, die unangenehme Eigenschaft hat, sich in Erdlöcher zu verkriechen.
Nichts ist so schlimm wie der erste Schreck. So wenigstens habe ich es an mir erfahren. Vergeblich versuchte ich ruhig zu bleiben und mir die Gasmaske überzustülpen, und zwar derart, daß der Gummistoff sich faltenlos den Bügeln meiner Brille anschmiegte. Obwohl ich die dazu nötigen Griffe vorher mehrere Male eingeübt hatte, kam es mir endlos vor, bis ich damit fertig wurde und mich über die Stufen nach oben tasten konnte.
Draußen stellte ich mich auf den obersten Absatz des Kampfgrabens neben unsern Leutnant Kossack und ließ mir einen Karabiner geben. Mit einem Schlag wurde ich ganz ruhig und die ganze Zeit über blieb ich ein kühl interessierter Zuschauer des Schauspiels, das sich mir bot.
Die Giftschwaden wälzten sich über das öde, zerfurchte Niemandsland auf uns zu. Sie schillerten wie Schlangenleiber, grün, gelb, rötlich oder grau je nach dem Licht der Leuchtraketen. Wieder wie Schlangen schickten sie Zungen vor, die sich im Stacheldraht verfingen, in Mulden und Trichtern hängen blieben oder vom Wind seitwärts abgedreht wurden. Der Druck der Gasmaske genierte mich nicht länger. Durch ihre großen Glimmerfenster konnte ich mit den trockenen Gläsern meiner Brille alles deutlich erkennen.

Ich konnte mich sogar verständlich machen, und ich weiß noch gut, daß ich angesichts des sich nähernden Gases meinem Nachbarn Witze erzählte. Drüben, bei den Engländern, war es still geblieben. Nur ein paar Minen kamen schwerfällig angesegelt. Wir brauchten sie nicht zu fürchten, da man ihre Flugbahn verfolgen und ihnen nötigenfalls ausweichen konnte. Schließlich zog das Giftgas in dünner gewordenen Streifen über uns weg. Es war wohl nur ein Probeangriff gewesen. Denn der Vorstoß der feindlichen Infanterie blieb aus.

Trotzdem hatten wir Verluste, nicht erhebliche, nur ein paar Gaskranke. Sie hatten es sich selber zuzuschreiben. Einigen unsrer Leute waren in ihrer primitiven Natur die ungewohnten Gasmasken zu lästig geworden. Allen Warnungen zum Trotz hatten sie sie sich heruntergerissen und natürlich Gas geschluckt, glücklicherweise nur in schwachen Portionen.

Ich hatte bisher geglaubt, nichts sei beim Menschen stärker ausgebildet als der Selbsterhaltungstrieb. Nun wurde ich schon zum zweiten Mal während der zehn Tage meines Frontaufenthaltes belehrt, daß es andre Impulse gibt, die durchaus imstande sind, diesen Trieb zu verdrängen.

Den ersten Beweis hatte ich gleich bei unsrem Anmarsch erhalten. Er führte uns auf der letzten Strecke gute zwei Kilometer durch Laufgräben, die im Zickzack angelegt waren, um bei einem Volltreffer die Verluste möglichst niedrig zu halten. Diese Gräben waren eng und schlüpfrig, ein höchst unbequemer Weg für unsre vollbepackten Leute, die alle paar Schritte stolperten oder ausrutschten oder sich mit ihren Lasten an den scharf vorspringenden Ecken stießen. Wegen dieser Ecken war eine Aufsicht über die ganze, lang auseinandergezogene Herde unmöglich. Irgendwann und irgendwo, näheres sollten wir erst später erfahren, nahmen ein paar Chevaulegers die Gelegenheit wahr und kletterten aus dem Graben. Sie waren auf direktem Weg querfeldein nach vorne gestampft, Offenbar war es ihnen gleichgültig, daß sie ungedeckt den Garben der Maschinengewehre und dem Schrappnellfeuer ausgesetzt waren. Ihnen kam es nur darauf an, schneller und bequemer in die Kampfstellung zu kommen. Daß sie, mit einer Ausnahme, unversehrt ankamen, erschien ihnen kaum als ein Wunder.

Als wir dann in der Nacht des zehnten Tages abgelöst wurden, hatten wir uns wieder durch die Laufgräben geschleppt, diesmal ohne Zwischenfälle, wohl schon deshalb, weil unser Gepäck nicht mehr so schwer war. Wir hatten übermüdet und hungrig in einem Zug gesessen, der für ein paar Kilometer ganze Stunden brauchte. Nun waren wir wieder in unsrem Bersée angekommen, mit verdreckten, verkrusteten Mänteln und Uniformen, schwarze Stoppel in unsren fahlen Gesichtern, aber erregt und geblendet von dem unwahrschein-

lich friedlichen Licht eines frühen Morgens, freudig betroffen von dem frischen Grün der Wiesen und Bäume und dem Zwitschern der Vögel.
Unsre Rückkehr war längst im Dorf bekannt, und als ich mein Quartier, das Haus der einst so bösen Wirtin, betrat, roch es nach frischem, starkem Kaffee. Sie selber stand im Flur zur Begrüßung. Sie zog mich in mein Zimmer vor einen mit Blumen geschmückten Tisch, vor knuspriges Weißbrot, Eier und Butter, vor warmes Wasser und ausgebreitete saubere Wäsche.
Ich kann über diese Einzelheiten so ausführlich berichten, weil ich die Geschichte vor langer Zeit frisch aus dem Gedächtnis niedergeschrieben habe und noch heute besitz.
Von ihrer Aufmerksamkeit gerührt wollte ich ihr danken. Doch sie nahm die Hand nicht an, die ich ihr hinhielt. Mit einem fremden Blick schaute sie mich von oben bis unten an. Tränen standen in ihren Augen. Dann lehnte sie sich an meine Schulter, nur um besser und reichlicher weinen zu können. Sie weinte, wie jede Mutter weint, die ihren aus Gefahren heimgekehrten Sohn in solchem Zustand gesehen hätte. Ich sprach auf sie ein, bis sie sich beruhigt zu haben schien. Sie richtete sich auf, sah mich von neuem an, und wie um sich zu entschuldigen, sagte sie die Worte, die ich auch wüßte, wenn ich sie mir nicht aufgeschrieben hätte: „O mein Herr, ich kann nicht sehen, wie Männer leiden. Wir Frauen sind es doch, die zu leiden haben."
Sie sagte das natürlich auf französisch, auf eine Art, wie nur Franzosen, seien sie auch nur Bauersfrauen, zu sprechen vermögen, mit dem gewähltesten Ausdruck und natürlichem Pathos.
Jede Spur der Hexe, die sie so meisterlich hatte darstellen können, war von ihr gewichen. Sie blieb freundlich zu mir und verwöhnte mich, so gut sie konnte, bis ich Bersée verlassen mußte.

# 1916

Anfang 1916 wurde ich zu einer anderen Schwadron versetzt, der fünften, wenn ich mich recht erinnere.[109] Sie war eine Zeit lang in Tourcoing stationiert, einer halb ländlichen Stadt in der Nähe von Lille. Das Leben, das ich dort führte, war wenig verschieden von dem in Bersée. Ich konnte dort meinen letzten Beitrag für die zwölfte und leider letzte Folge der Argonauten schreiben: „Die Verleugnung des Petrus"[110]. Das Kriegserlebnis spielte mit hinein, aber nur am Rande, nur um anzudeuten, wie sehr wir alle dem Apostel glichen, der in jener furchtbaren Nacht sich die Hände an einem Feuer wärmte und Jesus verleugnete, bevor der Hahn noch krähte.

Ich hatte Zeit genug, um an meinen Sätzen zu feilen und sie so kostbar zu machen, wie es mir nötig schien.

Ähnlich wie Rittmeister Klein hatte mich der neue Chef, ein Herr von Hammerstein, weitgehend vom Dienst entbunden. Doch auch er bestand darauf, mich im Kasino zu sehen und sich von mir unterhalten zu lassen. Er war freilich ein ganz anderer Typ, aufgeschlossen, neugierig, sehr von sich eingenommen und ein durchtriebener Schürzenjäger. In einer Beziehung erinnerte er mich an meinen Französischlehrer Kiene, nur daß er nicht so lächerlich wirkte. Er war Jahre hindurch persönlicher Adjutant bei einem jüngeren Prinzen des bayerischen Hofes gewesen und das war ihm zu Kopf gestiegen. Er legte ein übertriebenes Gewicht auf feine Manieren, weniger bei sich selber als bei seinen nächsten Untergebenen. Ich gewann den Eindruck, daß er mich unter anderen Gründen deshalb so oft zum Essen einlud, um mir die Tafelsitten der vornehmen Welt beizubringen: wie man sich niederläßt, ungezwungen und doch nicht nachlässig, wie man mit eng am Körper gehaltenen Ellbogen Messer und Gabel führt und nach dem Glas greift. Es war grotesk, aber es hat sich wirklich so abgespielt, während draußen die Kanonen brüllten, und tatsächlich eröffnete mir später der Chef der Schwadron, er müsse, da ich als Reserveoffizier in Betracht gezogen werde, darauf sehen, daß ich mich auch dem Rang des Regiments entsprechend bei Tisch und in Gesellschaft zu benehmen wisse.

Ob er mich mit einer ähnlich erzieherischen Absicht in das Schloß eines reichen Franzosen einführte, möchte ich bezweifeln. Er tat es wohl nur, weil er als Snob vor mir glänzen wollte und ich ihm mit meinen französischen Sprachkenntnissen an die Hand gehen konnte. Das eine mußte man Herrn von Hammerstein lassen: während die meisten deutschen Offiziere jeden Umgang mit französischen Zivilisten mieden, was freilich auch auf Gegenseitigkeit beruhte, hatte er ihnen gegenüber nicht die leisesten nationalistischen Vorurteile.

Herr von Hammerstein hatte die Gunst des Schloßbesitzers dadurch erworben, daß er ihm einen nur selten gewährten permanenten Passierschein nach Lille verschaffte, wo seine Frau in ihrem Stadtpalais lebte. Der ältliche Franzose trug den schönen und wie für ihn geschaffenen Namen Peufailli, zu deutsch Wenigpleite. Er war das Haupt einer Familie, die vor dem Krieg zu den reichsten in Frankreich zählte. Von seiner Schloßherrlichkeit war ihm freilich wenig geblieben. Ein ganzer Divisionsstab hatte sich bei ihm einquartiert und ihm nur seinen Bibliotheksraum, eine Schlafkammer und eine kleine Küche gelassen. Er trug es mit Würde. Er war fest davon überzeugt, daß die Deutschen früher oder später den Krieg verlieren und ihm den Schaden bezahlen würden. Ein beträchtlicher Teil der reichen Kohlenzechen von Lens gehörte ihm. Wir kannten die Gegend, wir hatten sie von einem bestimmten Abschnitt unsrer vordersten Stellungen oft genug vor Augen gehabt, und als wir ihm von den Trümmern seines Besitzes erzählten, lachte er nur und meinte, auch das würden ihm die Deutschen ersetzen und außerdem, so meinte er wörtlich: „Pendant ce temps-là mes affaires roulent au Panama".

Monsieur Peufailli war eine Figur, an der die großen Schilderer der französischen Gesellschaft, Balzac etwa, aber mehr noch Marcel Proust, ihre Freude gehabt hätten.

Meine Freude hielt sich in Grenzen. Der Mann und sein Milieu waren mir zu fremd. Ich konnte nur staunen über einen Charakter, der sich so konsequent und unerschütterlich zeigte.

Er war ein frommer Katholik, ging regelmäßig zur Messe und besuchte täglich ein nahe gelegenes Kloster, um den mit ihm befreundeten Nonnen in einem Körbchen Lebensmittel zu bringen, die in der Gegend um Lille knapp zu werden begannen. Wenn wir, der Rittmeister und ich, ihn besuchten, hatte er fast immer ein Essen für uns hergerichtet. Meist konnte er uns nichts anderes als Kaninchen anbieten. Aber er verstand sie so vorzüglich zuzubereiten, daß sie wie Delikatessen schmeckten. Nach der Mahlzeit griff er hinter seine Bücher, wo er seine Flaschen versteckt hielt, immer an einer anderen Stelle, da er nicht ganz zu Unrecht den deutschen Stabsordonnanzen nicht traute. Die Flasche, die er für uns ausgesucht hatte, trug kein Etikett, sie war nur sehr verstaubt. Aus ihr goß er uns in dünne Tulpengläser eine goldgelbe Flüssigkeit, gerade so viel, daß sie den Boden bedeckte. Er bat uns, die Gläser eine Zeit lang in unsern Händen zu wärmen und dann zu riechen. Der Duft, der aus den Gläsern aufstieg, war so stark und zugleich von einer so erlesenen Blume, daß er allein schon uns in den Kopf stieg. „C'est du vrai Cognac,

Messieurs" sagte der Schloßherr feierlich zu uns, „c'est du Cognac provenant de mes vignes à Cognac".
Gelegentlich erzählte uns Monsieur Peufailli aus seinem Leben, meist von den weitverzweigten Geschäften und den Spekulationen, die er betrieb. Daß er ein fanatischer Gegner der Republik und ein Royalist war, brauchte er nicht zu betonen. Er haßte Paris, gestand er uns, und nur einmal im Jahr sei er zu seinem Vergnügen in die Hauptstadt gefahren, eigens zu dem Zweck, „pour siffler Monsieur Bernstein[111] ", verständlicher gesagt, um die damals sehr populären Stücke dieses Dramatikers bei ihren Premièren auszupfeifen, nicht weil er sie für schlecht hielt, was sie waren, sondern weil der Autor derselben verächtlichen Rasse angehörte wie der notorische Hauptmann Dreyfus[112]. Stolz zeigte uns der Schloßbesitzer den riesigen Schlüssel, den er bei diesen Gelegenheiten immer mit großem Effekt benutzt haben wollte. Ich habe ihn daraufhin nur noch selten gesehen.

Inzwischen war es Sommer geworden und abgesehen von dem regelmäßigen und nun schon gewohnten Dienst in den vorderen Gräben hatte ich ein ruhiges und ziemlich eintöniges Leben geführt, bis ich in einer Nacht des Juli aufgeschreckt wurde.
In dieser Nacht hörte ich auf meinem Weg vom Kasino zu meinem Quartier ein Geräusch, das langsam anschwoll und mächtiger wurde, obwohl es aus weiter Ferne zu kommen schien. Ich war an das Dröhnen und Rumpeln schwerer Geschütze gewöhnt, aber nie zuvor hatte ich erfahren, daß die Luft vibrierte und auch die Erde unter meinen Füßen bebte. In der Dämmerung des frühen Morgens wurde ich durch ein lautes Klopfen an meiner Tür aus dem Schlaf gerissen. Eine Ordonnanz bestellte mich zu dem Chef. Rittmeister von Hammerstein, verschlafen und schlecht gelaunt, erklärte mir, daß ich mich in einer Stunde fertig zu machen habe. Ich sollte mich mit einer Gruppe von zwanzig Chevaulegers, die dringend als Meldereiter angefordert seien, bei einem bayerischen Divisionsstab melden, in einem Schloß etwa zehn Kilometer östlich der Somme, wo offenbar eine ungewöhnlich schwere Offensive der Franzosen und Engländer im Gang sei.
Die Sonne war aufgegangen, als ich mit meinen Reitern die trübseligen Vorstädte von Lille hinter mir gelassen hatte. Bis Douai war mir die Gegend bekannt. Dann ritten wir auf einer der breiten, fast schnurgeraden und von Pappeln umsäumten Nationalstraßen auf Cambrai zu, teils im Trab, teils im Schritt, um die Pferde zu schonen, die warm zu werden begannen. Rechts und links schoben sich Wellen von grünen Wiesen und gelben Getreidefeldern in den Blick, bald auch niedrige, mit Laubbäumen bestandene Hügel. Es war

völlig still, nur unser Sattelzeug knirschte und Schwärme von Lerchen stiegen mit kaum hörbarem Trillern hoch in das Blau des Morgenhimmels. Dieser Ritt durch den Frieden einer französischen Landschaft, am Rand einer furchtbaren Schlacht, hat sich meinem Gedächtnis eingeprägt, ebenso wie der Gang durch das Kathedralenviertel von Cambrai, wo wir zu einer kurzen Rast abgesessen waren. Für ein paar Minuten hatte ich das Bewußtsein verloren, eine Uniform zu tragen und in einem gefährlichen Auftrag unterwegs zu sein. Ich fühlte mich wie ein Fremder auf Reisen, in der unbekannten Stadt, vor der schönen, halb verfallenen Kathedrale, zwischen alten, harmonisch gegliederten Häusern, in denen man sich eine Zeit lang besinnlich zu wohnen wünschte.

Bald hinter Cambrai verflogen die Träume. Geschlossene Sanitätswagen fuhren langsam an uns vorüber und dann kamen uns Trüppchen entgegen, die leicht Verwundeten, die zu Fuß gehen konnten. Manche trugen Verbände um den Kopf, andre hatten Schlingen um den Arm, allen baumelte ein länglicher, beschriebener Zettel von einem Knopf ihrer Uniform. Je näher wir unsrer Bestimmung kamen, desto länger wurden die Züge der Verwundeten. Die meisten schienen sehr vergnügt zu sein über das, was sie ihren Heimatschuß nannten. Die Zettel auf ihrer Brust gaben ihnen ein Anrecht auf ein sauberes Bett irgendwo in einem deutschen Spital, wo sie schon das Lächeln der Schwestern zu sehen glaubten, die sich über sie beugen würden.

Auch wir schienen zu ihrer Erheiterung beizutragen. Bei dem Anblick unsres so ungewohnt adrett daherkommenden Reitertrupps mußten viele grinsen. „Na, ihr Schwolax, da könnt ihr was erleben, eine schöne Scheiße!" riefen sie uns in ihren zerfetzten, besudelten Uniformen zu, mit dem Daumen in die Richtung weisend, aus der sie kamen.

Inzwischen waren wir einen Hügel hinaufgeritten, an dessen Flanke das auf meiner Karte eingezeichnete Schloß stand, wo wir uns zu melden hatten. Wir hatten es gerade zur Zeit geschafft. Der ganze Divisionsstab war im Aufbruch. Wagen wurden aufgeladen, Kisten und Aktenschränke standen umher, und nur mit Mühe fand ich einen der jüngeren Stabsoffiziere, bei dem ich meine Meldung anbringen konnte. Er sagte mir, daß sie gleich abrücken würden, näher an die bedrohte Front heran, nach dem Städtchen Nurlu. Dort sollte ich auf nähere Befehle warten. Er stellte mich dann noch dem General vor, der mir flüchtig zunickte, ohne seine Wanderung durch Zimmer und Gänge zu unterbrechen. Er schien nervös und sorgenvoll, ganz so, wie ich mir einen Feldherrn dachte, dem eine schwere Schlacht bevorsteht. Meine Überraschung war demnach nicht gering, als ich ihn vor einer offenen Kiste ausrufen hörte: „Habt ihr auch meine harten Eier nicht vergessen?"

Doch unmittelbar danach, als ich mit meinen Reitern den Hügel auf Nurlu zu hinuntertrabte, bekam ich wieder den Ernst dieses Krieges zu spüren. Der Verkehr auf der Hauptstraße und den Nebenwegen ging nur noch in einer Richtung. Wir überholten Munitionskolonnen und lang gestreckte Wagen, die unter der Last schwerer Haubitzen und Mörser ächzten. Wir ritten an Staubwolken vorbei, aufgewirbelt durch die schlurfenden Schritte langer Reihen stumm vor sich hintierender Infanteristen, die von weither gekommen sein mußten, so müde sahen sie aus.

Dann kam das Tal und ein breiter, tiefer Graben, der nach einem ausgetrockneten Flußbett aussah. Über den Graben spannte sich eine Brücke, eine leichte, von deutschen Pionieren gebaute Holzbrücke. Vor ihr stand ein breites Schild, auf dem weithin deutlich zu lesen war: „Warnung! Diese Brücke ist vom Feind eingesehen." Die Infanteristen ließen sich die Warnung gesagt sein lassen. Unter dem Befehl ihrer Offiziere waren sie ausgeschwärmt und stapften einzeln, tief vornübergebeugt den steilen Abhang hinunter. Angesichts des armen, geplagten Fußvolks war ich töricht genug, mich als stolzer Kavallerist zu fühlen. Ohne mich zu besinnen, gab ich mit meiner geballten Faust das Zeichen zum Galopp, gab meinem Rappen die Sporen und war mit meinen Reitern im Nu über der unter den Hufen unsrer Pferde dröhnenden Brücke. Ein paar Augenblicke später hörten wir aus der Ferne das trockene Geräusch von Abschüssen und schon heulte es über unsern Köpfen. Es waren Schrapnells, die mit weißen Wölkchen in einiger Entfernung hinter uns platzten. Niemand wurde getroffen, aber wir konnten die Flüche der Infanteristen hören, die sich rechts und links von uns im Graben zu Boden geworfen hatten.

Nurlu, bisher ein ruhiger Etappenort, war über Nacht zu einem Hexenkessel geworden. Soldaten aller Waffengattungen drängten sich in ungeordneten Haufen auf der lang gestreckten Hauptstraße an dem Strom der Wagenkolonnen vorbei und suchten schimpfend nach Quartieren oder Möglichkeiten einer Verpflegung.

Wir waren abgesessen und warteten auf einem mit niedrigen Platanen bestandenen Hof eines herrschaftlich wirkenden Hauses zwischen den schon bekannten Kisten und Aktenschränken. Aus den offen stehenden Fenstern des neuen, der Straße abgekehrten Stabsquartiers hörte man das Rasseln und Schnarren der eben erst installierten Feldtelefone. Ich kam mir höchst überflüssig vor, wie ich, müde und hungrig, auf einer Steinbalustrade saß, die Zügel meines braven Fortunio um den Arm geschlungen. Endlich, nach Stunden, spät am Abend, winkte mich der gleiche Stabsoffizier, der mich am Mittag in dem Schloß am Hügel willkommen geheißen hatte, an eines der

Fenster und sagte mir nur, er sei zu sehr beschäftigt, um sich um mich und meine Reiter zu kümmern, vorerst sei keine Verwendung für uns, ich solle mich in ein paar Tagen wieder bei ihm melden. Dann wurde uns ein Unteroffizier beigegeben, der uns und den Pferden für die erste Nacht eine Scheune zuwies. Die Scheune war überfüllt wie jedes andre Gebäude in dem kleinen Ort. Erst sorgten wir für unsre Pferde, dann öffneten wir ein paar Dosen Büchsenfleisch, die uns der Unteroffizier zugesteckt hatte.

Diese Nacht in Nurlu habe ich nicht vergessen. Ich lag, ohne etwas anderes als meine schweren Stiefel ausziehen zu können unter einem grobfasrigen Woilach zwischen meinen Chevaulegers so eingekeilt, daß ich mich kaum bewegen konnte. Die jungen Burschen waren sofort in Schlaf gefallen. Sie lagen starr auf dem Rücken, mit offenen Mündern, und nur ihr pfeifender Atem und ihr sägendes Schnarchen unterschieden sie von Toten. Nichts konnte sie wecken, nicht das laute Sprechen immer neuer Ankömmlinge, die auf der Suche nach einem Ruheplätzchen über sie stolperten, Streichhölzer anrissen oder mit Taschenlampen blitzten, auch nicht das Brüllen und Rumpeln der Geschütze, die nach Einbruch der Nacht ein neues Trommelfeuer eröffnet hatten.

Ich, sonst ein vorzüglicher Schläfer, konnte in dieser Nacht keine Ruhe finden, genau wie damals vor vielen Monaten nach dem Anruf aus Heidelberg auf dem Stroh in dem Stall der Kaserne. Nur mußte ich jetzt an ein anderes Heidelberg denken, an mein Haus im Neckarbogen, an die stillen Nächte unter dem Licht meiner Lampe auf meinem Schreibtisch, an die langen, die heitren und ernsten Gespräche mit meinen Freunden, und immer wieder überkam mich dabei das bittere Gefühl der Degradation, der Sinnlosigkeit dieses höllischen Krieges, aus dem es für mich kein Entkommen gab.

Am nächsten Morgen machte ich mich, ungewaschen und zerschlagen, auf die Suche nach einem besseren Quartier. Außerhalb des Städtchens fand ich zu meiner Überraschung ein leeres, einzeln stehendes Haus. Ich könnte es zeichnen, dieses Haus, so gut habe ich es in Erinnerung behalten.

Die Tür war angelehnt, und als ich über die Schwelle trat, konnte ich bemerken, daß es ganz offenbar in größter Hast von den Bewohnern geräumt worden war. In der großen Stube hinter dem Flur stand auf dem Tisch noch das Geschirr mit Speiseresten, auch noch halb geleerte Gläser. Eine schäbige Kommode und ein Schrank, der fast bis zur Decke reichte, waren aufgerissen. Kleider und Wäschestücke lagen umher. Briefe, Dokumente und Photographien waren auf dem Boden verstreut. Neben der Stube lag eine Kammer, in der ich zwei große, unbezogene Betten entdeckte.

Die Betten sahen nicht sehr appetitlich aus. Aber ohne mich in dem Haus weiter umzuschauen, zog ich Uniform und Reitstiefel aus und ließ mich auf eines der Betten sinken. Ich mußte lang geschlafen haben, denn als ich erwachte, war ich so benommen, daß ich für ein paar Augenblicke nicht wußte, wo ich mich befand. Erst das Rattern der Fenster, das stärker gewordene Rauschen der Sommefront und der schale, muffige Geruch des verlassenen Hauses brachten mich zur Wirklichkeit zurück. Ich wusch mich an der Pumpe, die ich hinter dem Haus in einem mit Unrat gefüllten Hof fand, zog mich an, ging in das Städtchen zurück und kümmerte mich um die Pferde und eine bessere Unterkunft für meine Reiter.

So lebte ich einige Tage, fast ganz mir selbst überlassen, in dem einsamen Haus am Hügel. Ein verwahrloster Hund unbestimmter Herkunft streunte kläglich jaulend in der Nähe umher. Manchmal sah ich ihn gierig in dem Unrat des Hofes wühlen. Sobald er jedoch meine Schritte hörte, rannte er in weitem Bogen davon. Ich brauchte einige Zeit, um seine Scheu zu überwinden. Ich lockte ihn mit Brotstücken, die ich ihm entgegenwarf, näher und näher zu mir heran, bis ich den ausgehungerten Köter so weit hatte, daß er mir den Brocken aus der Hand schnappte. Schließlich war er so zutraulich geworden, daß er winselnd an mir hochsprang und ich Mühe hatte, mit meinem Gesicht seiner Zunge auszuweichen.

An den langen Nachmittagen, an denen es für mich nichts zu tun gab, braute ich mir Tee, ganze Kannen davon, nach alter Heidelberger Sitte. Tee war nicht gefragt unter den deutschen Soldaten und die Köche in den Kantinen und an den Feldküchen gaben mir gegen ein paar Zigaretten gern von ihren Vorräten ab. Es war kein sehr guter Tee, aber Ansprüche konnte ich nicht stellen.

Manchmal las ich in den Briefen oder sah mir die Photographien an, die ich am Boden gefunden hatte. Die Briefe waren im konventionellsten Französisch gehalten: die üblichen Gratulationen zu Geburts- und Namenstagen, die üblichen, nichtssagenden Mitteilungen von Kindern an ihre Eltern, dazwischen Bank- und Sparkassenauszüge und ein paar Wertpapiere über kleinere Summen. Auch die meist schon vergilbten Photographien enthüllten nichts weiter als das provinzielle Dasein eines kleinbürgerlichen Paares, gesegnet mit zwei anderswo verheirateten Töchtern und einem jüngeren Sohn, der sich vor einem gemalten Säulenhintergrund in der Uniform eines Artilleristen präsentierte. Vielleicht stand dieser Junge jetzt drüben bei einer der französischen Batterien und half mit, den Boden seiner Heimat zu verwüsten.

Stärker noch als während der schlaflosen Nacht in der Scheune hatte ich hier das Gefühl, verloren zu sein. Wie kam ich, der ich Frankreich von jeher liebte, wie kam ich dazu, in ein Haus einzudringen, das noch vor wenigen Tagen einfachen Menschen alles bedeutet hatte? Wenn ich dann auch noch an den unüberlegten Ritt über die Brücke dachte, mit dem ich das Leben deutscher Soldaten gefährdet hatte, überfielen mich Schuldgefühle und eine Melancholie, gegen die auch der Tee nichts half. Nur der Hund, der zu meinen Füßen lag und nicht mehr verlassen und verwahrlost schien, konnte mich für Augenblicke trösten.

Ein paar Tage später war es soweit. Ich sollte mich mit meinen Reitern fertig machen und am nächsten Morgen einen vorgerückten Gefechtsstand beziehen. Ein Feldwebel, der nur zu froh war, nach mir das Haus am Hügel zu übernehmen, versprach mir, sich um den Hund zu kümmern.

Während der Wartezeit hatten wir nur gelegentlich unsre Pferde eine kurze Strecke aus der Scheune führen können. Sie tänzelten vor Ungeduld, als wir uns in den Sattel schwangen. Erst mußten wir im Schritt eine Anhöhe erklimmen, dann lag eine weithin überschaubare Ebene vor uns. Ich brauchte meinen Rappen nur ganz leicht mit den Schenkeln zu drücken. Er wieherte vor Freude, hob sich auf der Hinterhand, setzte zum Galopp an und fegte in rasendem Tempo, gefolgt von den andern, mit mir die Straße entlang. Die Batterien schwiegen an diesem Morgen. Die Straße war glatt und nur ab und zu zeigten sich rechts und links helle Granattrichter in den niedergetrampelten Feldern. Doch nach einigen Kilometern änderte sich das Bild. Ganze Strecken der Straße waren von frischen Einschlägen schwerer Granaten aufgerissen und wir mußten die Pferde verhalten, um an den tiefen Löchern vorüberzukommen. Dann sahen wir auch die ersten Toten, die an diesem frühen Morgen noch nicht von den Sanitätern fortgeschafft worden waren. Mein Rappe Fortunio sah oder vielmehr witterte sie zuerst, die leblosen Uniformbündel, die im Straßengraben oder weit weg in den Feldern lagen.

Ich kann deshalb so genau darüber berichten, weil ich unter den wenigen Papieren, die mir geblieben sind, ein paar teils schon zerfetzte Blätter mit Reminiszenzen an diese und auch an die Tage in Nurlu gefunden habe. Ich kann mich also selber zitieren:

„Wenn mein Rappe Fortunio von weitem einen Toten roch, begann er zu zittern und ängstlich zu schnauben und war nur mühsam vorwärts zu treiben. Lag der Tote mit seinem fahlen Gesicht dicht bei der Straße, versagte das sonst so sanfte und brave Tier überhaupt den Gehorsam. Es stieß gegen die Zügelhand, retirierte oder versuchte auszubrechen. Lagen aber seine eigenen Kameraden am Straßenrand, die schaurigen Pferdekadaver mit den steifen

*Geburtshaus Oggersheimer Straße/Bahnhofstraße 5 (1935)*   Bild 1

*Die Mutter Emma Friederike Burschell mit ihren Kindern (v. l.) Valerie, Friedrich und Richard (1900)*                     Bild 2

*Der Vater Friedrich Wilhelm Burschell* *Bild 3*

*Blick aus der elterlichen Wohnung auf den Ludwigsplatz (1910)*     *Bild 4*

Adlerapotheke und Ludwigstraße (1910)

*Der Winterhafen (1920)* Bild 6

*Sèvres-Uhr aus dem Besitz der Familie Burschell*　　　　　　　　　*Bild 7*

*Das Königliche Gymnasium in der Schulstraße (um 1900)* Bild 8

*„Monumentalbrunnen" (um 1900)* *Bild 9*

Badische Anilin und Sodafabrik, BASF (Zeppelinaufnahme 1914)

*Bild 11*

*Schillerplatz mit Nationaltheater und Jesuitenkirche in Mannheim (vor 1914)*

*Altpörtel in Speyer*  *Bild 12*

Speyer um 1900  Bild 13

*Bild 14*

*Herbert Eulenberg (1908)*

*Louise Dumont
als Lady Macbeth (1906)*

Bild 15

Schauspielhaus Düsseldorf

Bild 16

*Die Münchner Universität (um 1910)*    Bild 17

*Torggelstube am Platzl in München* Bild 18

Bild 19

Arthur Kutscher

Norbert von Hellingrath

Bild 20

Berlin: Kreuzung Unter den Linden/Friedrichstraße (1909)

*Die Berliner Friedrich Wilhelm-Universität (um 1910)* Bild 22

Oskar Loerke                                              Bild 23

*Moritz Heimann* *Bild 24*

Bild 25

Kurt Wildhagen

Café Haeberlein                                            Bild 26

*Die alte Universität in Heidelberg (um 1910)*

*Bild 28*

*Max Freiherr von Waldberg*

*Friedrich Gundolf*

*Bild 29*

*Bild 30*

*Emil Lask*

*Wilhelm Windelband*

*Bild 31*

*Das Haus Brückenstraße 1*

Bild 32

*Bild 33*

*Fritz Burschell
in Neckarsteinach*

*Burschell und
Sieburg (1913)*

*Bild 34*

Pension Führmann in München — Bild 35

Oskar Kokoschka: „Porträt Ernst Blass" (1925)

Bild 36

*Ernst Bloch in Heidelberg (1912)*

*Friedrich Burschell als Soldat*     Bild 38

*Kriegsbeginn in Ludwigshafen*

*Bild 39*

*Das 3. bayr. Chevaulegersregiment: Rast auf dem Vormarsch* Bild 40

*Gasmaskenprobe beim 3. bayr. Chevaulegersregiment*

Bild 41

*Carvin (Standort des Ballonzuges 222)* *Bild 42*

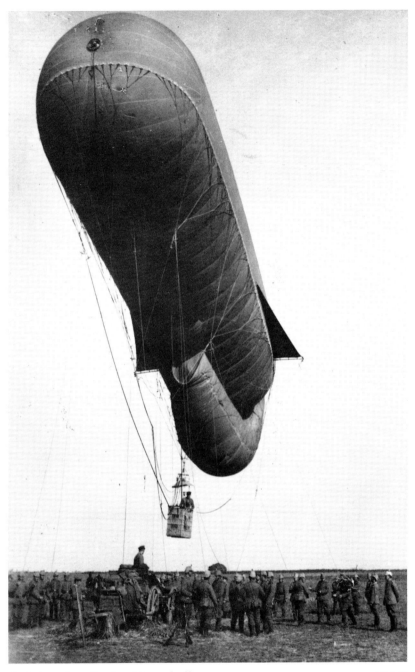

*Aufstieg eines Beobachtungsballons*                  *Bild 43*

*Die Luftschifferkaserne in München* Bild 44

Kundgebung vom 7. November 1918 auf der Theresienwiese

Bild 45

Bild 46

*Kurt Eisner*

*Max Weber*

Bild 47

Beinen und den aufgetriebenen Bäuchen, wurde Fortunio vollends so scheu, daß ich absteigen und ihn beruhigen mußte."

Das Ziel unsrer Bestimmung war nach der Karte nicht schwer zu finden: ein einsam gelegener Gutshof mit einem Wohnhaus in den angenehmen Proportionen des Empire und geräumigen Stallungen für unsre Pferde. Das Gut lag in einer von Bäumen abgeschirmten Mulde und war bis auf ein paar Schrammen unversehrt. Im Haus standen sogar noch ein paar elegante, jetzt freilich defekte Möbelstücke. Ich hatte nicht die Absicht, die Zahl der Toten an der Somme zu vermehren, und zog es vor, mit meinen Reitern einen tiefen Unterstand zu beziehen, den ich im Hof fertig für mich eingerichtet vorfand. Neben einer Matratze stand schon das Feldtelefon, mit dem ich den Divisionsstab erreichen konnte.

Mein Auftrag ging dahin, die Verbindung mit dem Stab und der kämpfenden Truppe aufrecht zu erhalten, notfalls, wenn die Drähte rissen und nicht schnell genug geflickt werden konnten, durch Meldereiter. Ferner hatte ich darauf zu achten, die Infanteriereserven und die Ablösungen möglichst unauffällig und rasch in die je nach der Lage wechselnden Kampfstellungen zu dirigieren.

Gleich am Morgen unsrer Ankunft ging ich auf Erkundung aus. Ich nahm niemand mit, ich wollte mich auf mich selbst verlassen und ich wollte allein sein.

Als ich das Wäldchen hinter mir hatte, lag das leere Schlachtfeld der Somme vor mir, wo jetzt schon, in dieser ersten Woche der Offensive, zehntausende junger Franzosen, Engländer und Deutscher verblutet waren. Die Stille, die mich umgab, war so unheimlich, daß mir Schauer über den Rücken liefen. Ich ging auf einem ausgefahrenen Weg nach vorn und merkte mir die frisch ausgehobenen mannstiefen Löcher zu beiden Seiten, in die man sich bei der ersten drohenden Gefahr eines Feuerüberfalls werfen konnte. Mein Rappe wäre mir auf diesem Weg sehr zur Last gefallen. An einer Stelle war eine ganze Munitionskolonne im Feuer der gestrigen Nacht zusammengebrochen. Die Pferde lagen, zerfetzt und verrenkt, noch in ihren Geschirren, die Fahrer waren von ihren Sitzen geschleudert und starrten mit blicklos gewordenen Augen. Von einem unkontrollierbaren Entsetzen ergriffen begann ich zu rennen, bis ich zu einem Betonklotz kam, aus dem mir die beruhigenden Stimmen lebendiger Menschen entgegentönten. Ich war auf den Befehlsstand eines bayrischen Infanterieregiments gestoßen, das der mir zugeteilten Division unterstand. Was die Offiziere mir über den augenblicklichen Frontverlauf sagten, habe ich längst vergessen. Ich entsinne mich nur noch an die

drückende Luft, die in dem Bunker herrschte, und an die Schatten, die das flackernde Kerzenlicht warf.
Gefaßter ging ich zu meinem Gutshof zurück, durchforschte noch einmal das Gelände und trug mir in meine Karte die Wege ein, die weniger im Feuer zu liegen schienen.
Wie lange ich in dem tiefen Unterstand hauste, weiß ich nicht mehr. Es können zwei bis drei Wochen gewesen sein. Die meiste Zeit lag ich auf der Matratze, das Telefon neben mir. Dort wurde ich von der an der Somme grassierenden Krankheit befallen, einer Art Ruhr, die nach Ansicht der Ärzte von dem verseuchten Wasser herrührte. Tage und Nächte lag ich, elend und von Ekel über mich selbst gepackt, in meinen spasmatisch wiederkehrenden Ausscheidungen, und dieser Gestank verbindet sich für mich noch heute mit dem Geruch der Verwesung, den der Wind von der Front her über die Stufen hinunterwehte.
Bei alledem hatte ich die Genugtuung, daß die Infanterie auf den Wegen, die ich vorgeschlagen hatte, ohne schwere Verluste durchkam. Manchmal wurden mir auch Gefangene gebracht, die meine Reiter nach hinten zu eskortieren hatten. Einer war darunter, ein blutjunger Franzose, fast noch ein Kind. Er zitterte am ganzen Körper. Ich fragte ihn, wie lange er in Uniform sei. Da brach es aus ihm unter Tränen heraus: „Voilà quinze jours, Monsieur, que je viens de Paris." Der Satz ist mir haften geblieben. Ich versuchte den Jungen damit zu trösten, daß der Krieg kaum für ihn begonnen, jetzt auch schon zu Ende sei. Doch er war so verstört, daß er kaum auf mich hörte.
Bald danach, ich war inzwischen genesen und hatte wieder saubere Wäsche an, wurden wir von einer der preußischen Gardedivisionen abgelöst. In den paar alten, aus frischer Erinnerung geschriebenen Seiten, auf die ich mich schon bezogen habe, findet sich auch eine Schilderung der Nacht, in der wir das Kampfgebiet verließen. Sie scheint mir denkwürdig genug, um sie an dieser Stelle mit ein paar Kürzungen und Retuschen wiederzugeben:
Auf einer Anhöhe hinter Nurlu ließ ich meine Leute rasten und Wasser für die Pferde holen. Ich selber hatte wie so oft in dieser Zeit das Bedürfnis, allein zu sein. Ich fand einen einsamen Platz, der einen freien Blick über die eben verlassene Gegend gewährte.
Die Schlacht lag vor mir. Der ganze Horizont war von flackernden Blitzen erhellt. Raketen gingen hoch, rot, grün und weiß, Signale für die Artillerie, immer weiter, immer mehr, immer schneller zu schießen, Sperrfeuer, Vernichtungsfeuer, so viel die verdammten Rohre hergeben. Fallschirmraketen senkten sich nieder, unheimlich langsam, und entrissen mit grellem bengalischem Licht einen Bodenstreifen dem Dunkel. Rote Stichflammen

schossen empor, da und dort explodierte ein Stapel von Munition und aus dem schwelenden Rauch zuckte Feuerwerk. Ein Grundton beherrschte alle Geräusche, ein ununterbrochenes emsiges Brodeln und Kochen. Dazu tackte und hämmerte es auf der breiten Front, von Norden bis Süden, an einigen Stellen abgerissen, an andern wütend und unermüdlich. Von weither kamen die dumpfen Schläge, von denen der Frontsoldat noch im Schlaf weiß, welchem Abschnitt sie gelten, die Abschüsse der feindlichen Artillerie. Dicht in meiner Nähe bellten die schweren deutschen Geschütze. Das Brausen in den Lüften verstummte nicht, das tobsüchtige Crescendo der Granaten, beginnend mit tiefen, vibrierenden Orgeltönen, um sich zu den schmetternden Fahrtgeräuschen eines rasenden Schnellzugs zu steigern, bis zum schrillen Diskant, zum ohrenzerreißenden Heulen und Krachen des Einschlags.

Das war die Hölle der Somme, nach dem Blutbad von Verdun die furchtbarste und sinnloseste Schlacht seit Beginn dieses Krieges.

Ich war ihr eben erst entronnen. Je länger ich von meinem erhöhten Platz auf dem Hügel herunterblickte, desto weniger wurde es mir verständlich, wie da unten noch Menschen atmen und leben konnten. Ich war sehr exaltiert, übermüdet und fiebrig in dieser Nacht. Vor wenigen Stunden, schon auf dem Rückweg, hatte ich hinter den zerschossenen Stümpfen des Waldes von Saint-Pierre-Vaast mit eigenen Augen gesehen, wie eine Granate dicht neben einem Sanitätsauto krepierte und wie die Verwundeten zum zweiten Mal getroffen wurden. Ich hatte die Panik miterlebt und das Schreien des Irrsinns mitangehört. Ich hatte einen gesehen, der aus dem Wagen sprang und blutend entfloh, mit dem verbundenen Arm den andern festhaltend, an dem ein Stummel hing, der eben noch seine Hand gewesen war. Am deutlichsten aber hatte sich mir der Mann neben dem toten, über der Lenkstange hängenden Fahrer eingeprägt. Er schien nur leicht verwundet und offenbar war ihm auch jetzt nicht viel geschehen. Doch ich kann ihn noch sehen, wie er mit dem Kopf zu nicken begann, immer auf und nieder, wie es dann auch in seinen Schultern zuckte, bis sein ganzer Körper sich schüttelte.

Tage und Nächte hatte ich in dieser Hölle gelegen. Aber erst hier oben, auf der geschützten Höhe, wo ich mich als ein Freigelassener, fast als ein Schlachtenbummler fühlen konnte, packte mich das Entsetzen und auch in meinen Gliedern begann es zu zucken.

## Ballonbeobachter und Ortskommandant

Ein knappes Jahr danach konnte ich von einer anderen Höhe aus die Front des Westens überschauen. Nur war es jetzt nicht mehr das Kampfgebiet an der Somme, sondern die Stellungen rechts und links vom Kanal von La Bassée, die ich zum Teil schon von unten, von den Gräben her, kannte. Allerdings hatte ich jetzt keinen festen Boden mehr unter den Füßen. Ich hing in der Luft, bis zu achthundert Meter hoch, mitunter auch weniger, je nachdem es die Sicht verlangte. Ich steckte in einem aus Rohr geflochtenen viereckigen Korb, der sich manchmal, wenn ein stärkerer Wind aufkam, ächzend um sich selber drehte. Der Korb war mit Drähten und anderen Vorrichtungen an einem ins Gelbbraune spielenden Ballon befestigt, einem sogenannten Fesselballon. Er ragte in Form einer unförmigen, dicken, mit Wülsten versehenen und schräg angehobenen Wurst in den Himmel.

So etwas gab es nämlich noch im ersten Weltkrieg, in den Jahren, als die noch nicht sehr zahlreichen und noch recht primitiv gebauten Flugapparate kaum in der Lage waren, den Luftraum zu beherrschen oder ausgedehnte und regelmäßige Beobachtungsflüge zu unternehmen.

Ich konnte von Glück sagen, daß ich von meiner Kavallerieschwadron zu einer Luftschifferabteilung abkommandiert worden war.[113] Von meinen Regimentskameraden, die bis spätestens 1917 an die Infanterie abgetreten wurden, sind die meisten früher oder später gefallen. Ich verdankte mein Leben, wenn ich so sagen darf, einem andern Schwadronschef. Er war mit seiner Truppe ebenfalls in der Nähe von Lille stationiert und schien bei näherem Umgang Gefallen an mir gefunden zu haben. Er war ein bayerischer Herzog, Karl Theodor mit Namen[114], wenn ich mich recht erinnere, ein Bruder der unglücklichen Königin der Belgier, die mit ihrem Mann irgendwo in der Verbannung lebte.

Dieser mit dem bayerischen Königshaus verwandte Rittmeister entsprach noch viel weniger als mein Rittmeister Klein dem Typ eines aktiven Offiziers. Er kannte und duldete in seiner näheren Umgebung keine der üblichen militärischen Konventionen. Er war völlig leger, ein großer Herr, der seinen Launen nachgeben konnte. So machte er sich, um ein Beispiel zu nennen, ein Vergnügen daraus, wenn er in ein Palais eingeladen war, mit seinem Pferd die zur Front führenden Steintreppen bis zur Halle hinaufzureiten. Er war sehr bayerisch gesinnt, er haßte die Preußen weit mehr als unsere damaligen Feinde, die Engländer und die Franzosen. Einmal hatten in seiner Gegenwart Offiziere eines preußischen Leibhusarenregiments bei uns im Kino bis spät in eine Winternacht gezecht. Bei ihrem Abschied stellte sich heraus, daß sie während der ganzen Zeit ihre Kutscher und Burschen in dem klirrenden Frost hatten warten lassen. Diese Preußen, sagte der Herzog, sonst die Gleichmut in Person, nachher wütend zu uns, seien eigentlich gar keine Menschen und eine uns Bayern unverständliche Rasse. Er selber war mit einigen bayerischen Schriftstellern befreundet, vor allem mit Ludwig Thoma, den er als Nachbar von seinem Stammsitz in Kreuth her kannte. Da die Sendungen, die er erhielt, von der Zensur nicht behelligt wurden, konnte ihm seine königliche Schwester die neuesten französischen Bücher und Zeitschriften zukommen lassen. Auf meine Bitte überließ er mir Romain Rollands „Au-dessus de la mêlée", das vor kurzem in der Schweiz erschienen war, das erste Buch des Protestes gegen den Wahnsinn des Krieges, die einsame, trostreiche Stimme eines humanen Franzosen.[115]

Dieser Mann also war es, der seinen Einfluß zu meinen Gunsten geltend machte und mich vom Schlimmsten befreite.

Denn es war gar nicht so arg da oben im Korb des Ballons, wo ich die Kriegshandlungen fast wie ein Unbeteiligter beobachten konnte. Ich bin sonst recht schwindlig und habe mich von jeher gehütet, einem steilen Abhang zu nahe zu kommen. Dort oben hatte ich jedoch kein Schwindelgefühl, was ich mir damit erkläre, daß jede Verbindung mit der Erde abgeschnitten erschien und sich unter mir in meinem frei schwebenden Zustand kein Abgrund zeigte, sondern nur ein weithin ausgebreiteter Teppich.

Nur einmal während der vielen Monate, in denen ich als Ballonbeobachter Dienst tat, kam ich in eine gefährliche Lage. An einem Vormittag hatten bei ausnehmend guter Sicht englische Jagdflugzeuge zu einem konzentrischen Angriff auf unsre Fesselballone angesetzt. Der Angriff kam hoch vom Norden, von der Kanalküste herunter. In einer wellenförmig verlaufenden Reihe und einem Abstand von ein paar Kilometern hingen die deutschen Ballone hoch in der Luft. Ich konnte sie bis auf große Entfernung sehen, einen immer kleiner hinter dem andern. Mit meinem Feldstecher schaute ich zu, wie sie einer nach dem andern unter den Schüssen der sie umkreisenden Flieger in Flammen aufgingen. Ich konnte dann auch sehen, wie sich die Fallschirme der bedrohten Beobachter, die aus ihren Körben gesprungen waren, weiß schimmernd entfalteten und langsam niedersanken unter dem Gewicht der puppenartig wirkenden Männer, die wie Pendel hin und her schwankten. Es ging alles sehr rasch. Schon ein paar Sekunden später mußte ich sehen, daß der englische Flieger, der einen gar nicht weit von mir entfernten Ballon in Brand gesteckt hatte, sich auf den niedergehenden Fallschirm stürzte und ihn aus nächster Nähe beschoß. Erst jetzt bemerkten die Mechaniker an der

Winde die uns drohende Gefahr. Sie machten sich eiligst daran, meinen Ballon einzuziehen. Doch das Flugzeug, das es auf mich abgesehen hatte, war schneller. Mein Ballon war erst knapp in halber Höhe, immer noch einige hundert Meter über dem Boden, als es mich erreichte, seine Kreise eng über dem Ballon zu ziehen und unaufhörlich zu feuern begann. Es kam dabei so dicht in meine Nähe, daß ich den Flieger in seinem offenen Sitz hinter seinem Maschinengewehr ausmachen konnte. Ich konnte sogar die große Schutzbrille sehen, die fast den ganzen oberen Teil seines Gesichtes verbarg. Er kam mir wie eine Eule vor, die mit ausgebreiteten Flügeln auf ihre Beute zustößt. Ich hatte keine Waffe in meinem Korb, ich war völlig wehrlos. Aber ich war nicht einmal erschrocken. Ich war nur wütend. Einen Augenblick lang war ich versucht, dem Mann, der es auf mein Leben abgesehen hatte, meinen Feldstecher oder sonst etwas Hartes entgegenzuschleudern. Doch dann wurde es für mich höchste Zeit, mich aus dem Korb herauszuschwingen. Ich wußte zu gut, daß er zur Todesfalle würde, wenn der Ballon über mir in Flammen aufging. Reichlich prekär balancierte ich auf dem dünnen, nachgiebigen Korbrand. Mit der einen Hand hielt ich mich an einem der straff gespannten Drahtseile fest, die den Korb mit dem Ballon verbanden. Ich hatte mich vorsorglich auf der Seite niedergelassen, wo außen der stets unter meiner Aufsicht zusammengelegte Fallschirm hing. Meine Beine baumelten in der Luft. Ich war zum Absprung bereit. Es kam nicht dazu. Sei es, daß der Flieger sein Ziel verfehlte, sei es, daß die eigens zu diesem Zweck präparierte Zündmunition versagte, die neben den üblichen Patronen in seinem Gewehrgurt steckte, mein Ballon blieb intakt und ich landete heil am Boden.
Nur hatte der zähe englische Flieger seine Verfolgung auch jetzt noch nicht aufgegeben. Er kreiste noch immer um den Ballon, auch als er schon nah an die Winde herankam. Er stieß nach, bis auf wenige Meter über der Erde und nahm auch noch unsre Bodenmannschaft unter Feuer. Ich sah rot vor Wut. Ich riß einem unsrer Leute seinen Karabiner aus der Hand und zum ersten und letzten Mal in diesem Krieg kam es so weit, daß ich auf einen Menschen schoß, in der Absicht, ihn zu töten.
Gottseidank traf ich ihn nicht und er auch keinen von uns. Sonst aber blieb ich die ganze Zeit dort oben in meinem Korb so gut wie unbehelligt. Es war nicht gerade gemütlich so hoch in der Luft, vor allem nicht in den ersten Wochen, als ich den wenig geräumigen Korb mit einem erfahrenen Beobachtungsoffizier, der mich anleiten sollte, zu teilen hatte. Doch mit der Zeit gewöhnte ich mich. Inzwischen wurde ich von meinem Kavallerieregiment, dessen Uniform ich beibehielt, zum Leutnant befördert.[116] Der höhere Rang verlangte höhere Pflichten und ich mußte von jetzt an allein

aufsteigen und sehen, wie ich mit den mir gestellten Aufgaben fertig würde. Es gelang mir nicht sonderlich. Ich war viel zu sehr mit mir selber beschäftigt und viel zu zerstreut, um die mir nicht auf den Leib geschriebene Rolle eines Beobachters vorschriftsmäßig spielen zu können.
Verloren stand ich da oben unter dem weiten Himmel in meinem Korb, um den Bauch einen breiten, eng anliegenden Gürtel, der mit festen Schnüren an dem draußen hängenden Fallschirm befestigt war. Ein großes scharfes Fernglas hing an einem Riemen vor meiner Brust, neben mir stand griffbereit ein Feldtelefon und vor meinen Augen hatte ich eine aufgespannte Karte in großem Format, auf der das ganze, unter mir ausgebreitete Gelände, die eigenen und die feindlichen Stellungen, in Planquadrate eingeteilt war.
Ich sollte, hieß es, eines der Augen unsrer Artillerie darstellen. Ich sollte ihr Feuer dirigieren helfen. Ich sollte melden, ob die Schüsse das angegebene Ziel erreichten oder wie kurz oder wie weit sie lagen. Ich sollte jede sichtbare Bewegung des Feindes angeben. Ich sollte aus dem aufgewirbelten Staub seiner Wagenkolonnen auf ihren Umfang und ihre Richtung schließen. Ich sollte auf frisch ausgehobene Gräben achten und vor allem die englischen Batteriestellungen im Auge behalten und die Abschüsse und Treffer telefonisch durchsagen.
Das alles war zu viel für mich. Ich versuchte zwar meine Pflicht zu tun, aber ich war nicht bei der Sache. Ich war nicht aufmerksam genug, ich fand mich nur mit Mühe in den Planquadraten zurecht und konnte die Punkte, auf die es ankommen sollte, nicht immer richtig lokalisieren.
Menschliche Gestalten, die englischen oder die deutschen Soldaten, konnte ich von meiner Höhe aus nicht in mein Glas bekommen. Ich sah nur die unter mir ausgebreitete Fläche des Kampfgebiets, den Wirrwarr der Gräben, die ausgebauten Stellungen der Artillerie, die Hütten, Zechen und Schlote, die niedergebrochenen Fördertürme des nordfranzösischen Kohlenreviers, kein schöner, kein erhebender Anblick. Nur manchmal fand ich einen Trost darin, daß ich hoch darüber im Blauen schwebte und daß ich zu einer bestimmten Stunde in weiter Ferne einen winzig erscheinenden Eisenbahnzug mit einer dünnen Rauchfahne hinter sich durch ein grünes, vom Krieg noch nicht berührtes Gelände kriechen sah.
Einmal hatte ich in meinem Korb ein denkwürdiges Gefühl der Exaltation. Außer gelegentlichen Patrouillenvorstößen, ein paar kleineren Gefechten und der üblichen, mehr oder minder starken Beschießung durch die Artillerie war bisher nichts besonders Aufregendes vorgefallen. Eines frühen Vormittags aber hatten die Engländer durch ein ungewöhnlich heftiges Trommelfeuer einen größeren Angriff eingeleitet. Ich konnte allerdings nur die erste Phase

des Vorstoßes von meinem Korb aus mit dem Glas verfolgen. Denn unvermutet war ein schweres Gewitter aufgezogen und mein Ballon mußte schleunigst eingeholt werden. Doch blieben mir noch ein paar Minuten, um in einem rauschartigen Zustand, einer Art Trance, erleben zu können, wie das Dröhnen der Detonationen, der ganze Lärm des infernalischen Krieges, plötzlich und gebieterisch von dem Krachen der elementaren Donnerschläge übertönt wurde.

Unsre Luftschifferabteilung, zu der mehrere Ballonzüge gehörten, war in Carvin stationiert, einer kleinen Stadt, rußig, schmutzig und bedrückend wie alle Ortschaften in dieser von Zola in seinem „Germinal" naturalistisch exakt beschriebenen Gegend. Als Quartier hatte ich neben einer Schlafkammer ein geräumiges, gar nicht schlecht möbliertes Zimmer, das ich mir mit meinen Büchern und Papieren und ein paar bunten Decken fast wie eine Studentenbude eingerichtet hatte. Ich hätte mich wohler darin fühlen können, wenn es sich nicht in dem oberen Stockwerk unsres Kasinos befunden hätte. So kam es, daß ich nicht nur Abend für Abend die Gesellschaft von einigen zwanzig Offizieren und Offiziersanwärtern über mich ergehen lassen mußte, sondern auch an den gar nicht seltenen Tagen, an denen unsre Ballone nicht aufsteigen konnten, kameradschaftlich gemeinte Besuche in meinem zentral gelegenen Zimmer. Wahrscheinlich habe ich deshalb eine so schwache Erinnerung an diese Gesellschaft, weil sie für mich recht unergiebig war. Die ewig gleichen Kasinowitze, der schal gewordene Sport eines gegenseitigen Hänselns und Neckens und vollends der Lärm, der zu vorgerückter Stunde beim Trinken und Kartenspielen ausbrach, gingen mir allmählich auf die Nerven. Nur mit unserm jungen Abteilungsarzt, einem einigermaßen kultivierten Menschen, konnte ich mich verstehen.

Dann aber kam, als hätte ich seinesgleichen gerufen, ein Mann in diesen Kreis, ein Vicefeldwebel der Reserve, etwa zehn Jahre älter als ich. Er stellte sich mir als der Münchener Maler Willi Geiger[117] vor. Ich kannte ihn natürlich dem Namen nach, ich hatte Zeichnungen, Lithographien und Buchillustrationen von ihm gesehen, die mir ungewöhnlich begabt erschienen, weil sie ohne jeden Anspruch auf Gefälligkeit mit wenigen zugleich nervösen und sicheren Strichen auskamen. Wir beide verstanden uns auf den ersten Blick, kein Wunder in einer solchen Umgebung. Ich konnte erreichen, daß er dem gleichen Ballonzug zugeteilt wurde, dem ich unterstand. Von da an waren wir fast täglich beisammen.

Besonders gut kann ich mich an die kurze Zeit erinnern, wo wir gemeinsam ein verwahrlostes Haus bewohnten, dicht am Kanal von La Bassée und ganz

in der Nähe unsres Aufstiegplatzes. Geiger hatte einen Nachen ausfindig gemacht und liebte es, mit mir auf dem traurigen Kanal, dem er Reize abgewann, die mir verborgen geblieben waren, stundenlang auf und ab zu rudern. Auch die Abende hatten wir meist für uns. Er war kein sonderlich guter Erzähler. Er verließ sich auf Andeutungen und seine scharfen Maleraugen, mit denen er viel gesehen hatte. Er war in seiner Jugend lang in Spanien gewesen. Er hatte von Greco gelernt, und um mit ihm vertrauter zu werden, einige seiner schönsten Bilder kopiert. Er hatte auch selber an Stierkämpfen teilgenommen, aus Lust am Abenteuer, aber auch zu dem Zweck, sie besser und kundiger zeichnen zu können.
Bei aller Feinfühligkeit hatte Willi Geiger den typischen Dickschädel des gebürtigen Niederbayern. Aus unerfindlichen Gründen konnte er plötzlich jähzornig und streitlustig werden, freilich nicht mir gegenüber, das kam erst viel später. Damals waren wir zu sehr aufeinander angewiesen.
Nur einmal ließ er sich in meiner Gegenwart gehen. Unser Ballonzug war für kurze Zeit in das Kampfgebiet von Arras verlegt worden, nach Hénin-Liétard. Wir, Geiger und ich, schliefen in dem feuchten Keller eines Hauses, von dem nur noch die Mauern standen. Die kleine Industriestadt hatte unter schwerem Feuer gelegen und war fast total zerstört. Eines Morgens machten wir uns auf eine Wanderung durch die Trümmer. Dabei kamen wir in eine Straße, wo noch mehrere provozierend häßliche Häuser stehen geblieben waren. Mein Freund Geiger bückte sich bei diesem Anblick, hob aus dem Schutt einen massiven Ziegelstein auf und schleuderte ihn gegen eine Fensterscheibe, die noch heil in ihrem Rahmen steckte. Er hob einen Ziegelstein nach dem andern auf und ruhte nicht eher, bis er sämtliche, ihm erreichbare Fensterscheiben eingeworfen hatte. Er zeigte dabei eine derart vehemente Aggressionslust, daß ich Mühe hatte, ihn zur Raison zu bringen. Hier sollte alles zu Grunde gehen, hier sollte nichts heil bleiben, schien er mit seinem Benehmen ausdrücken zu wollen. Ich verstand ihn gut genug, nur befremdete mich die Wut, mit der er sich so sinnlos betätigte.
Er haßte den Krieg wie ich, womöglich noch stärker. Als sichtbares Zeugnis seiner Freundschaft und zugleich seines Protestes gegen die allgemeine Zerstörung malte er für mich ein Bild. Es ist mir leider abhanden gekommen. Das Bild zeigte eine paradiesische Landschaft am Meer, eine südliche Bucht mit gelben Häusern und sattgrünen Palmen, mit roten und blauen Inseln vor einem weit geöffneten Horizont. Er war leer von Menschen, nur ein friedlicher, schön geschwungener Nachen war angedeutet.
Geiger war aufgewachsen in der farbigen, sinnlichen, formerfüllten Welt des bayrischen Katholizismus. Er war nicht gerade kirchengläubig, aber mehr als

einmal hielt er mir, dem eingefleischten Protestanten, vor, daß man als Künstler nur katholisch sein könne oder daß man sich doch zum mindesten die Verbundenheit mit einem Glauben bewahren müsse, der allein selig mache, wenn auch nur mit der Pracht seiner Riten und der Schönheit seiner Bilder und Symbole.

Die Gespräche, die ich damals mit ihm darüber und über anderes führte, regten mich später gegen Ende des Krieges an, in ein paar Urlaubswochen am Ammersee die „Briefe an einen Künstler" zu schreiben, auf die ich mich schon bezogen habe. Sie sind Willi Geiger gewidmet und halten, scheint mir, das Andenken an eine Freundschaft fest, die sich so herzlich nur unter den besonderen Umständen des gemeinsamen Kriegserlebnisses entfalten konnte.

Über eine andre, mir deutlich in Erinnerung gebliebene Erfahrung muß ich hier berichten.

Der Ortskommandant unsres permanenten Stützpunktes Carvin, ein sich bieder gebender Sachse, der gelegentlich bei uns im Kasino verkehrte, suchte nach einem Stellvertreter, da ihm ein längerer Heimatsurlaub winkte. Die Wahl fiel schließlich auf mich, offenbar deshalb, weil ich gut französisch sprach und von den verfügbaren Offizieren dienstlich am ehesten zu entbehren war.

Da die Ortskommandanten im ersten Weltkrieg auch für die Zuteilung der Quartiere zu sorgen hatten, lag es auf der Hand, daß sie für sich selber das beste in Anspruch nahmen. In den kleineren nordfranzösischen Städten hatte in der Regel der Notar des Ortes das schönste oder doch das komfortabelste Haus. Ich zog also aus meiner Bude im Kasino in das nur um eine Ecke gelegene und in der Tat prächtig eingerichtete Notariatsgebäude.

Hier war ich mein eigener Herr und sozusagen ein mächtiger Mann. Ich hatte Ruhe und Ordnung aufrecht zu erhalten, auf eine strikte Verdunkelung zu achten, rar gewordene Materialien für die in Carvin und der angegliederten Gemeinde Epinoy stationierten deutschen Truppenteile anzufordern, und auch das Wohl und Wehe der französischen Zivilbevölkerung, soweit sie noch nicht evakuiert war, lag in meiner Hand. Ich hatte die Verfügungen der mir direkt übergeordneten Divisionsstelle durchzuführen. Aber ich konnte notfalls auch selber Verfügungen erlassen und Strafen verhängen, ganz wie es mir beliebte.

Es beliebte mir nicht.

Um die laufenden Geschäfte brauchte ich mich kaum zu kümmern. Die wurden von einem kleinen, gut eingearbeiteten Stab, bestehend aus einem

verkehrte, suchte nach einem Stellvertreter, da ihm ein längerer
Heimatsurlaub winkte. Die Wahl fiel schliesslich auf mich, offenbar
deshalb, weil ich gut französisch sprach und von den verfügbaren
Offizieren dienstlich am ehesten zu entbehren war.

Da die Ortskommandante in erster Linie für die Abteilung
der Quartiere zu sorgen hatten, lag es auf der Hand, dass sie für
sich selber das beste in Anspruch nahmen. In den kleineren nordfranzösischen Städten hatte in der Regel der Notar des Ortes das
schönste oder doch das komfortabelste Haus. Ich zog also aus meiner
Bude im Kasino in das nur um eine Ecke gelegene und in der Tat
prächtige eingerichtete Notariatsgebäude.

Hier war ich mein eigener Herr und sozusagen ein mächtiger
Mann. Ich hatte Ruhe und Ordnung aufrecht zu
erhalten, auf eine strikte Verdunkelung zu achten, rar gewordenes Material für die in Carvin und der angegliederten Gemeinde
Epinoy stationierten deutschen Truppenteile anzufordern, und
auch das Wohl und Wehe der französischen Zivilbevölkerung, soweit
sie noch nicht evakuiert war, lag in meiner Hand. Ich hatte die
Verfügungen der mir direkt übergeordneten Divisionsstelle durchzuführen. Aber ich konnte notfalls auch selber Verfügungen erlassen
und Strafen verhängen, ganz wie es mir beliebte.

Es beliebte mir nicht.

Um die laufenden Geschäfte brauchte ich mich kaum zu kümmern.
Die wurden von einem kleinen, gut eingearbeiteten Stab, bestehend
aus einem Feldwebel, zwei Unteroffizieren und mehreren Schreibern,
routinemässig erledigt. In den meisten Fällen hatte ich nur meine
Unterschrift zu leisten.

Ich sass allein in dem Privatbüro des nicht mehr vorhandenen
Notars in einem bequemen schwarzen Ledersessel vor einem
gewaltigen Schreibtisch, hinter mir an der Wand in düsteren Reihen
eine ganze Bibliothek französischer Gesetzbücher, juristischer

*Eine Seite des Originaltyposkripts*

Feldwebel, zwei Unteroffizieren und mehreren Schreibern, routinemäßig erledigt. In den meisten Fällen hatte ich nur meine Unterschrift zu leisten. Ich saß allein in dem Privatbüro des nicht mehr vorhandenen Notars in einem bequemen schwarzen Ledersessel vor einem gewaltigen Schreibtisch, hinter mir an der Wand in düstern Reihen eine ganze Bibliothek französischer Gesetzbücher, juristischer Kommentare und Prozeßakten. Von dem großen Büroraum, worin die Schreiber saßen, war ich durch eine dick mit Leder gepolsterte und wattierte Tür getrennt. Ich hörte keine Stimmen von nebenan und auch nicht das Klappern der Schreibmaschinen. Ich konnte meinen Gedanken nachhängen, in den französischen Klassikern lesen, die ich in einem der oben gelegenen Wohnzimmer aufgestöbert hatte, ich kam sogar zu eigner Arbeit.

Nicht ganz mit Unrecht beneidete man mich um diesen Posten. Daß er persönliche Vorteile aller Art mit sich bringen konnte, war mir aus Beispielen bekannt. So hatte der Ortskommandant einer in der Nähe gelegenen Stadt, ein Fabrikant im Zivilberuf, sämtliche Maschinen einer intakt gebliebenen, aber von ihrem Besitzer geräumten mechanischen Spinnerei abmontieren und mit Hilfe eines von ihm bestochenen deutschen Bahnhofskommandanten in einem Güterzug nach Haus befördern lassen, ohne daß ein Hahn danach krähte.

Mich selber versuchte man nur einmal zu korrumpieren. Ein mir unbekannter Sergeant meldete sich bei mir mit der Erklärung, daß er von zuständiger Stelle mit der Sammlung französischer Goldstücke beauftragt sei und er sie hier am Ort und in der näheren Umgebung bereits mit überraschendem Erfolg durchgeführt habe. Als Beweis stellte er zwei prall gefüllte Beutel auf meinen Schreibtisch und ließ mich ihren Inhalt sehen. Er gab mir deutlich zu verstehen, daß ich mich ungeniert bedienen könne, da außer ihm kein Mensch von dem Ertrag seiner Sammlung Genaueres wisse. Warum er mich zu seinem Komplicen machen wollte, wurde mir nicht klar. Offenbar hatte er seine Gründe. Nun brauchte ich tatsächlich etwas Gold. Der Militärzahnarzt, bei dem ich gerade in Behandlung war, wollte mir zwei Goldplomben verpassen und hatte mich gebeten, ihm eine kleine Menge dieses edlen, selten gewordenen Metalls zu beschaffen. Ich nahm deshalb keinen Anstand, aus dem mir gebotenen Haufen einen einzigen, funkelnden Louisdor auszuwählen. Mein Versucher war nicht wenig verblüfft, als ich darauf bestand, ihm den genauen Gegenwert in deutscher Mark auszuzahlen. So etwas sei ihm in seiner langen Praxis noch nicht vorgekommen, meinte er, grüßte stramm militärisch und verschwand mit seinen Schätzen.

Ich vergaß zu erwähnen, daß mit meinem Amt auch die Funktion eines Feuerwehrhauptmanns verbunden war. Ich konnte also nicht überrascht sein, als man mich eines Abends zu später Stunde alarmierte. In einer Seitenstraße war ein Brand ausgebrochen, der Feuerschein war weithin sichtbar. Ich trommelte meine Schreiber zusammen und eilte mit ihnen in den Hof zu den rückwärts gelegenen Geräteschuppen. Doch die Spritze, die sich darin befinden sollte, war nicht zu finden, sie war reinweg verschwunden. Nur noch ein kleiner Wagen stand da, auf ihm eine hölzerne Trommel, von der die Reste eines zerfetzten Schlauches herunterhingen. So blieb mir nichts übrig, als meine improvisierten Feuerwehrmänner mit Eimern auszurüsten und das beste zu hoffen. Zu der Seitenstraße war es nicht weit. Dort stand im Hinterhof eines Hauses eine Scheune, es konnte auch eine Stallung sein, in Flammen. Es brannte und qualmte ganz hübsch. In der Nähe entdeckten wir eine Pumpe, die reichlich Wasser zu geben versprach. Ich bildete sogleich mit meinen Leuten eine Kette, die gefüllten Eimer gingen von Hand zu Hand, die entleerten wanderten zur Pumpe zurück und so ging es eine ganze Weile. Plötzlich wurde es dunkel, sicher nicht auf Grund unsrer dilettantischen Löschversuche. Eine lange Mauer war eingestürzt und hatte das Feuer unter sich begraben. Als die Flammen nach kurzer Zeit wieder aufzuzüngeln begannen und die Löschaktion ihren Fortgang nehmen sollte, mußte ich zu meinem lebhaften Erstaunen feststellen, daß die Eimer samt und sonders verschwunden waren, wie vom Erdboden verschluckt. Keiner meiner Gehilfen konnte mir den Vorgang erklären. Sie machten die unschuldigsten Gesichter von der Welt, die Gesichter gelernter Soldaten. In meiner Würde als Feuerwehrhauptmann gekränkt, befahl ich ihnen, neue Eimer zur Stelle zu schaffen. Sie taten es mit beflissenem Eifer, nur mit dem Erfolg, daß beim nächsten Mal, als wieder das Feuer in sich zusammengebrochen war, auch diese Gefäße vom Boden verschwanden. Danach gab ich es auf, das Feuer war sowieso am Erliegen. Aber ich war um die Erfahrung reicher, daß unsern und wohl auch allen andern Soldaten in diesem Krieg das Diebsgelüste so zur zweiten Natur geworden war, daß sie aus purem Sport, falls sich nur die zweite Gelegenheit bot, auch solche Gegenstände stibitzten, die keinen sonderlich großen Gebrauchswert hatten.
In der Zeit meiner provisorischen Amtstätigkeit hatte ich mit der französischen Zivilbevölkerung wenig zu tun gehabt. Wir standen im dritten Jahr des Krieges und die meisten deutschen Soldaten hatten in den Franzosen, mit denen sie aus diesen oder jenen Gründen zusammenkamen, längst Menschen wie ihresgleichen erkannt. Reibereien blieben natürlich nicht aus, aber im großen und ganzen hatte sich ein freundliches, ja mitunter ein herzliches

Einvernehmen zwischen den beiden unfreiwillig aufeinander angewiesenen Völkern entwickelt. Das schien auch für die Schreibstube der Ortskommandantur in Carvin zu gelten. Jedenfalls hatte ich den Eindruck, daß man dort bemüht war, sich mit den Bewohnern, denen man doch gelegentlich allerhand zumuten mußte, in Güte auseinanderzusetzen. Die selten vorgebrachten ernsthafteren Klagen und Beschwerden hörte ich mir selber an, und wenn sie mir berechtigt erschienen, ließ ich für Abhilfe sorgen. Einmal nur, gegen Ende meiner befristeten Amtszeit, trat die Forderung an mich heran, von der mir verliehenen Disziplinargewalt Gebrauch zu machen. Der Feldwebel der Kommandantur führte mir in meinem angenehm stillen Büro zwei junge französische Mädchen vor. Die Dinger müßten bestraft werden, setzte er mit grimmiger Miene auseinander, sie hätten in einem fremden Haus an einem Tanzvergnügen teilgenommen, ungebührlichen Lärm vollführt, die hell erleuchteten Fenster aufgerissen und die Sperrstunde weit überschritten. Das könne unter keinen Umständen geduldet werden, sonst reiße so etwas ein; kurz und gut, er müsse mich gehorsamst ersuchen, diesen leichtfertigen Geschöpfen eine tüchtige Lektion zu erteilen und sie für ein paar Tage hinter Schloß und Riegel setzen zu lassen. Der Ton behagte mir nicht. Zudem war ich so wenig auf die Rolle eines Richters vorbereitet, daß ich den Feldwebel anwies, mich mit den beiden Sünderinnen allein zu lassen. Etwas mußte geschehen, ich sah es ein. Schließlich hatte ich ja für Ruhe und Ordnung zu sorgen. Ich setzte deshalb nicht ohne Mühe eine Amtsmiene auf und hielt den Mädchen eine längere Standpauke, die ungefähr darauf hinauslief, daß sie sich vor mir in Acht nehmen sollten und daß ich sie unweigerlich bestrafen werde, wenn sie sich in Zukunft wieder so etwas zu Schulden kommen ließen. Aber schon während ich auf sie einsprach, begannen sie sich anzusehen und zu kichern, um mir schließlich laut ins Gesicht zu lachen. Und als ich sie einigermaßen verwundert nach dem Grund ihrer Heiterkeit fragte, vernahm ich die Worte, die ich genau behalten habe und mir bis heute tröstlich in den Ohren klingen: „A Carvin personne n' a peur de vous, Monsieur."
Sehr viel weniger tröstlich verlief ein anderer Vorfall.
Von einer Stelle bei der obersten Heeresleitung lief über die für mich zuständige Division der schriftliche Befehl bei mir ein, aus den männlichen Bewohnern von Carvin einige fünf ältere und angesehenere Bürger auszuwählen. Sie sollten als Geiseln festgenommen und in ein bei der Schweizer Grenze gelegenes Lager überführt werden. Es handle sich, hieß es in dem Zirkular, um eine Repressalie, die notwendig geworden sei, da die

französischen Behörden in ihrem Machtbereich mit der Internierung deutscher Zivilisten den Anfang gemacht hätten.
Ich mußte das glauben, ich hatte keine Möglichkeit einer Nachprüfung. Schweren Herzens ließ ich also meinen Feldwebel, den Vorsteher der Schreibstube, kommen. Er kannte sich unter den Einwohnern Carvins am besten aus. Er stellte mir auch in Kürze eine Liste der in Frage kommenden Notabeln zusammen. Er übernahm es auch, sie von der Maßnahme, die gegen sie ergriffen werden sollte, in Kenntnis zu setzen.
Am nächsten Vormittag ließen sich die Opfer bei mir melden. Ich empfing sie in meinem Büro und erlebte eine Szene, die ich zu den peinlichsten meines Lebens zähle.
Fünf oder sechs ergraute Männer, auf die genaue Zahl kann ich mich nicht mehr besinnen, stellten sich vor meinem Schreibtisch auf und klagten mich an. Ihre Haltung war imponierend. Sie zeigten keinerlei Furcht vor meinem Amt und meiner Uniform. Sie waren nur empört und ließen es mich fühlen. Einer nach dem anderen sprach. Sie schrien nicht, sie gestikulierten nicht. Auch in ihrer Entrüstung hielten sie auf die Würde ihres Alters und ihre untadligen, französischen Formen. Was sie im einzelnen vorbrachten, habe ich vergessen. Ich weiß nur noch, daß sie nicht die oberste Heeresleitung, sondern mich persönlich zur Verantwortung ziehen wollten für das ungeheuerliche Unrecht, das man ihnen antue, für alles Leid, das daraus folge, die Trennung von ihren Familien, die Not und die Entbehrungen, denen sie in dem deutschen Lager ausgesetzt seien, wo man, wie sie wüßten, auf Menschenleben keine große Rücksicht nehme. Ich selber wußte von den Zuständen, die dort herrschten, nichts. Ich stellte sie mir schlimm genug vor, obwohl ich der Gerechtigkeit halber anfügen muß, daß sie, wie ich nachträglich in Erfahrung brachte, in keiner Hinsicht an die Schrecken der Konzentrationslager aus der späteren deutschen Schandzeit herankamen. Aber das lag im weiten Feld. Damals fühlte ich mich unter der Anklage der alten Männer elend genug. Ich suchte nach Worten, die mich entschuldigen konnten. Ich richtete die Frage an sie, was wohl nach ihrer Ansicht geschehen werde, wenn ich mich weigern würde, den mir erteilten Befehl auszuführen. Ich gab ihnen selber die Antwort, von deren Richtigkeit ich überzeugt war, bei der ich mir dennoch jämmerlich feige vorkam. Ich sagte den Männern, daß ich in diesem Fall unweigerlich meines Postens enthoben und höchst wahrscheinlich bestraft werden würde. Sie könnten sicher sein, daß ein andrer Offizier an meine Stelle käme, auf den man sich verlassen dürfe. Ich könne nur eines tun, sagte ich zum Abschluß, ich könne die Herren von unsrem, mir als gewissenhaft bekannten Arzt untersuchen lassen, um die unter ihnen,

deren Gesundheitszustand zu Bedenken Anlaß gebe, frei zu bekommen. Bei zwei der ältesten gelang es mir auch. Dafür mußten freilich, die Division bestand darauf, zwei andere, rüstigere Männer an ihre Stelle treten.
Bald darauf kam der eigentliche Ortskommandant von seinem Urlaub zurück und ich überließ ihm erleichtert das prächtige Notariatsgebäude und den nicht mehr ganz so beneidenswerten Posten.

An die Zeit, die darauf folgte, kann ich mich nur dunkel erinnern. Ich tat wieder Dienst bei meinem Ballonzug, mehr schlecht als recht. Ich war mißmutig geworden. Die Szene, die ich in dem Büro der Ortskommandantur erlebt hatte, war nicht so leicht zu verwinden. Sie hatte meinen Abscheu vor dem sich sinnlos hinschleppenden Krieg derart gesteigert , daß ein Anstoß genügte, um ihn zu heller Empörung zu reizen.
An einem Herbstmorgen 1917 war unser Ballonzug zu unserm üblichen Aufstiegsplatz ausgerückt. Die Sicht war durch Frühnebel behindert und so mußten wir warten, wie oft zuvor. Ich ließ mich in unserm Aufenthaltsraum, einem kleinen abseits gelegenen Bauernhaus, dicht am Fenster auf einem Rohrstuhl nieder und las gelangweilt in der in Lille gedruckten offiziellen Soldatenzeitung. Von der Front war bisher kein Laut zu hören gewesen. Mit einmal wurde ich aufgescheucht durch die dumpfen, unverkennbaren Schläge einiger Abschüsse, die nur von den uns gegenüberliegenden englischen Batterien kommen konnten. Wenige Sekunden später rauschte und heulte es in der Luft. Ein paar hundert Meter vor mir gingen die Granaten nieder. Das Erdreich war in schwarzen Fontänen hochgeschossen, und als der Staub sich verzogen hatte, erblickte ich draußen nicht weit im Vorgelände ein paar uniformierte Gestalten, die hin und her rannten und mit den Armen fuchtelten. Ich war neugierig geworden, ging auf sie zu und erkannte in ihnen Unteroffiziere eines Arbeitsbataillons. Sie hätten Befehl, erklärten sie mir, in diesem Abschnitt das Ausheben einer seit langem geplanten Auffangstellung zu überwachen. Ich ging näher heran, vor die halb ausgehobenen Gräben. Doch statt der deutschen Arbeitssoldaten, die ich zu sehen erwartet hatte, erblickte ich französische Zivilisten. Sie hatten ihre Spaten weggeworfen und starrten bleich und erschrocken auf die frischen, nah vor ihnen aufgerissenen Trichter. Kein jüngerer Mann war unter ihnen, die jungen waren im Krieg, auf der anderen Seite. Ich sah nur betagte Männer, Männer mit Glatzen oder mit grauen und weißen Haaren. Offenbar hatte man sie aus den noch von Zivilisten bewohnten Dörfern und Städten der Etappe aufgelesen und zu dieser Arbeit getrieben. Und ganz offenbar hatte man sie auf diese Art Arbeit nicht vorbereitet. Denn sie trugen fast alle ihre besten dunklen Sonntags-

anzüge. Jetzt klebten der Lehm und der Schmutz des feuchten Bodens an ihnen, und was bei einem deutschen Frontsoldaten schon längst nicht mehr auffiel, wirkte bei diesen festtäglich gekleideten Zivilisten sowohl grotesk wie empörend.

Meine Empörung war umso größer, als ich keine Viertelstunde zuvor in der amtlichen Liller Kriegszeitung eine an das neutrale Ausland gerichtete Erklärung der deutschen obersten Heeresleitung gelesen hatte. Darin wurde die von Feindesseite ausgestreute Behauptung, französische Zivilisten würden zu Schanzarbeiten an gefährdeten Stellen nahe der Front herangezogen, mit feierlichen Worten als infame Verleumdung zurückgewiesen.

Ich hatte mir zwar schon längst ein gesundes Mißtrauen gegenüber offiziellen Nachrichten und Auslassungen angewöhnt. Aber das höchste deutsche Stellen so eklatant und zynisch schwindeln konnten und daß ich sie bei diesem Schwindel aus purem Zufall ertappte, war eine Enthüllung, die nicht ohne Folgen für mich bleiben sollte.

## Frühjahr 1918 und Urlaub vom Krieg

Von dem Winter 1917-18 weiß ich nichts zu berichten. Offenbar stockte es damals in mir und ich kaute an meinem Unmut. Auch von außen kam nicht viel an mich heran. Der Krieg zog sich, wenigstens was mich betraf, ereignislos hin.

Das änderte sich gründlich im Frühjahr 1918. Ende März kam der Marschbefehl. Vor Amiens, tiefer im Süden, war eine große deutsche Offensive im Gang. Wir wurden auf Lastkraftwagen verladen. So lebhaft mir der Ritt an die Somme in Erinnerung geblieben ist, so wenig weiß ich von dieser Fahrt. Ich weiß nur noch, daß ich mich oben auf dem Wagen häuslich eingerichtet hatte mit meinem Schreibtisch aus Carvin, einem bequemen Stuhl und einigen Büchern, ein ungewohnter und Heiterkeit erregender Anblick.

Was ich dort unten im Süden im einzelnen erlebte, habe ich vergessen. Nur einmal, soviel weiß ich noch, war ich in meinem Ballon aufgestiegen. Die deutschen Divisionen waren bis dicht vor Amiens vorgestoßen. Ich sah im Dunst des Horizonts die vagen Umrisse der Stadt mit ihren Türmen und konnte auch den Ring der Stellungen ausmachen, von denen aus der Angriff erfolgen sollte. Schweres Feuer lag auf ihnen, sonst rührte sich nichts. Während der paar Stunden, die ich gnädig isoliert hoch oben in meinem Korb saß, war es mir unmöglich zu erkennen, daß der Angriff schon abgeschlagen und die Offensive zum Stillstand gekomken war. Wir erfuhren es bald darauf, zugleich mit dem Befehl, uns zum Abmarsch bereit zu machen. Wir fuhren den Weg zurück, den wir gekommen waren, dann weiter nach Norden, in Richtung Armentières. Wir kamen nur langsam vorwärts, die Straßen waren verstopft, ein ganzer Heerzug fuhr und marschierte mit uns.

Die oberste Heeresleitung gab sich nicht geschlagen. Noch einmal versuchte sie ihr Glück, diesmal an einer anderen Stelle.

Den Namen des Ortes, wo wir schließlich unser einstweiliges Standquartier aufschlugen, habe ich vergessen. Ich weiß auch nicht mehr, wie viele Tage wir dort in Erwartung einer neuen Offensive verbrachten. Ich kann mich nur an das ständige Kommen und Gehen der Truppenverschiebungen erinnern, an das auch von der Nacht nicht unterbrochene Rattern der Munitionskolonnen und das Holpern der schweren Geschütze. Niemand schien sich um den Befehl zu kümmern, jeden unnötigen Lärm zu vermeiden und bei Nacht keine Lichter zu zeigen. Von einer nervösen Spannung war so gut wie nichts zu spüren. Ich sah zumeist nur verdrossene und abgestumpfte Gesichter.

Gar nicht abgestumpft schien mir dagegen der junge Telefonist zu sein, mit dem ich in diesen Tagen zu tun hatte. Er saß in einer improvisierten Telefonzentrale, in der es eifrig und aufgeregt schnarrte und schnurrte. Der junge Mann, der mir meine Verbindungen machen sollte, fiel mir deshalb auf, weil neben ihm immer ein dickes aufgeschlagenes Buch lag. Er schien für nichts anderes Interesse zu haben. Selbst während er an seinem Klappschrank stöpselte, falsche Verbindungen trennte, bis er die richtige fand, konnte ich bemerken, daß er die aufgeschlagene Buchseite nicht aus den Augen ließ. Es mußte ein spannendes Buch sein. Neugierig schlug ich die Titelseite auf und war nicht wenig verblüfft, als sich zeigte, daß der junge Mann mitten in den Vorbereitungen zu einer großen Schlacht Kants „Kritik der reinen Vernunft" studierte.

Am Abend des 8. April, das Datum ließ sich eruieren, wurden wir mit unserm Ballonzug weiter nach vorn beordert. Wir mußten im Freien kampieren. Ich war unter einen unsrer Wagen gekrochen und schlief auf der nackten Erde, in meinen Mantel gehüllt. Ich muß sehr gut geschlafen haben. Denn als mich in der frühen Dämmerung der Beginn des Angriffs mit dem Getöse des Trommelfeuers aufscheuchte, merkte ich erst, wo ich war, als sich mein Schädel an dem harten Untergestell des Wagens stieß. Mir dröhnte der Kopf, nicht nur von dem Höllenlärm der nahen Geschütze, auch von dem stechenden Schmerz der blutenden Schramme, die ich mir zugezogen hatte.

Stunden später erreichte uns die Nachricht, daß das erste Stadium der Offensive planmäßig verlaufen sei und wir uns mit unserm Ballon nach vorn in Marsch zu setzen hätten.

Auf unserm Weg kamen wir zunächst an den tief gestaffelten deutschen Batteriestellungen vorüber. Ein heißer Tag, heiß in mehr als einer Hinsicht, war angebrochen. Die schweren Geschütze, die Haubitzen und Langrohrgeschütze feuerten noch. Die Artilleristen, die sie bedienten, hatten Röcke und Hemden abgelegt. Mit schweißgebadeten Oberkörpern verrichteten sie ihr todbringendes Geschäft. Uns aber winkten sie freundlich zu. Sie warnten uns, wenn wir in ihre Nähe kamen, vor dem drohenden Abschuß und machten uns vor, wie man sich am besten die Ohren vor dem betäubenden Knall versiegelt.

Der Marsch war lang und ermüdend. Der prallgefüllte Ballon, von einigen unserer Leute an seinem Kabel gehalten, schwankte schwerfällig über unseren Köpfen. Je weiter wir nach vorne kamen, desto größer wurde die Stille. Nur das Brausen der schweren Granaten begleitete uns hoch in den Lüften noch eine Weile. Dann verstummte auch das.

Die erste Rast machten wir vor dem Betonklotz eines Bunkers. Ein blutbesudelter und zerfetzter Offiziersrock, der dicht vor dem Eingang lag, ist mir im Gedächtnis geblieben. Von dem Träger dieses Rockes war nichts zu sehen. Nur sein Bursche hockte auf den Stufen, betrübt über den Verlust seines Leutnants, den der Splitter einer zu kurz gegangenen deutschen Granate getroffen hatte.
Kurz darauf, als wir die deutschen Grabenstellungen überquerten, sahen wir die ersten wirklichen Toten.
Die Offensive mußte überraschend gekommen sein. Denn die deutschen waren, soweit wir sehen konnten, so gut wie unbeschädigt geblieben. Nur an einigen Stellen waren die Erdwände abgebröckelt. Auf die Reichweite der eigenen Minen war kein Verlaß. An solchen Stellen, in einem großen Schweigen, lagen die Gefallenen, nicht viele, manchmal zwei oder drei dicht nebeneinander. Sie lagen hingestreckt auf dem Rücken, mit offenen, halb schon verglasten Augen. Aber ihre Gesichter waren nicht die der wächsernen Leichen, die in den Schauhäusern der Großstädte aufgebahrt hinter Scheiben liegen. Sie trugen noch die Farben der Jugend, übertrieben sogar, mit purpurnen Flecken. Trotzdem sahen sie nicht wie Schlafende aus. Sie waren erstarrt, endgültig und sinnlos dem Leben entrissen.
Ich konnte sie nur flüchtig betrachten. Wir mußten weiter. Aber was mit dem blutigen Offiziersrock begonnen hatte, verfolgte mich für die nächsten Tage fast unausgesetzt.
Keine hundert Meter entfernt lagen die bisher feindlichen Gräben. Hier sah es allerdings anders aus. Sie waren fast überall, wohin wir kamen, eingestürzt oder eingeebnet, punktiert von zahllosen frischen Trichtern und Kratern. An diesem Abschnitt hatten zwei portugiesische Divisionen gelegen, ein Hilfskorps des ältesten Verbündeten Englands. Weit und breit kein Mensch, nicht einmal ein toter. Später wurde mir gesagt, daß die Portugiesen mit den Händen vor den Augen vor dem massierten deutschen Feuer aus ihren Stellungen geflohen waren. Die deutsche Feldartillerie hatte diesen Frontabschnitt mit einer genau auskalkulierten Mischung aus Sprengstoff- und Gasgranaten Quadratmeter für Quadratmeter belegt. Die Wirkung muß demnach gewesen sein. Viele der Portugiesen fand man nachher erblindet. In der Panik der Flucht hatten sie alles weggeworfen, was sie behindern konnte. Die Gegend war besät mit Waffen, Ausrüstungsgegenständen, Kochgeschirren und Uniformstücken. Hier und da sah es aus, als sei Schnee gefallen. Bei näherem Besehen waren es Briefe, manche in Massen über- und nebeneinander, viele verstreut und schon vom Wind verweht. Ich hob einige auf, aber ich konnte sie nicht entziffern ich konnte nur ahnen, was sie

enthielten, Grüße aus der südlichen Heimat und Segenswünsche, die nicht in Erfüllung gehen sollten.

Bald hinter den letzten portugiesischen Gräben kamen wir aus dem Schweigen heraus, das uns bisher umgeben hatte. Wir holten deutsche Wagenkolonnen ein, die vor uns aufgebrochen sein mußten. Jetzt standen sie still, Wagen dicht hinter Wagen, in mehreren Reihen; sie konnten nicht weiter. An dieser Stelle hatte das deutsche Sperrfeuer so gründliche Arbeit geleistet, daß Straßen und Wege für schwere Wagen unpassierbar geworden waren. Der Boden war nur noch ein einziger tiefer Morast. Die Fahrer waren abgestiegen und standen gelangweilt umher, Offiziere kommandierten und fluchten. Pioniere waren, soviel wir sehen konnten, erfolglos damit beschäftigt, feste Unterlagen für die Räder der vollgepackten Wagen und der Geschütze herbeizuschaffen.

Mit unsrem Ballon und der leichten Winde war es uns möglich, offenes Feld zu gewinnen und das Hindernis zu umgehen. Irgendwo weiter vorn fanden wir Anschluß an die unterbrochene Straße, eine der grossen Nationalstraßen Frankreichs. Sie dehnte sich schnurgerade vor uns und wieder umgab uns die große Stille. Für eine ganze Weile hatte ich den Eindruck, daß wir endlos so weitermarschieren könnten, ohne auf Widerstand zu stoßen. So ungewohnt war uns nach dem langen Stellungskrieg das freie Marschieren auf einer festen Straße, die kaum noch Spuren der Kämpfe aufwies, an heilen Pappeln vorbei und an sommerlich grünen Feldern, daß nicht nur mich das Gefühl überkam, mit dem ganzen Krieg sei es aus und zu Ende.

Vielleicht, schien es uns, war es doch mehr als die Anwandlung eines Gefühls. Denn nun kamen uns die gefangenen, entwaffneten Engländer entgegen, in dichten Haufen und langen Reihen, die kein Ende zu nehmen schienen, Teile einer ganzen Armee, die sich hatte ergeben müssen. Wir stellten uns am Straßenrand auf und ließen sie passieren. Sie würdigten uns keines Blicks, sie kamen mit ihren flachen Stahlhelmen und ihren erdfarbenen Uniformen aufrecht, trotzig, verschlossen daher. Der Unterschied zu unsern kriegsmüden, schlecht genährten Soldaten sprang in die Augen. Von den Strapazen und den tödlichen Gefahren, die sie hinter sich hatten, war ihnen kaum etwas anzumerken. Jedenfalls machten sie nicht den Eindruck von Geschlagenen oder Besiegten, und das Gefühl der Befreiung, der Erlösung vom Krieg, das mich noch eben beschlichen hatte, begann bei diesem Anblick zu schwinden.

Hier muß ich von einer Episode berichten, die sich mir eingeprägt hat. Während wir so standen und gafften, regte es sich hinter uns in dem Straßengraben. Ein Verwundeter rührte sich in dem hohen Gras, das ihn bisher unsern Blicken entzogen hatte. Ich beugte mich über ihn und aus den paar französischen Brocken, über die er verfügte, entnahm ich, dass er einer der portugiesischen Soldaten war, die vor dem deutschen Feuerüberfall geflohen waren. Er hatte sich mit einem Schuß in den Oberschenkel bis hierher geschleppt. Er war jämmerlich anzusehen, sehr klein und schmächtig, mit verkrusteten schwarzen Haaren. Er zitterte vor Angst und Schmerzen und mehr mit Gesten als mit Worten flehte er um Hilfe. Ich stieg aus dem Graben und ging auf einen Trupp der immer noch vorbeimarschierenden englischen Gefangenen zu. Ich zeigte ihnen ihren verwundeten Bundesgenossen und versuchte ihnen, gleichfalls mehr mit Gesten als mit Worten, klar zu machen, daß es ihre Pflicht sei, sich um den armen Kerl zu kümmern. Die Engländer sahen an mir vorbei, sie hörten gar nicht hin, sie zogen weiter, ebenso trotzig und verschlossen wie sie gekommen waren. Auch bei dem nächsten Trupp hatte ich kein Glück. Ich war mehr als verärgert über so viel Hochmut. Ich wußte damals noch nicht, daß die Engländer, die ich später besser kennen lernte, eine Niederlage nicht anerkennen und sich von Fremden, zumal wenn sie in ihnen Feinde erblicken, nichts sagen lassen.

Schließlich waren es zwei unsrer eigenen Leute, die, obwohl von dem langen Marsch ermüdet, Mitleid mit dem Portugiesen hatten, und ihn auf einer Decke den weiten Weg zurück zur nächsten Verbandsstation schleppten.

Wir andern marschierten auf der schnurgeraden, von Pappeln umsäumten Nationalstraße weiter, so lange, bis es Abend wurde. Die Gegend, durch die wir kamen, war wie ausgestorben, nichts als stille Felder und Wiesen, weit und breit kein Gehöft, nicht einmal eine Hütte. Wir hatten uns schon mit dem Gedanken abgefunden, wieder eine Nacht im Freien zubringen zu müssen, als wir abseits der Straße ein paar im Stich gelassene Wagen entdeckten, ein leeres Sanitätsauto darunter. Wir waren zum Umfallen müde und machten uns unverzüglich, ohne an Essen zu denken, mit unsern Decken ein Lager zurecht, ich in dem Sanitätsauto auf einer der mit schmutzig weißem Gummistoff überzogenen Pritschen. In dem Wagen roch es süßlich nach Gas. Offenbar waren wir in eine Gegend vorgestoßen, wo wieder Gasgranaten niedergegangen waren. Über der Erde, das wußten wir, hatte sich aber das Gas schon so weit verflüchtigt, daß es uns nichts mehr anhaben konnte. Nur vor dem verseuchten Wasser in den tiefer gelegenen Tümpeln hatte man uns gewarnt. Doch wir wollten nur schlafen.

Drei Nächte und drei Tage lagen wir dort.

Wir sollten auf Befehle warten, sie kamen nicht durch. Wir sollten Proviant fassen, er erreichte uns nicht. Woran es lag, hörten wir erst später. Ausnahmslos alle Wagen hatten sich die ganze Zeit über in dem versumpften Gelände hinter den portugiesischen Gräben festgefahren.

Drei Tage lang hatten wir nichts zu essen, nicht einen Bissen. Die Sensationen des Hungerns, die Schwächeanfälle, der blutleere Kopf, die Halluzinationen, das Knurren im Magen und in den Gedärmen, sind oft beschrieben worden, von Hamsun besonders so eindringlich, daß ich ihm nicht nachzueifern brauche.[118] Überdies scheint mir nachträglich, daß der Hunger, für sich genommen, gar nicht so schlimm war. In unserm Fall kam der Durst hinzu. Die meisten Menschen, die hungern müssen, können wenigstens zu einem Glas Wasser greifen. Wir aber hatten kein Wasser, wir fanden nur einen gasverseuchten, mit ekelhaftem Schleim überzogenen Tümpel in unserer Nähe. Die Qualen des Hungers sind in meiner Erinnerung verblaßt, die Qualen des Durstes kann ich heute noch nachfühlen. Ich weiß noch wie mir der Mund und die Zunge ausdörrten, wie der Schlund mir brannte, wenn ich schlucken wollte. Ich weiß noch, was es heißt Höllenqualen auszustehen und zu verschmachten.

Am Vormittag des vierten Tages wurden wir erlöst. Eine Feldküche war durchgekommen und hielt bei uns an. Sie konnte uns mit einigen Laiben Kommißbrot und mit Trinkwasser versorgen. In meinem ganzen Leben hat mir keine Mahlzeit so gut geschmeckt wie die ersten paar Bissen Brot und der Becher Wasser, mit dem ich sie hinunterspülen konnte.

Gleich darauf erreichte uns von rückwärts der Marschbefehl, auf den wir gewartet hatten. Auf Seitenwegen erreichten wir eine belebtere Gegend. Ich kann mich nur ungenau an sie erinnern, ich sehe nur noch den großen Bauernhof, der uns als Quartier angewiesen wurde. Wie hätte ich auch den Einzug vergessen können! Denn wir kamen in ein Schlaraffenland, so wenigstens mußte es uns nach den drei Tagen erscheinen, die wir hinter uns hatten. Zwar flogen uns keine gebratenen Tauben in den Mund, aber die merkwürdig flatternden und torkelnden Hühner, die ich im Hof erblickte, waren bereits geschlachtet. Unsere Leute hatten sie ein paar Sekunden bevor ich hinzukam, mit ihren Seitengewehren enthauptet. Sie zuckten noch ein wenig, bevor sie umfielen.

Aber ich war es, der das Schwein entdeckte. Ich hörte ein Grunzen hinter einem Verschlag, schob einen Riegel zurück und da wälzte sie sich wahrhaftig in ihrem Koben, eine lebendige, fette und rosige Sau. Da gab es nur eins, entschied ich auf der Stelle, da mußte ein Posten her mit einem geladenen, entsicherten Karabiner. Für diese Art Wache waren unsere Leute zu haben. Sie wußten noch besser als ich, daß eine so unwahrscheinliche Beute in dieser Zeit nur mit der Waffe in der Hand geschützt werden konnte.

Die Hühner und das Schwein waren nur der Anfang. Der Bauernhof war bis vor wenigen Tagen, bis die zweite Angriffswelle unserer Infanterie ihn erreichte und hinter sich ließ, tief im Hinterland gelegen. Wie aus vorgefundenen Papieren hervorging, hatten Offiziere eines englischen Regimentsstabs hier ihr Quartier aufgeschlagen. Sie hatten es offenbar ebenso überstürzt geräumt wie die Portugiesen ihre Gräben. Denn sie hatten alles liegen und stehen lassen, Stapel von Dosen und Konserven, Kisten voller Lebensmittel in einer Fülle und Qualität, wie wir sie längst nicht mehr kannten. Auch schottischer Whisky fand sich in einer aufgebrochenen Kiste.

Der Whisky war schuld, daß uns die Freude verging. Ich machte mir nichts aus ihm, er schmeckte mir zu sehr nach Rauch und zu medizinal. Umso lieber hatten ihn meine Kameraden und die Besucher aus den benachbarten Gehöften, die sich zu unsern Genüssen einluden. Sie tranken den Whisky pur aus Wassergläsern. Es war genug davon da, aber sie hatten es eilig, sich zu betrinken und zu vergessen, einer vor allen, ein nicht mehr sehr junger Leutnant. Er war einer von denen, die sinnlos vor Wut werden, wenn sie sich betrinken. Man sah ihm die Wut erst an, als er aufsprang, seinen Stuhl umwarf und torkelnd aus dem Zimmer rannte. Ein paar Stunden später wußten wir, daß er in seinem Rausch Kilometer weit gerannt war, mitten hinein in das feindliche Feuer und in seinen Tod.

Tote gab es genug in dieser Gegend, mehr als ich bisher gesehen hatte. Ich hätte von meinem Rappen Fortunio lernen sollen, einen Bogen um sie zu machen. Mit meinem Verstand konnte ich mir sagen, daß ich gleichsam etwas Widernatürliches und Verbotenes tat, wenn ich bei den Gefallenen verweilte, bei den entseelten Leibern, nur noch gut genug zum Fraß für die Würmer. Aber ich konnte nicht widerstehen. Mitten in einem Gespräch mit Kameraden konnte ich aufstehen und einen dienstlichen Vorwand erfinden. Oder ich tat als ob ich nur eben einmal spazieren gehen wolle. In Wirklichkeit ging ich wie einer, der einen verlorenen Gegenstand sucht und nur von ungefähr die Stelle kennt, wo er ihm abhanden gekommen sein könnte.

Selten brauchte ich lange zu suchen. Tote kann man nicht übersehen. Sie lagen am Wegrand, hinter Büschen, in Wiesengründen oder Ackerfurchen, weit im Gelände verstreut. Nur ein einziges Mal entdeckte ich bei meinen morbiden Streifereien Tote in Haufen. Es waren Hochländerschotten. Beim Rückzug von deutschen Maschinengewehren niedergemäht, lagen sie auf einem schmalen Wiesenpfad in langer Reihe hintereinander, unverstümmelt, noch in der Gestalt ihrer Jugend. Aber sie waren unzweifelhaft tot, die Starre ihrer Glieder zeigte es an, die offenen, schon milchig überzogenen Augen, die seltsam gespreizten Finger. Vielleicht hatten sie sich noch gegen ihren Tod

gewehrt, als sie zu Boden gegangen waren. Denn ihre bunt karierten, kurzen Schottenröcke waren hochgeschoben und entblößten die nackten Schenkel und bei einigen sogar die fahl gewordene Scham. Im Lauf des langen Krieges habe ich viel Scheußliches gesehen, aber nichts so Gespenstisches wie diese unzüchtige Apotheose eines vom Tod dirigierten Balletts.
Die Leichen lagen schon seit Tagen auf einem Schlachtfeld, das sonst keine Verwüstungen zeigte. Die Sanitäter hatten weiter vorne genug mit den Verwundeten zu tun. Aber ich war nicht der erste, der auf die Gefallenen gestoßen war. Immer waren mir andere zuvorgekommen. Ich konnte es daran erkennen, daß alle, ausnahmslos alle Toten in Strümpfen oder nackten Füßen dalagen. Da sich Tote nicht wehren können, hatte man ihnen die Stiefel heruntergezogen. Sie hatten sowieso keine Verwendung mehr für sie und Leder gehörte nicht nur im ausgepowerten Deutschland, auch an der Front zu den begehrtesten Artikeln.
Man hat gesagt, die Offensive von Armentières sei schließlich an der Gier und der Plünderungssucht der deutschen Truppen gescheitert. Was daran wahr ist, vermag ich nicht zu entscheiden. Ich kann nur berichten, was ich selber damals gesehen habe und Eindruck auf mich gemacht hat.

Der deutsche Angriff war, als wir unser Quartier in dem Bauernhof bezogen, jedenfalls noch nicht zum Stehen gekommen. Es muß ein paar Tage später gewesen sein, als wir erfuhren, daß unsre Infanterie bei der Verfolgung des Gegners in eine nicht weit von uns entfernte größere Ortschaft eingedrungen sei. Ich erhielt den Befehl, mit unsrem Ballonzug zur Beobachtung des Vorgangs auszurücken. Von meinem Korb aus konnte ich nur noch feststellen, daß die Engländer sich schon abgesetzt hatten. Ich konnte die hochgewirbelten Staubwolken der englischen Fahrzeuge erkennen, die sich von dem Ort in Richtung Westen entfernten. Zur gleichen Zeit beobachtete ich auf allen Wegen, die von den deutschen Linien her konzentrisch auf die Ortschaft führten, einen ungewöhnlich starken Verkehr. Von oben her sah es aus, als habe sich eine Armee von Wagen in Bewegung gesetzt, um so rasch wie möglich den Ort zu erreichen. Sie ließen sich auch nicht durch das Feuer der weiter zurückliegenden englischen Batterien aufhalten, die noch eine Zeit lang den Ortsrand und die Zufahrtsstraßen beschossen.
Der Vorfall war mir unverständlich. Er klärte sich erst auf, als ich gegen Abend in unser Quartier zurückkam. Ich fand unsre Leute damit beschäftigt, Pakete und Kisten für ihre Angehörigen in der Heimat zurechtzumachen. Sie waren sehr aufgeregt und wußten allerhand zu berichten. So etwas hatten sie noch nicht erlebt, die Plünderung einer noch mit Friedensgütern gesegneten

Kleinstadt. Natürlich hatten auch sie sich daran beteiligt. Die im Hof ausgebreiteten Beutestücke waren nicht zu übersehen, Stoffe, Bettwäsche, Kleider, Decken und seltsamerweise ganze Kisten voll Seifenpulver. An das Seifenpulver kann ich mich ebenso gut erinnern wie an den mit Belustigung gemischten Widerwillen, den ich bei diesem Anblick empfand. Ich konnte ihn freilich nicht offen zeigen, unsre Soldaten hätten mich für verrückt gehalten. Ich konnte nur dankend ablehnen, als sie mir einen Anteil an der Beute anboten.

Übrigens bedauerten sie, nicht besonders gut abgeschnitten zu haben. Andre seien geschickter und flinker gewesen und hätten größere Wagen zur Verfügung gehabt. Die Geschichten, die sie mir erzählten, hielt ich zuerst für Aufschneidereien. Seit jeher flunkern Soldaten gern. Daß man zum Beispiel in den Kellern der Häuser die Fässer eingehauen hätte, nur um rascher an den Wein zu kommen, wollte ich nicht glauben, bis mir von andern Augenzeugen versichert wurde, daß in einigen Kellern der Rotwein bis zu den Knöcheln stand. Heuschreckenschwärme, sagte man mir nachträglich, hätten nicht ärger hausen können als die von nah und fern herbeigeeilten Scharen wild gewordener Marodeure. Jedes Haus sei von oben bis unten abgegrast worden und so hastig und gierig sei es dabei zugegangen, daß man sich oft nicht die Mühe genommen habe, schwerere Gegenstände über die Treppen hinunter zu schleppen. Kurzerhand habe man die Fenster eingeschlagen und Schränke, Truhen und Kästen von oben herab in den Straßendreck gekippt. Dabei habe man sich noch untereinander beraubt. Die tollste Geschichte hörte ich von einem Pionieroffizier. Leute seiner Abteilung hätten ihren Wagen schon voll gehabt, als man sie in einen Keller lockte, wo noch Champagner zu finden sei. Als die Pioniere mit den Flaschen im Arm wieder oben erschienen, war von ihrem schönen Wagen keine Spur mehr zu sehen. Von den Folgen dieser Plünderungsaktion konnte ich mich in den nächsten paar Tagen mit eigenen Augen überzeugen. In unserm Abschnitt schien eine Art Fasching ausgebrochen zu sein. Horden betrunkener Soldaten begegneten mir auf meinen Gängen. Manche waren als Frauen verkleidet. Sie trugen über ihren Uniformen seidene Roben in schreienden Farben und statt des Stahlhelmes schief auf dem Kopf die riesigen Damenhüte der damaligen Mode. Andre trugen Zylinder und Frack. Sie gröhlten und johlten mit obszönen Gebärden und winkten mit Flaschen in der Hand den Vorübergehenden zu. Kein Offizier wagte es, sie zur Rede zu stellen. Auf Disziplin zu bestehen, war in diesem Stadium des Kriegs nicht ganz ungefährlich. In unsrer Nähe sahen sich Artillerieoffiziere gezwungen, selber die Geschütze zu bedienen, nicht weil

ihre Leute offen rebellierten, sondern weil sie zu besoffen waren, um eine Hand zu rühren.
Übrigens hatten sich auch Offiziere an der Plünderung beteiligt, freilich, so viel ich sehen konnte, in einem bescheidenen Ausmaß. Da waren die vier Stabsoffiziere, die nichts weiter erbeutet hatten als eine Zimmerpalme. Sie fuhren in einem offenen Auto langsam und deshalb deutlich sichtbar auf einem holprigen Weg in der Nähe unseres Quartiers an mir vorüber. Eingeklemmt zwischen ihren Beinen ragte ein hölzerner Ständer empor und auf ihm in einem Kübel die hochaufgeschossene Pflanze. Sie schwankte und neigte sich bedenklich, wenn das Auto schlingernd in ein Loch fuhr. Der Anblick ist mir unvergeßlich geblieben, vor allem wegen der besorgten Mienen der vier Offiziere, die mit ausgestreckten Armen ihren Schatz festzuhalten versuchten.
Lange konnten sie sich nicht an ihm freuen. Denn wenige Tage danach war die Offensive zusammengebrochen. Es ging zurück, auf dem gleichen Weg, den wir gekommen waren, diesmal unter dem Störfeuer der neuformierten englischen Batterien.

Ich sehe mich erst wieder in einem städtischen Quartier ziemlich weit hinter unserer Ausgangsstellung. Die Lücke in meinem Gedächtnis führe ich auf den umwerfenden Inhalt des Schreibens zurück, das mir dort übergeben wurde. Es kam von der obersten Heeresleitung und war über mehrere Dienststellen gelaufen, bevor es mich erreichte. Ich mußte es zweimal lesen, bevor ich begriff, daß ich auf Grund eines Gesuches einstweilen vom Frontdienst befreit sei und mich bereit zu machen habe, einen in der belgischen Etappe stationierten Ballonzug zu übernehmen. Eine Abschrift des Gesuches lag bei. Leider besitze ich sie nicht mehr. Die Eingabe war unterzeichnet von Gerhart Hauptmann und Richard Dehmel[119]. An den Wortlaut kann ich mich nicht erinnern. Nur so viel weiß ich, daß darin Klage geführt wurde über die erschreckend hohen Blutopfer an jungen Talenten, die der Krieg gefordert habe. Nach dieser Einleitung wurde unter andern mein Name genannt als der eines jungen Deutschen, der lange genug im Feld gestanden habe und eine Ablösung verdiene.
Ein Wunder war geschehen. Daß die höchste Generalität sich herablassen konnte, den Stimmen zweier offiziell nicht sehr geschätzter Dichter Gehör zu schenken, schien mir zunächst unfaßbar. Aber vielleicht, überlegte ich mir später, war es gar nicht so wunderbar zugegangen. Vielleicht, ja wahrscheinlich war in dem Büro, das über derartige Gesuche zu entscheiden hatte, ein musisch angehauchter General oder Oberst gesessen, der sich geschmeichelt

gefühlt hatte, zwei berühmten Männern einen Gefallen zu tun, der ihn nichts kostete.

Für mich jedenfalls blieb es ein Wunder. Niemand hatte mich vorbereitet. Ich kannte weder Dehmel noch Hauptmann persönlich und es wäre mir nicht im Traum eingefallen, mich in einer solchen Sache an sie zu wenden. Möglicherweise hatte dabei mein Freund Geiger seine Hand im Spiel gehabt. Wenn ich mich recht erinnere, stand er Dehmel nahe. Aber ich konnte Geiger nicht danach fragen. Er war zu dieser Zeit nicht mehr bei uns. Dagegen hörte ich später, wie es zur Unterschrift Hauptmanns gekommen war. Ich hatte vor einiger Zeit, während der ersten ruhigen Wochen in Bersée, einen Essay über einen schlesischen Roman, den Narren in Christo Emanuel Quint, für die „Neue Rundschau" geschrieben.[120] Hauptmann war, erzählte man mir, von meiner Arbeit sehr angetan und wollte mir mit seiner Unterschrift seinen Dank ausdrücken.

Selten in meinem Leben hatte ich eine größere Freude, ein so exaltiertes Gefühl der Befreiung empfunden. In dem Zimmer, in dem ich die Nachricht erhielt, stand ein altes Grammophon, ein Ungetüm von einem Apparat mit einem riesigen Trichter. Auch ein paar Platten waren zur Hand, darunter eine Aufnahme der Marseillaise. Ich ließ sie wieder und wieder spielen. Ich stellte den Apparat an das offene Fenster, um auch die Straße an meinem Jubel teilnehmen zu lassen.

Meine Freunde hielten mich für übergeschnappt und ich war auch wirklich außer mir. Ich weiß noch gut, wie ich sie in der Nacht, als wir schon auf unseren Matratzen lagen, lange nicht schlafen ließ, so viel hatte ich ihnen zum Abschied zu sagen.

Ein paar Tage darauf war ich an meinem Bestimmungsort in der belgischen Etappe, nahe der französischen Grenze, die keine Grenze mehr war. Vor über drei Jahren war der Krieg über diese Gegend hinweggegangen, ohne Spuren zu hinterlassen.

Der Ballonzug, den ich von dem stellvertretenden Feldwebel, einem tüchtigen und vertrauenerweckenden Mann, übernahm, war in weit auseinandergezogenen niedrigen Bauernhäusern einquartiert. Ich selber hatte zwei Zimmer allein für mich. Zur Gesellschaft hatte ich meine Bücher, die sich allmählich zu einer kleinen Bibliothek angesammelt hatten.

Die meiste Zeit lebte ich dort glücklich und abgeschieden. Ich fand keine Toten mehr hinter den blühenden Hecken, den vielen, dicht wuchernden Hecken, die überall Wege, Wiesen und Felder einsäumten. Von meinen Fenstern aus sah ich über den Hecken das stille, weite wallonische Land bis

zu den undeutlichen Türmen von Tournai, der alten Residenz der Merowinger, der gleichen Stadt, aus der meine väterlichen Ahnen herstammen sollten.
Mein Dienst nahm mich wenig in Anspruch. Man hatte mir gesagt, daß er in der Hauptsache darin bestehen werde, abkommandierte Offiziersanwärter am Ballon auszubilden. Aber keiner kam. Man schien zu so später Stunde dringendere Dinge im Kopf zu haben. Mir konnte es recht sein. Nur gelegentlich wurde ich durch Offiziere eines in der Nähe gelegenen Korpsstabs gestört. Sie taten sehr neugierig und wollten es ganz genau wissen, wie so ein Ballon funktioniere. In diesen Fällen konnte ich mich auf meinen Feldwebel verlassen. Ich verstand rein nichts von der Technik unsres Betriebs. Dafür konnte ich den Herrn den Gefallen tun, sie im Korb zu einem kurzen Aufstieg mitzunehmen und ihnen die Gegend, die sie von unten kannten, von oben zu zeigen.
Etwas muß ich noch erwähnen. Ich war bisher immer nur der zweite oder dritte Offizier einer Truppe gewesen. Jetzt sah ich mich in die Lage versetzt, selbständig das Kommando zu führen. Es war mir deshalb unbehaglich zumut, als ich zum ersten Mal vor der versammelten Mannschaft stand und die argwöhnischen Blicke spürte, mit denen ich Neuling gemustert wurde. Die Blicke wurden freundlicher, als ich mich vorgestellt und von meiner Absicht gesprochen hatte, mich aus der Mannschaftsküche versorgen zu lassen und auf jede Extrawurst zu verzichten. Damit hatte ich, wie sich bald zeigte, das Vertrauen der Leute gewonnen, und wenn ich es nicht schon früher gewußt hätte, konnte ich jetzt erfahren, wie empfindlich sie gleich der Mehrzahl unserer Soldaten im Punkt der Verpflegung waren. Wenn sie zu mir kamen und mit mir über ihre Sorgen sprachen, stand das Essen fast immer in erster Reihe. In ihren Augen waren die Köche Gauner und nur darauf aus, die besten Bissen für sich zu behalten. Nach ihrer Meinung war an der schlechten Stimmung im deutschen Heer nicht so sehr der lange unselige Krieg schuld als der aufreizende Unterschied zwischen dem separaten Essen in den Offizierskasinos und dem Fraß, den man ihnen vorsetzte. Ein besonders Erboster sagte mir, er würde sich nicht wundern, wenn daraus eine Revolution entstünde. Das kam mir damals übertrieben vor, aber mit den Durchstechereien der Köche hatte es seine Richtigkeit. Ich ließ den unsern auf die Finger sehen, besonders wenn sie Fleisch auszuteilen hatten. Die Feindschaft, die mir das bei ihnen eintrug, konnte ich verschmerzen.
Sonst ereignete sich kaum etwas in diesen Wochen. Die Tage gingen dahin und ich weiß nur noch, daß die Ruhe, in der ich lebte, mir allmählich unheimlich wurde. Niemand kümmerte sich um mich, keine vorgesetzte

Stelle ließ von sich hören. Mein Ballonzug schien vergessen. Doch man würde sich schon noch auf mich besinnen, ich machte mir keine Illusionen. An den Fronten sah es bedrohlich aus, in absehbarer Zeit würde man alle verfügbaren Kräfte brauchen. Mich jedoch, gelobte ich mir, sollte man nicht mehr brauchen. Es war so weit ganz schön mit meiner Versetzung in die stille Etappe. Aber sie war nicht endgültig, ich hatte es schwarz auf weiß, sie konnte jederzeit widerrufen werden.

Ein Urlaub war fällig, überlegte ich mir, ich war lange nicht mehr in der Heimat gewesen. Ein Gesuch war nicht nötig, ich hätte es schon an mich selber richten müssen. Denn ich kommandierte einen selbständigen Truppenteil und hatte Vollmacht, ganz nach Belieben Urlaub zu erteilen. Ich hatte schon manchen meiner Leute diese Freude gemacht. Warum sollte ich sie mir versagen?

So setzte ich mich eines Tages hin und füllte, ohne zu Erröten, einen Urlaubsschein aus, für drei Wochen gültig und auf den Leutnant Burschell lautend, gestempelt und unterschrieben von dem Leutnant Burschell.

Den größten Teil meines Urlaubs verbrachte ich wie früher nach Lust und Laune. Ich fuhr nach Frankfurt, nach Berlin und nach München, ich sprach mich mit alten Freunden und Bekannten aus, ich sah auch das schöne, heitere Mädchen, das mir gestattet hatte, sie aus der Ferne zu lieben.[121]

Aber ich war zu spät gekommen. Abwesende haben meistens unrecht. Als ich in ihrem Pensionszimmer auf sie warten sollte, lag auf ihrem Schreibtisch offen ein Blatt Papier und darauf war ein Herz gezeichnet, aus dem Flammen schlugen, dicht über den Initialen eines Nebenbuhlers, der es verstanden hatte, in der Nähe zu bleiben.

Sonst, fand ich, hatte sich wenig geändert. Nur das Essen war schlechter und knapper geworden. Man trank Malzkaffee und statt Tee einen Aufguß aus getrockneten Apfelschalen, man süßte mit Sacharintabletten, soweit man nicht seine Quellen hatte. Jeder, den ich sprach, sehnte das Ende des Krieges herbei, die wenigsten dachten an eine Katastrophe. Der Krieg war fern und etwas unwirklich. Die Städte waren unberührt, die Wohnungen noch ganz die alten.

Über zwei Wochen hindurch hatte ich mich treiben lassen und kaum an meinen Entschluß gedacht. Gegen Ende der dritten Woche fuhr ich zu meinen Eltern nach Ludwigshafen.

Plötzlich hatte ich es eilig. Ich ging über die Brücke nach Mannheim und suchte den Doktor Mann auf, einen Neurologen, den ich privat von früher her kannte und der sich für meine Arbeiten interessierte. Er gab mir den Rat, mich krank zu melden. Ich sei nicht krank, erklärte ich ihm. Darüber zu befinden, solle ich ruhig ihm überlassen, meinte der wohlwollende Arzt. Er sehe mir an, daß ich mit den Nerven herunter sei, kein Wunder nach drei Jahren draußen; ich müsse freilich den Dienstweg beschreiten und bei seinem Vorgesetzten, einem Oberstabsarzt, einen Antrag auf Untersuchung meines Nervenzustandes stellen, der werde mich dann an ihn verweisen.

Bei diesem Oberstabsarzt kam ich aber gar nicht gut an. Er war ein Jude, einer der im ersten Weltkrieg nicht seltenen Juden, die es besonders, ja übertrieben genau mit der Erfüllung ihrer militärischen Pflichten nahmen. Das könne mir so passen, sagte er streng und böse, mich kurz vor Ablauf meines Urlaubs in einer deutschen Garnisonsstadt krank zu melden, ich solle das gefälligst bei dem Truppenteil tun, zu dem ich gehöre. Der Weg zu dem freundlichen Doktor Mann war verlegt, die Tür ins Freie, die ich schon offen gesehen hatte, mir vor der Nase zugeschlagen. Ich weiß noch, wie ich zu meiner Mütze griff und unverrichteter Sache abziehen wollte. Statt dessen warf ich die Mütze von mir und begann auf einmal zu schreien. Zu meiner eigenen Überraschung packte mich eine solche Wut, daß ich wirklich und ernsthaft die Nerven verlor und immer lauter tobend auf einer sofortigen Untersuchung bestand. Der Oberstabsarzt hatte unter meinen Ausbrüchen zuerst nur ironisch gelächelt. Dann, als ich nicht nachließ, zuckte er die Achseln. Er kapitulierte, schrieb einen Schein aus und schob ihn mir zu.

Der Weg zu Doktor Mann war frei. „Jetzt ruhen Sie sich erst mal ein bißchen aus und stecken Sie sich eine Zigarre an", sagte er so ungefähr, nachdem ich ihm, noch etwas erschöpft, aber bedeutend erleichtert, von meinem Rencontre berichtet hatte.

Es wurde danach sehr gemütlich bei meinem Beschützer. Von einer Untersuchung war keine Rede, dagegen ausführlich von einer Verlängerung meines Urlaubs, einem richtigen, gründlichen Erholungsurlaub ohne Reisen von Stadt zu Stadt. Er kenne da ein empfehlenswertes Hotel am Ammersee in der Nähe von Utting, das sei das richtige für mich. Doch das war nicht alles, was mir mein Gönner zu sagen hatte. Das Beste kam nach. Ich solle mir auch für die weitere Zukunft keine Sorgen machen. Nach dem Eindruck, den ich auf ihn mache, sei er zu der Überzeugung gekommen, daß ich von nun an nur noch garnisonsdienstverwendungsfähig sei.

G.v. lautete die magische Formel auf dem offiziellen Attest, das er mir zum Abschied überreichte.

Ein paar Tage später, ich wußte nicht, wie mir geschah, saß ich in dem Uferhotel am Ammersee. Der Doktor Mann hatte nicht übertrieben, es war still und einsam gelegen und behaglich eingerichtet. Der Besitzer hatte seine Verbindungen mit den Bauernhöfen im Hinterland und konnte mit unverhofften Genüssen aufwarten. Den Tee, echten schwarzen Tee, hatte ich mir vorsorglich mitgebracht. Von meinen Fenstern aus konnte ich die weite Fläche des Sees und die im Dunst des Sommers verschwimmende Alpenkette überblicken. Morgens weckte mich das Zwitschern der Vögel, und wenn ich auf der offenen Terrasse gefrühstückt hatte, setzte ich mich an den Schreibtisch in meinem Zimmer. Ich brauchte nicht viel nachzudenken, fast wie von selber formten sich die Sätze und reihten sich aneinander. Was ich damals in den paar Wochen am Ammersee geschrieben habe, besitze ich noch. Es klingt, wenn ich es heute wieder lese, recht überschwenglich. Aber es bringt mir die Stimmung zurück, in der ich damals lebte, fast wunschlos glücklich, befreit wie noch nie.

Das Wasser des Ammersees war damals noch klar. Ich badete täglich mehrere Male, ich schwamm weit hinaus, ich ließ mich lang auf dem Rücken treiben und am liebsten tauchte ich unter, um mich überall an Kopf und Gliedern frisch und sauber und rein zu fühlen. Ich hatte viel abzuwaschen und tat es gründlich.

Nach dem Schwimmen ließ ich mich auf den Brettern neben dem Bootshaus in der Sonne bräunen. Manchmal hatte ich Gesellschaft. Das schöne Mädchen, das mich so schmerzlich enttäuscht hatte, besuchte mich von München aus und sonnte sich neben mir am Strand. Es sah so aus, als ob sie mir wieder gestatten wolle, sie zu lieben. Das genügte mir schon. Ich war zu glücklich mit mir selber.

Einen ganzen Monat verbrachte ich so. Dann mußte ich wieder die Uniform anziehen, die während der ganzen Zeit fast vergessen im Schrank gehangen hatte.

Meine Garnisonsstadt war München.

In der Luftschifferkaserne, dicht am Rand des Oberwiesenfelds gelegen, wo ich mich zu weiterer Verwendung zu melden hatte, wurde ich nicht gerade freundlich empfangen.

Ich fand da als Chef einen Hauptmann vor, einen Oberleutnant als Adjutanten und ein paar jüngere Offiziere, an die ich mich kaum noch erinnern kann. Alle hatten von Kriegsbeginn an in dieser Kaserne gesessen. Wie sie das fertig gebracht hatten, blieb mir ein Rätsel. Jedenfalls sahen sie mich nicht

gern. Sie wichen mir aus, sie betrachteten mich als ein störendes Element, einen Eindringling in ihren fest geschlossenen Kreis.
Ich wurde in eine abseits gelegene Schreibstube verbannt. Dort sollte ich Tabellen und Listen führen, was für Listen, weiß ich nicht mehr. Ich sehe nur noch die langen Reihen der Zahlen, die ich nachzuprüfen und zu addieren hatte, ein Geschäft, für das ich nicht gemacht war. Ich hielt es auch nicht lange aus. Eines Morgens, als draußen die Sonne schien und ich an den Ammersee denken mußte, konnte ich mich nicht mehr beherrschen. Ich hätte mir sagen können, daß es schlimmeres gab, als Listen zu führen. Aber plötzlich warf ich den Bleistift hin und schlug die Tür der Schreibstube hinter mir zu. Ich stürmte zu dem Adjutanten und erklärte ihm, daß mich keine zehn Gäule an den Tisch mit den Listen zurückbringen würden. Meine Erregung muß auf den Oberleutnant ähnlich gewirkt haben wie auf den Mannheimer Oberstabsarzt. Denn er zuckte die Achseln und wollte meinen Fall dem Chef unterbreiten. Nach einer Weile kam der Bescheid, daß man mich von dem Bürodienst, für den ich mich offenbar nicht eigne, ausnahmsweise dispensieren wolle, mein unvorschriftsmäßiges Benehmen werde aber zur Kenntnis genommen.
Vom nächsten Tag an wurde ich im Außendienst verwendet. Das heißt, ich mußte jeden Morgen, wenn nicht zu schlechtes Wetter war, mit zwei Unteroffizieren und einigen zwanzig unlustigen Soldaten auf das Oberwiesenfeld ausrücken. Dort wurde geturnt, marschiert, exerziert und instruiert und ich sollte dabei die Aufsicht führen. Es war alles recht sinnlos und überflüssig, aber immer noch besser, sagte ich mir, als in der Schreibstube zu sitzen.
Doch ich war aufgefallen und das darf man nicht beim Militär, vor allem nicht bei Offizieren, die einen Druckposten zu verteidigen haben. An einem freien Nachmittag wurde ich in meiner Pension an das Telefon gerufen. Der Adjutant meldete sich bei mir und ließ mich wissen, daß ich mich bereit halten sollte, an einem der nächsten Tage an die Front abzufahren, wo ich einem Ballonzug zugeteilt sei. Er tat sehr erstaunt, als ich ihm sagte, da müsse ein Mißverständnis vorliegen, und mich auf das Attest des Doktor Mann berief. Davon sei ihm nichts bekannt, jedenfalls sei es nicht unter meinen Akten, erklärte er trocken am Telefon. Es war ein starkes Stück, aber ich verlor nicht die Fassung, wenigstens ließ ich es mir nicht anmerken. Am nächsten Morgen suchte ich den Adjutanten in der Kaserne auf. Ich hatte Zeit gehabt, mich auf die Unterredung vorzubereiten. Ich verhielt mich korrekt, aber sehr energisch. Ich erreichte nicht viel, aber immerhin etwas, einen Aufschub des Marschbefehls. In der Zwischenzeit könne ja eine neue

ärztliche Untersuchung die Art meiner Verwendungsfähigkeit feststellen, sie werde aber sehr gründlich sein, wurde mir versichert. Das war keine leere Drohung. Man schickte mich zu einem Universitätsprofessor der Neurologie, der gefürchtet war wegen seiner rigorosen Untersuchungsmethoden. Schon der erste Eindruck bestätigte mir seinen Ruf. Er empfing mich in seinem Sprechzimmer mit den Worten: „Bei mir gelten nur objektive Befunde, Herr Leutnant!" Dabei blitzte er mich mit den scharfen Gläsern seiner Nickelbrille an. Es war ein Duell, das er mir anbot. Er sollte es haben. Ich durfte meinem Doktor Mann keine Schande bereiten, ich durfte den heimtückischen Adjutanten nicht über mich triumphieren lassen. Überdies war ich gewappnet. Ich hatte mich von Bekannten beraten lassen, von Routiniers in der Kunst, sich dem Kriegsdienst zu entziehen. Sie waren in München nicht schwer zu finden. Auch die einschlägige Literatur zog ich zur Unterstützung heran. Schon in Carvin hatte ich eine Einführung in das weite Feld der Neurologie studiert. Dort hatte mir unser junger Abteilungsarzt den Band geliehen mit der ahnungsvollen Bemerkung, daß er sehr instruktiv sei. Vor allem aber vertraute ich auf die mir wärmstens empfohlenen Koffeintabletten. Ich hatte unterwegs so viele davon geschluckt, daß ich, als ich mich auf den Stuhl niederließ, den mir der Professor angewiesen hatte, bis zu den Schläfen hinauf meine beschleunigten, flatternden Herzschläge spürte. Nach seiner eisigen Begrüßung hielt ich es jedoch für nötig, die Wirkung noch um etwas zu verstärken. Ich griff in die Hosentasche, angelte zwischen Daumen und Zeigefinger zwei weitere der weißen Tabletten hervor und schob sie mir, während mein Gegenüber am Schreibtisch meine Personalien aufnahm, unter seiner Nase in den Mund.

Ich konnte mit der Dosierung zufrieden sein. Denn als der Sanitätsrat dazu überging mich abzuhorchen, abzutasten, meine Reflexe zu prüfen und er mir schließlich mit einem kleinen Hammer unter die Kniescheibe klopfte, zuckte mein Bein so schnell und heftig in die Höhe, daß er sich in seiner gebückten Haltung mit seiner Brille vorsehen mußte.

Das Schwierigste stand mir noch bevor. Er stellte mir Fragen, allerhand scharf formulierte Fragen. Auf einige konnte ich ohne weiteres die passende Antwort geben. Bei andern mußte ich überlegen, blitzschnell überlegen, ich durfte nicht zögern. Die Fragen sind meinem Gedächtnis entschwunden, bis auf die eine: „Hören Sie Stimmen?" Ich sagte ja. Natürlich hatten meine Nerven gelitten, natürlich hatte ich Stimmen gehört oder zu hören geglaubt, mahnende Stimmen, im Traum oder im Dämmern. Aber der Professor wollte es ganz genau wissen: „Wie werden Sie gerufen, wenn Sie Stimmen hören, mit Ihrem Vornamen oder Ihrem Nachnamen?" Darauf war ich nicht vorbereitet. Aber eine Antwort mußte ich geben. Sie würde meinen Fall entscheiden wurde mir klar.

Dazu ist zu bemerken, daß ich während des ganzen Verhörs trotz oder wahrscheinlicher gerade wegen meiner hochgradigen Erregung mit hellwachen, übernatürlich geschärften Sinnen auf jede Miene und jeden Tonfall meines Gegners geachtet hatte. Er mochte noch so starr und zugeknöpft sein, er mochte noch so gut seine Rolle spielen, die eines kalten Spezialisten und Untersuchungsrichters, ihm gegenüber war ich in meinem luziden Zustand zu einem Medium geworden, das auch die leisesten, von ihm ausgehenden Schwingungen auffing. So auch bei dieser letzten Frage. Durch einen unendlich feinen, unter anderen Bedingungen unhörbaren Unterschied in der Betonung suggerierte er mir die passende Antwort: „mit dem Vornamen". Der Professor nickte dazu befriedigt und sagte abschließend, ich kann es beschwören, in vollem Ernst: „Das nenne ich mir eine lehrbuchgetreue Darstellung der vasomotorischen Erregungszustände. Sie sind G.v., Herr Leutnant."

Danach hatte ich für viele Wochen bis in den Herbst hinein meine Ruhe. An den Vormittagen ging ich wieder in die Kaserne und auf das Oberwiesenfeld. Aber ich konnte mir von jetzt an selber meinen Dienst einteilen und für Abwechslung sorgen. Ich hatte ein Pferd zur Verfügung und durfte sogar gelegentlich Reitstunden geben. Die Nachmittage hatte ich fast immer für mich. Ich hatte mir einen neuen Zivilanzug machen lassen und trug ihn, so oft ich nur konnte.

Ich wohnte damals in der damals wohlbekannten, heute verschwundenen Pension Romana, Akademiestraße 7, dicht beim Siegestor. Ich hatte ein ruhiges, mit alten Möbeln geschmackvoll eingerichtetes Zimmer, in dem ich mich so frei fühlen konnte wie in den Wochen am Ammersee. Ich bekam viel Besuch und ich ging viel aus. Ich hatte in dieser zwielichtigen Zeit, wo schon das Ende des Krieges in der Luft lag, wenn man es sich auch nicht eingestand, großen Hunger nach Menschen und Gesprächen. Daß ich Zivil anlegte, sobald ich aus der Kaserne nach Hause gekommen war, verstand sich von selbst.

In dieser Zeit klopfte es eines Nachmittags an meine Tür, und als ich öffnete, stand der Dichter Rainer Maria Rilke vor mir. Ich war mehr verwirrt als erstaunt. Am Abend zuvor hatte ich ihn bei einer Gesellschaft, an die ich mich kaum noch erinnere, kennen gelernt und aus Scheu vor seiner Person nur ein paar Worte mit ihm gewechselt. Er lebte bereits seit zwei Jahren in

München.[122] Er war damals dreiundvierzig Jahre alt, unendlich viel älter als ich, dem man vier Jahre seiner Jugend gestohlen hatte.
Weit über die Kreise hinaus, in denen ich verkehrte, galt er als der feinste, der wundervollste unter den neueren deutschen Dichtern. Fast alle Frauen und Mädchen, die ich in München kennen lernte, schwärmten von ihm, wie man vielleicht nur noch in der Epoche der Empfindsamkeit für den Sänger Klopstock geschwärmt hatte. Je roher die Zeit geworden war, desto unwiderstehlicher wirkte auf musisch gestimmte Menschen, nicht nur auf Frauen, der Zauber seiner melodischen Stimme. Literaturbeflissene teilten mir mit, daß in den Kriegsjahren der Ruhm Stefan Georges auf ihn übergegangen sei.
Ein größerer Gegensatz zu George ließ sich freilich kaum denken. Wie Rilke so überraschend vor mir stand, hatte er nichts, nicht das mindeste, von einem Priester der Dichtkunst an sich. Er schien ebenso scheu und verlegen wie ich. Nur auf seinen vollen, von dem hängenden Schnurrbart halb verdeckten Lippen, lag ein leichtes Lächeln. Er sei nur auf einen Sprung gekommen, sagte er mir, - ich habe es nicht vergessen, - nur um mich aufzufordern, ihn ab und zu, wenn es mir recht sei, in seiner nahe gelegenen Wohnung aufzusuchen; nach unsrer kurzen Bekanntschaft von gestern Abend habe er den Wunsch, mich näher kennen zu lernen.
Danach habe ich oft bei Rilke in seiner Atelierwohnung in der Ainmillerstraße gesessen. Meist schickte er mir, wenn er mich sehen wollte, kleine, eigens für ihn zugeschnittene Karten mit einer förmlichen Einladung in seiner klaren, kunstvoll ausgezogenen Handschrift. Diese Karten ließ er mir durch einen Boten überbringen, nie durch die Post, auch telefonierte er nicht oder nur im Notfall.
Ich habe in meinem langen Leben manche bedeutenden Menschen kennen gelernt, keinen jedoch, der einen so nachhaltigen Eindruck in mir hinterließ. Es ist heute, nachdem man Rilke so lange bewundert hatte, Mode geworden, abfällig über ihn zu sprechen, nicht nur den Dichter herabzusetzen, sondern erst recht die Person. Gegen die Heiligenlegende, die von einigen verzückten und törichten Frauen um ihn gewoben wurde, hat man das Bild eines blutlosen Ästheten gesetzt, eines vom Leben geschlagenen, dem Leben nicht gewachsenen Schwächlings, der sich von seinen hochadligen Gönnerinnen auf ihren Schlössern verwöhnen ließ. Man ist so weit gegangen, ihn einen Poseur und einen Parasiten zu nennen.
Wer so etwas sagen kann, hat Rilke gewiß nicht gekannt. Die Menschen sterben aus, die mit ihm in nähere Berührung gekommen sind. Grund genug für mich, in meinen Erinnerungen Zeugnis von ihm abzulegen, so gut ich es kann.

Schon bei seinem überraschenden Besuch bei mir in der Pension Romana war mir etwas an ihm aufgefallen, eine Art Aura, die ihn umgab und von ihm ausstrahlte. Ich konnte mir den Eindruck zuerst nicht erklären. Erst als ich ihn näher kennen lernte, konnte ich wissen, was mich daran so sehr beglückte. Es war nicht nur die äußere Gepflegtheit seiner Person, es war ein Gefühl der Reinheit, das von ihm ausging und durchaus nicht im Widerspuch stand zu seinem hochgezüchteten Wesen, ja mit ihm eins war. Ich habe es mehr als einmal erlebt, an besonderen Tagen, wenn sich ein kleiner Kreis um ihn versammelt hatte, daß seine Gäste unter seinen Augen sich verwandelten, daß sie besser, aufgeschlossener und selber gleichsam reiner zu werden schienen.

Rilke sprach gern und viel, aber er war zu bescheiden, um ein Gespräch an sich zu reißen oder über andre zu dominieren, mochte er noch so sehr der Mittelpunkt sein. Er sprach leise, aber deutlich und artikuliert, immer in ganzen Sätzen. Konversation im üblichen Sinn war nicht seine Sache. Wenn er alltägliche Dinge berührte, wie es sich zuweilen von selbst ergab, sprach er über sie mit einer Art von Staunen, als sei ihm etwas Außergewöhnliches zugestoßen. Manchmal tat er sie mit einem Lächeln und einem Humor ab, den man bei ihm nicht vermutet hätte. So entsinne ich mich, daß einmal, als ich allein bei ihm war, aus der über dem Gang gelegenen Küche ein lautes Klappern wie von durcheinander geworfenen Töpfen zu uns drang, wozu Rilke bemerkte: „Da wirft mir die Köchin wieder mein Essen vor."

Damals, in der Münchener Zeit, sprach er am liebsten und ausführlichsten von den Erlebnissen und Eindrücken auf seinen Reisen. Wenn er davon erzählte, mußte ich an seine Handschrift denken oder an gewisse Stellen in seinem Malte Laurids Brigge. Doch nie wirkte, was er zu sagen hatte, gesucht oder gekünstelt. Man konnte spüren, daß es bei ihm zur zweiten Natur geworden war, so geformt, so originell und dabei immer lebendig zu sprechen.

Ich werde nie vergessen, wie er Toledo, die Stadt des Greco, mit ihren Plätzen und Gassen auf ihrem Hügel vor unsern Augen aufzubauen verstand, wie er uns die Ergriffenheit nacherleben ließ, die ihn beim Anblick der Sphinxallee und der großen Säulen des ägyptischen Tempels von Karnak überkommen hatte.

Manches von dem, was Rilke damals erzählte, ist inzwischen durch seine im Druck erschienenen Briefe in ähnlichen, abgewandelten Formulierungen bekannt geworden. Er strebte in allem, was er von sich gab, nach der Perfektion, zu der er sich erzogen hatte. Warum sollte er also, wenn er schon früher einmal etwas nach seiner Art schön gesagt und dargestellt hatte, sich nicht wieder darauf besinnen, vor allem, wenn es so spontan geschah, wie es bei ihm der Fall war? Für mich jedenfalls war damals in München alles neu und faszinierend.

Vielleicht am schönsten konnte er von seinen zwei Reisen nach Rußland erzählen. Er brauchte dabei nicht zu betonen, daß die russische Landschaft und die russischen Menschen ihm neben Paris, seiner zweiten Heimat, zum stärksten Erlebnis geworden waren. Man konnte es ihm von den Augen ablesen.

Ich greife eine Episode heraus, die mir noch heute durch die Art, mit der er sie zu beschreiben wußte, deutlich vor Augen steht. Er war mit seiner Freundin und Reisebegleiterin Lou Andreas-Salomé[123] in ein entlegenes Dorf gekommen, das den beiden so gefiel, daß sie gern bleiben wollten. Sie hätten dort aber als Unterkunft nur eine leer stehende Kate gefunden. Dann wurde Rilkes Stimme ganz leise und beinahe feierlich. Er erzählte uns, wie die Tür aufging und die Bauern des Dorfes, Männer und Frauen, hintereinander mit tiefen Verneigungen bei ihnen erschienen und jeder etwas brachte, um die Fremden zu ehren und es ihnen wohnlich zu machen, einen Stuhl, einen Tisch, Matratzen und Tücher, Geschirr und Gerät.

Von Tolstoj, den er zweimal mit seiner Freundin in Jasnaja Poljana[124] aufgesucht hatte, sprach er dagegen nicht gern, vielleicht aus Rücksicht auf mich, von dem er wußte, was mir damals die Lehre Tolstojs bedeutete. Nur gelegentlich beklagte er in Andeutungen, mit einem unüberhörbaren bitteren Ton in der Stimme, den kunstfeindlichen Fanatismus des großen alten Mannes. Einmal freilich wurde er wärmer, als er von der Sinnlichkeit, dem Zugriff des gewaltigen Erzählers sprach, der doch in dem Greis noch lebendig geblieben sei. Er habe es beobachten können, als er mit ihm einmal einen Spaziergang durch den Gutspark machte. Von Zeit zu Zeit habe sich Tolstoj, immer eine Hand im Gürtel seiner Bauernjacke, tief gebückt um eine Blume zu pflücken. „Aber was er mit der Blume machte", sagte Rilke jetzt, selber ganz hingerissen, und führte uns vor, wie Tolstoj die Blume in der hohlen Hand hielt, sie dicht an Mund und Nase führte und gierig den Duft in sich einsog.

Ähnlich lebhaft konnte Rilke von Karl Kraus[125] erzählen. Er war während seiner unglücklichen Wiener Zeit mit dem Satiriker, dessen Unerbittlichkeit ihm nicht sonderlich lag, obwohl er sie respektierte, in dem gewohnten Kaffeehaus zusammengesessen. Rilke beschrieb uns, wie Kraus die Wiener Zeitungen vornahm, die ihm zu seinen bissigsten und genialsten Glossen verhalfen. Aus frischer Erinnerung zeigte er uns, wie der gefürchtete Mann die Blätter ganz nah vor seine kurzsichtigen Augen brachte, wie er Zeile auf Zeile in sich hineinfraß und dann plötzlich mit vorgestrecktem Zeigefinger die Stelle aufspießte, die er für seine „Fackel" brauchen konnte. Den starren Zeigefinger, den Rilke dabei vorschnellen ließ, sehe ich noch vor mir. Wenn er so etwas erzählte, konnte er sich freuen wie ein Kind. Dann verflog die Melancholie, die damals oft an ihm zu spüren war. Dann hatte er mitunter sogar etwas Kokettes an sich, eine Spur von naiver Eitelkeit, ähnlich wie bei einem Jongleur, dem ein verblüffendes Kunststück gelungen ist. Es konnte vorkommen, daß er sich selber dabei ertappte. Dann schien er sich mit einem Lächeln, einem rührenden und entwaffnenden Lächeln, vor seinen Hörern entschuldigen zu wollen.

Mit einem solchen Lächeln erzählte er einem kleinen Kreis, wie er vor Jahren in Schweden mit seinen dortigen Freunden eine der modernen Mädchenschulen besuchte, wie eines der Mädchen sich vor ihn hinstellte und ein Gedicht in deutscher Sprache vortrug, nicht ohne vorher laut und stolz den Titel angekündigt zu haben: „Der Panther von Rainer Maria Rilke".

Die Atelierwohnung in der Ainmillerstraße, wo das alles stattfand, hatte Rilke, kurz bevor ich ihn kennen lernte, von einem gemeinsamen Bekannten übernommen, dem Übersetzer Feist[126], einem reichen und verwöhnten Muttersöhnchen. Sie war nicht mehr die gleiche, nachdem der Dichter von ihr Besitz ergriffen hatte. Daß sie gepflegt und schön war, verstand sich von selbst. Er hatte ein paar Möbel umgestellt, andere entfernen lassen, um sich freien Raum zu schaffen, wenn er nach seiner Gewohnheit in dem Atelier auf und ab ging. Das Stehpult in der Ecke, das er sich nach eigenen Angaben hatte anfertigen lassen, gab zu erkennen, daß er es auch tat, wenn er mit sich allein war. Auch die Bilder hatte er von den Wänden genommen. Sie würden ihn ablenken, sagte er mir. Nur gelegentlich hing er eine gerahmte Zeichnung auf, die er aber bald wieder entfernte oder gegen eine andere vertauschte. Ich entsinne mich an eine Bleistiftskizze von Rodin und an ein in blassen Farben gehaltenes Aquarell der Laurencin[127]. Trotzdem wirkten die Wände nicht nackt. Dafür sorgten die langen einladenden Reihen schön gebundener Bücher. Außerdem standen immer, auch in der schlimmen Zeit, Blumen in dem Atelier. Es war kein Geheimnis, daß seine adligen Gönnerinnen ihm die erlesensten Exemplare aus ihren Treibhäusern zukommen ließen.

Dabei darf ich Rilkes Schreibtisch nicht vergessen. Bei einem meiner ersten Besuche war ich für ein paar Minuten allein in dem Atelier geblieben. Ich trat zu dem kleinen, zierlichen Möbel. Die glänzend polierte Platte war leer, bis auf einen Stapel sauber übereinander geschichteter Briefe und auf drei griffbereit aufgestellte Bände. Sie waren sehr dekorativ in Samt gebunden, jeder Band in einer anderen Farbe. Ich konnte der Versuchung nicht widerstehen, ich wollte wissen, was das für Bücher waren, denen Rilke einen derart exklusiven Platz einräumte. Der Schock war groß, als ich feststellte, daß ich die drei Bände des Gotha vor mir hatte, des Kalenders der europäischen Adelshäuser. Ich brauchte einige Zeit, um darüber hinwegzukommen. Daß Rilke sich für den Abkömmling eines alten vornehmen Geschlechtes hielt, wußte ich aus einem seiner frühen Gedichte. Erst später erfuhr ich, daß er lange Zeit mit einer Art Manie an dieser Illusion hing, die ihm seine snobistische Mutter in seiner Prager Kindheit vorgegaukelt hatte. Mit mir sprach er nicht darüber. Er kannte meine revolutionäre Gesinnung und wollte mir offenbar eine Enttäuschung ersparen. Übrigens verschwanden die Samtbände zu meiner Genugtuung in den Novembertagen von seinem Schreibtisch.

Rilke hatte vollendete Manieren und konnte bezaubernd sein. Daß er rücksichtslos sein konnte, wenn es um seine Arbeit ging, habe ich persönlich nicht erfahren. Denn damals in München, in einer für seine Arbeit nicht günstigen Zeit, hatte er das Bedürfnis nach Menschen. Was er an mir fand, kann ich nicht sagen. Vielleicht gefiel ihm die Unbedingtheit und die Offenheit meiner Jugend. Vielleicht gefiel ihm, an mir einen so dankbaren Zuhörer zu haben. Er lobte alles, was ich damals schrieb, und ich hüte noch einen an mich gerichteten Brief, in dem er mir mit rührenden Worten seine Anerkennung für eine besondere Arbeit aussprach.

Rilke war damals die Aufmerksamkeit in Person, auch wenn es um Kleinigkeiten ging. So entsinne ich mich, daß er mir einmal zum Tee einen hausgemachten Kuchen vorsetzte, eine Art Guglhupf nach einem Wiener Rezept. Er schmeckte mir köstlich und ich machte kein Hehl aus meinem Entzücken. Immer danach, wenn ich bei Rilke zum Tee eingeladen war, stand dieser Kuchen, eigens für mich gebacken, vor mir auf dem Tisch.

Bei jeder seiner Einladungen ließ mich Rilke wissen, wen ich sonst noch bei ihm antreffen würde. So lernte ich Rudolf Kassner[128] bei ihm kennen, Hans Carossa[129] und den heute vergessenen, damals sehr geschätzten Romancier Albrecht Schäffer[130]. Auch seinen Verleger Kippenberg[131] traf ich manchmal bei ihm und ich habe es Rilke zu verdanken, wenn ich bald darauf mit dem Inselverlag in Beziehung kam.

Den größten Eindruck machte mir seine alte Freundin Lou Andreas-Salomé, die ihn damals besuchte. Diese Frau, schon zur Legende geworden durch ihre Freundschaft mit Nietzsche, war von bestürzender Vehemenz. In unmißverständlicher Art machte sie ihre Rechte auf Rilke geltend. Sie behandelte ihn mitunter wie ein Kind, das der Aufsicht bedarf. Auf mich stürzte sie sich wie auf eine willkommene Beute. Sie überhäufte mich mit Fragen, sie holte mich aus, sie wollte ganz genau wissen, wie es an der Front und in der Etappe aussah, wie es in den Grabenstellungen roch und ob ich Todesangst ausgestanden hätte. Ich glaube nicht, daß ich sie mit meinen Antworten zufrieden stellte. Denn sie fragte immer weiter.

An manchen Abenden war ich allein mit Rilke. An einen erinnere ich mich vor allem. Nie zuvor hatte ich so deutlich das Bedürfnis an ihm gespürt, sich einem Menschen anzuvertrauen. An diesem Abend erzählte er keine seiner schönen Geschichten. Er sprach ausschließlich von sich selber. Nur ein oder zweimal, als ich ihm unvermutet auf der Straße begegnet war, hatte ich ihn in ähnlich verstörter Verfassung gesehen. Es fing damit an, daß er mir sagte, ich solle nur ja keines seiner Jugendwerke lesen. Er ging zu einem Bücherschrank und holte aus dem untersten Fach eine ganze Reihe von Broschüren, Heften und schmächtigen Bänden hervor, die ich noch nie gesehen hatte. Nach den Titeln zu schließen, war jede Gattung der Poesie vertreten, Lyrik, Novellen und Skizzen, Tagebuchblätter und sogar Dramen. Als ich mir die Bände näher betrachten wollte, nahm er sie mir aus der Hand und warnte mich noch einmal vor ihrer Lektüre. Ich erinnere mich, daß er dabei sagte: „So schlecht und unvorbereitet hat wohl noch keiner angefangen. Ein Wunder, daß danach doch noch etwas aus mir geworden ist." Er erzählte mir dann von seiner trüben Jugend in dem ganz provinziellen Prag der neunziger Jahre, der Stadt, die er auch später nur ungern besuchte. Er sprach viel und lange. Er bat mich fast flehend, bei ihm zu bleiben und ihn auszuhören. Er ging auf dem großen Teppich hin und her und einmal blieb er stehen und deutete vor sich hin: „Da hat es einst geblüht und jetzt ist es grau geworden", sagte er mit einer Stimme, die ich nicht vergessen habe. Auch die Hand habe ich nicht vergessen, die er weit vorstreckte und mit der er scharf und entschieden zwei Striche machte, die wie die Balken eines Kreuzes aussahen. „So", sagte er dazu, „ist meine Existenz zweimal durchgestrichen worden".[132] Langsam und stockend holte er die Erinnerungen herauf an das erste Mal, als er sich ausgelöscht fühlte in den fünf Knabenjahren, die er auf der Kadettenschule in Sankt Pölten und später auf der Militäroberrealschule in Mährisch-Weißkirchen verbringen mußte. Seine ganze Willenskraft habe er später aufbringen müssen, um diese grausamen Jahre mit ihrer täglichen Qual und dem täglichen Gefühl seiner absoluten Schutzlosigkeit zu verdrängen und ganz zu vergessen, und er habe sich geschworen, nie mehr von dieser Zeit zu sprechen, aber jetzt müsse er davon reden, jetzt, wo ihn die frische Erinnerung verfolge an das zweite Mal, an das erste Kriegsjahr in Wien, wo man ihn wieder in eine Uniform gezwungen hatte. Seither stocke es in ihm und trotz einiger Versuche sei er bis heute nicht weiter gekommen. „Ich stehe avant la lettre", sagte er wörtlich.

Mehr weiß ich nicht von diesem langen Abend. Rilke schien untröstlich, aber er sprach immer weiter und ich erinnere mich nur noch lebhaft, wie schön und echt und insgeheim produktiv auch noch seine tiefste Verzweiflung wirkte.

Unterdessen war es Herbst geworden, Oktober 1918. Die deutsche Regierung hatte im Vertrauen auf die vierzehn Punkte des amerikanischen Präsidenten Wilson um Waffenstillstand gebeten, der ihr früher vielleicht, jetzt aber nicht mehr so ohne weiteres bewilligt werden konnte.
Der Krieg war verloren, jeder schien es zu wissen, nur nicht meine Vorgesetzten, die mich wieder zu plagen begannen. Sie hatten schon seit einiger Zeit nach einem Vorwand gesucht, um mich aus München abschieben zu können. Nun bot sich eine Gelegenheit. Von höherer Stelle waren sie aufgefordert worden, einen geeigneten jüngeren Offizier zu einem Ausbildungskurs nach Belgien zu beordern. Man ließ mich kommen und teilte mir mit, daß niemand geeigneter sei als ich.[133]
Verdrossen trat ich die allzu bekannte Reise über Köln, Aachen und Herbesthal an. An einer kleinen Station in den Ardennen verließ ich den Zug und ein Wagen brachte mich vor das Portal eines Schlosses, das etwas erhöht über dem engen Maastal lag. Das Schloß war ein protziger, scheußlicher Kasten, und noch unerfreulicher wirkte auf mich die Offiziersgesellschaft, die ich dort antraf. Nach dem Umgang mit Rilke und gleichaltrigen, gleichgesinnten Freunden, war ich Fremden gegenüber, vor allem, wenn sie Uniform trugen, empfindlicher als früher geworden. Gereizt und ungeduldig hörte ich mir die meist leeren und albernen Kasinogespräche an, die ich nun wieder über mich ergehen lassen mußte. Beschämt und verärgert paßte ich mich selber dem Ton und den vorgeschriebenen Spielregeln an. Ich sollte mich unter Kameraden fühlen, aber nie zuvor glaubte ich so viele Larven um mich gesehen zu haben. Die meisten der in dieses trübselige Schloß befohlenen Offiziere waren Leutnants wie ich. Sie sollten mit mir zu Adjutanten abgerichtet werden. An die Instruktionsstunden, die uns Stabsoffiziere erteilten, kann ich mich kaum noch erinnern, wahrscheinlich schon deshalb, weil die Herren ohne großen Eifer bei einer Sache waren, deren Sinnlosigkeit ihnen zu dieser vorgerückten Stunde aufgehen mußte. Ihr Eifer erlahmte gänzlich, als die vom Westen her eingeschleppte spanische Grippe, jene heimtückische Krankheit, die in wenigen Wochen mehr Todesopfer fordern sollte als die vier Jahre des grausamen Kriegs, in das Maastal vorgedrungen war und auch einige der Kursteilnehmer ergriffen hatte. Die Späße verstumm-

ten und unser Kreis begann sich zu lichten. Der Kursleiter war übertrieben ängstlich geworden und verbannte jeden, dessen Aussehen ihm verdächtig erschien, in die Quarantäne seines Quartiers. Auch mich herrschte er eines Abends an, als ich einem Hustenreiz nachgab, und schickte mich auf mein Zimmer mit dem strengsten Befehl, mich bis auf weiteres nicht mehr blicken zu lassen. Der Arzt, der mich gleich darauf besuchte, konnte keines der gefürchteten Symptome feststellen. Aber ich blieb von allen gemieden, auf meinem Zimmer. Das Essen wurde mir vor die Tür gestellt und jeden Mittag fand ich auf dem Tablett ein Blatt mit den neuesten Heeresberichten. So vorsichtig sie auch abgefaßt waren, konnten sie die stetigen Rückzüge und Fronteinbrüche nicht mehr verhehlen.

Ich blieb nicht lange so eingesperrt. Denn eines Morgens, als ich am offenen Fenster stand und auf den Kiesweg der Schloßanlagen hinunterschaute, sah ich erst einen, dann zwei und nach einer Weile eine ganze Gruppe unserer Kursteilnehmer sich mit ihren Koffern in der Hand vom Schloß entfernen. Einer drehte sich um, sah mich am Fenster und rief hinauf: „Schluß! Hauen Sie ab!"

Kurz darauf stand ich selber mit meinem Koffer auf der Straße im Tal. Niemand war mehr zu sehen. Ein paar Autos fuhren an mir vorüber. Ich winkte ihnen zu, aber sie schienen es eilig zu haben. Schließlich konnte ich einen Lastwagen stoppen, der mich mit meinem Koffer aufnahm und bei der Bahnstation absetzte, von der ich gekommen war. Ich mußte lange warten, bis ich einen Zug erwischte, in den ich einsteigen konnte. Der Zug war so überfüllt, daß ich zunächst froh sein mußte, mich im Korridor auf meinen Koffer setzen zu können. Erst ab Köln fand ich einen Platz in einem der für Offiziere reservierten Abteile. Die Reise war lang und beschwerlich. Meine Mitreisenden schliefen oder starrten vor sich hin und waren zu keinem Gespräch zu bewegen. Sie schienen sich nicht darüber zu freuen, daß die Fahrt in die Heimat ging und sie den Krieg heil überstanden hatten. Sie schauten kaum auf, als wir auf offener Strecke längere Zeit hielten und auf dem Nebengeleise ein paar Salonwagen langsam an uns vorüberglitten. Es schien sie auch nicht sonderlich zu interessieren, als ein aufgeregter Schaffner uns erzählte, in einem dieser Wagen, in dem mit den geschlossenen Vorhängen, sitze der bisher allmächtige General Ludendorff, der gerade seinen Abschied erhalten habe.[134]

Danach muß es Ende Oktober gewesen sein, als ich wieder in München eintraf. Das Datum steht fest, ich habe es überprüft. In meiner Erregung freilich, dehnen sich die wenigen Tage, die zu dem Ereignis des 7. November führten, zu Wochen aus, so viel drängte sich in dieser Zeit zusammen.

München, das München zum mindesten, das ich kannte, war verwandelt, als ich zurückkam. Eine erwartungsvolle Erregung schlug mir entgegen, die ich in diesem Ausmaß nicht für möglich gehalten hatte. Alle Bekannten, die ich traf, sprachen von nichts anderem als von dem Umsturz, der schon vorbereitet war und unweigerlich kommen mußte. Debattierclubs und Revolutionsausschüsse hatten sich während meiner Abwesenheit gebildet.
Ich weiß nicht mehr, wer es war, der mich aufforderte, mich einem dieser Ausschüsse anzuschließen. Man brauchte mich nicht dazu zu drängen, obwohl mir bisher jede Art politischer Betätigung fern gelegen hatte. Ich war umso mehr bereit, als das Komitee, dem ich beitreten sollte, aus Männern bestand, die alles andere als Schwätzer waren und auch nicht zu jener Sorte von Aufgeregten gehörten, an denen in dieser Zeit wahrhaftig kein Mangel herrschte. Der Ausschuß kam fast täglich zusammen, zumeist in einem der kleineren Hörsäle der Universität. Professoren und Dozenten waren, wenn mich mein Gedächtnis nicht täuscht, in der Mehrzahl. Ich erinnere mich unbestimmt an die Philosophen Aster[135] und Geiger[136], wesentlich besser an den Literaturhistoriker Fritz Strich[137], mit dem mich später eine herzliche, trotz des Altersunterschiedes fast freundschaftlich zu nennende Beziehung verband. Damals freilich sah es keineswegs danach aus. Fritz Strich, eine scheue, politisch wenig interessierte Gelehrtennatur, hatte, erinnere ich mich, in einer Diskussion das Wort ergriffen und in seiner vorsichtig abwägenden Art seine Bedenken und Zweifel an dem Ernst und der Tragweite des zu erwartenden Umsturzes vorgebracht.
Wenn ich mich daran erinnere, wie ich darauf reagierte - und ich erinnere mich noch gut - sehe ich mich, wie ich damals war, mit einer so detachierten Klarheit, als handle es sich gar nicht um mich, sondern um einen mir fremd gewordenen Menschen, immer noch sehr jung trotz seinen nahezu dreißig Jahren, sehr impulsiv, sehr von sich überzeugt und von einer Sache, die er ganz für die seine hielt. Ich sehe noch, wie ich junger Fant damals aufgesprungen war und wie ich den viel älteren, mir nur dem Namen nach bekannten, verdienten Lehrer der Literaturgeschichte mit erhobener Stimme leidenschaftlich zurechtwies. Was ich im einzelnen sagte, weiß ich nicht mehr. Ich weiß nur noch, daß ich so ausfallend wurde, daß der von mir überrumpelte Mann mich bleich und fassungslos anstarrte.
Dem ist zum besseren Verständnis hinzuzufügen, daß unser Ausschuß keineswegs nur akademischen Charakter hatte. Einige der älteren Mitglieder, so besonders Professor Jaffé, der Nationalökonom an der Technischen Hochschule, hatten bereits Verbindung mit dem Politiker aufgenommen, der als das Haupt und der Initiator der revolutionären Bewegung galt: Kurt

Eisner[138], der Vorsitzende der unabhängigen sozialdemokratischen Partei in Bayern. Ich wußte von ihm, daß er Redakteur am Berliner „Vorwärts" gewesen war, dann später von München aus einen Proteststreik der Munitionsarbeiter geleitet hatte und dafür eine Gefängnisstrafe erhielt, die er nicht ganz abzusitzen brauchte. Ich lernte ihn bald und unter Umständen kennen, über die ich noch zu berichten haben werde.

In den ersten Tagen des November, knapp eine Woche nach meiner Rückkehr, ging ich mit ein paar Bekannten zu einer groß angekündigten Versammlung, die in dem großen Saal des Hotel Wagner stattfand. Versammlungen gab es in dieser von Spannung geladenen Zeit fast täglich, manchmal mehrere an einem Abend. Alle hatten großen Zulauf. Obwohl wir früher gekommen waren, fanden wir nur mit Mühe einen Tisch, an dem noch Platz war. Als ich mich umschaute, entdeckte ich an einem andern Tisch Rilke, seltsam genug anzuschauen in dieser urbayerischen Umgebung. Der Biergeruch, der Tabaksdunst, die lauten Stimmen, die dicken Kellnerinnen, die mit hocherhobenen Krügen und Gläsern sich durch die Menge schoben, schienen den sonst so empfindlichen Dichter nicht zu stören. Er winkte mir freundlich zu, als er mich erkannte.

Als Hauptredner des Abends war der große Max Weber aus Heidelberg angesagt. Hauptsächlich seinetwegen war ich gekommen. Ich hatte ihn vor vielen Jahren als Student in Heidelberg gehört, seither nie wieder. Er saß an einem erhöhten langen Tisch an der Stirnseite des Saales neben anderen Professoren. Wer sie waren, habe ich vergessen, wie auch die Ansprachen, die sie hielten.

Dagegen kann ich mich noch recht gut an die Rede Max Webers erinnern. Er sprach mit unleugbarer Autorität und mit noch größerem Ernst, als man an ihm gewohnt war. Ich wußte, daß er an chronischer Schlaflosigkeit litt. An diesem Abend konnte man es an den Furchen seiner Stirn und seinen verquälten Zügen ablesen. Er schien keine andere Absicht zu haben, als seinem Münchner Publikum die Sorgen anzuvertrauen, die ihn in seinen unruhigen Nächten verfolgten. Er sprach von dem Leichtsinn, dem mehr als sträflichen Leichtsinn, mit dem man überall in Deutschland das Ende des Krieges um jeden Preis erwarte. Man scheine nicht wissen zu wollen, daß es unsere Gegner wo nicht auf die Vernichtung so doch auf eine unerträgliche Schwächung Deutschlands abgesehen hätten. Auf Wilsons Versprechungen sei kein Verlaß. Er sei ein weltfremder Professor, ein idealistischer Pedant, mit dem die schlauen, versierten, fanatisch deutschfeindlichen Politiker der Entente am Verhandlungstisch ein leichtes Spiel haben würden. Gott möge verhüten, daß sich die deutsche Regierung geschlagen gebe und sich dem

Machtanspruch der Sieger beuge. Man müsse sich nur einmal vorstellen, welche Folgen eine solche Kapitulation nach sich ziehen würde, vielleicht nicht gleich aber in absehbarer Zukunft. Eine Irredenta, Max Weber liebte offenbar dieses Wort, werde sich in dem gedemütigten Deutschland entwickeln, ein giftiger, rachsüchtiger Nationalismus, von dem man neues und ärgeres Unheil erwarten könne.

Mit diesen Ausführungen hätte sich Max Weber begnügen sollen, er hätte sich, wenn auch nicht vor dieser Versammlung, so doch vor der Nachwelt als der weise und weitschauende Kopf bewährt, für den er immer gegolten hatte. Aber er ging weiter. Ohne Rücksicht auf die Stimmung im Saal berief er sich auf seinen Freund Walter Rathenau[139], den genialischen Organisator der Kriegswirtschaft, und forderte gleich ihm zu einer letzten Anspannung und Mobilisierung aller zu Gebot stehenden Kräfte auf, zu einer levée en masse, wie er es nach französischem Vorbild nannte. Er schien schließlich selber zu merken, daß man ihm nur noch aus Höflichkeit zuhörte. Denn er wurde bitter. In München, sagte er am Ende, habe man, wie man ihm versichert habe, das Gegenteil vor, eine pazifistische Revolution. München sei aber in aller Welt als die Stadt des Faschings bekannt und das möge sie auch bleiben.

Die Antwort, die der große Gelehrte in der darauf folgenden Diskussion erhielt, war durchschlagend. Sie wurde zu der eindrucksvollsten öffentlichen Kundgebung, der ich je beigewohnt habe. Nur wenige Zivilisten meldeten sich zu Wort, junge Studenten, ältere Männer und natürlich auch der Anarchist Erich Mühsam mit seinem roten Bart, der seine Stunde gekommen sah und mit überkippender Stimme eine Brandrede hielt, die es in sich hatte. Sonst waren es nur Frontsoldaten, die hintereinander auf das Podium stiegen, Urlauber, Verwundete, Genesende aus den Münchener Lazaretten. Manche faßten sich kurz und machten anderen Platz, die mehr zu sagen hatten. Manche sprachen schnell, manche stockend und unbeholfen. Alle aber hatten das gleiche zu sagen. Allen merkte man an, wie sehr es sie drängte, offen und unverblümt sagen zu können, was sie die vier Jahre hindurch in sich hineingefressen hatten. „Schluß!" sagten sie alle und meinten es, „Schluß mit dem Blutvergießen, Schluß mit dem Krieg!"

An einen kann ich mich gut erinnern. Er sprach von dem deutschen Waffenstillstandsangebot; das dürfe aber nicht von den Herren der Regierung ausgehen, sondern von dem Volk, von den einfachen, bisher stumm gebliebenen Menschen, und diese sollten sich direkt an die einfachen Menschen auf der anderen Seite wenden, überall würden sich die einfachen Menschen, die Soldaten vor allem, miteinander verstehen, wenn sie nur ins Gespräch kommen könnten; man sollte die Funkstationen besetzen und den bisher

feindlichen Völkern die Bruderhand des deutschen Volkes hinstrecken, die Herren Professoren am Vorstandstisch könnten mit ihren Sprachkenntnissen bei der Abfassung der Funksprüche helfen.
Den meisten der Redner schien es gar nicht zu Bewußtsein zu kommen, daß es Aufruhr war, was sie proklamierten, so selbstverständlich erschien es ihnen. Auch hinderte sie niemand am Sprechen, niemand unterbrach sie. Von den Polizeibeamten, die noch kurz zuvor jede politische Veranstaltung streng überwachten, war weit und breit nichts zu sehen. Max Weber ließ den Ansturm stumm und bleich über sich ergehen. Niemand hatte ihm beigepflichtet, kaum einer hatte es für nötig gehalten, auf seine Ausführungen einzugehen, keine Stimme im Saal hatte sich zu seiner Verteidigung erhoben. Umso überwältigender war das Einverständnis, das jeden der Sprecher auf dem Podium mit der Menge der Menschen unten an ihren Tischen verband. Zuerst war nur ein Raunen zu hören, dann die Zurufe, die immer lauter wurden, und schließlich, als ein Sprecher den anderen in der Verdammung des Krieges ablöste, brach ein Beifall aus, nicht der übliche Beifall wie im Theater, sondern der Beifall von Menschen, die selber mittun wollten und denen da oben ihre Hilfe anboten. Viele waren von ihren Stühlen aufgesprungen, manche gingen im Saal umher und suchten Bekannte auf, um sich auch ihrer Zustimmung zu versichern. Auch Rilke war von seinem Tisch aufgestanden, er kam bei mir vorüber und begrüßte mich. Ich hatte ihn noch nie so erregt und aufgewühlt gesehen, während er mir sagte, es sei wunderbar, ein großer Moment, und auch er fühle sich getrieben, zu der Versammlung zu sprechen. Natürlich tat er es nicht, es hätte seinem Wesen wenig entsprochen und überdies war es nicht nötig, da schon alles gesagt war.[140]

Wenige Tage später, am 7. November, war es soweit.
Kurt Eisner hatte kurz vorher in einer Versammlung angekündigt, er bürge mit seinem Kopf dafür, daß sich die Stadt München an diesem Tag erheben werde.
Unser Komitee hatte sich zu einem ungewöhnlichen Schritt entschlossen. Professor Jaffé und ein paar ältere verdiente Hochschullehrer meldeten sich in unserm Auftrag bei dem Münchener Stadtkommandanten, einem General, dessen Namen ich vergessen habe.[141] Sie wurden, obwohl sie sich nur mit ihren Personen ausweisen konnten, ohne weiteres vorgelassen. Das war nicht weiter erstaunlich, wenn man von der Ratlosigkeit wußte, die damals, Anfang November, einen großen Teil der höheren Befehlsstellen ergriffen hatte. Schon zeigten sich ungehindert auf den Münchener Straßen und in den Versammlungslokalen Abgesandte jener Kieler Matrosen, die am 3. Novem-

ber mit dem Aufstand begonnen hatten. Der Erfolg, den unsere Delegierten erzielten, war dennoch verblüffend. Sie unterrichteten den General, der wenig im Bild zu sein schien, über die geplante Demonstration auf der Theresienwiese, über die durchaus ernst zu nehmenden Absichten Eisners und die explosive Stimmung unter der Bevölkerung und vor allem den Soldaten. Sie ersuchten ihn, unter solchen Umständen drastische Maßnahmen zu unterlassen und ein Blutvergießen zu vermeiden, das die Lage nur noch verschärfen könne. Sie brauchten nicht lange zu reden. Der General, der offenbar alles andere als ein Haudegen war, entließ die Herren mit dem Versprechen, noch am gleichen Tag die nötigen Vorkehrungen zu treffen und sich mit den anderen maßgebenden Behörden dieserhalb ins Einvernehmen zu setzen.

Worin diese Vorkehrungen bestanden und ob er sie überhaupt ergriffen hatte, konnte ich nicht wissen, als ich mich mit ein paar Bekannten am frühen Nachmittag des 7. Novembers bei klarem Wetter zur Theresienwiese aufmachte. Wir mußten zu Fuß gehen. Die Elektrischen hatten ihren Betrieb eingestellt, das erste Signal, daß etwas bevorstand. Viele Menschen, meist in Gruppen, bewegten sich mit uns in der gleichen Richtung. Ein einziger Mann, sehr auffällig in der breiten Ludwigsstraße, ging gegen den Strom, auf das Siegestor zu. Als ich näher kam, erkannte ich in ihm den Schriftsteller Heinrich Mann. Ich frage mich bis heute, was ihn bewogen haben konnte, einer Szene fern zu bleiben, die ihn, einen der schärfsten Kritiker des imperialen Deutschland, doch wohl hätte interessieren müssen.

Auf der Theresienwiese sah es zunächst recht harmlos und keineswegs nach einer organisierten Massenveranstaltung aus. Die Menschen, es mochten am Anfang nicht mehr als tausend gewesen sein, schienen eher aus Neugierde gekommen zu sein. Sie standen in lockeren Gruppen umher und warteten in ruhiger Haltung ab. Auf der breiten Wiesenseite unter dem ehernen Standbild der Bavaria, die friedlich ihren Kranz in die Höhe hielt, waren ein paar offenbar hastig improvisierte Rednertribünen aufgeschlagen. Lange hatten wir nicht zu warten. Ein Mann mit einem Spitzbart war auf eines der Podeste gestiegen und begann zu reden. Wir schoben uns in den Kreis der Menschen, die sich um ihn gebildet hatte. „Das ist der Auer"[142], wurden wir belehrt. Ich wußte von ihm nicht mehr als daß er der Vorsitzende der bayerischen Mehrheitssozialisten und ein Gegner Eisners war. Auer sprach mit der weithin vernehmbaren und geschulten Stimme eines alten Volksredners und Parlamentariers. Was er im einzelnen sagte, ist mir entfallen. Nur die königlich bayerische Ruhe bewahren, nur nichts überstürzen, nur keine gewaltsamen oder illegalen Aktionen, so oder so ähnlich erging er sich. Er schien selber zu merken, daß er mit seinen Mahnungen und Beschwichti-

gungen keinen rechten Anklang fand, und kam leicht gereizt mit dem Vorschlag heraus, mit ihm durch die Maximilianstraße zum Friedensengel zu marschieren und an diesem dafür aufs beste geeigneten Ort für den Frieden zu demonstrieren. Auer sprach noch einige Zeit weiter. Aber wir hörten ihm nicht mehr zu. „Dort drüben gehts auf!" hörten wir rufen und schon begann sich der Kreis um Auer zu lichten. Wir schlossen uns dem Strom der Menschen an, die einer der nächsten Tribünen zustrebten. Dort standen, weithin sichtbar, zwei Männer. Den einen kannte ich, es war der junge Fechenbach[143], der Sekretär und Vertraute Kurt Eisners, der andere wurde von Fechenbach als ein blinder Bauer vorgestellt. Er trug oberbayerische Tracht, Gandorfer[144] hieß er, glaube ich mich zu erinnern. Der blinde Bauer sprach zuerst. Wir standen ziemlich weit hinten und konnten ihn in seinem Dialekt nur schwer verstehen. Doch seine Erscheinung und seine leidenschaftlichen Gesten verfehlten ihre Wirkung nicht, vor allem nicht auf die umstehende, ständig nachdrängende Menge. Dann sprach Fechenbach. Ich kannte ihn, allerdings nur flüchtig, als einen klugen, sympathischen, eher etwas reserviert auftretenden Menschen. Er war jetzt, als er zu reden begann, kaum noch wiederzuerkennen. Sein Gesicht war gestrafft und bleich vor Erregung. Mit hämmernden Fäusten redete er auf die Menge ein, die ihm anders, um vieles gespannter zuhörte als dem braven Sozialdemokraten Auer. An die Soldaten vor allem gewendet, rief er die Revolution aus, sie war versprochen, jetzt gleich und von dieser Stelle würde sie ausgehen.
Die Erregung wuchs, laute Rufe ertönten, als hinter ihm ein Mann mit einem schwarzen Bart sich zeigte: Kurt Eisner, wer sonst? Fechenbach machte ihm Platz. Ich hatte mir Eisner anders vorgestellt, nicht ganz so schmächtig und unansehnlich. Doch wie er so dastand, und zunächst ruhig und sachlich zu reden begann, überraschte er mich durch eine natürliche Würde, eine Selbstsicherheit und Autorität, die auf mich so gut wie auf die Masse der Zuhörer wirkten, soweit sie nicht von vornherein seine Anhänger waren. Was er in seiner langen Rede sagte, habe ich zum größten Teil vergessen, wahrscheinlich auch deshalb, weil seine Worte in meiner Erinnerung überschattet wurden von den spektakulären Ereignissen, die sie auslösten. So viel weiß ich noch, daß Eisner, der Jude, der aus Schlesien stammte, die Herzen seiner Zuhörer schon dadurch gewann, daß er sich als bayerischer Patriot, wo nicht als Föderalist vorstellt. München und damit Bayern, sagte er, als er wärmer und leidenschaftlicher wurde, müsse dem übrigen Deutschland und besonders dem preußischen Berlin ein Beispiel geben, es müsse voran gehen mit einer gründlichen, sauber und waffenlos durchgeführten Revolution. Mit diesen Worten hatte er seine Zuhörer vollends gewonnen. Sie schienen bereit, ihm

zu folgen, als er sie aufforderte, einen Zug zu bilden, durch die Stadt zu marschieren, zunächst vor die Kasernen, wo die Soldaten der Münchner Garnison nur darauf warten würden, sich ihnen anzuschließen, am Sieg der Revolution sei nicht zu zweifeln.

Noch während Eisner sprach, war mir aufgefallen, daß sich Gruppen von Soldaten nach vorne drängten. In ihrer Haltung und ihren abgetragenen Uniformen erinnerten sie mich an die Kameraden, die ich vor wenigen Tagen im Hotel Wagner hatte reden hören. Als Eisner geendet hatte und Fechenbach vorsprang und ein Signal gab, formierten sich diese Soldaten. Es waren zunächst nicht sehr viele, aber bald, im Verlauf weniger Minuten, traten andere, die abseits gestanden hatten, andere, die herbeigewinkt wurden, in ihre Reihen. Wer sie anführte, konnte ich nicht sehen. Es ging sehr ruhig und ordentlich zu. Mehr und mehr Zivilisten schlossen sich dem Zug an, viele begleiteten ihn.

Auch ich und meine Freunde gingen auf dem Trottoir neben dem Zug her, der schon eine der über der Wiese gelegenen Straßen erklommen hatte. Die Straße war leer. Ein einziges Maschinengewehr, richtig placiert, ging mir dabei durch den Kopf, hätte den ganzen Zug auseinander gesprengt. Also schien der ängstlich gewordene Stadtkommandant doch auf unsere Delegierten gehört zu haben. Umso entschiedener und mutiger zeigten sich die Demonstranten. Sie nahmen die ganze Breite der Fahrbahn ein und bewegten sich schnell und zielbewußt am Bahnhof vorbei auf die Stadtmitte zu. Transparente, die offenbar schon vorbereitet waren, erschienen über ihren Köpfen. „Brüder, nicht schießen", „Wir kommen ohne Waffen", „Schluß mit dem Krieg" konnte ich lesen.

Auch die sonst so verkehrsreichen Straßen in der Bahnhofsgegend waren auffallend leer. Nur wenige Passanten blieben gaffend auf dem Gehsteig stehen. Die meisten verschwanden in den Seitenstraßen. Ich bemerkte ein paar Ladenbesitzer, die beim Nahen der vielen trampelnden Füße erschrocken auf die Straße stürzten und unter lautem Rasseln die eisernen Rolläden vor ihren Schaufenstern herunterließen.

Wir begleiteten den Zug bis zu seinem ersten Ziel, der Kaserne des Infanterieleibregiments in der Türkenstraße. Was sich dort abspielte, ist mir besonders lebhaft in Erinnerung geblieben. Der Zug löste sich auf, einige der demonstrierenden Soldaten traten vor das große Portal. Es war verschlossen, sie pochten und riefen, laut und stürmisch. Das Tor blieb verschlossen. Nur oben im ersten Stock, wo die Mannschaftsstuben lagen, öffneten sich ein paar Fenster. Erstaunte Gesichter beugten sich vor, und es dauerte nicht lange, bis alle Fenster der breiten Kasernenfront offen standen und ähnlich verwunderte

Gesichter in ihnen sich zeigten. Die Soldaten unten, meist Kriegsveteranen, traten auf die Mitte der Straße zurück und starrten wortlos empor. Die jungen Soldaten starrten ebenso wortlos hinunter. Das ging so eine ganze Weile. Schließlich lösten sich die Zungen. Mit denen von oben begann es. „Was is denn da los?" hörte ich rufen. Gleich kam von unten die Antwort, die ich wörtlich behalten habe: „Was los is? A Revolution is!"
Es sah jetzt auch wirklich nach einer Revolution aus. Der Abend war angebrochen, Fackeln loderten auf, immer dichter drängten sich die Menschen in der Türkenstraße. Offene Lastwagen waren vorgefahren und luden neue Soldaten ab. Auf einem der Wagen konnte ich Mühsam erkennen, der wie ein Derwisch tobte und schon heiser geworden war. Die Soldaten des Leibregiments starrten noch immer fassungslos aus den Fenstern. „Runterkimma sollts!" schrie man im Chor zu ihnen hinauf. „Mir kenne net". „Warum kennts ehr net?" „Weil mir eingesperrt san", ging es hin und her, unter Schreien und Johlen und Pfeifen. „Da trets halt die Tirn ei!" kam es gebieterisch von unten, gefolgt von saftigen bayerischen Flüchen. Die Flüche, wie vorauszusehen, taten ihre Wirkung. Die Gesichter verschwanden von den Fenstern und bald darauf hörte man es oben krachen.
Die Menschen auf der Straße waren daraufhin still geworden, auch Erich Mühsam verstummte. Wir hatten nicht lange zu warten. Das große Tor tat sich auf und ein Anblick bot sich, der mir unvergeßlich geblieben ist. Aus dem offenen Portal quollen, begrüßt von dem Jubel der Menge, die jungen Leibinfanteristen heraus. Sie waren feldmarschmäßig ausgerüstet, mit Stahlhelmen und sauberen Uniformen, Patronengurte um die Hüften, die Gewehre umgehängt. Das erste, was sie taten, als sie ins Freie traten, alle ohne Ausnahme und wie auf Verabredung, war, daß sie die Patronengurte und ihr Koppelzeug von sich warfen. Dann packten sie ihre Gewehre mit beiden Händen, einer hinter oder neben dem anderen und zerschmetterten sie mit mächtigem Schwung an den Steinpilastern des Tors.
Ich fand ihn wunderbar, diesen spontanen Akt der Befreiung. Aber einer meiner Bekannten, der neben mir stand, meinte bedauernd: „Diese Gewehre werden uns noch einmal fehlen." Die Soldaten waren offenbar anderer Meinung. „Der Krieg is aus, hoam gehma", hörte ich sie sagen und das gleiche konnte ich noch oft an diesem Abend hören.
Was sich innerhalb der Kaserne abgespielt hatte, konnte ich nur ungenau erfahren. Ich glaubte einen oder zwei Schüsse gehört zu haben. Angeblich hatte sich einer der diensthabenden Offiziere mit der Pistole in der Hand den ausbrechenden Soldaten entgegengestellt. Er sei verwundet worden, sagte man mir, aber er sei auch das einzige Opfer.

Als ich das hörte, hielt ich es für angebracht, meine Kaserne anzurufen. Ich hatte schon seit anderthalb Tagen keinen Dienst mehr getan und der Adjutant, den ich von einem nahe gelegenen Café aus erreichte, tat sehr empört, als er meine Stimme hörte. Ich ließ ihn nicht weiter reden, berichtete ihm von den Ereignissen vor der Türkenkaserne und sagte ihm warnend, daß sich, wie die Dinge stünden, in absehbarer Zeit ähnliche Szenen vor und in den Kasernen des Oberwiesenfeldes abspielen würden. Das machte ihn nur noch wütender. Was ich ihm da für Ammenmärchen erzähle, donnerte er am Telefon, knapp zwei Kilometer von dem schon jetzt historisch gewordenen Schauplatz entfernt, woraus man wieder einmal ersehen kann, wie ungleichzeitig es im Vollzug der Geschichte mitunter zugeht. Der ahnungslose Adjutant war aber mit mir noch nicht fertig. Er erinnerte mich daran, scharf und böse, daß ich mich morgen in aller Frühe am Starnberger Bahnhof einzufinden habe, um den mir schon seit Tagen gegebenen Marschbefehl auszuführen.

Mit diesem Befehl verhielt es sich folgendermaßen: Anfang November, in letzter Minute, war irgendwo oben, wo man sich noch nicht geschlagen gab, der Plan ausgeheckt worden, bayerische Grenzschutztruppen aufzustellen, eine Art Schutzwall in den bayerischen Alpen gegen die imaginäre Bedrohung des heimatlichen Bodens durch die weit entfernt in Norditalien stehenden Italiener. Mir war dabei die Aufgabe zugedacht, mit einem neuen, rasch zu improvisierenden Ballonzug einen der bayerischen Alpenübergänge zu überwachen.

Der Befehl war lächerlich. Er war schon lächerlich gewesen, als er mir gegeben wurde. Völlig absurd war er an diesem Abend, als schon die Truppen rebellierten und die deutsche Waffenstillstandskommission im Wald von Compiègne eingetroffen war. Ich dachte nicht im Traum daran, den Befehl auszuführen, und wie recht ich damit hatte, zeigte sich am nächsten Morgen, als ich erfuhr, daß von der zum Abtransport bestimmten Abteilung nicht ein Mann am Bahnhof erschienen war, stattdessen jedoch die bereits verladenen Säcke und Kisten mit Proviant und Ausrüstungsstücken leer geplündert vorgefunden wurden.

Aber ich habe noch von dem Abend und der Nacht dieses siebten November zu berichten. Meine Bekannten und ich wanderten von der Türkenkaserne aus viele Stunden durch die Straßen Münchens. Sie waren nicht mehr entvölkert. An allen Ecken stießen wir auf Gruppen erregter und heftig diskutierender Menschen. Es hieß, der König sei aus der Residenz geflohen, und man wollte auch wissen wohin, nach seinem Gut Leutstetten in der Nähe des Starnberger Sees. Seinen Wagen habe man ruhig passieren lassen, was denn am Tag darauf, als er abgedankt hatte, bestätigt wurde.

Im Lauf der Jahre sind mir allerhand Berichte über die Ereignisse dieser Nacht in München vor die Augen gekommen. Die Schrecken der Revolution, vor allem einer, die von links kommt, auszumalen, war von jeher ein beliebtes, die Phantasie beflügelndes Thema. So war ich nicht sonderlich erstaunt, als ich, einer der Augenzeugen, nachträglich zu lesen bekam, daß in der fraglichen Nacht haarsträubende Dinge in München geschehen seien, Mord und Totschlag, sinnlose, ununterbrochene Schießereien, Plünderungen, Einbrüche in Wohnungen und Villen, räuberische Überfälle auf besser gekleidete Zivilisten.

Zugegeben, die Straßen Münchens boten in dieser Nacht nicht gerade ein Bild des Friedens. Zu viele Menschen waren auf den Beinen und sie verhielten sich nicht ruhig. Sie waren aufgeregt, begreiflicherweise, aber von Angst keine Spur. Es gab auch, so weit ich es feststellen konnte, keinen Anlaß zur Furcht oder gar zu einer Panik. Nirgendwo, auch aus der Ferne nicht, hörte ich Schüsse. Nirgendwo wurde eingebrochen, niemand wurde belästigt, ausgenommen ein paar Offiziere, die sich offenbar ahnungslos auf der Straße zeigten. Sie wurden angehalten und aufgefordert, ihre Achselstücke und die schwarzweißrote Kokarde von ihren Mützen zu entfernen, die blauweißen konnten sie behalten. Wenn sie sich weigerten, was einige taten, wurden ihnen die Achselstücke und die schwarzweißrote Kokarde heruntergerissen. Aber die wenigsten weigerten sich. Mir selber konnte nichts geschehen, ich war in Zivil.

Das Ganze sah, so wenigstens kam es mir vor, eher nach einer großen Münchener Gaudi als nach einer Revolution aus. Diesen Eindruck verstärkten die Haufen, die Scharen und Trupps von Soldaten, die nicht mehr geschlossen marschierten und überhaupt keine Soldaten mehr darstellen wollten. Wie ihre Kameraden vom Leibregiment hatten sie sich selber entwaffnet. Das auffälligste, was in dieser Nacht geschah, war diese spontane Demobilisierung. Nicht alle hatten sich daran beteiligt, aber fast alle, die in erreichbarer Nähe von München, in Ober- oder Niederbayern zu Hause waren. Das Bild, das sie boten, war überall das gleiche. Sie trugen statt der weggeworfenen oder zerschlagenen Gewehre ein oder gleich zwei Paar funkelnagelneue Kommißstiefel über den Schultern und unter die Arme hatten sie sich große Konservendosen geklemmt. Sie hatten diese Schätze als letztes und höchst willkommenes Andenken an den überstandenen Krieg aus den Kammern und Vorratsräumen ihrer Kasernen mitgehen lassen. Ich kam mit einigen ins Gespräch. Manche hatten einen weiten Weg vor sich und wollten die ganze Nacht hindurch marschieren. Sie wußten zu berichten, daß der gesamte Zugverkehr von den Münchener Bahnhöfen aus schon seit

Stunden eingestellt war. Es machte ihnen nichts aus. „Der Krieg is aus, hoam gehma", wiederholten sie.

Schon Tage vorher war ich durch unser Komitee von Fechenbach gebeten worden, bei ihm vorzusprechen, sobald Eisner die Regierungsgewalt übernommen habe. Es war mir auch mitgeteilt worden, wo er zu treffen sei. Schon am Abend, gleich nach der Kapitulation der Türkenkaserne, waren die meisten Regierungsgebäude den Aufständischen in die Hände gefallen. Die bisherigen Minister und ihre Beamten, wenige ausgenommen, die sich bereit erklärten, auch unter den veränderten Umständen Dienst zu tun, hatten die Abgesandten Eisners gar nicht erst abgewartet und waren durch Nebenausgänge verschwunden.

Ob ich noch im Lauf der turbulenten Nacht mit Fechenbach zusammenkam, weiß ich nicht mehr. Wahrscheinlicher ist mir, daß ich erst früh am nächsten Morgen zum Promenadeplatz ging, wo das alte Palais lag, der damalige Sitz der bayerischen Ministerpräsidenten. Offenbar war ich angemeldet, denn ich fand ohne weiteres Zutritt. Ich kann mich nur noch ungenau an ein großes Durcheinander und an viele übernächtige Gesichter erinnern. Ich war diesmal in Uniform, man hatte mir das angeraten. Obwohl ich meine Achselstücke und die schwarzweißrote Kokarde abgetrennt hatte, teils um keinen Anstoß zu erregen, hauptsächlich aber um meine Zugehörigkeit zu der Sache der Revolution zu bekunden, erkannte man in mir den Offizier. Einige der übernächtigen Gestalten, die ich nicht oder nur oberflächlich kannte, kamen auf mich zu und schüttelten mir die Hand. Einer, der gleiche, der im Lauf dieses Tages Minister im provisorischen Revolutionskabinett wurde, stand sogar vor lauter Hochachtung vor mir stramm, die Hände an der Hosennaht. Eisner bekam ich nicht zu Gesicht. Er wollte mich später begrüßen, jetzt brauche er ein paar Stunden Ruhe, sagte mir Fechenbach und zog mich beiseite. Er überreichte mir einen schon vorbereiteten Zettel, der mir als Ausweis dienen sollte. Ich konnte daraus ersehen, daß ich den Rang eines militärischen Adjutanten des Ministerpräsidenten erhalten hatte. Zu meiner Erleichterung sagte mir Fechenbach, das sei eine Formalität, man erwarte keine großen oder gar regelmäßigen Dienste von mir, aber für die nächsten, sicher noch sehr turbulenten Tage, rechne man auf meine Hilfe. Dann bat er mich, doch jetzt gleich das Kriegsministerium aufzusuchen, wo es drunter und drüber zu gehen scheine.

Das Portal des großen, im florentinischen Stil gehaltenen Gebäudes an der Ecke Ludwig- und Schönfeldstraße fand ich weit offen. Niemand hielt mich auf, niemand verlangte von mir einen Ausweis. Ich stieg die Stufen zum

oberen Stockwerk empor und fand auch dort alle Türen offen. Ich kam, daran und an das folgende kann ich mich lebhaft erinnern, in einen großen Raum, aus dem mir lautes Geschrei entgegentönte. Ein Mann lief aufgeregt in dem Saal umher, ein Zivilist in einem verbeulten Anzug, mit wirrem Haar und offen stehendem Hemdkragen. Als ich ihm meinen Ausweis unter die Nase hielt, warf er sich in die Brust und erklärte mir, daß er der neue Kriegsminister sei. Er sagte mir nicht, wer ihn dazu ernannt habe und auf welche Art er in das Ministerium gekommen sei. Ein paar schwer bewaffnete Soldaten, die offenbar seine Spezi waren und ihm bei seinem Handstreich geholfen haben mochten, drückten sich an den Wänden umher. Während ich mir noch überlegte, wie ich mich diesem Eindringling gegenüber verhalten solle, hörte ich draußen, von der Straße her, Schüsse. Der Mann mit dem offenen Kragen riß ein Fenster auf und begann zu toben: „Die Armee des Kronprinzen Rupprecht ist im Anmarsch. Da schießen sie schon, meine treuen Soldaten." Trotz seiner Erregung bemühte er sich, seiner neuen Würde entsprechend Hochdeutsch zu reden. Ich ließ ihn am Fenster stehen und rannte die Treppen hinunter und auf die Straße. Keine dreihundert Meter vor mir lagen auf der breiten, ziemlich hohen Freitreppe der Staatsbibliothek zwei oder drei Soldaten auf dem Bauch, die Gewehre im Anschlag, und feuerten wild in Richtung auf das Siegestor. Weit und breit war kein Ziel zu sehen. Es war gar nicht leicht, die schießwütigen Burschen von ihrem Unfug abzubringen. Ich mußte wieder einmal meinen Ausweis schwenken. Dann erst schulterten sie ihre Gewehre und folgten mir, in Lämmer verwandelt, zum Kriegsministerium zurück.
Dort tobte der Hysteriker noch immer. Es hatte nicht viel Sinn, mit ihm vernünftig reden zu wollen und ihn darauf aufmerksam zu machen, daß der Waffenstillstand noch nicht abgeschlossen sei und die Armee des bayerischen Kronprinzen noch immer weit weg auf französischem Boden stehe. „Alle Schienen um München herum müssen kilometerweit aufgerissen werden!" gab er mir wild gestikulierend zur Antwort. Der Mann war offensichtlich verrückt. Auch seinen Spezis schien jetzt ein Licht aufzugehen. Sie feixten und trollten sich, einer nach dem anderen, davon. Als der Maniak sich von seinen Freunden verlassen sah, sackte er in sich zusammen. Wahrscheinlich hatte er auch die ganze Nacht keine Ruhe gegeben. Er sank erschöpft auf ein Sofa und fiel sogleich in Schlaf, schnarchend und mit offen stehendem Mund. Ich fand ein Telefon, das seltsamerweise funktionierte und ließ Fechenbach alles Nötige bestellen.
Unterdessen, bis zur Entfernung des harmlos gewordenen Usurpators, schaute ich mich in den anderen Räumen um. Sie waren alle leer und verödet.

Der nächtliche Überfall hatte, so viel ich sehen konnte, keine Spuren hinterlassen. Ich landete in dem Zimmer, in dem, nach der Einrichtung zu schließen, noch tags zuvor der entschwundene Kriegsminister seines Amtes gewaltet hatte. Ich ließ mich hinter einem prächtigen Schreibtisch nieder und zündete mir meine Pfeife an, die ich verdient zu haben glaubte. Ich saß nicht lange, da klopfte es an die Tür und herein trat ein Besucher, der mir noch unwahrscheinlicher vorkam als der Irre. Es war ein General, angetan in eine Paradeuniform, blau, rot und gold, die Brust geschmückt mit bunten Ordensbändern. Was er für ein General war und wie er sich vorstellte, weiß ich nicht mehr. Im ersten Augenblick hatte ich geglaubt, den Kriegsminister vor mir zu sehen, der gekommen war, um seinen gewohnten Platz einzunehmen. Aber es war nur irgend ein Garnisonsgeneral, der bei dem Ministerium vorsprechen wollte, um Näheres über die Gerüchte zu hören, die ihm zu Ohren gekommen waren. Er schien nicht sonderlich erstaunt, einen Leutnant ohne Rangabzeichen hinter dem Schreibtisch zu erblicken. Er war nur etwas verwirrt, als er mir gegenüber Platz nahm. Ich klärte ihn so schonend wie möglich über die neue Situation auf und ersuchte ihn schließlich, zu seiner eigenen Sicherheit einen Nebenausgang in der stillen Schönfeldtstraße zu benutzen. Er entfernte sich schweigend, mit hängenden Schultern.

Ihm folgten hintereinander drei nicht minder seltsame Besucher: ein hoher katholischer Geistlicher, ein Abgesandter des erzbischöflichen Stuhls, ein protestantischer Konsistorialrat und ein jüdischer Rabbiner. Ich kann mich nicht mehr erinnern, welche Gründe sie bewogen, ausgerechnet im Kriegsministerium vorzusprechen. Vielleicht hatten sie angenommen, hier am ersten tatkräftigen Schutz für die ihnen anvertrauten Gemeinden zu finden. Jedenfalls zeigten sie sich sehr besorgt. Gleich vielen anderen naiven Gemütern fürchteten sie, daß eine Revolution unweigerlich auch die bestehenden Religionen bedrohe. Ich versuchte sie zu beruhigen, was ich zwar ohne Auftrag aber mit gutem Gewissen tun konnte, da ich einigermaßen über die humanen Absichten und den Charakter des neuen Ministerpräsidenten unterrichtet war.

Merkwürdig war dabei ganz etwas anderes. Ich hatte, während ich ganz vernünftig sprach, ständig den Eindruck, mich wie in einem Traum zu bewegen, so unwirklich kam mir alles vor, was ich an diesem Vormittag erlebte.

An einem der nächsten Morgen, ich kann mich noch gut erinnern, klopfte es laut und energisch an das Fenster meines im Parterre gelegenen Zimmers in der Pension Romana. Ich fuhr aus dem besten Schlaf in die Höhe und sah auf die Uhr. Noch nicht sieben, keine Zeit für Besucher in diesen Tagen, wo ich immer erst spät nach Mitternacht zu Bett kam. Reichlich verdöst öffnete ich das Fenster und sah im fahlen Licht der nebligen Frühe auf dem nassen Asphalt der Akademiestraße den Dichter Paul Ernst, das damals wohl bekannte Haupt der neoklassischen Schule, vor mir stehen. Obwohl ich seit einiger Zeit an die überraschendsten Besucher gewöhnt war, hätte ich diesen Mann am wenigsten bei mir erwartet, noch dazu in dieser unanständigen Stunde.[145]

Wir kannten uns nur oberflächlich. Ich hatte Paul Ernst das eine oder andere Mal in den Sitzungen unseres Revolutionskomitees getroffen, dem sich dieser erzkonservative Dichter zu meiner nicht geringen Verblüffung angeschlossen hatte. Was ihn dazu bewogen hatte, eröffnete er uns bald darauf in einer Erklärung, die er mit teils feierlicher, teils grimmiger Stimme vortrug: Er habe bisher an die Sendung und das heilige Amt der deutschen Kaiser geglaubt, wovon seine Dramen Zeugnis ablegten, jetzt aber sei dieser Glaube durch die feige und verächtliche Flucht des abgedankten Kaisers nach Holland aufs tiefste erschüttert, so tief erschüttert, daß er ja zu dem Umsturz sage und sich uns zur Verfügung stelle.

Er sei gesonnen, sein Wort zu halten, kündigte er mir an, als er mit einem Rucksack über seinem Lodenmantel mein unaufgeräumtes Zimmer betrat. Er legte Rucksack und Mantel ab und zeigte sich meinen erstaunten Blicken in einem schwarzen, langschößigen Gehrock, wie ich ihn vor zehn Jahren als Abiturient hatte tragen müssen. Er ließ mich sogleich wissen, daß er da keine Züge mehr gingen, über fünf Stunden in der Nacht von seinem Gut im Isartal zu mir ans Siegestor gewandert sei. Den Gehrock trage er, da er sich entschlossen habe, Kultusminister in der noch nicht endgültig besetzten Revolutionsregierung Eisners zu werden. Er müsse mich deshalb bitten, sagte er ebenso entschieden weiter, ihn unverzüglich zu dem Ministerpräsidenten zu führen, zu dem ich doch wohl ungehinderten Zutritt habe. Ich war über dieses Ansinnen derart verblüfft, daß es mir zunächst die Sprache verschlug. Als ich sie gefunden hatte, versuchte ich dem ungeduldigen Mann beizubringen, daß der Ministerpräsident so über und über beschäftigt sei, daß er in dieser frühen Stunde unmöglich gestört werden könne. Außerdem brauche er, Paul Ernst, nach seinem anstrengenden Nachtmarsch etwas Ruhe und Stärkung. Ich machte ihm einen starken Tee zurecht und bat ihn, es sich bequem zu machen. Daraufhin ließ er sich endlich nieder, er schob seinen verrutschten Zwicker zurecht, strich sich über seinen buschigen Schnauzbart und kramte aus seinem Rucksack ein Bauernbrot und einen gelb schimmernden Butterlaib hervor. Noch bevor ich mich für diese damals in München unerreichbaren Genüsse bedanken konnte, erklärte er mir auf seine zugleich

gravitätische und dezidierte Art, daß es sich um Produkte seiner eigenen Landwirtschaft handle, die er mir mit gutem Gewissen empfehlen könne.
Wenn ich mich recht erinnere, ließ sich Paul Ernst im Lauf unserer Unterhaltung ausführlich über die Vorzüge einer gesunden und abwechslungsreichen Ernährung aus, ein Thema, das mir in diesen Zeiten reichlich deplaciert erschien. Um ihn abzulenken, erzählte ich ihm etwas über meine Herkunft. Er hörte mir, soviel weiß ich noch, teils zerstreut, teils mißbilligend zu und meinte schließlich kategorisch, daß es für mich nicht förderlich sein könne, in einer Industriestadt, wo so viel Verkommenheit herrsche, aufgewachsen zu sein.
Dann ließ er sich, obwohl noch keine zwei Stunden vergangen waren, nicht länger halten. Er griff nach Rucksack und Lodenmantel und drängte zum Aufbruch. Ich hatte inzwischen meine Uniform angezogen, die ich immer trug, wenn ich bei Eisner vorsprechen wollte.
Paul Ernst zu führen war nicht nötig. Zielstrebigen Schrittes zog er mich mit sich die am Morgen noch leeren Straßen entlang bis zum Promenadeplatz. Vor dem Amtssitz des Ministerpräsidenten standen zwei Wachen in betont lässiger Haltung, mit schief aufgesetzten Mützen und verkehrt umgehängten Gewehren. Sie nickten mir zu und ließen mich mit meinem Begleiter passieren. Schon in den Vorzimmern schlug mir jener unverwechselbare Geruch entgegen, den ich heute noch in den Nüstern habe, wenn ich an diese Revolutionstage denke, der Geruch von schlechten Zigaretten und stinkenden Pfeifen. Darin vor allem schien sich die neue Freiheit auszudrücken, daß fast jeder in den so leicht eroberten hoch offiziellen Räumen nach Herzenslust paffte und Asche auf das Parkett verstreute. Ich schob mich mit meinem Paul Ernst an der Seite durch die Gruppen eifrig diskutierender Inhaber frisch gebackener Ämter. Nach kurzem Klopfen öffnete ich behutsam die hohe Flügeltür, die zu Eisners Arbeitsraum führte. Er war allein und offenbar erst von der Matratze aufgestanden, die hinter seinem Schreibtisch am Boden lag. Aus diesem Zimmer war er die letzten Tage und Nächte kaum herausgekommen. Hier hatte er eine Regierung zu bilden versucht, in der sich alle Richtungen der Linken, nur nicht der extremsten, miteinander verbinden sollten. Hier hatte er Berichte entgegengenommen und einen Strom von Besuchern empfangen. Ich selber hatte freien Zutritt zu ihm. Auf seinen Wunsch hatte ich mich in einigen der Münchener Kasernen umgesehen und ihm über die Zustände, die ich dort antraf, berichtet. Überraschungen hatte ich nicht mehr zu melden.
Dieser eben erst zur Macht gekommene Mann war zwar von großer Bescheidenheit, aber ebenso entschieden in seinen Entschlüssen, die mehr

moralischen als politischen Motiven entsprangen. Narren und Wichtigtuer duldete er so wenig wie Anmaßungen und Gewalttätigkeit. Ich habe es mehr als einmal erlebt, daß er alles liegen und stehen ließ, um Exzesse, von denen er hörte, schon im Keim zu ersticken.

Das also war der Mann, dem ich an diesem Morgen die Bitte meines hartnäckigen Besuchers vortrug, ihn in einer dringenden Angelegenheit zu sprechen. Worin sie bestand, verschwieg ich wohlweislich. Kurt Eisner, der frühere Mitarbeiter der Frankfurter Zeitung, war mit der zeitgenössischen Literatur vertraut und er lächelte, als ich ihm den Namen meines Besuchers nannte. Mir zu Gefallen, meinte er, sei er gern bereit, den Wanderer aus dem Isartal ein paar Minuten anzuhören, schon um ihn nicht allzu sehr zu enttäuschen.

Paul Ernst hatte unterdessen draußen gewartet. Ich nahm ihn beim Arm, führte ihn hinein und stellte ihn vor. Ich war auf allerhand gefaßt, nur nicht auf das, was jetzt folgte. Der Verkünder des Neoklassizismus richtetet sich in seinem Bratenrock empor, hielt seinen Zwicker fest und machte dann vor dem Ministerpräsidenten eine Verbeugung, eine tiefe Reverenz von den Hüften abwärts, wie sie nicht tiefer vor einem der gerade gestürzten Könige hätte exekutiert werden können. Danach zog ich mich zurück, nicht ohne den belustigten Blick Eisners aufgefangen zu haben.

Wie das Gespräch zwischen den beiden ungleichartigen Männern verlief, habe ich nie erfahren. Der Ausgang freilich war abzusehen. Schon nach kurzer Zeit kam Paul Ernst wieder zum Vorschein, schüttelte enttäuscht und gekränkt sein Haupt, griff mit der gleichen grimmigen Entschlossenheit, die ich den ganzen Morgen an ihm hatte beobachten können, nach Hut, Mantel und Rucksack und entschwand meinen Blicken.

Etwa anderthalb Jahre später sah ich ihn wieder. Ich wohnte damals, in den bösen Jahren der Weimarer Republik, in Seeshaupt am Starnberger See.[146] Der Lyriker Ernst Blass, mein guter Freund aus der Heidelberger Zeit, war für ein paar Tage bei mir zu Gast. Paul Ernst hatte davon erfahren und lud mich mit dem selber klassizistisch gewordenen Ernst Blass, in dem er einen Jünger zu erblicken glaubte, zu einem Besuch auf sein Gut im Isartal ein. Der Weg war nicht weit.

Das erste, was uns auffiel, als wir das geräumige, von Wiesen und dunklen Waldstrichen umrahmte Gutshaus betraten, waren die Bücher. Sie standen dicht gereiht in Schränken und auf Regalen die bis zur Decke reichten. Sie standen in allen Zimmern, die wir zu sehen bekamen, selbst in den Gängen. Einen Überblick zu gewinnen, war in der kurzen Zeit nicht möglich, und erst später erfuhr ich, daß ich vor einer der schönsten und reichhaltigsten Privatbibliotheken Deutschlands gestanden hatte. Aber auch so waren Schätze genug zu sehen. Angeregt durch unsere bewundernden Blicke erzählte uns Paul Ernst, daß er von Jugend an beharrlich und systematisch Bücher gesammelt habe, die meisten in einer Zeit, als man noch die seltensten Exemplare überall in Europa an versteckten Orten um ein Butterbrot habe kaufen können. Ich kannte und schätzte Paul Ernst seit langem als Herausgeber und als Übersetzer alter klassischer Novellen, auch als Erzähler eigener Geschichten, und der Mann, der sich mir in München so wenig vorteilhaft präsentiert hatte, begann mir fast sympathisch zu werden, als er uns mit behutsamen Fingern eine Kostbarkeit nach der anderen vorlegte und zu jeder die Geschichte ihres Erwerbs zu berichten wußte. Störend war nur wieder der verbissene Ernst, der sich an ihm zeigte, als er die Glastüren seines Empireschranks öffnete und darauf hinwies, daß er nicht eher geruht habe, bis die hier aufgestellten Zeitschriften der Romantik, die Schillerschen Horen und die Almanache der klassischen deutschen Epoche vollständig und in tadellos erhaltenen Exemplaren in seinen Besitz gekommen seien.

Während der paar Stunden unseres Besuches wurde der fatale Novembermorgen in München mit keinem Wort erwähnt. Nur ein paar bissige Bemerkungen über die derzeitigen politischen Zustände ließen darauf schließen, daß Paul Ernst nicht mehr daran erinnert werden wollte. Wie sehr er inzwischen tatsächlich wieder der Alte, der Erzreaktionär, geworden war, sollte sich bald offen zeigen. Er führte uns nach seinen Büchern seine Zuchttiere, darunter auch seine Schweine vor. Er deutete auf ein besonders fettes, rosiges Exemplar, das grunzend und schnuppernd in seinem Gehege umherlief. „Dieses Schwein", sagte er mit grimmiger Genugtuung, „habe ich Erzberger[147] getauft. Finden Sie nicht, daß eine Ähnlichkeit besteht?"

Wir fanden es nicht und eilten kurz darauf von dannen. Ernst Blass war von seiner Verehrung geheilt. Ich selber sah Paul Ernst nie wieder, schon darum nicht, weil das Objekt seines Spottes, eben dieser Erzberger, ein paar Wochen später, wie Eisner vor ihm, ermordet worden war.[148]

## „Revolution" und „Neue Erde"

Man hat die deutsche Revolution, an der ich Anfang November 1918 in München beteiligt war, hinterher als bloßen Zusammenbruch oder gar als einen Militärstreik bezeichnet.
Für uns, meine Freunde und mich, und für Millionen Frontsoldaten bedeutete die Abdankung der deutschen Herrscherhäuser und des bisher bestehenden Machtapparates aber nicht nur das Ende des sinnlosen, mörderischen Krieges, nicht nur Rettung und Befreiung, sondern unendlich viel mehr: die Hoffnung, ja die Zuversicht, daß aus dem Umsturz eine neue und bessere Welt erstehen werde.
Ich kann mich noch gut erinnern, wie mir in diesen Tagen Rainer Maria Rilke auf der Münchener Ludwigstraße begegnete. Ich trug die feldgraue Uniform eines bayrischen Kavallerieleutnants, von der freilich, wie es sich für einen Revolutionär gehörte, alle Rangabzeichen abgetrennt waren. Ich war von dem gerade in seinem Amt am Promenadeplatz installierten Ministerpräsidenten Kurt Eisner gekommen, der mich zu einer Art von militärischem Adjutanten gemacht hatte. Rilke kam auf mich zu, er war an diesem Vormittag ebenso aufgewühlt wie wir alle. Die tiefe, manchmal bis zur Verzweiflung sich steigernde Melancholie, die ich während der letzten Kriegswochen bei meinen Besuchen in seiner in der Ainmillerstraße gelegenen Atelierwohnung hatte beobachten können, schien jetzt von ihm abgefallen. Ich entsinne mich, wie er mitten im Gespräch seine Hand ausstreckte, sie einige Male öffnete und schloß, als umspannte sie einen Gegenstand. „So reif ist die Zeit", sagte er zu mir, „man kann sie jetzt formen". Diese Worte, die ich nicht vergessen habe, trafen genau die Stimmung, in der wir damals lebten.
Ich wohnte in einem geräumigen Parterrezimmer der einst wohlbekannten, heute verschwundenen Pension Romana, Akademiestraße 7, dicht beim Siegestor. Mein Zimmer hatte einen separaten Eingang und war gleich von der Straße aus zu erreichen. Es ging damals hoch bei mir her. Gesellig, wie ich war, ließ ich mir die vielen Besucher gefallen, die eifrigen Boten, die die neuesten Nachrichten brachten, und die hilfsbereiten jungen Damen aus den umliegenden Schwabinger Pensionen. Besonders gut erinnere ich mich an die Nächte, in denen wir bis lang nach Mitternacht bei nie versiegendem Tee und umhüllt von Tabakswolken diskutierend beieinandersaßen.
In einer dieser Nächte muß es zu dem Plan gekommen sein, die Stimmung, in der wir lebten, im Druck festzuhalten. Wir dachten nicht an eine Zeitschrift im üblichen Sinn, schon darum nicht, weil wir damals so rasch keinen

# Revolution

## Wochenschrift
## An Alle und Einen

30 Pf.   Samstag den 23. November 1918   Nr. 1

Inhalt:

FRIEDRICH BURSCHELL: Der Mensch steht auf!
* * * * : Die alten Parteien
ALFRED WOLFENSTEIN: Ueber der Revolution das Revolutionäre!
OSKAR SCHÜRER: Märzpsalm
MARTIN SOMMERFELD: Bildung — Umbildung
CARL ERNST MATTHIAS: Der Seher
   Glossen: AWo: Die Klötze / Albert Rapp: Die Studenten

## Der Mensch steht auf!

Nicht Freude oder Schmerz — das war einmal — Entschlossenheit ziemt seinen Zügen.

Die Toten sind begraben, die namenlosen, ungezählten Menschenbrüder; doch zur erfüllten Zeit im Buch des Lebens stehen Zahl und Namen herrlich eingezeichnet.

Denn jetzt erhebt der Lebende sein Haupt, aus Sünd und Mord, und duldet es nicht länger und über ihm, dem Himmel näher, wehn seine Fahnen rot wie Blut, der Schreck der alten, untergehnden Welt, wehn seine kühnen, starken Fahnen, rot wie sein Blut und das der Brüder, das heilige, lebendige Blut!

Der Mensch steht auf!

Er will des Namens würdig werden, der alle Teufel teuflischer beschämte. Freilich, er war nicht schlechthin schlecht, der eine Mensch, Du oder jener, er war so gut und schlecht wie alle anderen, die sich gefallen ließen, daß der Name zu niemals ganz begriffenen Sünden sich ergab.

Der Mensch steht auf, gewaltig wie das Schicksal, aus Leid und Ekel, und seines Namens Würde sieht er mit Demut neu in seine Hand gegeben. Noch ist nichts ausgelöscht, noch brennen alle Sünden, der Weg ist weit und diese Erde scheint nicht zum Paradies gemacht. Nur daß der Mensch jetzt aufrecht steht, ein Büßender, der seinen Sprung getan, nur daß Entschlossenheit dem Antlitz ziemt.

Der Weg ist weit, ein anderer Krieg beginnt, ein friedlicher, mit guten Waffen. Der Mensch will seines Namens würdig werden, er ruht nicht mehr, er ruft die Bruderhände, sinnlos und einsam stand er ehmals da, jetzt hat die Arbeit Sinn, jetzt warten Brüder und ob der Weg unendlich sei.

Zur Liebe geht es, zum Verschwiegensten, zum Schwersten und zum einzigen Ziel der Erde.

Verdammt ist jeder Schritt, der sich vom Weg verliert, verdammt sind Mauern, zugeschlossene Tore, verdammt ist jedes nicht gesprochene Wort, das zwischen Mensch und Mensch noch Ferne hält.

Zur Liebe geht es, zur erfüllten Zeit, zum leichten Dienen und zum leichten Herrschen, zur Heiterkeit des Schenkens und des Nehmens; o laßt uns ruhig Schwärmer sein, weil Menschsein Schwärmerei bedeutet.

Doch jetzt, da um des Namens willen der Mensch aufsteht, ist er entschlossen und sonst nichts. Der Weg sei auch unendlich weit, er sieht das Ziel, es kann nichts andres wie die Liebe sein. Und er, der so viel sinnlos litt, wird gerne für das Höchste leiden.

Denn über ihm und dem bestürmten Himmel näher wehn seine Fahnen rot wie Blut, zum Schreck der alten, untergehnden Welt, wehn ihm zum Sieg die kühnen, starken Fahnen, rot wie das Menschenblut und strahlend wie die Liebe.

*Friedrich Burschell*

1

Verleger gefunden hätten. Denn rasch mußte es gehen, wenn wir zum Zug kommen wollten.
Tatsächlich und erstaunlicherweise ist die erste Nummer unsrer Druckschrift in weniger als zwei Wochen herausgekommen, erstaunlich deshalb, weil ich schon damals das Gegenteil eines betriebsamen Menschen war. Gewiß hätte ich es ohne Freunde nicht geschafft. Zwei vor allen standen mir zur Seite: der Lyriker Alfred Wolfenstein[149], von Natur unglücklich, dabei höchst ehrgeizig und enthusiastisch, und der später im amerikanischen Exil verstorbene Literarhistoriker Martin Sommerfeld[150], ein gutes Gegengewicht mit seinem klaren Verstand.

Revolution. An Alle und Einen

stand in balkendicken Lettern am Kopf unsrer für dreißig Pfennig erhältlichen Wochenschrift. Sie war ohne Umschlag, umfaßte nur acht Seiten und sah mit ihrem billigen Druck wie ein erweitertes Flugblatt aus.[151] Sie ist, sagt man mir, zu einer Rarität geworden. Mir selber sind in meinem turbulenten Leben alle Exemplare abhanden gekommen. Nur eine Nummer habe ich jetzt auftreiben können, die gleiche, die in der Expressionismus-Ausstellung des Deutschen Literaturarchivs in Marbach am Neckar und später auch in anderen Städten zu sehen war.[152]
Aus dem beigefügten redaktionellen Vermerk kann ich ersehen - was meinem Gedächtnis entfallen war -,daß ich nicht nur als Herausgeber „unter Mitwirkung von Kameraden", sondern auch als Verleger gezeichnet habe. Dabei fällt mir eine kuriose Episode ein. Kurz nach dem Erscheinen der ersten Nummer trat in mein Zimmer ein Mann, der sich als Beamter des Polizeipräsidiums vorstellte und mich fragte, ob ich eine behördliche Genehmigung zwecks Errichtung eines Verlages vorweisen könne. Ich hatte einige Mühe, um dem Mann, der sich offenbar noch immer als königlich bayerischer Vollzugsbeamter fühlte, auseinanderzusetzen, daß andre Zeiten angebrochen seien.
In welchem Sinn ich diese Zeitschrift führen wollte, geht aus dem Anfang meines Vorworts zur zweiten Nummer hervor:
„Zu keinem anderen Ende darf, was jetzt als Revolution geschehen ist, unternommen sein, als um das einzige und wahre Ziel der menschlichen Bemühungen, die diesen Namen verdienen, die liebende Gemeinschaft und das Erfülltsein Gottes, wirklich zu machen.
Politik, die mitzumachen ist, darf nur den einen Sinn haben, es dem Menschen überhaupt zu ermöglichen, sich auf seine Bestimmung zu besinnen.

Politik, die im Ernst mitzumachen ist, hat nur den einen Sinn, den Menschen frei und natürlich werden zu lassen, ihn der Erde, seinem Boden, wiederzugeben, ihn atmen zu lassen, ihm Zeit zu schenken und all die dummen, zufälligen Leiden der Armut und Unterdrückung von ihm zu nehmen.
Denn Leid bleibt auch so noch genug übrig, auch im besteingerichteten Staat und auf der besten Erde, und nicht die Politik ist es, die den Menschen selig macht.
Der Mensch muß wissen, wozu er lebt; er unterscheidet sich vom Tier durch seine Vernunft; er muß ein Ziel haben, das den Aufwand wert ist und die dunklen Wohnungen der Erde mit dem tröstlichen Schein der letzten Gewißheit erleuchtet..."[153]

Das ist, wenn auch nicht ganz der Sprache, so doch der Gesinnung nach, reiner Expressionismus. Ich hatte schon kurz vor dem Krieg, in Heidelberg, so zu schreiben begonnen, für die „Argonauten", eine Zeitschrift, die von dem heute zu Unrecht vergessenen Lyriker Ernst Blass auch unter Mitwirkung von Freunden herausgegeben wurde.

Denn eine Gemeinschaft von Freunden gehörte durchaus zu dieser Bewegung, die sich, wie man weiß, nicht nur auf die Literatur beschränkte. Doch es war kein kollektives Bewußtsein, das uns vereinte. Der Begriff des Kollektivs tauchte erst später auf. Wir waren und blieben Individualisten, und das gerade schien uns das Wesen der eben erst gewonnenen Freiheit zu sein, daß jeder sich seiner Art entsprechend ausdrücken konnte.

Bei mir nun war alles oder so gut wie alles, was ich damals schrieb, religiös gemeint. Ich kam von Hamann, dem dunklen Magus des Nordens, her, von Kierkegaard und von Tolstoj. Ich glaubte an einen Gott, den deus absconditus, der nach dem Menschen ruft und seine Hilfe braucht, um sich zu erfüllen. Ich glaubte an einen Gott, den deus absconditus, der nach dem Menschen ruft und seine Hilfe braucht, um sich zu erfüllen. Ich glaubte an keine der bestehenden Kirchen und zog in meinem frommen Radikalismus die Konsequenz, indem ich aus der protestantischen Religionsgemeinschaft austrat.

Die erste Nummer der Wochenschrift hatten, da so rasch keine Beiträge von auswärts zu erhalten waren, meine Münchener Freunde bestritten. Zur zweiten Nummer kam ein Beitrag aus Berlin, der mich besonders freute. Er stammte von Oskar Loerke, mit dem ich schon von meinen Berliner Studentenjahren her gut bekannt war. „Die Stimme des Dichters" nannte sich der Artikel. Er war von rührender Bescheidenheit, ganz unpolitisch und weit entfernt von dem ekstatischen O-Mensch-Gestammel, das damals Mode zu werden begann. Darin stand zu lesen:

„Wer von uns mit seinem Geist die Zeit zur Eile gepeitscht hat, wird jetzt seine beiden Hände leihen, um zuzugreifen. Aber er vergesse nicht, daß ihm nur zwei Hände gewachsen sind, und er schreie nicht, er habe so viele wie ein asiatischer Dämon. Scham und Zorn brennt uns angesichts der tatenlos beflissenen Ruhmredigkeit der anerkannten Künstler von Rang *und der mit ihnen verbündeteten anmaßenden Geschäftsmänner der Kunstbranchen,* die ein größeres Gehör haben als wir. Wir erlebten im November 1918 den August 1914 mit all seinem eitlen Donnerhall, Schwertgeklirr und Wogenprall. Wer damals mit hohlen Reden auf dem Plane war, ist heute wieder da. Neben frechem Renegatentum hohle Prahlerei und Verlogenheit..."[154]
Ähnlich, nur noch schneidender, äußerte sich in der gleichen Nummer mein alter Freund Ernst Bloch. Sein Beitrag kam aus der Schweiz, wohin er während des Krieges, wie Hugo Ball[155], Leonhard Frank[156] und andere, emigriert war, um offen gegen das kaiserliche Deutschland protestieren zu können. So sehr er auch jetzt mit uns den Umsturz begrüßte, konnte er sein Mißtrauen gegenüber der weiteren Entwicklung nicht unterdrücken, womit er nur zu recht behalten sollte.
Aber nicht deshalb sind von der „Revolution" im ganzen nur zwei Nummern erschienen. Eher schon deshalb, weil die Redaktion in dem dafür nicht gebauten Pensionszimmer schlecht weiterzuführen war. Außerdem hatte sich sehr bald ein richtiger Verleger gefunden: Walter Schmidkunz[157], der idealistisch angehauchte Besitzer des heute nicht mehr existierenden Dreiländerverlags. Er hatte seine Räume gleich hinter dem Siegestor in einem der palastähnlichen Häuser an der Leopoldstraße. Wie andre Münchener Verlage war auch Schmidkunz dabei, sich auf die neuen Zeiten umzustellen. Demgemäß gab es bei ihm viel zu tun. Ich konnte ihm helfen, zwei Büchereien in kleinem Format herauszubringen: zunächst Die Pforte, eine Sammlung literarischer Art. Eine Novelle Oskar Loerkes erschien darin und unter anderem auch eine eigene Arbeit, das Gespräch „Vom Charakter und der Seele", das ich schon vor dem Krieg in Heidelberg geschrieben und zuerst in den „Weißen Blättern" veröffentlicht hatte.[158] An diese Reihe schloß sich eine zweite, die sich ganz im Charakter der Zeit „Dokumente der Menschlichkeit" nannte. Der Ankündigung zufolge sollten darin „die Führer und Lehrer menschlicher Erhebung als Mithelfer am beginnenden Neubau der Welt" zu Wort kommen, von Thomas Morus über Fichte, Kant, Wilhelm von Humboldt und Jean Paul mit seiner Friedenspredigt bis zu dem frühen Sozialisten Louis Blanc[159]. Es war eine sehr verdienstvolle, ausschließlich pädagogisch und humanistisch gemeinte Auswahl kleinerer Schriften zu billigem Preis.

Dieser Verlag also war es, der unsre „Revolution" in veränderter und erweiterter Form übernehmen wollte. Auf Wunsch des Verlags sollte ich diesmal die Redaktion unter eigener Verantwortung führen, und bereits nach ein paar Wochen kam eine richtige Zeitschrift heraus, sorgfältig ausgestattet und gut gedruckt. Um sie noch attraktiver zu machen, waren jeder Nummer ein oder zwei Originalgraphiken beigeheftet. Der Suche nach ihnen verdankte ich die Bekanntschaft mit Max Unold[160] und Richard Seewald[161].

Auch der Titel wurde geändert. Revolution klang mir denn doch zu laut und kategorisch, zu sehr auf bloße aktuelle Politik gestimmt. „Neue Erde" schien mir besser die damals verbreiteten chiliastischen Erwartungen auszudrücken. In diesem Sinn schrieb ich die Einführung zu der ersten Nummer:

„Diese Zeitschrift will die Tendenzen weiterführen, die in den beiden Flugblättern „Revolution, An Alle und Einen" zum Ausdruck kamen. Sie will versuchen, die menschlichen, warmen, gütigen und lebendig-leidenschaftlichen Stimmen zu sammeln, die jenseits des Lärms und der bloßen politischen Betriebsamkeit zum allein Wichtigen aufrufen, zur Revolutionierung des Einzelnen, zur Besinnung, daß entscheidend neue Dinge auf dieser Erde nicht möglich sind, wenn sie nicht zuvor der Bereitschaft und Erneuerung des Herzens entspringen.

Sie betreibt keine andere Sache als die der Reinheit und der Menschlichkeit und fühlt sich an keinerlei Rücksicht gebunden.

Sie will in nichts zum Haß beitragen, der lange genug die Erde verfinsterte; und wenn sie auch gegen Lüge, Heuchelei und alle offenen und verkappten Mächte der geistlosen Gewalt ankämpft, so tut sie es mit Überredung und einem nicht auszulöschenden Glauben, daß die freilich nicht leichten Wahrheiten der Liebe in allen menschlichen Beziehungen wenigstens eingesehen werden müßten.

Denn die Einsicht tut viel und die Menschen sollten reif sein, das Schicksal der bewohnten Erde in ihre Hand zu nehmen und es so zu beeinflussen, das das Reich des Guten und des Lichts nicht bloß in den Büchern und Verheißungen stehen bleibt."[162]

Eine so schwärmerische und erwartungsvolle Sprache wäre heute undenkbar. Man kann jetzt, wo man nüchterner, härter oder schnöder geworden ist, über sie und über uns junge Menschen lächeln, die dem ersten Weltkrieg entronnen waren. Doch sollte man, scheint mir, es nicht aus Mitleid tun, eher in der wehmütigen Erkenntnis, um wieviel ärmer wir geworden sind.

Meine früheren Mitarbeiter waren mir treu geblieben. Neue kamen hinzu: Martin Buber, Regina Ullmann[163], Hermann Kasack[164], Adolf von Hatzfeld[165], Gustav Sack[166] mit einer nachgelassenen von Rilke besonders

# NEUE ERDE

*Eine Halbmonatsschrift*

Herausgeber Friedrich Burschell

Jährlich erscheinen 24 Hefte • Vierteljahr M. 6.— • Einzelheft M. 1.30
Erster Jahrgang / Erstes Heft

## INHALT

Jean Paul / Aus der Friedenspredigt
Ernst Bloch / Absicht
Hermann Kasack / Die Maske
Martin Buber / Gemeinschaft
Sommerfeld / Wider die sogenannte Pressefreiheit
Friedrich Burschell / Ansprache
Oskar Schürer / Aus den „Sonetten"
Alfred Wolfenstein / Entbrenne!
Oskar Loerke / Die beiden Götter
Bemerkungen / Besprechungen
Graphik: René Beeh / Originallithographie: Die Stadt
Graphik: Richard Seewald / Urias, David, Bathseba

München 1919

**DREILÄNDERVERLAG**
München, Heßstraße 41 * Wien IV, Viktorgasse 18 * Zürich (Schweiz)

geschätzten Erzählung aus dem Krieg und der bedeutende, mir von Heidelberg her bekannte Rechtslehrer Gustav Radbruch[167] mit einer luziden Arbeit „Völkerbundsgesinnung" betitelt, lange vor der Gründung des eigentlichen Völkerbunds geschrieben.
Meine eigenen Beiträge waren mit F.B. gezeichnet, was später zu der kuriosen Behauptung Anlaß gab, Franz Blei[168] sei der Autor. Unter ihnen ist einer, der mir noch heute Gültigkeit zu haben scheint. Ich hatte mir die inzwischen klassisch gewordene Schrift Lenins „Staat und Revolution" zur Betrachtung vorgenommen. Der Kommunismus russischer Prägung war damals erst im Entstehen begriffen und in seinem Wesen noch kaum erkannt. Meine Besprechung ist zu lang, um sie ganz zu zitieren. Nur den Schluß will ich an dieser Stelle der Vergessenheit entreißen:
„Hier ist der große Gegenspieler; noch steht ihm nichts Ebenbürtiges gegenüber, nur unser einsamer Glaube.
Hier ist der gigantische Wahnsinn des Rationalismus zur Wirklichkeit geworden.
Hier spuken die letzten, abgezogensten Reste der Hegelschen Philosophie, des Weltsystems ohne Ethik und der Selbstbewegung der Idee.
Freilich, Lenin will von Gedanken, soweit sie nicht wirtschaftlicher Natur sind, überhaupt nichts wissen; sie könnten ihn nur aufhalten, gleich und unmittelbar das nächste zu tun.
Er sieht nichts weiter als die bisherige Ungerechtigkeit der Zustände, man braucht sie nur aufzuheben, und mit dem einfachen Schluß der formalen Logik, daß die doppelte Verneinung die Bejahung ergeben muß, ist die Gerechtigkeit restituiert.
Die formale Logik, der kälteste, toteste, abgezogenste Begriff, schickt sich an, die Welt zu erobern.
Das Material, der Mensch, auf den es ankommt, braucht gar nicht näher untersucht zu werden. Er ist das Produkt seiner Umstände, und die formale Logik wird auch bei ihm alles gut werden lassen.
Die Mittel, mit denen das Ziel erreicht werden soll, bedürfen keiner Rechtfertigung, wenn sie nur durchgreifen und die Herrschaft garantieren. Später wird alles von selber gut; jetzt Qual gegen Qual, Mord gegen Mord; später gleicht sich alles von selber aus.
Es gibt nur eines, was diesem kalten Wahnsinn entgegenzusetzen ist; keine noch so gewappnete Zivilisation hält ihn mehr auf,
nur noch der Glaube an den Menschen, der mehr ist als seine Zustände und Einrichtungen,
nur noch der Glaube an die Kraft des wiedergeborenen Herzens,

nur noch der Glaube an die allem Verstand freilich unzugängliche Wahrheit, daß man sich zuerst um das Reich Gottes und der Liebe bemühen soll, und alles andre fällt einem dann wirklich von selber zu."[169]
In diesem Ton und dieser Gesinnung hätte ich und gewiß auch die meisten meiner Mitarbeiter gern weitergesprochen. Aber die Zeiten ließen es nicht zu. Streiks, die Einstellung des Postverkehrs und andre Erschwerungen des täglichen Lebens verhinderten das weitere Erscheinen der Zeitschrift. Außerdem war Kurt Eisner Ende Februar 1919 ermordet worden. Ich konnte ihm noch einen kurzen Nachruf widmen, worin es hieß, daß er deshalb ermordet worden sei, weil er der einzige politische Führer in Deutschland war, der zur Richtschnur das moralische Gewissen hatte, der gleiche Mann, der lieber, wie ich aus persönlicher Erfahrung wußte, seine Verfügungen und sein Ansehen über den Haufen warf, bevor er es zuließ, daß Menschen ermordet würden.[170]
Die Räterepublik, an der ich keinen Anteil haben wollte, folgte bald darauf und rasch dahinter der unbarmherzige weiße Terror, den man aus der unglückseligen deutschen Geschichte kennt oder doch kennen sollte.[171]
Damit war die Neue Erde nach drei Nummern begraben, und ich verließ das mir unleidlich gewordene München.

# Anhang

# Anmerkungen

## Kindheit in Ludwigshafen am Rhein (1889-1898)

[1] **Meine Eltern**: Friedrich Ludwig Wilhelm Burschell (1857-1926) und Emma Friederike, geb. Nuzinger (1862-1953).
Friedrich Ludwig Wilhelm Burschell wurde am 16. November 1857 in Speyer als Sohn des Stadtuhrmachers Johann Friedrich Burschell und seiner Frau Auguste Carolina Wilhelm geboren. Der Familientradition folgend erlernte er das Uhrmacherhandwerk. Anfang der 80er Jahre ließ er sich in Ludwigshafen nieder. Nach seiner Heirat bezog er im Mai 1888 das Haus Oggersheimerstraße 5, in dem ein Jahr später sein erstes Kind zur Welt kam. Friedrich Wilhelm Burschell war ein angesehener Meister seiner Zunft. Er führte den Titel Landesgewerberat und bezeichnete sich auch nach 1918 in Werbeanzeigen als Hoflieferant. Friedrich Burschell hat seinen Vater folgendermaßen beschrieben:
„Er war bis auf wenige Jahre vor seinem Tod ein Mann, wie ich kaum jemals einen gesehen habe, imponierend anzuschauen, groß und stattlich, mit hoher Stirn und kräftigen Gliedern. Er war ein Mann von Gewicht in allem und jedem. Ohne sonderlich dick zu wirken, wog er in seinen besten Jahren einige Kilo über zwei Zentner. Daß ein solcher Mann die Genüsse der Erde liebte war durchaus verständlich." (F.B: *Bild meines Vaters*, in: *Vossische Zeitung* vom 29. Mai 1933)
Friederike Nuzinger stammte aus Mosbach am Neckar. Sie war das älteste von neun Kindern, sechs Brüdern und drei Schwestern. Ihr Vater hatte es durch ein florierendes Baugeschäft zu einigem Wohlstand gebracht. Allein für die musikalische Ausbildung der Kinder besaß die Familie mehrere Klaviere. Zur Hochzeit bekam Friederike u.a. vier wertvolle, die Jahreszeiten symbolisierende Sèvres-Uhren als Mitgift. Burschells Mutter war künstlerisch begabt, sie malte und zeichnete feine Landschaften und Kindergesichter. Nach der Zerstörung ihrer Wohnung in Ludwigshafen zog sie 1943 zu einem Bruder nach Heidelberg. Nach dessen Tod lebte sie noch einige Jahre im Altersheim.
Friedrich Burschell hatte zwei Geschwister, Valerie (1890-1972) und Richard (1900-1948), die er weder in seinen *Erinnerungen*, noch an anderer Stelle je erwähnt. Die Familie lebte im Gegensatz zu Aussagen Burschells in großbürgerlichen Verhältnissen. Angeblich war ein Vermögen von mehreren 100.000 Reichsmark vorhanden.

[2] **Oggersheimer Straße**: heute Bahnhofstraße

## Ostern in Speyer. Ein Intermezzo

[3] **Luitpold, Prinzregent von Bayern** (1821-1912). Der dritte Sohn König Ludwigs I. war seit 1886 Regent für seine geisteskranken Neffen Ludwig II. und Otto I.

# Gymnasiastenjahre (1899-1908)

[4] Der Griechischlehrer hieß **Eugen Rech**.

[5] *Simplicissimus*: Die politisch-satirische Wochenschrift wurde 1896 von Albert Langen in München gegründet. In der Kaiserzeit und während der Weimarer Republik übte der *Simplicissimus* vor allem durch die erfindungsreichen und bissigen Karikaturen von Thomas Theodor Heine, Olaf Gulbransson u.a. schärfste Gesellschaftskritik.

[6] *Sozialistische Monatshefte*: 1895 unter dem Titel *Der sozialistische Akademiker* in Berlin gegründete theoretische Zeitschrift der Sozialdemokratie, die - seit 1897 unter neuem Namen - bis zum Jahre 1933 erschien. In dem Versuch ein publizistisches Gegengewicht zur bürgerlichen Presse zu bilden, propagierten die *Sozialistischen Monatshefte* den wissenschaftlichen Sozialismus und traten für die Sozialdemokratie als parlamentarische Kraft ein. Zum Profil der Zeitschrift gehörte ein breites Spektrum sozial- und bildungspolitischer Themen, literarische Texte wurden selten abgedruckt. Zur Zeit ihrer größten Resonanz (1901) verzeichneten die *SM* 2900 Abonnenten.

[7] **Franz Josef Ehrhart** (1853-1908), Tapeziermeister, Möbelhändler und Politiker. Als Mitbegründer der pfälzischen sozialdemokratischen Partei war Ehrhart seit 1890 Mitglied des Stadtrates, seit 1893 des Land- und seit 1898 des Reichstages.

[8] **Ludwig Feuerbach** (1804-1872), Philosoph.
Ausgehend von Hegel entwickelte Feuerbach einen antimetaphysischen Sensualismus materialistischer Tendenz. In seinem Hauptwerk *Das Wesen des Christentums* (1841) setzt er der von ihm als Projektion menschlicher Wünsche verstandenen Religion eine als Universalwissenschaft gedachte „Anthropologie" entgegen, durch die er den Menschen in seine Diesseitigkeit verweist. Feuerbachs Werke hatten einen wesentlichen Einfluß auf die atheistischen Strömungen des 19. Jahrhunderts.

[9] **Jacob Moleschott** (1822-1893), niederländischer Arzt, Physiologe und Philosoph.
Nach einem Studium der Medizin arbeitete Jacob Moleschott als Arzt in Utrecht. 1847 bis 1854 lehrte er als Privatdozent in Heidelberg und veröffentlichte Schriften zur Physiologie. In Heidelberg lernte er 1848 Ludwig Feuerbach kennen, der seine erkenntnistheoretischen Überlegungen beeinflußte. Aus der Einheit von Kraft und Stoff schloß Moleschott auf die stofflich-physiologische Natur der seelisch-geistigen Vorgänge. Jacob Moleschott, der 1857 eine Professur in Zürich erhielt und 1879 durch Francesco de Sanctis an die Universität Rom berufen wurde, gehört neben Carl Vogt und Ludwig Büchner zu den bedeutendsten Vertretern des wissenschaftlichen Materialismus. Seine exakten Untersuchungen hatten großen Einfluß auf die Entwicklung der Physiologie.

[10] **Ludwig Büchner** (1824-1899), Arzt und Philosoph.
Ludwig Büchner war der jüngere Bruder des Dichters Georg Büchner. Er wurde durch sein Buch *Kraft und Stoff* (1855), der „Bibel des Materialismus", zum bekanntesten Vertreter des Materialismus seiner Zeit. Mit seinen eher populärwissenschaftlichen

Büchern weckte er das Interesse weiter Kreise an naturwissenschaftlichen Problemen und Fragestellungen.

[11] **Edikt von Nantes.** Berüchtigt war nicht das am 13. April 1598 von König Heinrich IV. erlassene Edikt, das zwar das katholische Bekenntnis als Staatsreligion festschrieb, den Hugenotten aber viele Freiheiten einräumte, sondern die Aufhebung desselben durch Ludwig XIV. Erst das Edikt von Fontainebleau vom 18. Oktober 1685 zwang zahllose Hugenotten zur Flucht ins Ausland.
Burschells Vorfahren stammten, der Familiengeschichte zufolge, aus dem flämischen Tournai (vgl. S. 173). Burschells Überzeugung nach war der Name seiner französischen Ahnen erst auf dem Wege zum späteren „Burschell" und bildete eine Sprachwurzel, aus der sich auch der Name des englischen Komponisten Henry Purcell herausbildete.

## Sommerwochen in Frankreich

[12] **Friedrich Gerstäcker** (1816-1872), Weltreisender und Schriftsteller.
Nach einer Ausbildung zum Kaufmann durchreiste Gerstäcker 1837 bis 1843 Amerika und unternahm später noch vier große Weltreisen und viele kleinere Expeditionen, deren Ergebnisse er teils als Reisebilder herausgab, teils in spannenden Romanhandlungen verarbeitete (z.b. *Die Flußpiraten des Mississippi*, 1848). Er erweiterte die Thematik des völkerkundlichen Romans in Deutschland durch die Einführung der Länder Südamerikas, Australiens und Ozeaniens. Seine Berichte über Amerika bilden aufgrund seiner scharfen Beobachtungsgabe eine zuverlässige, durch ethnographische Studien angereicherte, Geschichtsquelle.

## Auf der Düsseldorfer Theaterakademie

[13] **Josef Kainz** (1858-1910), österreichischer Schauspieler.
Seit 1883 spielte Kainz am Deutschen Theater in Berlin, seit 1899 am Wiener Burgtheater. Brillant interpretierte er vor allem die großen Jünglingsgestalten des Romeo, Hamlet und Don Carlos. Durch sein wirklichkeitsnahes Sprechen, das abstach vom hohlen Pathos seiner Zeit, war er von großem Einfluß. Als Begründer einer modernen, mit psychologischen Mitteln arbeitenden Schauspielkunst, zählt Josef Kainz zu den größten Mimen der Jahrhundertwende.

[14] **Wolfgang Heribert Reichsfreiherr von Dalberg** (1750-1806), Bühnenleiter und Dramatiker.
Dalberg war 1778 bis 1803 Intendant, seit 1780 auch künstlerischer Leiter des Mannheimer Nationaltheaters. Er förderte Schiller und ermöglichte die Uraufführung

der *Räuber* (1782) und der *Verschwörung des Fiesko zu Genua* (1784). Er schrieb auch selbst einige allerdings unbedeutende Dramen.

[15] **August Wilhelm Iffland** (1759-1814), Schauspieler, Theaterdirektor, Dramatiker. Auf einen Ruf Dalbergs hin kam Iffland 1779 an das Mannheimer Nationaltheater und wurde erster Franz Moor in Schillers *Räubern*. Als Charakterdarsteller trat er besonders in komischen und rührseligen Stücken auf. Seit 1796 war er in Berlin tätig, das er – als Leiter des Königlichen Nationaltheaters – zur führenden Theaterstadt machte. Entgegen dem damals üblichen deklamatorischen Weimarer Stil vertrat er ein lebensnahes und natürliches Spiel. Mit seinen über 60 theaterwirksamen bürgerlichen Trauerspielen und Komödien war er nach August von Kotzebue der meistgespielte Autor seiner Zeit. Er schrieb auch eine *Theorie der Schauspielkunst* (2 Bände, 1815).

[16] **Herbert Eulenberg** (1876-1949), Schriftsteller und Dramaturg. Schrieb historische Dramen, gesellschaftskritische Komödien, Erzählungen und Romane. Seine Bühnenwerke wurden zu Anfang des 20. Jahrhunderts viel gespielt. Am erfolgreichsten aber waren seine biographischen Momentaufnahmen großer Persönlichkeiten, z.B. *Die Schattenbilder* (1910). Eulenberg war mit Gerhart Hauptmann und Thomas Mann befreundet.
Nach der Gründung des Düsseldorfer Schauspielhauses (1905) wurde Eulenberg als zweiter Dramaturg und Mitarbeiter der hauseigenen Zeitschrift *Masken* verpflichtet. Mit seiner Frau Hedda, die sich als Übersetzerin einen Namen gemacht hat, bewohnte er in Düsseldorf-Kaiserswerth das „Haus Freiheit", in dem sich Künstler und Schriftsteller ein Stelldichein gaben.

[17] **Louise Dumont**, eigtl. L. Heynen (1862-1932), Schauspielerin und Theaterleiterin. Über Wien und Stuttgart kam Louise Dumont 1896 nach Berlin, wo sie gemeinsam mit Max Reinhardt das Kleine Theater begründete. 1905 gründete sie mit ihrem Mann Gustav Lindemann das Düsseldorfer Schauspielhaus, das sie bis zu ihrem Tod leitete. Von 1905 bis 1912 hat Louise Dumont ein handschriftliches Schülerbuch geführt, in dem sie ihre persönlichen Eindrücke über die Absolventen der Theaterakademie festhielt. Darin findet sich auch eine Stellungnahme zu Fritz Burschell, in der es u.a. heißt:
„Besuchte mit großem Erfolg bis Ostern 1909 die Akademie - leistet sich bald erfreuliches im Künstlerischen Ausdruck, eignet sich viel sprachtechnisches an und arbeitet nebenbei dramaturgisch mit Erfolg. - Essay in den Masken. Geht zum Studium der Kunstgeschichte nach München. Wird dem Theater der Zukunft wahrscheinlich eine Stütze. Schreibt gute Essays." [Rechtschreibung und Unterstreichungen nach dem Original im Theatermuseum Düsseldorf]
Louise Dumont nimmt Bezug auf Burschells Essays in der Theaterzeitschrift *Masken*, die zum Teil allerdings erst nach Burschells Düsseldorfer Zeit erschienen:
Fritz Burschell: *Die Musterbühne Karl Immermanns I und II*, in: *Die Masken* 4 (1908/09), Ausgabe vom 22. Februar 1909, S. 422-426 und S. 437-442; F.B.: *J. M. Reinhold Lenz und seine Komödien „Der Hofmeister" und „Die Soldaten"*, in *Die Masken* 5 (1909/10), Ausgabe vom 27. Dezember 1909, S. 260-266; F.B.: *Scene und Kunstgewerbe*, in: *Die Masken* 6 (1910/11), Ausgabe vom 22. Mai 1911, S. 564-566.

[18] **Max Dreyer** (1862-1946), Schriftsteller.
Dreyer verfaßte in seinen Anfängen naturalistische Theaterstücke unter Einfluß Ibsens und Hauptmanns. Später wandte er sich eher leichten Dramen, Komödien und Schwänken zu. Besonders erfolgreich war das Tendenzstück *Der Probekandidat* (1899), das sich gegen veraltete Erziehungsmethoden wandte. Er schrieb darüber hinaus Romane und Novellen im Stile des Realismus.
In Dreyers Drama *Hans*, das in den ersten beiden Märzwochen 1909 fünfmal auf dem Spielplan des Düsseldorfer Schauspielhauses stand, spielte Burschell die Rolle des Dieners beim Lotsenkommandeur.

[19] **Alexander Girardi** (1850-1918), österreichischer Schauspieler.
Girardi spielte in Berlin und Wien an verschiedenen Bühnen vor allem in Operetten und in Stücken von Nestroy und Raimund. Seit 1917 war er Charakterkomiker am Wiener Burgtheater.
Alexander Girardi gastierte in der letzten Märzwoche 1909 in Düsseldorf und trat außer in Raimunds *Verschwender* noch in dem Volksstück *Mein Leopold* von Adolf L'Arronge auf. Burschell wirkte in einer Nebenrolle mit.

[20] **Ferdinand Raimund**, eigtl. F. Raimann (1790-1836), österreichischer Schauspieler und Dramatiker.
Raimund verfaßte Bühnenwerke in der Tradition des Wiener Volksstücks. In seinen Possen und Komödien wie *Der Barometermacher auf der Zauberinsel* (1823) und *Der Verschwender* (1834) verbinden sich Humor und Melancholie, Märchenwelt und moralische Allegorie in der ethisch-erzieherischen Absicht einer biedermeierlichen Wertewelt.

## Student in München

[21] **Franz Muncker** (1855-1926), Literarhistoriker.
Seit 1890 war Muncker Professor für neuere Literaturgeschichte in München. Er schrieb über Lavater und Wagner, gab eine umfangreiche Lessingausgabe und die *Forschungen zur neueren Literaturgeschichte* heraus, war aber besonders als Klopstockforscher bekannt. 1888 erschien sein Buch *F.G. Klopstock - Geschichte seines Lebens und seiner Schriften*.

[22] *Die Erzählungen aus den tausendundein Nächten* erschienen in zwölf, von Marcus Behmer bibliophil gestalteten Bänden 1907/08 im Insel-Verlag. Die Übersetzung aus dem Englischen der Ausgabe von Sir Richard Burton (1885) stammte von Felix Paul Greve, Hugo von Hofmannsthal hatte eine Einleitung, Karl Dyroff das Nachwort geschrieben.

[23] **Heinrich Wölfflin** (1864-1945), Schweizer Kunsthistoriker.
Im Jahre 1893 wurde Heinrich Wölfflin als Nachfolger seines Lehrers Jacob Burckhardt Professor in Basel, seit 1901 lehrte er in Berlin und von 1912 bis 1924 in

München. Weit über sein Fachgebiet hinaus wirkten seine *Kunstgeschichtlichen Betrachtungen* (1915), in denen er eine Periodizität der Kunststile lehrte. Aufsehenerregend war, daß sich Wölfflin darin von der bis dahin üblichen kulturgeschichtlich orientierten Künstlergeschichte abwandte und sich auf die formalen Probleme der bildenden Kunst besann.
Burschell hörte Wölfflin im Wintersemester 1909/10 in Berlin.

[24] **Fritz Burger** (1877-1916), Kunsthistoriker.
Von 1907 bis 1914 war Burger Privatdozent an der Universität München. In seinen Veröffentlichungen befaßte er sich anfangs besonders mit der italienischen Renaissance. Sein Buch über *Die Villen des Andrea Palladio* (1909) dürfte die Italienexkursion inspiriert haben, an der Burschell teilnahm. In den folgenden Jahren las und forschte Burger über die Kunst des 19. Jahrhunderts. und der Gegenwart. 1915 brach er mit der Wissenschaft und verstand sich seither als Maler und Schriftsteller, eine Entwicklung, die sein Tod vor Verdun jäh unterbrach. In der Kunstgeschichte ist er vor allem als Begründer des *Handbuchs der Kunstwissenschaft* (1913ff.) bekannt.

[25] **Arthur Kutscher** (1878-1960), Literarhistoriker und Theaterwissenschaftler.
Kutscher war seit 1907 Privatdozent, seit 1915 Professor in München. Er las als einer der ersten auch über lebende Autoren und nahm sich dabei vor allem Frank Wedekinds an, dessen Werke er herausgab (8 Bände, 1912-19). Legendär sind sein charismatischer urteilssicherer Unterricht und seine Theaterreisen. Kutscher wirkte nachhaltig auf viele Schriftsteller und Vertreter der Theaterpraxis. 1960 veröffentlichte er seine Memoiren unter dem Titel *Der Theaterprofessor*.

[26] **Frank Wedekind** (1864-1918), Schauspieler, Dramaturg, Schriftsteller.
Nach abgebrochenem Jurastudium arbeitete Wedekind 1886/87 als Reklamechef der Firma Maggi, dann als Journalist und Zirkussekretär. Er war Mitarbeiter des *Simplicissimus*, trat im Kabarett „Überbrettl" auf und war 1905 bis 1908 Mitglied des Deutschen Theaters in Berlin. Meist lebte er in München. Wedekind verfaßte geistreiche, ironisch-provozierende Gedichte und Dramen, in denen sich seine antibürgerliche, bohemehafte Lebenseinstellung widerspiegelt. In Symbolik und überbordender Groteske nahm er den Expressionismus und das absurde Theater vielfach vorweg.

[27] **Erich Mühsam** (1878-1934), sozialistischer Politiker und Schriftsteller.
Mühsam, der zeitweise den Bohemekreisen in Friedrichshagen und Ascona angehörte, war stark beeinflußt von den Ideen Landauers, Bakunins und Kropotkins. Er verfaßte von radikalanarchistischer Gesinnung erfüllte Gedichte und Chansons für Münchner Kabaretts, arbeitete u.a. für den *Simplicissimus* und war 1918/19 Herausgeber der Zeitschrift *Kain*. 1919 war er Mitglied des Zentralrates der Räterepublik Bayern. Nach deren Sturz wurde er zu 15 Jahren Festungshaft verurteilt, von denen er sechs Jahre verbüßte (1919-1924). In der Folge war er weiter im revolutionären Sinn tätig. 1933 wurde er verhaftet und am 11. Juli 1934 auf grausame Weise im KZ Oranienburg ermordet.
Friedrich Burschell widmete Erich Mühsam zum ersten Todestag einen Nachruf in der *Neuen Weltbühne*. (F.B.: *Erich Mühsam. Ermordet im Juli 1934*, in: *Die neue Weltbühne* 31 (1935), Nr. 28 vom 11. Juli, S. 868-870.)

[28] Burschell spielt auf seinen Aufenthalt in Prag an. 1935 gründete er dort im Exil einen „Thomas-Mann-Fonds" zur Förderung deutscher emigrierter Schriftsteller, der unter der Schirmherrschaft des Namensgebers stand. In diesem Zusammenhang trat Burschell in brieflichen und persönlichen Kontakt mit **Thomas Mann**. Vgl. auch die biographische Skizze, S. 267ff.

[29] **Norbert von Hellingrath** (1888-1916), Literarhistoriker.
Hellingraths Hölderlinforschungen waren grundlegend für die Neubewertung des fast ein Jahrhundert lang wenig beachteten Dichters. Er war Herausgeber der ersten historisch-kritischen Ausgabe der Werke Hölderlins (6 Bände, 1913-23).

[30] **Stefan George** (1868-1933), Dichter.
Seit 1888 unternahm der aus Büdesheim bei Bingen stammende Dichter zahlreiche Reisen durch ganz Europa, in verschiedenen Städten studierte er und verkehrte mit den Dichtern. Besonders nachhaltig wirkte die Begegnung mit den französischen Symbolisten um Mallarmé im Sommer 1889. Mit Carl August Klein gründete George 1892 in Berlin die *Blätter für die Kunst*, die in zwölf Folgen unregelmäßig bis 1919 erschienen. Zum frühen Mitarbeiterkreis zählten u.a. Hugo von Hofmannsthal, Leopold von Andrian, Karl Wolfskehl, Max Dauthendey und Ludwig Klages.
Georges Gedichte, die sich durch Formstrenge, Feierlichkeit und ein deutlich spürbares aristokratisches Sendungsbewußtsein ihres Schöpfers auszeichnen, erinnern in ihrer kühlen Schönheit an die Bilder der Präraffaeliten.
Stefan George hat stets jede Öffentlichkeit gemieden. Er lebte ganz im Kreise seiner Freunde, bei denen er wechselweise wohnte. Seit 1899 bildete sich um George ein Kreis junger Gelehrter und Dichter, die in ihm in nahezu sakraler Weise ihren „Meister" verehrten und von seinen dichterischen und pädagogischen Idealen stark beeinflußt wurden. Friedrich Gundolf, Max Kommerell, Edgar Salin, Norbert von Hellingrath, Friedrich Wolters, Ernst Kantorowicz gehörten zu diesem „George-Kreis". Ein Mittelpunkt des Kreises war in München das Haus Wolfskehls, in Heidelberg die Wohnung Gundolfs.
Vor allem durch seine „Jünger", die meist eine Universitätslaufbahn einschlugen, hat George in starkem Maße Kunst und Wissenschaft seiner Zeit beeinflußt.

[31] **Karl Wolfskehl** (1869-1948), Schriftsteller.
Aus seiner lebensumspannenden Freundschaft mit Stefan George empfing der versierte Philologe, ein großer Leser und Bibliophile, entscheidende Impulse. Gemeinsam mit ihm gab er von 1901 bis 1903 *Deutsche Dichtung* in drei Bänden heraus, seit 1894 war er Mitarbeiter der *Blätter für die Kunst*. In München bildete Wolfskehls Haus den Mittelpunkt des Georgekreises. In seinen frühen Gedichten klingt das bewunderte Vorbild George deutlich hervor. Wertvoll sind seine späteren Verse aus der Zeit der Emigration (z.B. *Die Stimme spricht*, 1934). Bedeutend ist Wolfskehl als Essayist und Übersetzer.

[32] **Ludwig Derleth** (1870-1948), Schriftsteller.
Ausgestattet mit einem glühenden Sendungsbewußtsein, proklamierte der Lyriker und Epiker von militant katholischer Grundhaltung ein erneuertes Christentum. Frühe Verse, die Derleth in den *Blättern für die Kunst* des Georgekreises veröffentlichte, gingen in das in Fülle und Bilderreichtum barock anmutende Hauptwerk *Der fränkische Koran* (1. Teil 1933) ein. Thomas Mann porträtierte Derleth in seiner

frühen Erzählung *Beim Propheten* und in der Figur des „Daniel zur Höhe" im *Doktor Faustus*. Gemeinsam mit seiner Schwester **Anna Maria Derleth** (1874-1955) bewohnte er 1906 bis 1925 eine vielbesuchte Wohnung am Marienplatz in München.

## Student in Berlin

[33] **Prinz Ludwig**, (1845-1921), als Ludwig III. 1913-1918 König von Bayern. Ältester Sohn des Prinzregenten Luitpold. Er folgte seinem Vater in der Regentschaft für den geisteskranken König Otto.

[34] **Ludwig Josef** (genannt **Lujo**) **Brentano** (1844-1931), Nationalökonom. Lujo Brentano war der Bruder des Philosophen Franz B. und ein Neffe des Dichters Clemens B. Geprägt von einer Englandreise, während der er Einblick in die Verhältnisse der dortigen Arbeiterschaft gewonnen hatte, setzte sich Brentano Zeit seines Lebens für eine Verbesserung der Lebensbedingungen und Bildungsmöglichkeiten der Arbeiter ein. Er war einer der führenden Vertreter des idealistischen sozialen Liberalismus. Seine zahlreichen Schriften haben die Wirtschaftswissenschaften in vieler Hinsicht gefördert, doch lag sein eigentliches Wirkungsfeld in der Lehre. Er war Professor in Breslau, Straßburg, Wien, Leipzig und zuletzt in München, wo er durch Anschaulichkeit und ausgefeilte Methodik seines Vortrags zahllose Studenten für Wirtschaftsfragen zu interessieren und ihre sozialpolitische Gesinnung zu wecken wußte.

[35] **Friedrich Naumann** (1860-1919), evangelischer Theologe und Politiker. Ursprünglich als Geistlicher und in der christlich-sozialen Bewegung Adolf Stoeckers tätig, gab Naumann, v.a. unter Einfluß Max Webers, 1897 sein geistliches Amt auf und wandte sich ganz der Politik zu. In seinen Schriften und in seiner 1895 gegründeten Zeitschrift *Die Hilfe* versuchte er soziale und nationale Ideen zu verbinden. Naumann gehörte zu den Befürwortern einer imperialistischen deutschen Politik. In seinem vieldiskutierten, während des Krieges erschienenen Buch *Mitteleuropa* (1915), vertrat er eine mitteleuropäische Wirtschaftsgemeinschaft unter deutscher Führung. Naumann wirkte um die Jahrhundertwende stark auf die junge Generation und deren soziale Vorstellungen.

[36] **Konstantin Sergejewitsch Stanislawskij**, eigtl. K.S. Aleksejew (1863-1938), russischer Schauspieler, Regisseur und Theaterleiter. Seine frühen Inszenierungen, v.a. von Werken Tschechows, bilden den internationalen Höhepunkt des psychologisch-naturalistischen Illusionstheaters. Als Regisseur und Schauspiellehrer strebte er die Natürlichkeit und Glaubhaftigkeit des Darstellers an. Bedeutend sind seine Schriften zur Schauspielkunst, darunter seine Autobiographie *My life in art* (1924).

[37] **Otto Brahm**, eigtl. Otto Abraham (1856-1912), Literarhistoriker, Kritiker und Bühnenleiter.
Als Vorkämpfer des Realismus und Naturalismus im Theater inszenierte Brahm zahlreiche Werke von Ibsen, Hauptmann und Schnitzler. Er leitete 1889 bis 1893 den von ihm mitgegründeten Verein Freie Bühne, 1894 bis 1904 das Deutsche Theater, seit 1904 das Lessingtheater. Brahm ist der Hauptbegründer des deutschen Bühnenrealismus.

[38] **Albert Bassermann** (1867-1952), Schauspieler.
Albert Bassermann aus Mannheim spielte seit 1895 an Berliner Bühnen unter Brahm und Reinhardt. Er war Charakterdarsteller von großer Ausdruckskraft, der in den Rollen des klassischen deutschen Theaters und in Stücken von Ibsen brillierte. Er wirkte auch in Filmen mit.

[39] **Oscar Sauer** (1856-1918), Schauspieler.
Sauer wirkte von 1890 bis 1896 und von 1904 bis 1913 am Lessingtheater, von 1896 bis 1904 am Deutschen Theater in Berlin unter Otto Brahm. Er war einer der bedeutendsten Darsteller des naturalistischen Theaters.

[40] **Max Reinhardt**, eigtl. M. Goldmann (1873-1943), Schauspieler, Regisseur, Theaterleiter.
Reinhardt gehörte 1894 bis 1903 zum Ensemble Otto Brahms am Deutschen Theater in Berlin. 1903 bis 1905 leitete er das Kleine Theater und wirkte zunehmend als Regisseur. Seine Inszenierungen, unter denen Shakespeares *Sommernachtstraum* besonders erfolgreich war, brachen mit den Bühnenvorstellungen des Naturalismus. 1905 übernahm Reinhardt Brahms Deutsches Theater und zeigte dort und in den angegliederten Kammerspielen (seit 1906) ein breites Programm, das Autoren von der Antike bis in die Moderne umfaßte. 1920 war er Mitbegründer der Salzburger Festspiele. Reinhardt gilt als Begründer des modernen Regietheaters.

[41] **Adolf Lasson** (1832-1917), Philosoph und Übersetzer.
In seiner Tätigkeit als Lehrer, Privatdozent und schließlich seit 1897 als Professor der Philosophie an der Universität Berlin, verstand sich Lasson als Bewahrer des deutschen Idealismus. Er lehnte den Positivismus seiner Zeit ab und versuchte aristotelisches Denken mit Ideen von Kant, Fichte, Schelling und v.a. Hegel in Übereinstimmung zu bringen. In diesem Sinne liegt seiner Überzeugung die Gewißheit von der Freiheit des Geistes zugrunde, die er als stets zu erneuernde Tat begreift. Lasson schrieb über Mystik, religions- und rechtsphilosophische Fragen. Er trat außerdem als Übersetzer von Giordano Bruno und Aristoteles hervor.

[42] **Georg Simmel** (1858-1918), Philosoph und Soziologe.
Mit seinen Arbeiten zur Philosophie und Kunstgeschichte, zur Kunstbetrachtung, Anthropologie und Soziologie gehörte Simmel zu den einflußreichsten Denkern der Jahrhundertwende. Diese breite Wirkung auf so unterschiedliche Menschen wie Ernst Bloch, Siegfried Kracauer, Max Scheler, Karl Mannheim, Martin Buber und Stefan George ist darauf zurückzuführen, daß er soziologische Erkenntnis und Theoriebildung mit konkreter Analyse geschichtlicher und alltäglicher Erscheinungen zu verbinden wußte. Seiner dialektischen Lebensmetaphysik gelang es, die Komplexität

der modernen Gesellschaft denkerisch zu erfassen. Zu seinen wichtigsten Werken zählt *Die Philosophie des Geldes* (1900). Simmel, der wegen antisemitischer Vorbehalte erst spät akademische Anerkennung fand, gehört zu den Begründern der formalen Soziologie.

[43] **Carl Stumpf** (1848-1936), Philosoph, Psychologe und Musikforscher.
Stumpf war von 1894 bis 1921 Professor in Berlin. Stumpf erforschte die psychologischen Probleme der Tonempfindungen und gilt als Begründer der vergleichenden Musikwissenschaft. Seine philosophischen Untersuchungen zur Logik und Erkenntnistheorie, insbesondere die von ihm vollzogene Trennung von Erscheinung und Funktion waren für die Phänomenologie Edmund Husserls von Bedeutung. Er begründete das Berliner Psychologische Institut und das Phonogrammarchiv.

[44] **Alois Riehl** (1844-1924), österreichischer Philosoph.
Seit 1905 war Alois Riehl als Nachfolger Wilhelm Diltheys Professor in Berlin. In der Nachfolge Kants und in Auseinandersetzung mit der modernen Naturwissenschaft und Mathematik beschäftigte er sich vor allem mit erkenntnistheoretischen Fragen. Er entwickelte einen eigenständigen realistischen Kritizismus, den er besonders in seinem Hauptwerk *Der philosophische Kriticismus und seine Bedeutung für die positive Wissenschaft* (2 Bände, 1876-87) darstellte. Riehl verfaßte darüber hinaus zahlreiche kleinere, teils populär gehaltene, philosophie- und wissenschaftsgeschichtliche Arbeiten.

[45] **Adolf von Harnack** (1851-1930), evangelischer Theologe.
Seit 1876 war Harnack Professor der Kirchengeschichte, von 1888 an in Berlin. Er befaßte sich insbesondere mit der alten Kirchengeschichte und veröffentlichte grundlegende Werke zur altchristlichen Literatur und über die Kirchenväter. Über seinen engeren theologischen Aufgabenbereich hinaus war er vielfältig tätig, so beispielsweise als Generaldirektor der Königlichen Bibliothek. Harnack, der Zugang zur Hofgesellschaft hatte und für seine großen Leistungen hohe Ehrungen erhielt, gilt als der bedeutendste Theologe um die Jahrhundertwende. *Das Wesen des Christentums*, eine Vorlesungsreihe, erschien 1900 im Druck. Das umstrittene Werk erlebte in kurzer Zeit zahlreiche Neuauflagen.

[46] *Die Neue Rundschau* wurde 1890 als Wochenzeitschrift *Freie Bühne* von Otto Brahm und Samuel Fischer in Berlin gegründet. Seit 1894 erschien sie als Monatsschrift unter dem Titel *Neue deutsche Rundschau*, seit 1904 trägt sie ihren heutigen Namen. In den ersten Jahren wechselten die Redakteure häufig und damit auch die Ausrichtung der Zeitschrift. Während Otto Brahm sich beispielsweise vehement für den literarischen Naturalismus einsetzte, rückte Wilhelm Bölsche (seit 1891) das der Bewegung zugrunde liegende naturwissenschaftliche Weltbild in den Vordergrund.
Von 1894 bis 1922 leitete Oskar Bie die *Neue Rundschau*, die er allen neuen Erscheinungen der Literatur öffnete.

[47] **Oskar Bie** (1864-1938), Kunst- und Musikschriftsteller.
Seit 1890 war Oskar Bie Privatdozent für Kunstgeschichte an der Technischen Hochschule in Charlottenburg, seit 1921 lehrte er an der Musikhochschule in Berlin. Bie war vielbeachteter Musikkritiker des *Berliner Börsencouriers*. Er wurde Nach-

folger von Otto Brahm in der Leitung der *Freien Bühne* und war von 1894 bis 1922 Herausgeber der Zeitschrift *Die neue Rundschau*.

[48] **Oskar Loerke** (1884-1941), Lyriker, Essayist, Kritiker.
Seit 1917 Lektor des S. Fischer-Verlages und Mitarbeiter der *Neuen Rundschau*, war Loerke ein großer Förderer junger Autoren. Durch die intensive Bildlichkeit und Musikalität seiner Verse wirkte er vor allem auf die moderne deutsche Naturlyrik.

[49] **Moritz Heimann** (1868-1925), Schriftsteller.
Heimann war seit 1895 als Lektor des S. Fischer-Verlages, der nicht zuletzt durch ihn zum führenden Belletristik-Verlag Deutschlands wurde, von großem Einfluß auf die moderne deutsche Literatur. Als „Fischers Angler" (Georg Hirschfeld) entdeckte und förderte er u.a. Thomas Mann und Jakob Wassermann. Als Schriftsteller verfaßte er Komödien, Novellen, Dramen, Essays und Aphorismen.

[50] *Die Herzogin von Orlamünde*
Ungeachtet seiner späteren Abneigung gegenüber seinen eigenen dramatischen Versuchen, hat Burschell 1910 *Die Herzogin von Orlamünde* dem Düsseldorfer Schauspielhaus zur Aufführung angetragen.
In einer Postkarte an Georg Lukács vom 6. November 1911 berichtet Ernst Bloch aus Ludwigshafen, daß Burschell unter seinem „metaphysischen Einfluß" ein Drama *Der Sterbende* gestalte. (Ernst Bloch, *Briefe*, hrsg. von Karola Bloch, Jan Robert Bloch u.a., Band I, Frankfurt 1985, S. 64)

## Heidelberg 1911-1914

[51] Im Original spricht Burschell - auch in der Kapitelüberschrift - vom Jahre 1910. Die Eintragungen im Heidelberger Melderegister, das Exmatrikulationsdatum in Berlin und der Einschreibetag an der Universität Heidelberg, legen jedoch offen, daß er sich hier wie auch in der Zeitangabe im folgenden Kapitel („Jugendfreundschaft") um ein Jahr irrt.

[52] **Kurt Wildhagen** (1871-1949), Schriftsteller, Übersetzer, Privatgelehrter, Bohemien.
Wildhagen war in Moskau aufgewachsen und hatte in Berlin, Greifswald und Marburg studiert, als er um 1897 nach Heidelberg kam, das er nunmehr nur noch sporadisch verließ. Obwohl er bei Hermann Cohen in Marburg bereits eine Dissertation in Arbeit hatte, blieb er ohne Universitätsabschluß und lebte ganz seinen privaten Studien. Sein Wirkungsort war das Café, in dem er seinen Tag zubrachte, dachte und schrieb, in Gesprächen mit Studenten und Schriftstellern die Zeit vergaß. Er galt als ein Mensch, der alles wußte. Der Philosoph Ernst Hoffmann nannte ihn „den Weisen von Heidelberg". Für das Heidelberger literarische Leben „im Schatten der Kreise" um Max Weber, Stefan George, Henry Thode u.a. hatte er vermutlich eine Bedeutung, die die Fülle erhaltener Porträts und schriftlicher Erinnerungen nur anklingen läßt.

Gemeinsam mit Otto Buek gab Wildhagen für den Propyläen Verlag eine umfangreiche Turgenjew-Ausgabe (12 Bände, 1912ff.) heraus. Er übersetzte Gogol (vgl. Anm. 72) und veröffentlichte unter Pseudonym eine Sammlung mit Aphorismen (*Rendez-vous der Leidenschaften*, 1926*)*. Für die *Heidelberger Zeitung* schrieb er seit 1899 vorwiegend Theaterkritiken.

53 **Boris Pasternak** (1890-1960), russischer Schriftsteller und Übersetzer.
Pasternak, der ursprünglich Musiker werden wollte, gehört zu den bedeutendsten russischen Dichtern des 20. Jahrhunderts. Er trat zuerst mit Gedichtbänden an die Öffentlichkeit. Weltbekannt wurde er durch seinen Roman *Doktor Schiwago*, der im sowjetischen Rußland nicht erscheinen durfte und deshalb 1957 zuerst in italienischer Sprache herauskam. Als Pasternak 1958 den Literaturnobelpreis erhielt, durfte er ihn aus politischen Gründen nicht annehmen. Von großem Wert sind auch seine Übersetzungen von Shakespeare, Goethe, Kleist, Rilke, Petöfi u.a.

54 **Hermann Cohen** (1842-1918), Philosoph.
Von 1876 bis 1912 war Cohen Professor in Marburg, wo er gemeinsam mit Paul Natorp die „Marburger Schule" des Neukantianismus gründete. In enger Auseinandersetzung mit der Lehre Kants entwickelte Cohen ein eigenes *System der Philosophie* (3 Teile: Logik-Ethik-Ästhetik, 1902-12). Seine politische Philosophie eines „ethischen Sozialismus" beeinflußte besonders die deutsche Sozialdemokratie. In seinem religionsphilosophischen Hauptwerk *Die Religion der Vernunft aus den Quellen des Judentums* (1919) gründete Cohen seine Gedanken zur Religion auf Rationalität einerseits und das alttestamentarische Judentum andererseits.

55 **ein Heidelberger Lokalblatt**: gemeint ist die *Heidelberger Zeitung*, die seit 1861 erschien.

56 **Carlo Philips** (1868-1936), Schriftsteller und Übersetzer.
Nicht die *Orestie* des Aischylos, sondern dessen *Gefesselten Prometheus* übersetzte Philips 1913 für den Insel-Verlag (Insel-Bücherei 84). Teile einer Übertragung des *Agamemnon* erschienen 1914 im vierten Heft der von Ernst Blass herausgegebenen Zeitschrift *Die Argonauten*. Bereits im Jahre 1911 hatte Philips *Gedichte* und *Die fünf Stationen des Leidens* im Heidelberger A-Ω-Verlag, dem ersten Verlag von Richard Weissbach (vgl. Anm. 71), veröffentlicht. Philips schrieb überdies für die *Heidelberger Zeitung* und ihre literarische Beilage *Literatur und Wissenschaft*. Carlo Philips war Schwiegervater von Hans-Henny Jahnn.

57 **Emil Ludwig** (1881-1948), Schriftsteller.
Nach frühen Gedichten und Dramen wandte sich Ludwig psychologisch-biographischen Studien über Bismarck, Dehmel und Wagner zu, die eine neue Art historischer Biographie („historische Belletristik") darstellten. Der Durchbruch zum Welterfolg gelang ihm mit der dreibändigen Biographie *Goethe. Geschichte eines Menschen* (1920). Es folgten Bücher über Napoleon und Wilhelm II. Mit seinem Gesamtwerk erlangte Emil Ludwig bis zum Jahre 1930 eine Weltauflage von 2,5 Millionen Exemplaren und war damit einer der erfolgreichsten Autoren seiner Zeit. Von den Literaturwissenschaftlern wurde er ignoriert, die Historiker lehnten seine

unwissenschaftliche Schreibweise ab. Von seinem Wohnort Moscia in der Schweiz aus, setzte sich Emil Ludwig nach 1933 für verfolgte Schriftsteller ein.

[58] **Max Freiherr von Waldberg** (1858-1938), Literarhistoriker.
Von 1889 bis 1933 war Waldberg Professor in Heidelberg. Er war Herausgeber mehrerer wissenschaftlicher Zeitschriften und befaßte sich insbesondere mit deutscher Renaissancelyrik, der Geschichte des Romans und Goethe. In seiner Wirkung stand der eher bodenständige Waldberg erst im Schatten des Philosophen Kuno Fischer, der auch über Goethes Faust, Schiller und Lessing las; später trat er hinter seinem glänzenden Schüler Friedrich Gundolf zurück, der in Vorlesungen brillierte, während Waldberg Seminare leitete und sich der Promotionskandidaten annahm. Ein berühmtberüchtigter Absolvent war Joseph Goebbels, der 1922 eine Dissertation über *Wilhelm von Schütz als Dramatiker* bei ihm schrieb, sich in späteren Jahren seines jüdischen Doktorvaters allerdings nicht mehr zu entsinnen vermochte. Waldberg war bekannt für seine reiche Bibliothek und seine große Vorliebe für schöne Bücher. Bunsen nannte ihn um dieser Leidenschaft willen „den Bibliofski".

[59] **Wilhelm Windelband** (1848-1915), Philosoph.
Nach Professuren in Zürich, Freiburg und Straßburg, kam Windelband 1903 nach Heidelberg. Er war Schüler von R. H. Lotze, dessen Ideen er weiterentwickelte. Windelband galt neben Dilthey als der bedeutendste deutsche Philosophiehistoriker seiner Zeit. Das *Lehrbuch der Geschichte der Philosophie* (1892) erreichte zu Lebzeiten des Verfassers sieben Auflagen. Als Programmatiker der Südwestdeutschen Schule des Neukantianismus, die er gemeinsam mit Heinrich Rickert begründete, hat Windelband stark auf die nachfolgende Generation gewirkt. Viele seiner Schriften wurden in mehrere Sprachen übersetzt.

[60] **Rudolph Hermann Lotze** (1817-1881), Philosoph.
Lotze, der ursprünglich Mediziner und Physiologe war, versuchte in seinem philosophischen System die Metaphysik des deutschen Idealismus mit Naturwissenschaft und Medizin in Einklang zu bringen. Nach seiner Auffassung, die er z.B. in *Mikrokosmos* (3 Bände, 1856-64) vertritt, führt die Gesetzmäßigkeit der Natur nicht unwillkürlich zu einer materialistischen Welterklärung, sondern sie verweist ebenso auf einen Schöpfer als Sinn und Ursache der Welt. Vor allem durch die Einführung der Begriffe der „Werte" und der „Geltung" hat Hermann Lotze nachhaltig auf die Südwestdeutsche Schule des Neukantianismus und durch sie auf Max Weber gewirkt.

[61] **Eduard von Hartmann** (1842-1906), Philosoph.
Entscheidend beeinflußt durch Hegel und Schopenhauer, schuf Eduard von Hartmann unter Einbeziehung von Elementen der Systeme von Schelling und Leibniz eine *Philosophie des Unbewußten* (1869), die er mit Hilfe der Methoden der modernen Natur- und Geisteswissenschaften aufbauen und absichern wollte.

[62] **Johann Georg Hamann** (1730-1788), Philosoph.
Als Gegner der Aufklärung vertrat Hamann als mystischer Denker in rationalistischer Zeit die Auffassung, Ahnung und Intuition seien die wahren Quellen menschlicher Einsicht. In seinen Werken (z.B. *Sokratische Denkwürdigkeiten*, 1759) hob er den Irrationalismus des Lebens hervor. Die Sprache ist für ihn Sinnbild der sinnlichgeistigen Einheit des Menschen, die Poesie ist ihm „die Muttersprache des Menschen-

geschlechts". Wegen seiner dunklen Bilder und des schwer verständlichen Stils seiner unsystematischen Werke erhielt er 1762 von Karl Friedrich von Moser den Beinamen „Magus im Norden". Hamann, der trotz konträrer Ansichten mit Kant befreundet war, ist einer der bedeutendsten geistesgeschichtlichen Anreger des 18. Jahrhunderts.

[63] „Marburger Schule" und **Südwestdeutsche Schule** bildeten die beiden Hauptrichtungen des Neukantianismus, der seine Blütezeit zwischen 1870 und 1914 erlebte. Die Besinnung auf die kritische Methode Kants geht auf ein Unbehagen der akademischen Philosophie in der zweiten Hälfte des 19. Jahrhunderts zurück: Den deutschen Idealismus betrachtete man als diskreditiert, die bestehenden Alternativen, historische Skepsis und materialistischen Positivismus, lehnte man ab.
Die Südwestdeutsche Schule mit ihren Hauptvertretern Wilhelm Windelband und Heinrich Rickert befaßte sich insbesondere mit drei Themenschwerpunkten: Das Wertmotiv in der Erkenntnis, das Problem der Wissenschaftsklassifikation und die Bedeutung der Philosophiegeschichtsschreibung.
Der einseitige Bezug auf die als „urkundlich" betrachteten Schriften Kants wurde vielfach kritisiert. Eduard von Hartmann sprach gar von einer „Kantomanie".

[64] **Friedrich Meinecke** (1862-1954), Historiker.
Durch sein Werk *Weltbürgertum und Nationalstaat* (1908), das die Entwicklung der Deutschen von den Freiheitskriegen bis zur Gründung des Deutschen Reiches untersucht, wurde Meinecke gemeinsam mit Wilhelm Dilthey und Ernst Troeltsch zum Begründer der Geistes- und Ideengeschichte. Im ersten Weltkrieg war er ein Gegner der Annexionspolitik. Später lehnte er den Nationalsozialismus entschieden ab. Wie kein zweiter Historiker in diesem Jahrhundert prägte Meinecke die Entwicklung der deutschen Geschichtsschreibung.

[65] **Heinrich Rickert** (1863-1936), Philosoph.
Seit 1916 Professor in Heidelberg, begründete Heinrich Rickert gemeinsam mit Wilhelm Windelband die Südwestdeutsche Schule des Neukantianismus. Besonders durch die Unterscheidung der *Kulturwissenschaften und Naturwissenschaften* (1899) und durch seine Wertphilosophie, die er im Anschluß an Windelband ausführte, beeinflußte Rickert Meinecke, Troeltsch und Max Weber. Sein Hauptwerk ist *Der Gegenstand der Erkenntnis* (1892).

[66] **Ernst Troeltsch** (1865-1923), evangelischer Theologe, Philosoph und Historiker.
Ernst Troeltsch hatte seit 1894 in Heidelberg eine Professur für systematische Theologie inne, seit 1910 auch für Philosophie. Er lehrte eine historische Sichtweise, die er auch auf Kirchenfragen bezog. Troeltsch, der auch politisch und publizistisch hervortrat, kritisierte dogmatische Vorstellungen der Kirche und wurde so zum Begründer des „Neoprotestantismus". Unter Einfluß von Max Weber wandte er in seinem theologischen Hauptwerk *Die Sozialehren der christlichen Kirchen und Gruppen* (1922) erstmals soziologische Kategorien auf die Geschichte des Christentums an.

[67] **Max Weber** (1864-1920), Nationalökonom, Soziologe und Politiker.
Von 1897 bis 1903 war Weber Professor in Heidelberg, seit 1919 in München. Er zählt zu den bedeutendsten Vertretern der Soziologie und hat wesentlich zur Begriffsbildung der modernen Sozialwissenschaften beigetragen. In seinen sozialhistorischen

und soziologischen Arbeiten trat Weber besonders für eine strenge Wertungsfreiheit der Kulturwissenschaften ein. Die Bewertung objektiver Tatsachen schreibt er den außerwissenschaftlichen Bereichen zu. Als Politiker befürwortete er, ähnlich wie Friedrich Naumann, eine nationale Demokratie.

[68] **Emil Lask** (1875-1915), Philosoph.
Emil Lask war seit 1910 Professor für Philosophie in Heidelberg. In seinen erkenntnis- und werttheoretischen Schriften versuchte er die philosophischen Ansätze von Rickert und Windelband weiterzuentwickeln. Seine *Gesammelten Schriften* erschienen in drei Bänden 1923/24.

[69] *Die Weissen Blätter* erschienen von September 1913 an in Leipzig. Herausgeber war Ernst E. Schwabach, vorübergehend auch Franz Blei. Vom 2. Jahrgang an (Januar 1915) übernahm René Schickele (seit 1916 in der Schweiz) die Zeitschrift, die erst unter seiner Leitung ihre eigentlichen Konturen gewann.
Die *Weissen Blätter* waren eines der wichtigsten Organe des Expressionismus. Wesentliche literarische Texte dieser Bewegung erschienen hier zum ersten Mal. Aber auch die kriegerischen Ereignisse fanden ihr Echo in einem von Schickele propagierten christlichen Sozialismus, der sich in aller Deutlichkeit gegen jede Art von Fanatismus aussprach. Mit dem Ausklingen des Expressionismus fanden auch *Die Weissen Blätter* im Dezember 1920 ihr Ende.

[70] **Ernst Blass** (1890-1939), expressionistischer Lyriker, Journalist, Lektor.
Blass machte als Dichter zunächst im „Neuen Club" um Kurt Hiller, Jacob van Hoddis und Georg Heym von sich reden. Sein erster und schönster Gedichtband *Die Straßen komme ich entlang geweht* erschien 1912 in Heidelberg im Verlag von Richard Weissbach. Hier gab Ernst Blass auch die bedeutende Zeitschrift *Die Argonauten* heraus. Seinen frühen Versen ist ein besonderer Ton zu eigen, der sich unter unglücklicher Nachahmung Stefan Georges in späteren Gedichtbänden in einem neoklassischen Stil verlor.
Im Sommer 1915 schloß Blass, der 1913 nach Heidelberg gekommen war, sein Jurastudium mit einer Promotion über das Thema *Die Tötung des Verlangenden* (§ 216 StGB) ab und kehrte nach Berlin zurück.

[71] **Richard Weissbach** (1882-1950), Verleger.
Weissbach, der in Chemnitz geboren wurde und in Karlsruhe aufwuchs, kam im Jahre 1903 nach Heidelberg, um Philosophie und klassische Philologie zu studieren. Zwei Semester lang hatte er die literarische Leitung des Hebbelvereins inne, der sich um Lesungen und andere literarische Veranstaltungen bemühte. Nach der Auflösung des Vereins im Jahre 1908 gründete Weissbach, der Mitarbeiter der Berliner *Schaubühne* und der Düsseldorfer *Masken* war, 1909 die Akademische Gesellschaft für Dramatik, die sich im Unterschied zum Hebbelverein besonders für die moderne Literatur einsetzte. Zahlreiche bekannte Autoren, darunter Oskar Loerke, Alfred Walter von Heymel, Frank Wedekind und Paul Ernst, kamen auf Einladung von Weissbach zu einer Autorenlesung nach Heidelberg. Weissbach redigierte die bemerkenswerte literarische Beilage der *Heidelberger Zeitung* „Literatur und Wissenschaft", für die er auch eigene Beiträge lieferte. 1911 gründete er den A-Ω-Verlag, der 1912 in Richard Weissbach-Verlag umbenannt wurde und sich zu einem bedeutenden Verlage des

Frühexpressionismus entwickelte. In späteren Jahren verlegte Weißbach vor allem bibliophile Ausgaben klassischer und romantischer Autoren.

[72] **Gogol-Novelle:** Die Novelle Gogols *Der Unhold (Wij)* erschien in der Übersetzung von Kurt Wildhagen und mit Illustrationen von Walther Becker im Jahre 1920 im Richard Weissbach-Verlag.

[73] **Alfred Walter Heymel** (1878-1914), Schriftsteller.
Mit Otto Julius Bierbaum und Rudolf Alexander Schröder war Heymel 1899 Mitbegründer der Zeitschrift *Die Insel*, 1900 des Insel-Verlages in Leipzig. Bedeutender denn als Schriftsteller war Heymel als Förderer der Buchkunst und der modernen Literatur.
Auf Einladung der Akademischen Gesellschaft für Dramatik sprach Heymel am 20. November 1911 in Heidelberg über das Thema *Gesellschaft und Gedichte*.

[74] **Martin Beradt** (1881-1949), Rechtsanwalt und Schriftsteller.
Nach seinem Jurastudium arbeitete Martin Beradt als Rechtsanwalt in Berlin. 1909 veröffentlichte er sein erstes Werk, den Roman *Go*, die Geschichte eines Selbstmordes, mit dem er in Berliner Literatenkreisen große Aufmerksamkeit erregte. Er verfaßte, zum Teil beeinflußt von Freuds Psychoanalyse, weiterhin Romane und Novellen, in denen bedrohte und bedrängte Menschen im Mittelpunkt stehen. 1933 mußte er wegen seiner jüdischen Herkunft seinen Beruf aufgeben. 1939 emigrierte er nach London, später nach New York. In seinen letzten Novellen, die unter dem Titel *Die Straße der kleinen Ewigkeit* erst 1965 erschienen, schilderte er Emigrantenschicksale. Martin Beradt war Mitbegründer des Schutzverbandes deutscher Schriftsteller.

[75] Aus einem Brief Friedrich **Hölderlins** an seinen Bruder Carl vom 4. Juli 1798.

[76] Aus seinem Aufsatz *Von der Askese, dem Künstler und der neuen Menschlichkeit* (in: *Die Argonauten* Heft 1 (1914), S. 35-40) zitiert Burschell den ersten und den letzten Absatz, läßt aber den Schlußsatz weg, der folgendermaßen lautet:
„Die Künstler und Philosophen dieser Generation regen sich und leben schon und wir wollen uns auf Wunder gefaßt machen."

[77] *Die Argonauten. Eine Monatsschrift*: Verleger und Herausgeber konnten die ursprünglich beabsichtigte monatliche Erscheinungsweise der Zeitschrift, zum Teil sicherlich durch die Kriegsereignisse bedingt, nicht verwirklichen.
Von den insgesamt zwölf Heften erschienen die Hefte 1-6 im Jahre 1914, die Hefte 7 und 8 im Jahre 1915, Heft 9 an Weihnachten 1916 und die Hefte 10-12 als dreifaches Heft erst 1921. In der neunten Heft wird die Bezeichnung „Erster Jahrgang" aufrechterhalten. In der letzten Nummer ist von „Erste Folge" die Rede. Die Seiten werden von Heft 1-6 und dann wieder von Heft 7-12 durchgängig gezählt.

[78] Die Verse stammen aus Goethes *Faust II*, 2. Akt - Klassische Walpurgisnacht.

[79] Möglicherweise spielt Burschell auf **David Baumgardt** (1890-1963) an, den Ernst Blass aus seiner Zeit im „Neuen Club" in Berlin kannte. Baumgardt studierte in Freiburg, München und Wien Philosophie, das Wintersemester 1912/13 verbrachte er

in Heidelberg, um Windelband, Lask und Troeltsch zu hören. Hier lernte er auch den mit Kurt Hiller befreundeten Dichter, Arzt und Psychiater Arthur Kronfeld kennen, der seit Ende 1912 als erster aus dem Kreis um die *Argonauten* im Haus Brückenstraße 1 wohnte.
Baumgardt kehrte im Frühjahr 1913 an die Berliner Universität zurück. 1932 wurde er dort außerordentlicher Professor. Drei Jahre später emigrierte er über Spanien und England in die Vereinigten Staaten, wo er seit 1939 lebte und lehrte.

[80] **Kurt Hiller** (1885-1972), Publizist und Schriftsteller.
Nach einer bemerkenswerten Promotion über *Die kriminalistische Bedeutung des Selbstmords* (1907) gründete Hiller im Jahre 1909 in Berlin den „Neuen Club", eine literarische Vereinigung, zu deren Mitgliedern u.a. Jacob van Hoddis, Ernst Blass und Georg Heym zählten. 1911 erschien in der *Heidelberger Zeitung* sein Aufsatz *Wir Jüngst-Berliner*, in dem der Begriff „Expressionismus" erstmals in literarischer Bezugnahme verwendet wurde. 1912 gab Hiller im Verlag von Richard Weissbach die erste expressionistische Lyrikanthologie *Der Kondor* heraus. 1914 war er Mitbegründer der pazifistischen Bewegung des Aktivismus. Mit zahlreichen provozierenden Schriften und Pamphleten strebte er nach einer geistigen Erneuerung der Gesellschaft.

[81] **Georg Heym** (1887-1912), expressionistischer Lyriker.
In seinen dichterischen Anfängen war Georg Heym von den französischen Symbolisten, Friedrich Hölderlin und Stefan George beeinflußt, fand aber bald zu einem eigenen Ausdruck. Seine Gedichte malen die Großstadt in dunklen, unheilvollen Farben. In düsterer Vorahnung sprechen sie von den Schrecken des Krieges. Heym übte großen Einfluß auf die expressionistische Lyrik. Als 25jähriger ertrank er beim Eislaufen in Berlin.

[82] Ernst Blass: *Stefan Georges Stern des Bundes*, in: *Die Argonauten*, Fünftes Heft (1914), S. 219-226.

[83] **Paul Ernst** (1866-1933), Dramatiker, Erzähler und Essayist.
Nach frühen, unter dem Einfluß von Arno Holz verfaßten, naturalistischen Dramen wurde Paul Ernst einer der Hauptvertreter der deutschen Neoklassik. Am bekanntesten wurden seine etwa 300 Novellen (darunter z.B. die *Spitzbubengeschichten*, 1920), in denen er eine an der Renaissance orientierte Erneuerung der Gattung anstrebte. Seine Dramen waren wenig bühnenwirksam, da sie mehr im Gedanklichen als im Dichterischen wurzelten. Er verfaßte außerdem kleinere Romane, Essays und ein gewaltiges, jedoch kaum geglücktes Epos *Das Kaiserbuch* (1922-28).
Die Erzählung *Die Geliebte des Königs* erschien in: *Die Argonauten*, Siebtes Heft (1915), S. 24-30.

[84] **Rudolf Borchardt** (1877-1945), Schriftsteller und Übersetzer.
Nach theologischen und altphilologischen Studien lebte Borchardt seit 1904 meist in Italien. Sein Werk umfaßt Gedichte, Dramen, Essays und Reden, die sich durch strenges Formbewußtsein und ausgefeilte Rhetorik auszeichnen. Er kam von den Präraffeliten und Stefan George her und war ein Denker, der die kulturelle Tradition des Abendlandes in sich trug und aus ihr heraus zu sprechen vermochte. Er übersetzte einfühlsam altionische Götterlieder, Pindar, altfranzösische Troubadours, englische

Dichtung und vor allem Dante. Rudolf Borchardt war befreundet mit Rudolf Alexander Schröder und Hugo von Hofmannsthal.
Borchardt hielt am 5. Dezember 1914 in der Heidelberger Stadthalle einen vielbeachteten Vortrag *Der Krieg und die deutsche Selbsteinkehr*, der 1915 als achtes Heft der *Argonauten* und zugleich als Separatdruck im Richard-Weissbach-Verlag erschien.

[85] Robert Musils *Römischer Sommer (Aus einem Tagebuch)* erschien 1914 im ersten Heft der *Argonauten* (S. 41-43).

[86] Die zwei Beiträge **Walter Benjamins** finden sich in der letzten Ausgabe der *Argonauten*. Schicksal und Charakter, in: *Die Argonauten*, Zehntes bis zwölftes Heft, S. 187-196 und *'Der Idiot' von Dostojewskij*, ebenda, S. 231-235.
Nachdem Ernst Blass im Jahre 1921 die Herausgeberschaft der *Argonauten* niedergelegt hatte, plante Richard Weissbach mit Walter Benjamin eine neue Zeitschrift, die nach einem Bild von Paul Klee den Titel *Angelus Novus* tragen sollte. Das Projekt scheiterte an einem unerklärlichen Widerstand des Verlegers, der Benjamin stets von neuem vertröstete und schließlich die Risiken der Inflationszeit vorschützte, um die Pläne fallen zu lassen.

[87] **Erich Auerbach** (1892-1957), Literarhistoriker.
Von 1910 bis 1913 studierte Erich Auerbach Rechtswissenschaften, ein Studium, das er im Oktober 1913 mit einer Promotion über *Die Teilnahme in den Vorarbeiten zu einem neuen Strafgesetzbuch* in Heidelberg abschloß. Nach dem Krieg nahm er in Berlin ein Studium der Romanischen Philologie auf, in Greifswald schrieb er 1921 eine Dissertation über das Thema *Zur Technik der Frührenaissancenovelle in Italien und Frankreich*. Auerbach beschäftigte sich in der Folge vor allem mit Dante und Vico, dessen Hauptwerk er unter dem Titel *Die neue Wissenschaft von der gemeinschaftlichen Natur der Völker* (1924) in großen Auszügen ins Deutsche übertrug. 1930 erhielt er eine Professor in Marburg, fünf Jahre später wurde er zwangspensioniert. Im Exil in Istanbul schrieb er sein einflußreiches Hauptwerk *Mimesis.Dargestellte Wirklichkeit in der abendländischen Literatur* (1946). Von 1947 an lebte und lehrte Auerbach in den Vereinigten Staaten.
Seine *Übersetzung*, drei Sonette Petrarcas und eines von Dante, findet sich in: *Die Argonauten*, Zehntes bis zwölftes Heft (1921), S. 197-201.

[88] **Elias Niebergall** (1815-1843), Mundartdichter.
Von seinen in Darmstädter Dialekt mit meisterhaftem Zeit- und Ortskolorit geschriebenen Lokalstücken hatte *Datterich* (1841), die Tragikomödie eines Aufschneiders, den größten Erfolg.

[89] **Friedrich Stoltze** (1816-1891), Schriftsteller und Mundartdichter.
Stoltze, der 1848 an der revolutionären Bewegung teilnahm, schrieb zeitkritische Gedichte in hessischem Dialekt und gab auch eine Zeitschrift in Mundart heraus (*Frankfurter Krebbelzeitung*, 1852-66). Dem namhaften Mundartdichter blieb mit hochdeutschen Erzählungen und Gedichten ein Erfolg versagt.

[90] Ernst Bloch: *Die Melodie im Kino oder immanente und transzendentale Musik*, in: *Die Argonauten*, Zweites Heft (1914), S. 82-90.

[91] Ernst Bloch: *Negerplastik*, in: *Die Argonauten*, Siebtes Heft, S. 10-20 und ders.: *Don Quixote und das abstrakte Apriori*, in: *Die Argonauten*, Neuntes Heft (1916), S. 105-127.

[92] Friedrich Burschell: *Über die Freundschaft (Ein Brief und eine Aufzeichnung aus dem Tagebuch)*, in: *Die Argonauten*, Zweites Heft (1914), S. 55-67.

[93] Friedrich Burschell: *Das Lob der Schmerzlichkeit*, in *Die Argonauten*, Drittes Heft (1914), S. 116-120.

[94] **György** (Georg) **Lukács** (1885-1971), ungarischer Literarhistoriker und Philosoph.
Die Aufsatzsammlung *Die Seele und die Formen* (1910), die um drei Essays erweitert 1911 in deutscher Sprache erschien, begründete den Ruf von Lukács als Literarhistoriker und Essayist in Deutschland. Der darin enthaltene Essay über Charles-Louis Philippe ist *Sehnsucht und Form* betitelt.
In seiner frühen Zeit, in die auch noch die Abfassung seines vielleicht bedeutendsten Werkes *Die Theorie des Romans* (1916) fällt, zeigt sich Lukács vom Neukantianismus, Georg Simmel und Max Weber beeinflußt, vor allem aber stand er in der Nachfolge von Marx und Hegel. In zahlreichen literaturtheoretischen Werken und in seiner *Ästhetik* erwies er sich später als orthodoxer Marxist. Lukács hatte in Ungarn zeitweise hohe politische Ämter inne, doch verbrachte er aus politischen Gründen auch viele Jahre erzwungenermaßen im Ausland.

[95] **Charles Louis Philippe** (1874-1909), französischer Schriftsteller.
Eine ärmliche Kindheit und die Lektüre Tolstojs und Dostojewskijs prägten die meist autobiographisch gefärbten Novellen und Romane Philippes. In schlichter, oft volkstümlicher Sprache schildert er das Leben der einfachen Menschen in Paris und der Provinz, so beispielsweise in *Charles Blanchard* (1913) die Kindheit seines Großvaters. In seinem Engagement für die Deklassierten neigte Philippe bisweilen zu ungezügelter Pathetik. Er war mit André Gide und Larbaud befreundet und beeinflußte Schriftsteller wie Jules Romains, Francis Carco u.a.

[96] Auszüge aus den Jugendbriefen von Charles Louis Philippe (*Aus den Lettres de jeunesse von Charles-Louis Philippe*) erschienen im ersten Jahrgang der *Argonauten* (1914) in Heft 3 (S. 97-115), 4 (S. 145-162) und 5 (S. 193-214). Der Hinweis auf den Übersetzer unterbleibt. Lediglich am Ende des vierten Heftes findet sich die Bemerkung: „Mitteilung der Redaktion: Die in diesem Heft enthaltenen Briefe von Charles-Louis Philippe sind von Wilhelm Südel ins Deutsche übertragen worden."

[97] Burschell zitiert eine Passage seiner Übersetzung *Aus den 'Lettres de Jeunesse' von Charles-Louis Philippe*, in: *Die Argonauten*, Viertes Heft (1914), S. 148.
Das französische Original lautet:
„Anatole France est délicieux, il sait tout, il exprime tout, il est érudit même: c'est à cause de cela qu'il appartient à une race d'écrivains qui finit, c'est par là qu'il est la conclusion de la littérature du dix-neuvième siècle. Maintenant il faut des barbares. Il faut qu'on ait vécu très près de Dieu sans l'avoir étudié dans les livres, il faut qu'on ait une vision de la vie naturelle, que l'on ait de la force, de la rage même. Le temps de la douceur et du dilettantisme est passé. C'est aujourd'hui le commencement du temps de la passion. J'ignore si l'un et l'autre nous serons de grands écrivains, mais ce

que je sais bien, c'est que nous appartenons à la race qui va naître, c'est que nous serons au moins l'un des petits prophètes très nombreux qui, peu de temps avant sa venue, annonçaient le Christ et prêchaient déjà selon sa doctrine." (aus: Charles-Louis Philippe: *Lettres de Jeunesse (A Henri Vandeputte)*, Paris 1911, S. 63f.)

## Eine Jugendfreundschaft

[98] Vgl. Anm. 54.

[99] Mit größter Sicherheit handelt es sich bei „M." um **Friedrich Sieburg** (1893-1964), den bekannten Feuilletonisten der Frankfurter Allgemeinen Zeitung, der in den Sommersemestern 1912 und 1913 in Heidelberg studiert hat. Auf Friedrich Sieburg verweist vor allem die Episode der gefälschten Stefan George-Widmung, die von Edgar Salin überliefert wird (Edgar Salin: *Um Stefan George. Erinnerung und Zeugnis*, München und Düsseldorf ²1954). Salin verschweigt allerdings Sieburgs Namen und spricht von einem jungen Rheinländer, „der sich dem Dichter und seinen Gefährten und im vergangenen Sommer auch uns [dem Heidelberger Kreis um Hellingrath, Heyer, Salin u.a.] zu nähern gesucht hatte, – er ist später dank seiner Begabung ein angesehener Tagesschreiber geworden ... Wir hatten während des Sommers oft mit ihm Gedichte gelesen." (Salin, S. 18. Vgl. auch S. 97f. und S. 114). An anderer Stelle deutet Salin die von Burschell geschilderte Duellgeschichte an: „In der Zwischenzeit hatte der Verstossene neue Hochstapeleien unternommen und sich dabei durch seine einstigen Beziehungen zum Dichterkreis Glauben und Geld zu gewinnen gesucht, sodass es notwendig geworden war, vor ihm zu warnen und den Schnitt noch deutlicher zu vollziehen." (Salin, S. 22f.)
Maximilian Scheer war es wahrscheinlich, der erstmals in schriftlicher Form darauf hinwies, daß es sich bei dem Fälscher der George-Widmung um Sieburg handelt: „Sieburg fühlte schon damals [während des Heidelberger Studiums] seine Berufung zum Olympier: er fälschte, in einen Gedichtband, eine Widmung Stefan Georges; genauer: er erfand sie, schrieb sie selber." (Maximilian Scheer: *Sieburg und Goebbels*, in: Die neue Weltbühne 32 (1936), Nr. 48 vom 26. November, S. 1523.)
Franz Schonauer berichtet mit Bezug auf Salin von der gefälschten Widmung, kann jedoch bei seinem Verweis auf Sieburg nur die Fama als Zeugin anführen. (Franz Schonauer: *Der Schöngeist als Kollaborateur oder Wer war Friedrich Sieburg?*, in: Karl Corino (Hrsg.): *Intellektuelle im Bann des Nationalsozialismus*, Hamburg 1980, S. 109.)
Auf Salin und Schonauer nehmen die Sieburgbiographen Margot Taureck (*Friedrich Sieburg in Frankreich. Seine literarisch-publizistischen Stellungnahmen zwischen den Weltkriegen im Vergleich mit Positionen Ernst Jüngers*, Heidelberg 1987, Anm. 32 auf S. 24) und kürzlich Tilman Krause (*Mit Frankreich gegen das deutsche Sonderbewußtsein. F. Sieburgs Wege und Wandlungen in diesem Jahrhundert*, Berlin 1993, Anm. 10 auf S. 23) Bezug, die Sieburgs Fehltritt nur am Rande erwähnen.
Die Zeitschrift CASTRVM PEREGRINI führt Sieburgs Kontakte mit dem George-Kreis aus. Die Fälschung der Widmung wird hier nicht ausdrücklich erwähnt, aller-

dings ist davon die Rede, daß „eine jugendliche aber dubiose Eitelkeit" den Bruch mit Stefan George verschuldet habe (L. Helbing und C.V. Bock (Hrsg.): *Stefan George. Dokumente seiner Wirkung*, in: CP 111-113 (1974), S. 247f.). Für Burschells ausführlichen Bericht über seine Freundschaft mit Friedrich Sieburg und ihr unrühmliches Ende gibt es offenbar keine anderen Quellen. Es existiert aus jener Zeit nur noch ein Photo der beiden Freunde im Besitz von Sylvia Schweizer, der Nichte Burschells. Sie kann sich außerdem erinnern, daß Burschell von Verstimmungen zwischen sich und Sieburg sprach, die er aber nicht näher erläuterte. Das Photo wird im Bildteil dieses Buches wiedergegeben.

[100] **Edgar Jaffé** (1866-1921), Nationalökonom.
Nach kaufmännischer Lehre und Tätigkeit nahm Jaffé 1898 in Berlin ein Studium der Philosophie, Geschichte und Nationalökonomie auf, das er 1901 mit einer Promotion in Heidelberg abschloß. Seit 1904 gab er gemeinsam mit Werner Sombart und Max Weber das *Archiv für Sozialwissenschaft und Sozialpolitik* heraus. Im gleichen Jahr erschien seine Habilitationsschrift *Das englische Bankwesen*. Von 1910 an war Jaffé Professor in München. Zunehmend setzte er sich für sozialistische Ideen und die Republik ein und wurde, als einziger Akademiker der Regierung, am 9. November 1918 bayrischer Finanzminister unter Eisner. 1902 heiratete er
**Else von Richthofen** (1874-1973), die Edgar Salin vor 1914 in Heidelberg kennenlernte und als „die schlanke, zarte Frau mit den ausdrucksvollen Zügen" beschrieb, „in denen so viel Freundlichkeit und so viel Leid sich eingegraben hatte." (E. Salin: *Um Stefan George. Erinnerung und Zeugnis*, München und Düsseldorf ²1954, S. 111.)
Else von Richthofen war in Metz aufgewachsen, hatte in Berlin studiert und in Heidelberg bei Max Weber in Nationalökonomie promoviert (1901). Bis zu ihrer Heirat arbeitete sie in Karlsruhe als Gewerbeinspektorin. Ihre Ehe mit Edgar Jaffé scheiterte bald. Else Jaffé-von Richthofen zählte in der Zeit um die Jahrhundertwende zu jenen selbstbewußten Frauen der Schwabinger und Heidelberger Intellektuellenkreise, deren Ideal in einer gehobenen Bildung und einem unabhängigen Leben bestand. Sie war die Geliebte von Otto Groß, Alfred und Max Weber.

[101] **Friedrich Gundolf**, eigtl. F. Gundelfinger (1880-1931), Schriftsteller und Literarhistoriker.
Noch als Student in München lernte Gundolf Stefan George kennen, eine Begegnung, die sein Leben entscheidend gestaltete. Seit 1899 veröffentlichte er in den von George herausgegebenen *Blättern für die Kunst*. In seinen Büchern zur deutschen Literaturgeschichte schilderte er im Sinne Georges die großen Künstler als Symbolgestalten ihrer Epoche. Gundolfs herausragender Ruf in der deutschen Literaturwissenschaft wurde vor allem durch sein Werk *Shakespeare und der deutsche Geist* (1911) begründet, das in wenigen Jahren zahlreich Auflagen erlebte. Gundolf war seit 1911 Privatdozent, seit 1920 Professor in Heidelberg.

[102] Die *Briefe an einen Künstler* waren Teil des 1919 im Roland-Verlag in München erschienen Essaybandes *Einfalt des Herzens*. Sie erschienen darüber hinaus in der *Neuen Rundschau* 30 (1919), 2. Heft (Februar), S. 144-163.

1914 - 1915

[103] Die geplante **Doktorarbeit** mit dem Thema „Der Mythos in Schellings Ästhetik", die Burschell bei Hans Ehrenberg schreiben wollte, ist über ein Anfangsstadium vermutlich nie hinausgekommen. Vgl. hierzu auch die biographische Skizze S. 277f.

[104] **Kaiserin Elisabeth von Österreich** (geb. 1837) wurde am 10.9.1898 in Genf von dem italienischen Anarchisten Lucheni mit einer Feile erstochen.

[105] **Chevaulegers**: ursprünglich ein besonders angesehener Teil der Haustruppen der französischen Könige. Später als leichte Kavallerie auch in deutschen Heeren vertreten. Bayern besaß bis 1918 acht Chevaulegers-Regimenter.

[106] **Hermann Sinsheimer** (1883-1950), Rechtsanwalt, Schriftsteller und Publizist.
Burschell und Sinsheimer, der aus Freinsheim in der Pfalz stammte, lernten sich um 1910 in den Kreisen junger Literaten in Heidelberg oder Mannheim kennen. Sinsheimer war zeitweise Direktor der Münchner Kammerspiele, dann Schauspielkritiker bei den *Münchner Neuesten Nachrichten*. Von 1929 bis 1933 war er Herausgeber des *Simplicissimus*, anschließend Redakteur am *Berliner Tageblatt*. 1938 emigrierte er nach London. Sinsheimer verfaßte theatertheoretische Werke, Romane und Novellen. *Gelebt im Paradies* nannte er seine 1953 erschienenen Erinnerungen.

[107] Burschells Personalbogen aus dem Münchner Hauptstaatsarchiv nennt als Datum der Beförderung zum Vicewachtmeister den 17. Juli 1915.

[108] **Börries von Münchhausen** (1874-1945), Schriftsteller.
Börries von Münchhausen ist der Hauptvertreter und Theoretiker der neueren deutschen Balladendichtung, die sich um 1910 großer Beliebtheit erfreute. Er schrieb auch Erzählungen, Memoiren, ritterliche Lyrik und neuromantische Lieder.

1916

[109] Seinem Personalbogen im Münchner Hauptstaatsarchiv zufolge wurde Friedrich Burschell am 20. Februar 1916 zur 1. Eskadron des 3. bayerischen Chevaulegersregiments versetzt.

[110] Friedrich Burschell: *Die Verleugnung des Petrus*, in: *Die Argonauten*, Zehntes bis zwölftes Heft (1921), S. 236-248.

[111] **Henry Bernstein** (1876-1953), französischer Dramatiker.
Die Dramen Bernsteins sind zumeist Satiren des mondänen Lebens, in denen von leidenschaftlicher Gier nach Geld oder Liebe getriebene Charaktere im Vordergrund stehen. Er war ein sicherer Szenetechniker, der fesselnde Stücke zu gestalten verstand.

Nach seiner Rückkehr aus dem durch die deutsche Besetzung Frankreichs erzwungenen Exil, vermochte er an frühere Erfolge beim Publikum nicht mehr anzuknüpfen.

[112] **Hauptmann Dreyfus.** Die Dreyfusaffäre erschütterte um die Jahrhundertwende das politische Frankreich.
Im Dezember 1894 wurde der Artilleriehauptmann **Alfred Dreyfus** (1859-1935) in einem regelwidrigen Verfahren des Landesverrats zugunsten des Deutschen Reiches für schuldig befunden und zu lebenslänglicher Deportation verurteilt. Nachdem vor allem Émile Zola in seinem berühmten offenen Brief *J'accuse* auf das Fehlurteil und seine antisemitischen Hintergründe aufmerksam gemacht hatte, erzwang die mobilisierte Öffentlichkeit eine Revision des Prozesses (1899). Dreyfus wurde vom Präsidenten der Republik begnadigt, erlangte aber erst 1906 eine vollständige Rehabilitation. Der Fall wurde zum Anlaß heftiger Auseinandersetzungen zwischen der politischen Rechten und Linken.

## Ballonbeobachter und Ortskommandant

[113] Die Versetzung zum Ballonzug 222 der Feldluftschifferabteilung 68 erfolgte am 1. August 1917. (Personalbogen Burschells aus dem bayrischen Hauptstaatsarchiv/ München)

[114] Es handelt sich nicht um **Karl Theodor** († 1909), sondern um dessen Sohn **Ludwig Wilhelm, Herzog in Bayern** (1884-1968). Im 1. Weltkrieg stand er à la suite beim III. Chevaulegers-Regiment „Herzog Karl Theodor", das den Namen seines Vaters trug, der das Regiment ehemals leitete. Ludwig Wilhelm war ein großer Freund oberbayrischer Volkskultur und regte die Sammlung von Liedern und Versen aus dieser Region an.

[115] **Romain Rolland** (1866-1944), französischer Schriftsteller.
Rolland war von 1903 bis 1912 Professor für Musikgeschichte in Paris. In seinem schriftstellerischen Werk setzte er sich für Pazifismus und Völkerverständigung ein, vor allem für einen Ausgleich zwischen Deutschland und Frankreich. 1915 erschien die Essaysammlung *Au-dessus de la mêlée* (dt.: *Über dem Getümmel*, 1946), in der Rolland im ersten Kriegsjahr veröffentlichte Aufsätze zusammenfaßte. Sein Gesamtwerk umfaßt Romane, Dramen und Biographien. Sein bedeutendstes Werk ist der umfangreiche Roman *Jean Christophe* (1904-12, endgültige Fassung 1932), die fiktive Biographie eines genialen Musikers, der die Züge Beethovens, Wagners und Rollands selbst trägt. Romain Rolland war mit zahlreichen Schriftstellern befreundet. Er erhielt 1915 den Nobelpreis für Literatur.

[116] Die Beförderung zum Leutnant erfolgte am 17. September 1917 (Personalbogen Burschells aus dem bayerischen Hauptstaatsarchiv/München)

[117] **Willi Geiger** (1878-1971), Maler und Graphiker.
In seinen künstlerischen Anfängen war Geiger vom Jugendstil beeinflußt. Seit den 20er Jahren nahm sein Werk eher expressionistische und visionäre Züge an. In Spanien und Marokko schuf er Landschaften und Bildnisse, darüberhinaus trat er durch Exlibris und Radierungen von Stierkämpfen hervor. In seiner Spätzeit illustrierte er zahlreiche Bücher, darunter Werke von Goethe und Wedekind, Tolstoj und Dostojewskij. Als Universitätslehrer wirkte Willi Geiger seit 1928 an der Leipziger Akademie. 1933 wurde er entlassen. Von 1945 an war er Professor an der Akademie der bildenden Künste in München.

## Frühjahr 1918 und Urlaub vom Krieg

[118] Burschell spielt auf den Roman *Hunger* (1890) von Knut Hamsun an, in dem dieser das armselige Leben eines jungen erfolglosen Schriftstellers in Oslo beschreibt.
**Knut Hamsun**, eigtl. K. Pedersen (1859-1952), norwegischer Schriftsteller.
Nach einer harten, entbehrungsreichen Jugend und zwei mehrjährigen Aufenthalten in Amerika, das er enttäuscht und verbittert verließ, erntete Hamsun mit seinem Roman *Hunger*, der 1891 bei Albert Langen in München in deutscher Übersetzung erschien, einen ersten großen Erfolg. In seinem Gesamtwerk, das viele Romane, aber auch Dramen und Gedichte umfaßt, beschreibt Hamsun zumeist Außenseiter in Auseinandersetzung mit verknöcherten Gesellschaftsstrukturen und bäuerliches Leben in schwer zu bezwingender Natur. Für *Segen der Erde* (1917) erhielt er den Literaturnobelpreis. Während des Zweiten Weltkrieges ließ Hamsun seiner freundlichen Einstellung gegenüber Deutschland die Zügel schießen, wurde deshalb nach dem Kriege in Haft genommen und nur aufgrund seines hohen Alters begnadigt.

[119] **Richard Dehmel** (1863-1920), Schriftsteller.
Mit seinen Gedichten und Dramen, die in ihrer überbordenden Sprach- und Bilderkraft zu ihrer Zeit revolutionär waren, steht Dehmel in der Nachfolge von Friedrich Nietzsche und Walt Whitman. Er galt als größter Dichter seiner Zeit, der vom Naturalismus kommend zum Wegbereiter des Expressionismus wurde. Frank Wedekind, Else Lasker-Schüler, Detlev von Liliencron und viele andere brachten ihm höchste Verehrung entgegen. Dehmels Werke, in denen die Macht des Eros das zentrale Thema darstellt, sind heute fast ungenießbar und ihre große Wirkung nur aus historischer Sicht verstehbar geworden. Schon bald nach seinem Tode war der große Förderer junger Talente vergessen.

[120] Burschell, Friedrich: *Über den Emanuel Quint (von Gerhart Hauptmann)*, in: *Die Neue Rundschau* 27 (1916), 2. Band, S. 1267-1274.

[121] Ein Brief Burschells aus L[ille?] vom 27. Januar 1916 an die Schriftstellerin Martha Maria Gehrke gibt einen sehr vagen Hinweis darauf, daß es sich bei dem „schönen, heiteren Mädchen" aus dem Frühjahr 1918 um eine Gretel Ebler handeln könnte, über die sonst nichts weiter bekannt ist:

„[...] Ich bin Ihnen zu größtem Dank verpflichtet, daß Sie es fertiggebracht haben, die Gretel für den Sommer nach München zu bekommen. Seien Sie nur weiter unermüdlich, denn Mama Ebler wird sicher nicht sehr erbaut darüber sein. Und wir wollen auch, wenn die kommende Offensive mir Zeit läßt, zwei sehr lustige Wochen dort verbringen.[...]" [Original im Institut für Zeitgeschichte, München]

[122] Seit seiner Entlassung aus dem Militärdienst im Jahre 1916 lebte **Rilke** mit Unterbrechungen in München. Nachdem er den Winter 1917/18 in einem Hotelzimmer verbracht hatte, zog er am 8. Mai 1918 in die Wohnung Ainmillerstraße 34$^{IV}$. Kurze Zeit darauf dürfte er Friedrich Burschell kennengelernt haben.

[123] **Lou Andreas-Salomé** (1861-1937), Schriftstellerin.
Lou von Salomé wuchs in Petersburg als Tochter eines deutschen Generals auf. In Zürich studierte sie Religionsgeschichte und Philosophie. Während einer Italienreise begegnete sie 1882 Friedrich Nietzsche, mit dem sie einige Monate zusammenlebte. 1887 heiratete sie den Göttinger Orientalisten F.C. Andreas. Das Ehepaar wohnte anfänglich in Berlin, wo es im Kreis um Hauptmann und Bölsche verkehrte. 1897 lernte Lou Andreas-Salomé in München Rainer Maria Rilke kennen, eine für beider Leben entscheidende Begegnung. 1899 und 1900 unternahmen sie gemeinsam zwei Reisen nach Rußland. 1911 machte Lou auf einem psychoanalytischen Kongreß in Weimar die Bekanntschaft von Freud und seinem Kreis; im Jahr darauf studierte sie bei ihm in Wien.
Lou Andreas Salomé hat einfühlsame Romane und Erzählungen geschrieben, die sich vorwiegend mit der Lebensphase zwischen Kindheit und Erwachsenenalter beschäftigen. Ein Band mit Erzählungen trägt den hierfür bezeichnenden Titel *Im Zwischenland* (1902). In ihren Essays und in ihrem *Lebensrückblick* (1951) interpretiert sie in bedeutender Weise das Werk ihrer Freunde.

[124] **Jasnaja Poljana**: ein Dorf südwestlich von Tula in Rußland. Stammsitz und Sterbeort Lew Tolstojs.

[125] **Karl Kraus** (1874-1936), österreichischer Schriftsteller, Kritiker und Übersetzer
Karl Kraus studierte ohne Abschluß Rechtswissenschaften, Philosophie und Germanistik in Wien. 1899 gründete er seine Zeitschrift *Die Fackel*, von der in 37 Jahrgängen insgesamt 922 Nummern erschienen.
Der unablässige Kampf gegen einen unkorrekten Gebrauch der Sprache bildete für Kraus den Ausgangspunkt seiner Kritik an Gesellschaft und Geistesleben, die er von Korruption und Unwahrhaftigkeit durchdrungen sah. In den ersten Jahren der *Fackel* veröffentlichte Kraus auch auch Werke anderer Autoren: Franz Werfel, Else Lasker-Schüler, Frank Wedekind, Heinrich Mann, Berthold Viertel und vor allem der von Kraus zeitlebens hochgeschätzte Peter Altenberg kamen zu Wort. Von 1911 an schrieb Karl Kraus die *Fackel* allein.
Der Meister der Sprachkritik entdeckte die satirischen Possen Nestroys neu (*Nestroy und die Nachwelt*, 1912) und lehnte Heine ab (*Heine und die Folgen*, 1910). In seinem monumentalen Drama *Die letzten Tage der Menschheit* (1918/19) zeichnete er anhand dokumentarisch belegter Wirklichkeitsfetzen die Geschehnisse des ersten Weltkrieges als Apokalypse.

[126] **Hans Feist** (1887-1952), Arzt, Schriftsteller und Übersetzer.
Hans Feist übersetzte u.a. Werke von Christopher Fry und Jean Giraudoux. Er gab Anthologien englischer und italienischer Lyrik heraus.

[127] **Marie Laurencin** (1885-1956), französische Malerin.
Marie Laurencin gehörte zu den Mitbegründern des französischen Kubismus. Später malte sie, vor allem unter dem Einfluß von Henri Matisse, in zarten, hellen Farben gehaltene Bilder junger Mädchen und Frauen. Sie hat auch graphische Arbeiten, Stoff- und Teppichentwürfe sowie Theaterdekorationen geschaffen.

[128] **Rudolf Kassner** (1873-1959), österreichischer Privatgelehrter, Schriftsteller und Übersetzer.
Trotz einer schweren Körperbehinderung unternahm Kassner ausgedehnte Reisen nach Rußland, Indien und Afrika. Er lebte als Privatgelehrter in Berlin, London, München und Wien. In seinen oft das Mystische berührenden Schriften entwickelte er ein physiognomisches Weltbild, das weniger systematisch aufgebaut als intuitiv erfaßt ist (*Das physiognomische Weltbild*, 1930). Als Übersetzer befaßte er sich u.a. mit Platon, Sterne, Gogol, Puschkin und Dostojewskij. Rudolf Kassner war mit Hofmannsthal, Rilke, Wilde, Valéry und Gide befreundet.

[129] **Hans Carossa** (1878-1956), Arzt und Schriftsteller.
Abseits literarischer Modeströmungen verfaßte Carossa Romane, Erzählungen und Gedichte, die sich formal und inhaltlich erst an Dehmel, George und Rilke, später an Goethe und Stifter anlehnten. In schlichter und klarer Sprache schrieb er darüber hinaus einige autobiographische Werke, in denen er seinen christlich-humanistischen Idealen Ausdruck verlieh.

[130] **Albrecht Schäffer** (1885-1950), Schriftsteller.
Albrecht Schäffer ging in seinem umfangreichen Werk Stoffen der Antike und der mittelhochdeutschen Mystik nach. Mit dem über 2000 Seiten starken Roman *Helianth* (1920-24) nahm er die Tradition des deutschen Bildungsromans wieder auf. Von bleibendem Wert sind seine Übersetzungen von Wilde, Verlaine, Apuleius und Homer.

[131] **Anton Kippenberg** (1874-1950), Verleger, Schriftsteller, Übersetzer und Goethesammler.
Von 1905 an leitete Kippenberg den Insel-Verlag, den er seither richtungsweisend prägte. Er bemühte sich besonders um schöne Bücher, so beispielsweise in der 1912 begonnenen Insel-Bücherei, und legte den Schwerpunkt des Verlages eher auf klassische Autoren. Unter den Zeitgenossen förderte er vor allem Rilke, aber auch u.a. Carossa, Schäffer, Schneider und Timmermans, den er selbst aus dem Flämischen übersetzte. Kippenberg verfaßte einige kleinere literarische Werke, ist aber überdies vor allem als Goethesammler hervorgetreten. Seine umfangreiche Sammlung, die größte private Goethesammlung überhaupt, ist heute Bestandteil des Goethemuseums in Düsseldorf.

[132] In einem Brief aus dem November 1921 hat sich **Rilke** gegenüber Ellen Key ganz ähnlich geäußert:
„[...] Meine sieben Monate von 1915 auf 1916, im Infantristenrock, in Wien, waren an sich nicht hart, – sie wurden es dadurch, dass die Verhältnisse der Militärschule, die einst so schwer überstandenen, wieder Recht bekamen, plötzlich, und über 35 Jahre hinüber, wieder die Wirklichkeit ausmachten; noch einmal! Das war oft verwirrend bis zur inneren Vernichtung, und das ganze Leben zwischen diesen beiden Parallelen schien annuliert und wie durchgestrichen.[...]" (R.M. Rilke - Ellen Key. Briefwechsel. Mit Briefen von und an Clara Rilke-Westhoff, hrsg. von Theodore Fiedler, Frankfurt a.M. und Leipzig 1993, S. 243.)

[133] In einem Brief an seinen Verleger Anton Kippenberg vom 11. Oktober 1918 kommt R. M. Rilke auch auf Burschells Abberufung zur Truppe zu sprechen:
„Leider ist Friedrich Burschell gestern plötzlich wieder zur Truppe abberufen worden." (R.M. Rilke, Briefwechsel mit Anton Kippenberg 1906 bis 1926, hrsg. von I. Schnack und R. Scharffenberg, Zweiter Band, Frankfurt a.M. und Leipzig 1995, S. 100).

[134] Wegen heftiger Kontroversen mit dem neuen Reichskanzler Prinz Max von Baden (seit 3. Oktober 1918) reichte **General Ludendorff**, der seit 1916 die gesamten deutschen Kriegsoperationen zu Lande geleitet hatte, ein Entlassungsgesuch beim Kaiser ein, dem Wilhelm II am 26. Oktober 1918 stattgab.

[135] **Ernst von Aster** (1880-1948), Philosoph.
Seit 1913 war Ernst von Aster Professor in München, von 1920 bis 1933 lehrte er in Gießen. 1933 emigrierte er nach Schweden und erhielt 1936 einen Ruf an die Universität Istanbul. Als Schüler von Theodor Lipps vertrat Aster gegen Phänomenologie und Neukantianismus eine positivistische und nominalistische Erkenntnistheorie, die er in seinen Werken *Prinzipien der Erkenntnistheorie* (1913) und *Naturphilosophie* (1932) ausführte. Er verfaßte eine weitverbreitete *Geschichte der Philosophie* (1932).

[136] **Moritz Geiger** (1880-1937), Philosoph.
Seit 1915 war Geiger Professor in München. Er emigrierte später in die USA. Geiger war Anhänger der phänomenologischen Schule Edmund Husserls und gab 1913 bis 1930 das *Jahrbuch für Philosophie und phänomenologische Forschung* heraus. Er befaßte sich mit Psychologie, Ästhetik, Mathematik und Wissenschaftstheorie.

[137] **Fritz Strich** (1892-1963), Literarhistoriker.
Seit 1915 war Fritz Strich Professor in München, von 1929 an in Bern. In seinen stilgeschichtlichen Untersuchungen ging er von H. Wölfflins kunstgeschichtlichen Grundbegriffen aus.

[138] **Kurt Eisner** (1867-1919), Publizist und Politiker.
Nach einem abgebrochenen Studium in Berlin lebte Eisner mehrere Jahre als Journalist in Marburg, wo er nachhaltig von der neukantianischen Philosophie Hermann Cohens beeinflußt wurde. Gegen Ende der 90er Jahre wandte er sich immer stärker der Sozialdemokratie zu, 1899 bis 1905 war er Redakteur des *Vorwärts*. 1910 ging er als freier Schriftsteller nach München. Als Pazifist schloß er sich 1917 der

USPD an und beteiligte sich 1918 führend am Munitionsarbeiteraufstand. In der Novemberrevolution 1918 war Eisner entscheidend am Sturz der Bayerischen Monarchie beteiligt. Am 8. November 1918 wurde er bayerischer Ministerpräsident und Außenminister. Er versuchte Rätesystem und Parlamentarismus miteinander zu verbinden. Am 21. Februar wurde er auf dem Weg zum neugewählten Landtag, in dem die USPD nur mit drei Abgeordneten vertreten war, vom Grafen Arco ermordet. Sein Tod wurde zum Signal für die Ausrufung der Räterepublik.

[139] **Walter Rathenau** (1867-1922), Industrieller, Schriftsteller und Politiker.
Rathenau war seit 1922 Präsident der AEG, die sein Vater begründet hatte. In seinem umfangreichen schriftstellerischen Werk verband er die Analyse der wirtschaftlichen und sozialen Probleme seiner Zeit mit philosophischen und kulturkritischen Fragestellungen. Als Politiker war er 1919 an der Vorbereitung der Versailler Friedenskonferenz beteiligt. Als Außenminister (Februar-Juni 1922) schloß er mit Rußland den Rapallovertrag. Seine 'Erfüllungspolitik' in Bezug auf die Reparationsleistungen nach dem Kriege brachte ihm die Feindschaft nationalistischer und antisemitischer Gruppen ein. Am 24. Juni 1922 wurde er ermordet.

[140] In einem Brief an seine Frau Clara Rilke-Westhoff vom 7. November 1918 hat Rilke seine Eindrücke von diesem Abend geschildert:
„[...] In den letzten Tagen hat München etwas von seiner Leere und Ruhe aufgegeben, die Spannungen des Augenblicks machen sich auch hier bemerklich, wenngleich sie zwischen den bajuwarischen Temperamenten sich nicht gerade geistig steigernd benehmen. Überall große Versammlungen in den Brauhaussälen, fast jeden Abend, überall Redner unter denen in erster Reihe Professor Jaffé sich hervortut, und wo die Säle nicht ausreichen, Versammlungen unter freiem Himmel nach Tausenden. Unter Tausenden auch war ich Montag Abend in den Sälen des Hotel Wagner, Professor Max Weber aus Heidelberg, Nationalökonom, der für einen der besten Köpfe und für einen guten Redner gilt, sprach, nach ihm in der Diskussion der anarchistisch überanstrengte Mühsam und weiter Studenten, Leute, die vier Jahre an der Front gewesen waren, – alle so einfach und offen und volkstümlich. Und obwohl man um die Biertische und zwischen den Tischen so saß, daß die Kellnerinnen nur wie Holzwürmer durch die dicke Menschenstruktur sich durchfraßen, – wars gar nicht beklemmend, nicht einmal für den Atem; der Dunst aus Bier und Rauch und Volk ging einem nicht unbequem ein, man gewahrte ihn kaum, so wichtig wars und so über alles gegenwärtig klar, daß die Dinge gesagt werden konnten, die endlich an der Reihe sind, und daß die einfachsten und gültigsten von diesen Dingen, soweit sie einigermaßen aufnehmlich gegeben waren, von der ungeheueren Menge mit einem schweren massiven Beifall begriffen wurden. [...]" (R.M. Rilke: *Briefe zur Politik*, hrsg. von Joachim W. Storck, Frankfurt a.M. und Leipzig 1992, S. 229.)

[141] Der Münchener Stadtkommandant hieß Oskar Dürr.

[142] **Erhard Auer** (1874-1945), sozialdemokratischer Politiker.
Von 1907 bis 1933 war Auer Mitglied des bayerischen Landtags, seit 1919 auch Mitglied des Reichstags. Nach der Novemberrevolution 1918 bekleidete er das Amt des Innenministers in der Regierung Eisner. Am Tage der Ermordung Eisners, am 21. Februar 1919, wurde er durch ein Attentat schwer verwundet. Er trat als Minister zurück, behielt aber bis 1933 die Führung der bayerischen Sozialdemokratie.

[143] **Felix Fechenbach** (1894-1933), Schriftsteller, Politiker und Journalist. Nach einer Kaufmannslehre arbeitete Fechenbach als Journalist. Während der Münchner Räterepublik war er Sekretär des Ministerpräsidenten Kurt Eisner. Wegen der Veröffentlichung eines Telegramms des bayrischen Gesandten beim Vatikan wurde er 1922 des Hochverrats beschuldigt und zu elf Jahren Zuchthaus verurteilt, aber schon 1924 freigelassen. *Im Haus der Freudlosen* (1925) nannte er das Buch, in dem er seine Zeit im Gefängnis beschrieb. Fechenbach verfaßte außerdem Erinnerungen an Eisner und einen Roman *Der Puppenspieler* (1927). Nach der Machtübernahme der Nationalsozialisten wurde er verhaftet und auf der Fahrt ins Konzentrationslager Dachau erschossen.

[144] **Ludwig Gandorfer** (1880-1918), Führer des radikalen bayerischen Bauernbundes. Ludwig Gandorfer hatte längere Zeit eine Farm in Ostafrika bewirtschaftet. Nach der Übernahme seines Hofes in Niederbayern war er den Großbauern zuzurechnen, bekannte sich aber zum Sozialismus. Mit Eisner, der später behauptete, den entscheidenden Anstoß zur Revolution von Gandorfer erhalten zu haben, verband ihn eine langjährige Freundschaft. Noch im November 1918 kam Gandorfer bei einem Verkehrsunfall ums Leben.

[145] Am 17. November 1919, also wahrscheinlich wenige Tage nach den hier geschilderten Ereignissen, hat Burschell **Paul Ernst** brieflich um Mitarbeit an seiner Zeitschrift *Revolution* gebeten, deren Name und endgültige Form damals offenbar noch nicht feststand:
„[...] Ich habe eine Bitte an Sie: Mir ist die Redaktion von Flugblättern aufgetragen worden, die in einer großen Auflage sehr bald erscheinen, Titel: an Alle und Einen. Wir wollen niemandem zu Gefallen schreiben, so rein in der Auswahl sein wie es immer möglich ist, [unleserliches Wort] das Aktuelle durchaus nicht vermeiden, aber vor allem die unablässige durchsteigende Form der Zeiten auf das Eindringlichste herausstellen, die Wege zeigen zur Herrschaft der Liebe und Güte und daß die Welt jetzt weich wie Wachs ist, mit allen Kräften benutzen, um diese Zeichen einzugraben. Hier dürfen Sie nicht fehlen. Ihre strenge Menschlichkeit, ihr reines Pathos. Ich bitte Sie mir recht bald etwas zu schicken.[...]" (Original im Deutschen Literaturarchiv, Marbach a.N.)
Ein Beitrag von Paul Ernst ist weder in *Revolution*, noch in *Neue Erde* erschienen.

[146] **Seeshaupt**. Nach seiner Heirat mit Käthe Schiffer Ende 1918 in München (vgl. die biographische Skizze S. 249) zog Friedrich Burschell nach Seeshaupt.

[147] **Matthias Erzberger** (1875-1921), Politiker.
Matthias Erzberger war als Politiker der Zentrumspartei seit 1903 Mitglied des Reichstages. Nachdem er anfangs noch zu den Befürwortern des Weltkrieges gehört hatte, wurde er im Laufe des Krieges zum Verfechter eines „Verständigungsfriedens". Im Juli 1917 setzte er im Reichstag die Verabschiedung einer Friedensresolution durch. Seit Oktober 1918 war Erzberger Staatssekretär ohne Geschäftsbereich und unterzeichnete in dieser Funktion am 11. November 1918 den Waffenstillstand. Als Reichsfinanzminister (seit Juni 1919) führte er eine wichtige Finanzreform durch („Erzbergersche Finanzreform"). Im August 1921 fiel er einem Attentat rechtsradikaler Offiziere zum Opfer.

[148] Hier endet das Korpus der *Erinnerungen* Burschells. Das nun folgende letzte Kapitel erschien unter dem gleichen Titel zuerst in: **IMPRIMATUR. Ein Jahrbuch für Bücherfreunde. Neue Folge. Band III (1956/57). Gesellschaft der Bibliophilen, Frankfurt am Main.** Da sich die darin geschilderten Vorgänge nahezu nahtlos an das Fragment der *Erinnerungen* anschließen, erscheint die Anknüpfung, ungeachtet einiger Wiederholungen, erlaubt und geboten.

## *Revolution* und *Neue Erde*

[149] **Alfred Wolfenstein** (1883-1945), Schriftsteller und Übersetzer.
Das eher schmale Werk Alfred Wolfensteins umfaßt Gedichte, Dramen, Erzählungen und Essays. 1914 veröffentlichte er seinen Lyrikband *Die gottlosen Jahre*, der von Rilke sehr gelobt wurde. Auch in den folgenden Jahren schrieb Wolfenstein Gedichte, deren Bilder er zumeist aus dem Erleben der Großstadt schöpfte. Walter Hasenclever nannte seine harten Rhythmen „kubisch" und fühlte sich an Picasso erinnert. 1921 hielt Alfred Wolfenstein die „Periode des Gedichts" in seinem Schaffen für abgeschlossen und wandte sich dem Drama zu, von dem er sich eine direktere Wirkung auf die Gesellschaft versprach. Als Übersetzer befaßte er sich mit Shelley, Verlaine, Nerval und Flaubert. 1919 und 1920 gab er die expressionistische Sammlung *Die Erhebung* als Jahrbücher heraus, in der jeweils einen Essay seines Freundes Burschell veröffentlichte. Nach langer Emigration, Flucht und Krankheit setzte er seinem Leben am 22. Januar 1945 in Paris ein Ende. In der deutschsprachigen Londoner *Zeitung* schrieb Burschell am 9. Februar 1945 einen Nachruf.

[150] **Martin Sommerfeld** (1894-1939), Literarhistoriker.
Martin Sommerfeld, der 1918 auch in den Zeitschriften *Die Dichtung* und *Das junge Deutschland* veröffentlichte, war seit 1919 Privatdozent und dann bis April 1933 Professor für deutsche Philologie an der Universität Frankfurt. Er emigrierte in die Vereinigten Staaten und lehrte am Smith College in Northampton/Massachusetts deutsche Literatur.

[151] Die erste Nummer der ***Revolution*** erschien am 23. November 1918. Außer den Artikeln von Burschell, Wolfenstein und Sommerfeld erschienen darin Beiträge von Oscar Schürer, Carl Ernst Matthias und Albert Rapp.

[152] **Expressionismus-Ausstellung:** die Ausstellung des Deutschen Literaturarchivs in Marbach a.N. fand im Jahre 1960 statt.

[153] Friedrich Burschell: *Ein Führer*, in: *Revolution* 1 (1918), Nr. 2 vom 30. November 1918, S. 9. Burschell zitiert die vier ersten Absätze.

[154] Oskar Loerke: *Die Stimme des Dichters*, in: *Revolution* 1 (1918), Nr. 2 vom 30. November 1918, S. 15. Der kursiv gedruckte Teil fehlt in der Wiedergabe Burschells.

[155] **Hugo Ball** (1886-1927), Schauspieler, Dramaturg, Schriftsteller.
Als Dramaturg war Ball ein Wegbereiter des expressionistischen Theaters. 1916 gehörte er in Zürich zu den Mitbegründern des Dadaismus. Er schrieb eigene Lautgedichte. Von 1920 an lebte er zurückgezogen im Tessin, wo er nach seiner Konversion zum katholischen Glauben theologische Studien trieb.

[156] **Leonhard Frank** (1882-1961), Erzähler und Dramatiker.
Nach seinem ersten und zugleich bekanntesten Roman *Die Räuberbande* (1914), in dem er seine Würzburger Kindheitserlebnisse verarbeitete, wandte sich Frank unter Einfluß des Expressionismus sozialrevolutionären Themen zu und verfaßte psychologisierende Tendenzromane gegen Krieg und Unterdrückung.

[157] **Walter Schmidkunz** (1887-1961), Verleger und Schriftsteller.
Schmidkunz hat neben seiner verlegerischen Tätigkeit als Erzähler und Sachbuchautor zahlreiche Werke verfaßt, die meist die Bergwelt zum Thema haben. Mehrere Bücher schrieb er gemeinsam mit dem bekannten Bergsteiger und Filmschauspieler Luis Trenker, darunter *Berge und Heimat* (1931) und *Berge in Flammen* (1949).

[158] Von Oskar Loerke erschien die Erzählung *Das Goldbergwerk* als Band 2 der Reihe *Die Pforte*.
Burschells Essay *Vom Charakter und der Seele. Ein Gespräch* (Band 4 der Reihe *Die Pforte*) wurde zuerst veröffentlicht in: *Die Weissen Blätter* 2 (1915), Erstes Quartal, S. 3-29. Mit folgendem Anzeigentext warb der Dreiländerverlag in der *Neuen Erde* für Burschells Opus: „Ein meisterlicher Essay. Eckehartsche Geistigkeit und franziskanische Einfalt beleben dieses Werk eines späten Gotikers, der hier zum Boten einer neuen Humanität wird."

[159] **Louis Blanc** (1811-1882), französischer sozialistischer Politiker.
Blanc setzte sich als Mitglied der Provisorischen Regierung von 1848 für die Einrichtung von Arbeiterproduktionsgenossenschaften zur Überwindung des Kapitalismus ein. Nach langem Exil bekämpfte er 1871 als Mitglied der Nationalversammlung die Kommune.

[160] **Max Unold** (1885-1964), Maler und Graphiker.
Anfangs beeinflußt durch den Kreis um Wilhelm Leibl und durch Paul Cézanne näherte sich Unold später der Neuen Sachlichkeit. Er schuf schlichte Porträts, Stilleben, Landschaftskompositionen und illustrierte zahlreiche Bücher.

[161] **Richard Seewald** (1889-1976), Maler, Graphiker und Schriftsteller.
Von den vielseitigen Arbeiten Seewalds als Maler und Graphiker sind besonders seine Illustrationen, auch zu eigenen Romanen, Reisebüchern und Essays bekannt geworden. Er hat außerdem Wandgemälde geschaffen, Glasfenster und Gobelins entworfen. Seit 1924 lehrte er an den Kölner Werkschulen und war von 1954 bis 1958 Professor in München.

[162] Das erste Heft der Halbmonatsschrift *Neue Erde* erschien im Januar 1919. Burschell zitiert das ganze Vorwort.

Von der als Halbmonatsschrift angekündigten Zeitschrift erschienen nur die ersten drei Nummern, diese allerdings im Januar, Februar und April 1919.

[163] **Regina Ullmann** (1884-1961), Schweizer Lyrikerin und Erzählerin.
Verwurzelt im katholischen Glauben, erzählt Regina Ullmann in poetischer Sprache von den kleinen und stillen Dingen. (z.B. in *Die Landstraße*, 1921). Seit 1908 führte sie einen Briefwechsel mit R.M. Rilke, der sich ihres Werkes annahm und ihr Mentor wurde.

[164] **Hermann Kasack** (1896-1966), Schriftsteller.
Kasack schrieb zunächst expressionistische Lyrik und Dramen. Sein Roman *Die Stadt hinter dem Strom* (1947), der eine beklemmende surreale Reise in eine Totenstadt schildert, gehört als bedeutendes Zeugnis der „inneren Emigration" zu den meistdiskutierten Werken der Nachkriegszeit. In seiner Tätigkeit als Lektor des Suhrkamp-Verlages (1941-1949) und als Präsident der Deutschen Akademie für Sprache und Dichtung (1953-1963) setzte er sich vielfach für verkannte Autoren ein. 1948 war er Mitbegründer des deutschen P.E.N.-Zentrums.

[165] **Adolf von Hatzfeld** (1892-1957), Schriftsteller.
Der 1913 bei einem Selbstmordversuch erblindete Adolf von Hatzfeld verfaßte hymnische, religiös-ekstatische Lyrik, expressionistische Bekenntnisromane und Novellen, die von tiefer Verbundenheit mit seiner westfälischen Heimat zeugen.

[166] **Gustav Sack** (1885-1916), Schriftsteller.
Während Gustav Sack zu Lebzeiten weitgehend unbekannt blieb, rechnet man seine verdeckt autobiographischen Romane, wie z.B. *Ein verbummelter Student* (1919), heute zu den hervorragenden Werken des Expressionismus. Ebenso wie seine Romane zeichnen sich auch seine Novellen und seine Lyrik durch einen, in der Nachfolge Nietzsches stehenden, wortgewordenen Lebensdurst aus.

[167] **Gustav Radbruch** (1878-1949), Rechtsphilosoph, Strafrechtslehrer und Politiker.
Mit seinen *Grundzügen der Rechtsphilosophie* (1914) schuf Radbruch auf der Basis der Wertphilosophie des südwestdeutschen Neukantianismus die letzte klassische Rechtsphilosophie. Er lehrte von 1903 bis 1914, 1926 bis 1933 und 1945 bis 1948 in Heidelberg. Als Politiker setzte er sich für den sozialen Rechtsstaat ein. Er war von 1920 bis 1924 Mitglied des Reichstages und 1921/22 und 1923 Reichsjustizminister. Er gehörte zu den wenigen deutschen Professoren, die den nationalsozialistischen Machthabern entgegentraten.

[168] **Franz Blei** (1871-1942), Schriftsteller, Kulturhistoriker, Übersetzer.
Blei gab verschiedene Zeitschriften heraus, verfaßte sitten- und kulturgeschichtliche Werke, Lustspiele und Erzählungen. Originell und erfolgreich war sein *Bestiarium literaricum* (1920), in dem er zeitgenössische Schriftsteller satirisch porträtierte. Bedeutend war Blei als Kritiker, Förderer junger Autoren, Anreger und Übersetzer von Paul Claudel, André Gide und Oscar Wilde.

[169] Friedrich Burschell: *Lenin*, in: *Neue Erde* 1 (1919), Zweites Heft (Februar), S. 43.

[170] Friedrich Burschell: *Kurt Eisner*, in: *Neue Erde* 1 (1919), Zweites Heft (Februar), S. 43.

[171] **Die Münchner Räterepublik** wurde am 6. April von einem „Revolutionären Zentralrat Bayerns" ausgerufen, der aus Sozialdemokraten, Unabhängigen und Anarchisten bestand. Schon eine Woche später am 13. April gelangen durch den Palmsonntagsputsch die Kommunisten unter Führung von Eugen Leviné an die Macht. Mit dem Einmarsch der Weißen Truppen am 1. Mai 1919 endete diese Episode der bayerischen Geschichte.

# *Friedrich Burschell 1919 - 1970*

## *– Eine biographische Skizze –*

### *Seeshaupt und Heidelberg (1919-1925)*

In den ersten Aprilwochen des Jahres 1919 übersiedelte Friedrich Burschell von München nach Seeshaupt am Starnberger See. Nach der Ermordung Eisners, dessen Ideale er durch die weitere politische Entwicklung verraten sah, hielt ihn nichts mehr in der Stadt.

Auch aus einem anderen Grund wird es Burschell aus dem unruhigen und gefährlichen München fortgezogen haben. Gegen Ende 1918 hatte er geheiratet und war dadurch zugleich Familienvater geworden, da seine Frau eine Tochter mit in die Ehe brachte. Käthe Schiffer, geb. Lippmann, war eine Schwägerin von Siegfried Jacobsohn, dem Herausgeber der *Schaubühne*, in der Burschell zwei Beiträge veröffentlicht hatte.[1] Leider gibt es über Burschells erste Frau kaum schriftliche Zeugnisse. Nur in Briefen Jacobsohns an Tucholsky wird sie einige Male en passant erwähnt, erscheint hier aber in reichlich ungünstigem Licht. Einmal spricht Jacobsohn über das „typische Schiffersche Gequatsche, wie Du es zwischen meiner Dicken und ihrer noch dickern Schwester hören könntest."[2] Ein anderes Mal schließt er seinen Brief mit den Worten: „Bhüat di Got! Wie meine dicke Schwägerin aus Seeshaupt, die jetzt mit ihrer Brut bei uns ist, sagen würde."[3]

---

[1] Friedrich Burschell: *Japanische Schauspieler* [Gedicht], in: *Die Schaubühne* 8 (1912), Nr. 39 vom 26. September, S. 278 und *Die Bildung des dramatischen Dichters*, in: *Die Schaubühne* 10 (1914), Nr. 31/32 vom 6. August, S. 78-81.

[2] S. Jacobsohn in einem Brief an K. Tucholsky vom 29. August 1926, in: Siegfried Jacobsohn: *Briefe an Kurt Tucholsky (1915-1926)*, hrsg. von Richard von Soldenhoff, München und Hamburg 1989, S. 441f.

[3] S. Jacobsohn in einem Brief an K. Tucholsky vom 21. August 1923, a.a.O., S. 159. Mit der „Brut" dürfte Burschells Stieftochter Ursula gemeint sein, die heute hochbetagt in London lebt. Viele Jahrzehnte lang war sie Friedrich Burschell eng verbunden. In den dreißiger Jahren heiratete sie den Schriftsteller Egon Lehrburger, der das Pseudonym Egon Larsen angenommen hatte. Die Lehrburgers teilten Burschells Exilschicksal in Prag und London, kehrten aber nach dem Kriege nicht dauerhaft nach Deutschland zurück.

In Seeshaupt war Burschell dem brodelnden München nahe genug, um sich bisweilen vor Ort mit eigenen Augen umzusehen. Bei einem seiner Ausflüge nach München wurde er noch einmal von der revolutionären Realität jener Tage eingeholt. Am 2. Mai 1919 war er mit seinem Freund Alfred Wolfenstein unterwegs, als ihm ein Erlebnis widerfuhr, das der Wolfensteinbiograph Peter Fischer nach einem Gespräch mit Burschell schildert:
„Die Reichswehrverbände rückten am 2. Mai in München ein; diese sogenannten 'Weißen Truppen' zerschlugen allen Widerstand, was vom Bürgertum stürmisch applaudiert wurde.
An diesem Tage war Wolfenstein mit Burschell auf der Ludwigstraße. Irgendeine Frau aus seiner Nachbarschaft, die dem friedfertigen Literaten übelwollte, wies mit dem Finger auf ihn und schrie: 'Seht, da geht der Oberbolschewik!', woraufhin er verhaftet und zur Feldherrnhalle geschleppt wurde. Dort mußte er mit erhobenen Armen, Gesicht zur Wand stehen. Wohl konnte er noch rufen: 'Burschell, tun Sie was für mich', doch er wurde von einem Soldaten angefahren: 'Warum sind Sie nicht in Uniform?' Nachher wurde er im Keller der Residenz eingesperrt. Dort fand sich ein Offizier, dem Wolfenstein bekannt war. Er zog seinen Revolver und sagte: 'Den werde ich mir vornehmen.' Der Offizier führte Wolfenstein hinaus und ließ ihn laufen."[4]
Nicht zuletzt nach diesen Erfahrungen wird Burschell froh gewesen sein in Seeshaupt ein „Haus Burschell"[5] zu haben, in dem er von den Strapazen der letzten Jahre ausruhen konnte. Nun endlich konnte er sich in aller Ruhe seiner Arbeit widmen. Im April bereits war Wolfensteins Jahrbuch *Die Erhebung* erschienen, das einen Auszug aus Burschells Essayband *Die Einfalt des Herzens* enthielt.[6] Rainer Maria Rilke schrieb dazu nach Seeshaupt: „Sie können sich denken, was ich zuerst in dem Jahrbuch aufgeschlagen habe: 'Die Einfalt des Herzens' stellt einen unübertrefflichen Moment reiner

---

[4] Peter Fischer: *Alfred Wolfenstein. Der Expressionismus und die verendende Kunst*, München 1968, S. 37. Die Episode wird in ähnlicher Form von der Schriftstellerin Henriette Hardenberg (d.i. Margarete Franckenschwert, geb. Rosenberg) überliefert, die damals mit Alfred Wolfenstein verheiratet war. Diese Version bei: Hartmut Viesel (Hrsg.): *Literaten an der Wand. Die Münchner Räterepublik und die Schriftsteller*, Frankfurt a.M. 1980, S. 725f.

[5] In Seeshaupt hatten die Burschells eine „Villa Elisabeth" gemietet. Burschells Briefpapier aus jener Zeit trägt den Aufdruck: „Haus Burschell. Seeshaupt am Starnberger See".

[6] Friedrich Burschell: *Die Einfalt des Herzens*, in: *Die Erhebung. Jahrbuch für neue Dichtung und Wertung*, hrsg. von A. Wolfenstein, Berlin 1919, S. 288-296.

Bereitschaft dar, – ach, daß auch er nun muß im innersten Abwarten hingehalten sein, zu seiner eigensten Stunde!"[7]

Rilke und Burschell hatten sich im Sommer 1918 wahrscheinlich im Kreis um Alfred Wolfenstein kennengelernt. In den Begegnungen, die Burschell in den *Erinnerungen* schildert, wird das Gespräch häufiger bei dem Plan einer Übersetzung der Werke von Charles-Louis Philippe verweilt sein. Für die *Argonauten* hatte Burschell die Jugendbriefe des Franzosen übersetzt, nun wollte er sich die Romane vornehmen. Rilke teilte Burschells Begeisterung und machte sich bei seinem Verleger Anton Kippenberg für die Idee einer Gesamtübersetzung stark. Am 3. Juli 1918 schreibt er an Kippenberg: „Vor Kurzem war Herr Friedrich Burschell bei mir, und wir fanden uns in der Überzeugung, daß den Bänden Philippe's im Deutschen früher oder später ein anderes Loos müsse bereitet werden; Burschell selbst hat die wunderbaren, unvergleichlichen Lettres de Jeunesse übertragen, kennt das Oeuvre Ch.-L. Ph.'s sehr genau und würde sich auch, soweit seine Zeit das erlaubt, (er steht seit vier Jahren als Offizier im Felde) der Übertragung anderer Bände zuwenden."[8]

Obwohl Kippenberg dem Gedanken einer Gesamtausgabe Philippes im Insel-Verlag nichts weniger als abgeneigt war, erwies sich das Vorhaben als problematisch. Die Verlagsrechte lagen bei Egon Fleischel & Co in Berlin, der 1913 eine sechsbändige Ausgabe der *Gesammelten Werke* Philippes veranstaltet hatte, Teile der Übersetzungsrechte bei deren Herausgeber Wilhelm Südel.[9] Nach langwierigen Verhandlungen mit Fleischel, Südel und dem französischen Verleger Gallimard, gelang es Kippenberg, die Rechte für den Insel-Verlag zu erwerben. Die Insel übernahm die Restauslieferung der *Gesammelten Werke* aus dem Fleischel-Verlag, die geplante Gesamtausgabe, an der ursprünglich auch Rilke und Wolfenstein mitarbeiten wollten[10], ist merkwürdigerweise aber nie erschienen. Stattdessen

---

[7] Aus einem Brief Rilkes an Friedrich Burschell vom 26. April 1919. (Monacensia-Literaturarchiv, München)

[8] Rilke in einem Brief an Anton Kippenberg vom 3. Juli 1918, in: R.M. Rilke: *Briefwechsel mit Anton Kippenberg 1906 bis 1926*, Frankfurt a.M. und Leipzig 1995, Zweiter Band, S. 85.

[9] In einem Brief an Rilke vom 8. Juli 1918 spricht Kippenberg über Wilhelm Südel als von dem „gaenzlich unzulaenglichen Uebersetzer (uebrigens einem Bremer, ueber den wir in der Jugendzeit schon lachten)", *Rilke-Kippenberg II*, S. 87. Nach einer persönlichen Begegnung wird sein Urteil freundlicher: „[...] übrigens ein recht sympathischer und an Philippe wahrhaft interessierter Mann" (Brief vom 7. Februar 1919, *Rilke-Kippenberg II*, S. 114).

[10] Vgl. den Brief Rilkes an Kippenberg vom 11. Oktober 1918, *Rilke-Kippenberg II*, S. 99f.

kamen 1922 nur zwei Romane heraus: *Charles Blanchard* in der von Burschell überarbeiteten Übersetzung Wilhelm Südels und *Marie Donadieu* in der Übertragung Burschells.

Im Briefwechsel zwischen Rilke und Kippenberg wird die Charles-Louis-Philippe-Ausgabe zwischen Juli 1918 und Juni 1919 eifrig diskutiert. Von diesem Zeitpunkt an, der mit Rilkes endgültiger Übersiedelung in die Schweiz zusammenfällt, ist das Thema ganz plötzlich und ohne ersichtlichen Grund vom Tisch. Vier im Berner Rilke-Archiv erhaltene unveröffentlichte Briefe Burschells an Rilke in der Schweiz verdeutlichen jedoch, daß das Scheitern des Unternehmens wohl vor allem dem erlöschenden Interesse Rilkes zuzuschreiben ist. Wilhelm Südel hatte einer Überarbeitung seiner Übersetzungen nur unter dem Vorbehalt einer Mitwirkung Rilkes zugestimmt. Als dieser eine Mitarbeit ausschlägt, wird die Abmachung hinfällig.

„Ich denke, ich brauche Ihnen nicht lange zu versichern, wie schmerzlich es für mich wäre, wenn eine Sache, die unter Ihrer Führung glücklich begonnen würde, scheitern müßte."[11] schreibt Burschell nach einem zehn Monate währenden Schweigen Rilkes im November 1920. Der Brief, der vermutlich ohne Antwort blieb, war wahrscheinlich das letzte Schreiben zwischen Rilke und Burschell. In jedem Falle aber war es der Schlußstrich unter dem Plan einer Gesamtübertragung der Werke Philippes durch Burschell.

Zu einer ausgedehnteren Zusammenarbeit Burschells mit dem Insel-Verlag, die Rilke gerne vermittelt hätte[12], ist es ebenfalls nicht gekommen. Nur im *Insel-Almanach auf das Jahr 1922* und im *Inselschiff* des Jahres 1929 erschien jeweils ein kurzer Beitrag.[13]

Die Briefe Burschells an Rilke sind eines der wenigen Selbstzeugnisse aus den Seeshaupter Jahren. Im Januar 1920 schreibt er:

„Ich lebe in meinem Dorf, das aus der Post besteht, aus Schreiner und Glaser, aus einem Bäcker und noch drei kleineren Läden, wenn ich in die Stadt komme, was sehr selten geschieht, bin ich ganz hilflos und gar das Hoffnungslose der Gesichter, der Lärm, die Zeitungen, der Leichtsinn, das Böse, das sich zuträgt und immer angehäufter wird, machen mich richtig krank und ich muß mich, wenn ich heimkomme, immer ein wenig erholen.

---

[11] Aus einem Brief Burschells an Rilke vom 4. November 1920. (Schweizerisches Literaturarchiv (SLA), Bern)
[12] Vgl. den Brief Rilkes an Kippenberg vom 9. Juni 1919, *Rilke-Kippenberg II*, S. 126.
[13] Friedrich Burschell: *Kants Diener. Nach zeitgenössischen Berichten zusammengestellt*, in: *Insel-Almanach auf das Jahr 1922*, Leipzig 1922, S. 184-192 und ders.: *Zur neuen Ausgabe des 'Lucien Leuwen'*, in: *Das Inselschiff* 10 (1929), S. 310-315.

Aber meine Stube ist warm, der Schnee liegt draußen, ich habe den See vor mir und ich kann arbeiten. Mein Leben ist heiter und ich wünschte, ich könnte es ausdrücken. Vielleicht gelingt es mir bald. Der Ariel, an dem ich arbeite, ist freilich noch schmerzlich genug, aber weil ich in ihn verliebt bin, will ich ihn schmücken wie ich kann und will hoffen, daß er als ein Mann daraus hervorgeht."[14]

Der Roman *Ariel* war in der im Dreiländerverlag 1919 erschienenen *Einfalt des Herzens* als in Vorbereitung befindlich angezeigt. Aus unbekannten Gründen ist dieser Roman nie erschienen, die Entwürfe sind verlorengegangen. Burschell veröffentlichte stattdessen eine Übersetzung des Romans *Monsieur le curé d'Ozeron* (*Der Pfarrherr von Ozeron*) von Francis Jammes sowie einige Beiträge im *Neuen Merkur* und in der *Neuen Rundschau*. An der politischen Entwicklung nahm Burschell weiterhin Anteil. Er fand die Zustände in Bayern unerträglich und wollte auswandern. An Rilke schrieb er im April 1920:

„Ich bin entschlossen, Deutschland, sobald es irgend geht zu verlassen. Bis in den stillsten Ort kommen die häßlichsten Geräusche. Ich erwarte einige Berichte aus Italien. Ich bin gespannt, ob man sich dort ansiedeln kann."[15]

Vorerst aber blieb er in Seeshaupt und traf hin und wieder seinen Freund Ernst Bloch, der seit 1914 mit seiner Frau zeitweise in Grünwald im Isartal lebte.[16] Blochs Frau, Else von Stritzky, die schon während der Heidelberger Zeit Anzeichen einer schweren Krankheit gezeigt hatte, starb am 2. Januar 1921. Der Kontakt mit dem alten Freund Burschell bedeutete Bloch einen Trost in schwerster Zeit. Im *Gedenkbuch für Else Bloch-von Stritzki* hat er darüber berichtet:

„Jetzt bin ich 'gedrückt', auch äußerlich sichtbar, und nur zuweilen, in guter Gesellschaft, vor allem in einer solchen und mit solchen Menschen zusammen, die ich aus heiterer Jugendzeit kenne, so mit Burschell, kommt die alte Kraft und organische Heiterkeit wieder auf [...]."[17]

---

[14] Aus einem Brief Burschells an Rilke vom 5. Januar 1920. (Schweizerisches Literaturarchiv (SLA), Bern)

[15] Aus einem Brief Burschells an Rilke vom 19. April 1920. (Schweizerisches Literaturarchiv (SLA), Bern)

[16] Die Begegnungen sind u.a. durch einen Brief Walter Benjamins an Gershom Scholem vom 26. Mai 1920 belegt, worin es heißt: „Ernst Bloch ist augenblicklich – und wahrscheinlich nur noch wenige Tage – in Seeshaupt bei Burschell." In: W. Benjamin: *Gesammelte Briefe*, Bd. II (1919-1924), hrsg. von Chr. Gödde und H. Lonitz, Frankfurt a.M. 1996, S. 90.

[17] Ernst Bloch am 20. Februar 1921 im *Gedenkbuch für Else Bloch von Stritzki*, in: Ernst Bloch: *Tendenz-Latenz-Utopie* (*Ergänzungsband zur Gesamtausgabe*),

Als sich Burschell im Jahre 1924 tatsächlich aufmachte und Seeshaupt verließ, zog er nicht wie einst geplant nach Italien, sondern ins altvertraute Heidelberg. Für diese Zeit gibt es keinerlei Zeugnisse und selbst die scheinbar sicheren Daten des Heidelberger Melderegisters trügen, wenn sie Burschells Umzug nach Berlin für das Jahresende 1926 anzeigen. Seine zahlreichen Berliner Aktivitäten legen es sehr nahe, daß er schon 1924 oder 1925 nach Berlin zog und Frau und Stieftochter später nachfolgten. Käthe und Friedrich hatten sich zu dieser Zeit auseinandergelebt und sahen sich nur selten. Die Ferne war von beiden Seiten gewollt, es gab keine Szenen. 1926 ließen sie sich scheiden.[18]

## *Berlin (1925-1933)*

Berlin, das damals nach Zukunft schmeckte[19], war unvermeidlich für einen Schriftsteller, der nach Veröffentlichungen in den maßgeblichen Zeitungen trachtete. Anläßlich einer *Reise in die Stadt* hatte Burschell schon 1922 in Seeshaupt das Für und Wider der Hauptstadt abgewogen:
„Es hilft nichts, daß man sich sperrt. Für einige Zeit mag es Trost gewähren, rings um sein abgeschiedenes Zimmer Tannen im Schnee und in reiner Sonne zu haben, aber ist man auch nur zur geringsten Tätigkeit bestimmt, die über den Umkreis des nächsten Bodens hinausgeht, so wird es zur Pflicht, nicht zu vergessen, was draußen über Seen und Flüssen in den großen Städten sich regt, mitzuschwingen, Widerstände lebendiger zu spüren und prüfend sich selber wieder einmal im Gewühl umhertragen zu lassen [...]
Man darf sich nur von der Stadt nicht überrumpeln lassen; die Gemeinheit drängt überall vor, doch das Edlere sieht nur der gläubige Sinn.

---

Frankfurt a.M. 1978, S. 20. Einen weiteren Besuch bei Burschells am 8. Juli 1921, seinem Geburtstag, erwähnt Bloch im *Gedenkbuch*, S. 45.

[18] Käthe Schiffer-Burschell hielt sich in den Jahren nach der Scheidung mit Gelegenheitsarbeiten, u.a. mit Übersetzungen aus dem Englischen, mehr schlecht als recht über Wasser. In den dreißiger Jahren blieb sie, obgleich sie Jüdin war, unbehelligt. Vermutlich trug ihr unverdächtiger Name nicht wenig dazu bei. Ursula Lehrburger-Larsen bemühte sich seit Ende 1938 vergeblich, ihrer Mutter eine Einreisegenehmigung nach England zu verschaffen. Käthe Burschell erlag drei Wochen vor Kriegsausbruch ihrem zweiten Schlaganfall.

[19] Carl Zuckmayer, in: *Als wär's ein Stück von mir. Horen der Freundschaft*, Salzburg 1966, S. 356.

In der Stadt ist, wie man sagt, alles zu finden, und somit müßte auch das Gute, sucht man es nur richtig, oder zum mindesten die Möglichkeit dazu in ihr aufgefunden werden. Denn in solcher Dunkelheit leben wir, daß wir uns schon mit dem Möglichen zufrieden geben müssen. Der häßliche Anblick, die freudlose Luft, das getriebene, jagende Leben, es ist nicht zu leugnen, auch die ursprüngliche Kraft scheint dahin, es kommt zu keiner Gestalt, zu keinem wahrsagenden Bild mehr, unfertig, lässig, ohne Schwung, fremd hergeholt und im Beginn schon von müder Skepsis gelähmt ist das meiste, frecher Witz übertönt die wenigen, verhallenden Stimmen der Reinen, gewiß auch dies: aber daran, und sollte es auch nur an der Möglichkeit sein, hat man festzuhalten, daß die Menschen in der Stadt bereiter und aufgewühlter sind und nur hier der Zugang zu finden ist, nicht auf dem Land, wo nicht Schrift noch Lehre noch Beispiel den völlig verhärteten Sinn zu treffen vermögen."[20]

Eine erste Wohnung fand Burschell im sogenannten „Roten Block", der Künstlerkolonie am Laubenheimer Platz in Wilmersdorf. Dort hatten die Bühnengenossenschaft und der Schutzverband deutscher Schriftsteller, dem Burschell seit 1925 angehörte, drei Wohnblocks errichtet, in dem Parteilose, Kommunisten und Sozialdemokraten sich zu einer großen Wohngemeinschaft zusammenfanden.[21] Vielleicht war Ernst Bloch, der zu dieser Zeit ebendort in der Kreuznacher Straße 52 lebte, an dieser Wohnungswahl nicht ganz unbeteiligt.

Durch seine Mitarbeit am *Berliner Tageblatt*, dem *Berliner Börsencourier* und an der *Literarischen Welt* gehörte Burschell schon bald zu den angesehenen Publizisten und Kritikern der Stadt.

Noch in die Heidelberger Zeit reicht Burschells ausgiebige Beschäftigung mit Jean Paul. Zur hundertsten Wiederkehr des Todestages im Jahre 1925 betraute ihn die Deutsche Verlagsanstalt mit der Edition einer vierbändigen Werkauswahl, der er ein Lebensbild des Dichters voranstellte. Im Jahr darauf erschien im gleichen Verlag seine den Jugendjahren zugewandte Biographie *Jean Paul. Die Entwicklung eines Dichters*.
Burschells *Jean Paul*, neben seinen beiden Schillerbiographien das einzige umfangreichere Werk, wurde von den Kritikern rege besprochen und meist sehr freundlich aufgenommen. Conrad Wandrey schrieb beispielsweise im

---

[20] Friedrich Burschell: *Reise in die Stadt*, in: *Die neue Rundschau* 33 (1922), 1. Heft, S. 537 und S. 542.
[21] Zum „Roten Block" vgl.: Felicitas Bothe von Richthofen: *Widerstand in Wilmersdorf*, Berlin 1993.

# Jean Paul

Die Entwicklung eines Dichters

von

Friedrich Burschell

Deutsche Verlags-Anstalt Stuttgart
Berlin und Leipzig
1926

---

*Zwiebelfisch*, daß „dieses Werk, nicht zuletzt wegen der meisterlichen Reife seines Sprachstils, zu den wenigen klassischen Leistungen heutiger Literaturgeschichtsschreibung gerechnet werden muß."[22] Richard von Schaukal urteilte: „Es ist die geistreiche und geschickte Verwirklichung eines phantasiegeborenen Einfalls."[23] Max Kommerell hingegen befand: „Burschells Jean Paul ist für breiteste kreise, besonders für theologisch interessierte, bestimmt. damit mag man die popularisierende auffassung des so schwer zugänglichen, und die unverbindliche art des vortrags entschuldigen."[24]

---

[22] Conrad Wandrey: *Von Büchern. Nachwort zum Jean Paul-Jubiläum*, in: *Der Zwiebelfisch* 19 (1926), Heft 1, S. 32-35.
[23] Richard von Schaukal: *Lebensbilder*, in: *Literarischer Handweiser* 62 (1926), S. 352f.
[24] Max Kommerell: *Friedrich Burschell, Jean Paul*, in: *Anzeiger für deutsches Altertum* 45 (1926), S. 182.

Die jubiläumsbedingte Begeisterung am Dichter aus Bayreuth führte im März 1926 überdies zur Gründung einer Berliner Ortsgruppe der Jean-Paul-Gesellschaft, an der sich auch Friedrich Burschell und Oskar Loerke beteiligten. Im Tagebuch hat Loerke das wenig begeisternde Ereignis folgendermaßen festgehalten: „Sonnabend abend im Landwehrkasino Versammlung zur Gründung einer Ortsgruppe der Jean-Paul-Gesellschaft. Harich, Berend, Burschell, sonst Leute. Ein Herr Huettchen: wir gründen, wozu, wird sich dann schon finden. Kläglich, kläglich. Diese Kinder und Idealismus spielenden Toren."[25]

Bereits Ende November 1925 gehörte Burschell zu den Gründungsmitgliedern der von Rudolf Leonhard initiierten „Gruppe 1925", einer zwanglosen Vereinigung von Schriftstellern, die sich gegen die wachsende Einflußnahme einer rechtslastigen Justiz auf das literarische Leben zur Wehr setzen wollte. Unter dem Vorwand der „Vorbereitung zum Hochverrat" hatten seit 1924 Gerichte in mehreren Fällen Bücher politisch linksstehender Autoren beschlagnahmt und Haft- oder Geldstrafen gegen die Schriftsteller und ihre Verleger verhängt. Vom Beginn dieser gerichtlichen Verfolgungen an, hatten sich allgemein anerkannte Autoren wie Gerhart Hauptmann, Hermann Hesse oder Thomas Mann für die in der Weimarer Verfassung verbürgte Freiheit in Wort und Schrift stark gemacht. Doch erst 1925 kam es zu einer allgemeinen Protestbewegung, der auch die „Gruppe 1925" ihre Entstehung verdankte.[26]

Dem eher lose verbundenen Kreis gehörten in den etwa zwei Jahren seines Bestehens über 30 Autoren an, darunter Ernst Blass, Kurt Tucholsky, Willy Haas, Ernst Bloch, Kurt Kersten, Hermann Kasack, Alfred Wolfenstein, Alfred Döblin, Walter Hasenclever, Ernst Toller, Robert Musil, Walter Mehring und Joseph Roth. In einer Erklärung in der *Literarischen Welt* umriß die „Gruppe 1925" Sinn und Zweck ihrer Vereinigung:
„Die 'Gruppe' sammelt um sich Schriftsteller von Belang, die mit der geistesrevolutionären Bewegung unserer Zeit verbunden sind, dies in ihrer Haltung zu Staat und Gesellschaft bekunden und dokumentieren in Arbeit auf künstlerischem, essayistischem, kritischem, allgemein-wissenschaftlichem Gebiet. [...] Die 'Gruppe' erweist ihr Leben in regelmäßigen

---

[25] Oskar Loerke: Tagebucheintragung vom 26. März 1926, in: *Tagebücher 1903-1939*, hrsg. von H. Kasack, Frankfurt a.M. 1986, S. 144f.
[26] Vgl. Klaus Petersen: *Die „Gruppe 1925". Geschichte und Soziologie einer Schriftstellervereinigung*, Heidelberg 1981, S. 21ff.

*Die Mitarbeiter der von Willy Haas herausgegebenen
„Literarischen Welt" (rechts, der zweite von oben: Burschell)*

Zusammenkünften und in Stellungnahmen zu Dingen, die ihr wichtig erscheinen."[27]

Wichtig erschien ihr die Teilnahme an den zahlreichen Aufrufen, Initiativen und Kundgebungen gegen die Einschränkung der Geistesfreiheit. So wurde beispielsweise anläßlich der Beschlagnahme von J.R. Bechers Roman *Levisite* im Februar 1926 in mehreren Berliner Zeitungen eine von Leonhard stellvertretend für die Gruppe unterzeichnete Protesterklärung veröffentlicht. Neben diesen Aktivitäten standen auf den anfangs alle 14 Tage stattfinden Versammlungen der Plan einer Zeitschrift und einer Buchgemeinschaft auf der Tagesordnung, die aber schon bald wieder fallen gelassen wurden. Man diskutierte auch über literarische Fragen, besonders über das Verhältnis von Literatur und Kritik. In einem Referat am 22. Oktober 1926 sprach Burschell in einer geschlossenen Veranstaltung der Gruppe über dieses Thema.[28]

Die ungenügend umrissenen Ziele, mangelndes Engagement und die Tätigkeit einzelner Mitglieder in anderen Organisationen führten dazu, daß die „Gruppe 1925" sich bereits im Laufe des Jahres 1927 stillschweigend auflöste.[29]

Im Oktober 1923 hatte der Berliner Sender „Radio-Stunde AG", später in „Funk-Stunde" umbenannt, sein ständiges Programm aufgenommen. Ein neues Medium war geboren, das in wachsendem Maße Literatur und besonders auch moderne Literatur sendete. Hermann Kasack war seit Ende 1925 als Leiter der Reihe „Stunde der Lebenden" freier Mitarbeiter der „Funk-Stunde". Seinem Einfluß wird es zuzuschreiben sein, daß auch Friedrich Burschell den Weg zum Rundfunk fand.[30]

Kasack leitete am 17. August 1926 eine Sendung über die „Gruppe 1925", in der Ernst Blass, Alfred Döblin, Alfred Wolfenstein, Hermann Kasack selbst und Friedrich Burschell ihre Texte lasen. Für Burschell war es die erste Lesung im Radio, der in den folgenden Jahren weitere folgen sollten. Allein 1930 waren es sechs eigene Sendungen, darunter am 9. Mai ein Gespräch mit Ernst Blass „Über Großstadtlyrik". In einer Sendung im Januar desselben Jahres unterhielt er sich mit der bekannten Schauspielerin

---

[27] *Die Gruppe 1925*, in: *Die literarische Welt* 2 (1926), Nr. 9 vom 26. Februar.
[28] Petersen, S. 126f.
[29] Petersen, S. 171ff.
[30] Zum Thema Rundfunk vgl.: Elmar Lindemann: *Literatur und Rundfunk in Berlin 1923-1932. Studien und Quellen zum literarischen und literarisch-musikalischen Programm der „Funk-Stunde" AG Berlin in der Weimarer Republik*, 2 Bände, Göttingen 1980.

Fritta Brod über „Dichtung und Musik". Der gemeinsame Auftritt war kein Zufall. Die beiden waren seit 1929 ein Paar.
Fritta Brod, sieben Jahre jünger als Burschell, war in Prag aufgewachsen. Ihr Vater, Josef Brod, hatte bei dem Kaufmann Hermann Kafka gelernt. Als sich die beiden Väter Anfang der 20er Jahre über die Aussichten ihrer Kinder unterhielten, zeigte Josef stolz einige Zeitungsausschnitte über erste Theatererfolge seiner Tochter vor. Hermann Kafka bemerkte daraufhin, er wäre froh, wenn der Franzl nur so etwas wie *Die fünf Frankfurter* (ein damals sehr erfolgreiches Lustspiel von Carl Rössler) schreiben würde.
Friederike Brod hatte ursprünglich Tänzerin werden wollen, doch willigte ihr Vater nicht ein. Mit 17 lief sie von zu Hause fort und ging zum Theater. Als Fritta Brod begann sie ihre Karriere beim Prager Deutschen Theater, dann führte sie ihr Weg nach Meiningen. Berühmt wurde sie 1917 in Frankfurt durch Paul Kornfelds Stück *Verführung*. „Die Hauptdarstellerin war Fritta Brod, eine schlanke, blonde, lilienhafte Schauspielerin, fast körperlos, ganz Geistigkeit in der Sprache, offensichtlich nur zu dem Zweck geboren, um in den Stücken Kornfelds zu spielen, die mehr gesprochene Opern als Schauspiele waren", erinnerte sich Kasimir Edschmid noch Jahrzehnte später.[31] Den Autor Paul Kornfeld, der sie schon in Prag verehrt hatte, heiratete Fritta 1918. Die Ehe ging nach acht Jahren in die Brüche, als sie sich in Wolf Przygode, den Herausgeber der *Dichtung*, verliebte, der noch im gleichen Jahr starb. –
Nachdem er im Rundfunk heimisch geworden war, versuchte sich Burschell auch als Hörspielautor. „Doktor Johann Faust's Leben und Höllenfahrt" verfaßte er 1931 nach alten Stücken. Seine Zusammenarbeit mit dem Berliner Sender zog sich bis in das Jahr 1932. Seinen vorerst letzten Auftritt vor dem Mikrophon hatte er am 24. März jenes Jahres mit einer Sendung unter dem Titel „Dichter fliehen vom Schreibtisch". Kaum ein Jahr später wurde es bittere Realität.

Burschell hat sich sein ganzes Leben hindurch als Übersetzer betätigt. Die Tatsache, daß er in seiner ersten Lebenshälfte französische, im zweiten Lebensabschnitt hingegen englische Werke ins Deutsche übertrug, verdeutlicht nicht zuletzt seine jeweilige geistige Orientierung. *Die Sonne Satans* von Georges Bernanos erschien 1927 bei Jakob Hegner, 1932 kam Julien Greens *Treibgut* im Kiepenheuer-Verlag heraus. Burschells Green-Übertra-

---

[31] Kasimir Edschmid: *Lebendiger Expressionismus. Auseinandersetzungen - Gestalten - Erinnerungen*, Wien, München, Basel, 1961, S. 304f.

gung, die als Fortsetzungsroman in der *Frankfurter Zeitung* erschienen war, wurde von Siegfried Kracauer als „ausgezeichnet" beurteilt.[32] Burschell war nun schon lange kein Unbekannter mehr. Sprichwörtlich war er Teil der literarischen Welt geworden. Seine ehrenvolle Wahl in den deutschen P.E.N.- Club hatte dies schon 1926 deutlich gemacht. Man las seine Essays und seine Erzählungen. Man schätzte seine Rezensionen und Übersetzungen. Er war prominent.[33] Und doch fehlte ihm der große Wurf: ein Roman etwa, der ihn auch einer breiten Öffentlichkeit bekannt gemacht hätte. Er hatte eine Essaysammlung in Arbeit, als die Ereignisse des Jahres 1933 den eher unpolitischen Menschen rabiat in die Wirklichkeit riefen.

Die unaufhaltsame Wendung aller gesellschaftlichen Bereiche nach rechts bekam Burschell beispielhaft durch seine Tätigkeit im Schutzverband deutscher Schriftsteller zu spüren. Die Aufgabe dieser ersten umfassenden Schriftstellerorganisation war, den Statuten des Gründungsjahres 1910 zufolge, „der Schutz, die Vertretung und Förderung der wirtschaftlichen, rechtlichen und geistigen Berufsinteressen seiner Mitglieder."[34] Burschell zählte zur Leitung der Berliner Ortsgruppe und gehörte seit Anfang 1932 als Beisitzer auch dem Hauptvorstand des Dachverbandes an. In diesem obersten Gremium, des im Jahre 1930 etwa dreitausend Mitglieder umfassenden Verbandes, war er einer der wenigen Oppositionellen.
Im Laufe des Jahres 1932 kam es zu heftigen Auseinandersetzungen zwischen dem auf dem geraden Wege zur Gleichschaltung befindlichen Gesamtvorstand und der Leitung der Berliner Gruppe des SDS, in der die widerständigen Mitglieder stark repräsentiert waren. So unterband die Mehrheit des Hauptvorstandes aus fadenscheinigen Gründen eine von der unbequemen Ortsgruppe für März geplante Goethefeier mit dem Thema: „Was ist uns heute Goethe?". Als Redner waren Ernst Bloch, Friedrich Burschell, Herbert Ihering, Georg Lukács und Erich Mühsam geplant. Die

---

[32] Siegfried Kracauer: *Angst. Zu dem Roman „Treibgut" von Julien Green*, in: *Frankfurter Zeitung* vom 19. Februar 1933.
[33] Dies bestätigt eine Bemerkung von Tucholskys Freundin Lisa Matthias, die in ihrer Autobiographie von einem „entzückenden Ball" am 25. Januar 1927 berichtet und ausführt: „Die ganze Prominenz war da: Bert Brecht, Toller, Burschell, George Grosz, Herzfelde, Hülsenbeck, Xaver Schaffgotsch usw.", in: Lisa Matthias: *Ich war Tucholskys Lottchen. Text und Bilder aus dem Kintopp meines Lebens*, Hamburg 1962, S. 30f.
[34] *Aktionen, Bekenntnisse, Perspektiven. Berichte und Dokumente vom Kampf um die Freiheit des literarischen Schaffens in der Weimarer Republik*, herausgegeben von der Deutschen Akademie der Künste zu Berlin, Sektion Dichtung und Sprachpflege, Abteilung Geschichte der sozialistischen Literatur, S. 321.

Gründe für die Absage bestanden offensichtlich allein darin, eine Gruppe, die aus ihrer Ablehnung gegen die nationalsozialistischen Umtriebe nie ein Hehl gemacht hatte, in ihrer Arbeit zu behindern.
Im Herbst 1932 kulminierten die vorwiegend politischen Streitigkeiten in einem Ausschlußverfahren gegen die ganze Berliner Gruppe. In Abwesenheit der Vertreter der Ortsgruppe beschloß der Hauptvorstand die Auflösung der Berliner Sektion, die sich darum allerdings nur wenig scherte und im Winter 1932/33 ein besonders reiches Programm entfaltete. Von den vielen geplanten literarischen Veranstaltungen und Diskussionen fand dann aber nur ein Teil tatsächlich statt. Nach der nationalsozialistischen Machtübernahme war der Berliner Gruppe und der Opposition im SDS überhaupt keine lange Lebensdauer mehr beschieden.
In einer Sitzung am 10. März 1933 trat Friedrich Burschell gemeinsam mit den anderen oppositionell gesinnten Mitgliedern des Hauptvorstandes nach einem schikanösen Auftritt einer kleinen Gruppe der „Arbeitsgemeinschaft nationaler Schriftsteller" zurück.[35] Schon wenige Tage später hatten Fritta Brod und Friedrich Burschell Deutschland verlassen.

Die Beweggründe für seine Emigration schildert Burschell am Beginn eines undatierten Typoskriptes mit dem Titel *Aus meinem Leben. Wiedersehen mit Deutschland*, das vor allem erste Eindrücke aus dem Nachkriegsdeutschland festhält:
„Im März 1933, ein paar Wochen nach der Machtübernahme durch die Nazis, hatte ich Deutschland verlassen. Der Anblick des triumphierenden Hakenkreuzes, das abgehackte Sieg-Heil der braunen Kolonnen, die auf einmal die Strassen Berlins beherrschten, waren mir schon physisch so widerwärtig, dass ich, ohne viel zu überlegen, ein paar Koffer packte und nach Paris fuhr. Ausser meinem unüberwindlichen Ekel hatte ich dazu keinen äusseren Anlass. Politisch war ich kaum gefährdet, trotz meiner Mitarbeit bei der liberalen Presse. Ich war damals noch keine 45 Jahre alt, und in meinem jugendlichen Leichtsinn hatte ich angenommen, dass meine Abwesenheit nicht allzu lange, ein Jahr aufs höchste, dauern würde. Ich hatte geglaubt, dass der Wahnsinn, der in Deutschland ausgebrochen war, nur ein akuter Anfall sein könne.
Nun, ich hatte mich getäuscht. Es war mehr als eine Illusion, es war eine Schuld, die ich freilich mit vielen ähnlich denkenden Deutschen teilte. Wir hatten uns des intellektuellen Hochmuts schuldig gemacht. Ich zum Beispiel

---

[35] Ernst Fischer: *Der „Schutzverband deutscher Schriftsteller" 1909-1933*, in: *Archiv für Geschichte des Buchwesens* 21 (1980), Sp. 602ff.

war der Meinung, dass eine Bewegung, deren Führer sich in einem so schauderhaften Deutsch und mit so hetzerischer Primitivität ausdrückten, in dem Land Goethes und Kants keine Chance hätten. Ich hatte sie nicht ernst genommen und deshalb nicht genügend gegen sie opponiert. Ich hatte, politisch gesehen, die immer noch revolutionär wirkende Sprengkraft des deutschen Nationalismus unterschätzt. Ich hatte, psychologisch betrachtet, nicht genügend in Rechnung gestellt, wie hauchdünn und verletzlich die Schicht der Kultur und Zivilisation ist, der Humanität überhaupt. Und schliesslich hatte ich, vom Religiösen her, nicht an den Teufel im Menschen glauben wollen, an das Radikal-Böse, das sich dann bald darauf so offenkundig und so entsetzlich manifestieren sollte."[36]

Wenige Wochen nur blieben Fritta Brod und Friedrich Burschell in Paris. Es war eine Zwischenstation auf dem Wege nach Spanien.

## *Spanien (1933/34)*

„Von dem Instinkt des freizügigen Menschen getrieben, hatte ich aufatmend das unerträglich gewordene Deutschland verlassen. Der Wahnsinn konnte nicht lange dauern, dachte ich damals, im Frühjahr 1933. Inzwischen gab es die Küste des Mittelmeeres, wohin ich immer wollte, und als ich gleich hinter den Pyrenäen vom Fenster meines Zuges tief unten zwischen den roten Felsen die ersten blauen Buchten erblickte, war ich entschlossen, zu bleiben und meinem Schicksal dankbar zu sein, was immer es mir auch genommen hatte."[37]

Damals im Frühjahr 1933 konnten Friedrich Burschell und Fritta Brod noch nicht ahnen, daß dieses idyllische Jahr nur den Auftakt zu einem einundzwanzigjährigen Exil bildete. Im Kreise von Flüchtlingen aus Deutschland verlebten sie eine seltsam weltferne Zeit auf den Balearen. Es war auch eine Flucht vor der Realität. Die Berliner Bücherverbrennung, der im Mai 1933 auch Burschells Schriften zum Opfer fielen, mochte von Spanien aus wie ein Alptraum erscheinen. Ein glückliches Erwachen schien noch möglich.

---

[36] Friedrich Burschell: *Aus meinem Leben. Wiedersehen mit Deutschland*. Achtseitiges Typoskript im Nachlaß (Archiv der Akademie der Künste, Berlin), S. 1f. Das Original weist viele handschriftliche Zusätze und Streichungen auf, die alle berücksichtigt wurden.

[37] Friedrich Burschell: *Blick auf eine spanische Stadt*, in: *Spuren und Wege. Pfälzische und Saarländische Dichtung der Gegenwart* (Jahresgabe des Literarischen Vereins der Pfalz), Landau 1958, S. 30.

Auf Ibiza lernte Burschell den jungen Philologen Hans-Joachim Noeggerath kennen, der sich einige Jahre damit beschäftigt hatte, die traditionellen mündlichen Erzählungen der ibizenkischen Geschichtenerzähler, der „contistas", zu sammeln und aus dem Katalanischen ins Deutsche zu übertragen. Burschell hat diese *Märchen und Geschichten aus Ibiza* wahrscheinlich in der Absicht bearbeitet, sie einmal geschlossen zu veröffentlichen. In den Jahren des Exils und nach dem Krieg erschienen aber nur einzelne dieser kurzen Novellen in verschiedensten Zeitungen.[38] Im Archiv der Akademie der Künste in Berlin liegt ein mehrseitiges Typoskript, das drei der Ibizenkischen Geschichten und eine Einleitung umfaßt, offenbar eine Bearbeitung für den Rundfunk.[39] In der *Einleitung zu den Märchen und Geschichten aus Ibiza* vermittelt Burschell einen Eindruck seines Aufenthaltes auf den spanischen Mittelmeerinseln:

„Vor dem spanischen Bürgerkrieg habe ich über ein Jahr auf den spanischen Balearen-Inseln verbracht, auf Mallorca und Ibiza. Es war vielleicht die schönste Zeit meines Lebens. Denn kaum etwas kommt oder kam jedenfalls der Vorstellung eines irdischen Paradieses näher als ein Aufenthalt auf diesen Inseln. Hier scheint die Sonne, und was für eine Sonne, bis auf wenige Wintermonate fast ununterbrochen. Die Landschaft ist im Gegensatz zu anderen Mittelmeer-Inseln überall grün und fantastisch abwechslungsreich. Es gibt hohe schneebedeckte Berge und weite Küstenstriche mit dem schönsten Sandstrand, die an Reiz der französischen und italienischen Riviera nichts nachgeben und sie noch überbieten durch eine idyllische Ruhe. Besonders schön ist der Frühling auf Mallorca und Ibiza von Mitte Februar ab, wenn das Weiss der Mandelblüte und das frische Grün auf den Feldern sich von dem tiefen Blau des Himmels abheben. Das Leben auf diesen Inseln war zu der Zeit vor dem spanischen Bürgerkrieg noch überaus billig. Man konnte in einem möblierten Haus am Meer nach deutschem Geld gerechnet alles in allem mit 100.- Mark auskommen und man lebte nicht schlecht.

Der Wein vor allem, aber auch Tomaten, Trauben, Feigen, Orangen, Zitronen, Eier und das herrliche Olivenöl waren so gut wie geschenkt. Geld für Kleidung kam auch kaum in Frage. Ich zum Beispiel trug gleich meinen

---

[38] So z.B. Friedrich Burschell: *Der Seemann (Aus den Geschichten von Ibiza)*, in: *Frankfurter Zeitung* vom 12. März 1934; *Liebe in Capdepera*, in: *Der Simpl* 2 (1935), Ausgabe vom 8. Mai 1935; *Der Wahrsager*, in: *Neue Volkszeitung* (New York) vom 14. Nov. 1936 und *Das eigensinnige Hündchen*, in: *Hamburger Echo* vom 23. Juli 1955.

[39] Dort finden sich die Geschichten *Von einem, der sich noch nie gefürchtet hatte*, *Das Hündchen von Ciudadela* und *Der Wahrsager*.

Freunden die meiste Zeit nichts weiter als ein Hemd, eine Fischerhose und leichte Segeltuch-Schuhe. Zu meiner Zeit lebten auf diesen Inseln viele deutsche Schriftsteller und Maler, aber daneben auch Engländer, Franzosen, Holländer, Skandinavier und Amerikaner, die hier teils Erholung, teils Ruhe für ihre Arbeit suchten."[40]

## *Prager Jahre (1934-1938)*

Auf der Suche nach einer neuen Heimat verfielen Fritta und Friedrich wie selbstverständlich auf die Tschechoslowakei, die den Emigranten wohlgesonnen war und nicht einmal ein Visum für die Einreise verlangte[41]. Fritta Brod war tschechische Staatsbürgerin und in Prag, der Stadt ihrer Kindheit, lebten Verwandte, bei denen man vorerst Aufnahme finden konnte. Für Friedrich Burschell mochte der Umstand keine geringe Rolle spielen, daß man sich in einem Land befand, in dem eine deutsche Kultur zu Hause war. Es gab Zeitungen und Theater deutscher Sprache, die eine sprachliche Vertrautheit vermittelten und eine Arbeitsmöglichkeit in Aussicht stellten.
Im Jahre 1934 hatten sich die deutschen Schriftsteller, die im Jahr zuvor meist überstürzt und auf seltsamen Wegen nach Prag gekommen waren, bereits weitgehend organisiert. Der Schutzverband Deutscher Schriftsteller in der Tschechoslowakei vermittelte den Kollegen eine erste Beschäftigung bei den Prager deutschsprachigen Zeitungen. Emigrantenzeitschriften wie der satirische *Simplicus* oder die *Neuen Deutschen Blätter* waren entstanden. Der Berliner Malik-Verlag war schon 1933 in die böhmische Hauptstadt gezogen, die Redaktion der *Neuen Weltbühne* folgte im April 1934.
Das allgemeine Arbeitsverbot für Emigranten in der Tschechoslowakei nahm die sogenannten freien Berufe, also Journalisten und Künstler, aus. Den Schriftstellern und Schauspielern blieb es meist erspart, sich durch den Straßenverkauf von Zeitungen oder Büchern ernähren zu müssen.

---

[40] Friedrich Burschell: *Einleitung zu den Märchen und Geschichten aus Ibiza*, Dreiseitiges Typskript (Archiv der Akademie der Künste, Berlin), S.1.
[41] Zur Situation der deutschen Emigranten in Prag vgl. vor allem: Peter Becher und Sigrid Canz: *Drehscheibe Prag. Deutsche Emigranten 1933-1939*, München 1989 und *Exil und Asyl. Antifaschistische deutsche Literatur in der Tschechoslowakei 1933-1938*. Von einem Autorenkollektiv unter Leitung von Miroslav Beck und Jiři Veselý, Berlin 1981.

Fritta fand ein erstes Engagement im Deutschen Theater in Mährisch-Ostrau, spielte dann aber an alter Wirkungsstätte im Neuen Deutschen Theater in Prag. Mehrmals trat sie auch in Stücken auf, die außerhalb der offiziellen Bühnen inszeniert wurden.[42]

Burschell schrieb für die *Bohemia* und das *Prager Tagblatt*, veröffentlichte in der in Moskau erscheinenden Zeitschrift *Das Wort*, vor allem aber wurde er Mitarbeiter der *Neuen Weltbühne*, für die er von 1934 bis 1937 weit über 30 Beiträge - meist Rezensionen - lieferte. Zum großen Teil zeichnete er seine Artikel mit dem Pseudonym Karl Lange; nicht etwa um seine Identität zu verbergen, sondern - in alter Schaubühnentradition - zur scheinbaren Vergrößerung des Mitarbeiterstabes.[43]

Weitere Arbeiten Burschells erschienen (zum Teil als Wiederabdruck) in den Prager Exilorganen *Gegenangriff* und *Arbeiter-Illustrierte-Zeitung* (*AIZ*), in der *Pariser Tageszeitung*, im *Pariser Tageblatt* und darüber hinaus zum Beispiel in der in Schanghai herausgegebenen *Tribüne*. Dieser schöpferische Furor entsprang weniger einem neuerworbenen Arbeitsethos als der nackten Notwendigkeit des Broterwerbs. Gut scheint es ihm dennoch nicht gegangen zu sein. Ernst Bloch wenigstens hat Burschells Situation in einem Brief an Klaus Mann sehr dramatisch geschildert: „Das äußere Elend der Emigration merkt man hier fast stärker als in Paris. Habe zum Beispiel meinen alten Schulkameraden Burschell in detestablen Umständen wiedergetroffen."[44] Auch in Prag kreuzten sich also die Lebenswege der beiden Freunde. „Es war eine große Freude, als sich die beiden wiedersahen. Wir trafen uns oft", schreibt Karola Bloch in ihrer Autobiographie.[45] Bloch suchte nach Wegen, Burschell eine finanzielle Absicherung zu verschaffen. Er dachte an eine Veröffentlichung im Querido-Verlag in Amsterdam und wandte sich in dieser Sache an Klaus Mann. In Fortsetzung des obigen Zitats heißt es in jenem Brief: „Dieserhalb komme ich mit der Bitte um eine Empfehlung zu Ihnen. Der Impuls dazu geht von mir aus, nicht von dem fast zu Boden geschlagenen Burschell. Letzterer hat vor Jahren eine Reihe merkwürdiger Novellen um deutsche Dichter und Gelehrte geschrieben; sie sind nirgends bisher ver-

---

[42] Hansjörg Schneider: *Exiltheater in der Tschechoslowakei 1933-1938*, Berlin 1979, S. 44ff., 124, 127 und 212ff.

[43] Ursula Madrasch-Groschopp: *Die Weltbühne. Porträt einer Zeitschrift*, Königstein / Ts. 1983, S. 335f.

[44] Ernst Bloch in einem Brief vom 27. Januar 1936 an Klaus Mann, in: Ernst Bloch: *Briefe 1903-1975*, hrsg. von K. Bloch, J.R. Bloch u.a., 2 Bde., Frankfurt a.M. 1985, Bd. 2, S. 644f.

[45] Karola Bloch: *Aus meinem Leben*, Pfullingen 1981, S. 119.

öffentlicht. Ich kenne einige davon, so die um Hölderlin, um Winckelmann, und finde sie ausgezeichnet. Nicht nur in der Gestaltung und außerordentlich melodiereichen Sprache, auch - was mich mehr interessiert - in der Problemstellung. Wäre da bei Querido nicht etwas zu machen? Die Sachen sind greifbar und, bis auf die letzte Novelle, fertig. [...] Sein Schrifttum ist vornehm, wenn es auch nicht 'faustisch' ist. So wäre eine freundliche Intervention bei Landshoff, wie mir scheint, recht am Platze. Auch glaube ich: Burschell ist schon so bekannt, daß bei den Lesern Interesse für größere Publikationen seiner besteht."[46]

Ob es zu einem Kontakt mit dem Querido-Verlag gekommen ist, ist unklar, doch sind die angesprochenen Novellen über deutsche Dichter und Gelehrte nie erschienen. Nach einem Fragebogen, den Burschell 1937 für den American-Guild for German Cultural Freedom beantwortet hat zeigte der Verlag Interesse an den Produktionen Burschells. Inniger waren die Kontakte mit Walter Landauer, der den ebenfalls in Amsterdam ansässigen Verlag Allert de Lange als Lektor vertrat. Landauer wollte von Burschell ein Buch über Rahel Varnhagen. Auch dieses Vorhaben wurde nicht verwirklicht.

Burschell hat 1935 eine „Notgemeinschaft deutscher emigrierter Schriftsteller" ins Leben gerufen, die erste Hilfsorganisation in Prag, die sich besonders der Literaten annahm. Als Präsident fungierte Heinrich Mann, der weitere Vorstand wurde von Arnold Zweig und Lion Feuchtwanger gebildet. Den Posten eines Sekretärs übernahm Burschell selbst.[47] Aufgabe dieser Gemeinschaft sollte es ursprünglich sein, den emigrierten deutschen Schriftstellern mittels einer finanziellen Beihilfe die weitere literarische Tätigkeit zu ermöglichen. Nach dem Münchner Abkommen vom 29. September 1938 bestand ihre Aufgabe jedoch zum größeren Teil in dem oftmals verzweifelten Kampf um eine Ausreisemöglichkeit für ihre existentiell bedrohten Mitglieder.

Auf der Suche nach einem prominenten Patron, der durch die Autorität seiner Person die Sache fördern könnte, wußte Burschell Thomas Mann zu gewinnen, der sich im Januar 1935 in Prag aufhielt.

---

[46] A.a.O. (Anm. 41). Fritz Landshoff, zuvor Lektor im Kiepenheuer Verlag in Berlin, gründete 1933 im Querido-Verlag in Amsterdam eine Abteilung für deutsche Exilliteratur. Landshoff war ein guter Freund von Klaus Mann.
[47] Ernst Bloch in einem Brief an J. Schumacher vom 15. Mai 1936, in: Ernst Bloch: *Briefe*, Bd. 2, S. 496.

Es dauerte allerdings noch zwei Jahre bis endlich in mehreren Exilzeitungen ein Aufruf erschien, der die Weltöffentlichkeit auf die problematische Lage der deutschen Schriftsteller in Prag aufmerksam machte. Den zähen Fortgang dieser Angelegenheit kann man im Tagebuch Thomas Manns der Jahre 1936 bis 1937 gut verfolgen. Nach vielen Briefen und langen Verhandlungen ist in der Eintragung vom 2. Dezember 1936 sein Überdruß deutlich spürbar: „Nachmittags Briefdiktate: an Burschell in Sachen des sehr lästigen 'Th.M.-Fonds'."[48]

Im Januar 1937 kam Thomas Mann abermals nach Prag, um an der konstituierenden Versammlung der seinen Namen tragenden Organisation teilzunehmen. Einen Monat darauf erschien der von Bruno Frank verfaßte Aufruf, in dem es u.a heißt:

„Das Brot des Exils ist bitter zu essen, und es ist karg. Da die Bücher der meisten im Auslande wirkenden deutschen Schriftsteller in ihrem Lande verboten sind und so ihr nächstes natürliches Publikum nicht mehr erreichen, ist der Lebenskampf verzweifelt geworden. Viele der Besten werden zu einer übersteigerten Produktion getrieben, die früher oder später die Qualität ihrer Arbeiten schädigen muss. Unter der Peitsche der Not reift kein Werk."[49]

Burschell war es gelungen, zahlreiche Autoren aus verschiedensten Ländern zwecks Unterstützung des Vorhabens zu einer Unterschrift zu bewegen. So waren unter dem Appell die Namen von Ignazio Silone, W.H. Auden, André Gide, Upton Sinclair, H.G. Wells, Franz Werfel, Oskar Kokoschka, R.J. Humm, Julien Green, Sigmund Freud u.v.a. zu finden. Unter den Antworten, die Burschell erhielt, hat sich der Text der Karte, die Sigmund Freud am 7. November 1936 schrieb, erhalten:

„Hochgeehrter Herr, ich bin selbstverständlich bereit, den Aufruf von Thomas Mann mit zu unterzeichnen. Es ist eine schöne That von ihm. Ihr herzlich ergebener Freud."[50]

Ende 1937 wurde der „Thomas Mann-Fonds" in „Thomas Mann-Gesellschaft" umbenannt. Vorsitzender war nunmehr der Abgeordnete und Universitätsprofessor J.B. Kozák. Ein Jahrbuch wurde vorbereitet, über dessen Inhalt ein Brief Burschells an den Schweizer Schriftsteller R.J.

---

[48] Thomas Mann: *Tagebücher 1935-1936*, hrsg. von Peter de Mendelssohn, Frankfurt a.M. 1978, S. 403.

[49] *Der Thomas* Fonds, in: *Die neue Weltbühne* 33 (1937), Nr. 7 vom 11. Februar, S. 214f.

[50] Karte Sigmund Freuds an Friedrich Burschell vom 7. November 1936, aus: *Grüße von Thomas Mann. Unveröffentlichte Briefe an Friedrich Burschell*, in: *Münchener Merkur* vom 27. November 1982.

**JAHRBUCH**
der Thomas Mann-Gesellschaft

Prag XIX, 18. II. 1938.
ul. Nár. obrany 28

Sekretariat:
Friedrich Burschell

Lieber Kollege,

die Thomas Mann-Gesellschaft beabsichtigt, im Herbst 1938 ein Jahrbuch herauszugeben: eine Sammlung von repräsentativen Studien und Essais über jene geistigen und literarischen Richtungen, die in den Kämpfen und Ideologien der Gegenwart noch wirksam sind, ja sie erst erklären. Der Blick ist vor allem auf die letzten anderthalb Jahrhunderte zu richten.

Aufsätze journalistischen und kompilatorischen Genres werden ebenso fehlen müssen wie Arbeiten, die nach Inhalt, Stil und Methode nur für Fachgelehrte zugänglich sind. Dagegen sind monographische Darstellungen dichterischen und literarhistorischen Charakters ebenso erwünscht wie geistesgeschichtliche Essais, immer unter der Voraussetzung, dass die Arbeiten den Bezug auf die Gegenwart deutlich enthalten.

Wir zählen, lieber Kollege, auf Ihre Mitarbeit. Zu Ihrer Orientierung fügen wir eine Liste von Themen bei, deren Behandlung uns wichtig erscheint. In dieser Liste ist jedoch keine bereits feststehende Inhaltsübersicht zu erblicken. Jedem Mitarbeiter soll es überlassen bleiben, seinen Beitrag aus seinem besonderen Interessengebiet und gemäss seiner Eigenart zu wählen.

Wir bitten Sie, uns möglichst umgehend Vorschläge zu machen über Art und Umfang des von Ihnen zu erwartenden Beitrags. Geben Sie uns, wenn irgend möglich, mehrere Vorschläge, um uns die Redaktionsarbeit zu erleichtern.

Das Jahrbuch wird aller Voraussicht nach im Querido-Verlag in Amsterdam erscheinen. Die Beiträge werden honoriert.

Mit kollegialer Begrüssung

im Auftrag der Redaktion

*Burschell*

*Burschells Brief an R. J. Humm*

Humm informiert. Geplant war „eine Sammlung von repräsentativen Studien und Essais über jene geistigen und literarischen Richtungen, die in den Kämpfen und Ideologien der Gegenwart noch wirksam sind, ja sie erst erklären. Der Blick ist vor allem auf die letzten anderthalb Jahrhunderte zu richten.

Aufsätze journalistischen und kompilatorischen Genres werden ebenso fehlen müssen wie Arbeiten, die nach Inhalt, Stil und Methode nur für Fachgelehrte zugänglich sind. Dagegen sind monographische Darstellungen dichterischen und literarhistorischen Charakters ebenso erwünscht wie geistesgeschichtliche Essais, immer unter der Voraussetzung, dass die Arbeiten den Bezug auf die Gegenwart deutlich enthalten."[51]

Das Jahrbuch, bei dessen Redaktion Burschell von Ernst Polak unterstützt wurde[52], ist nicht mehr erschienen.

Die Politik warf ihre Schatten rechts und links: Die Moskauer Schauprozesse, die seit 1936 für Unruhe unter den Linken Westeuropas sorgten, spalteten auch die Mitarbeiter der *Neuen Weltbühne* in zwei Parteien. Unter jenen, die die prosowjetische Haltung der Zeitschrift angesichts der blutigen Hände Stalins nicht länger tragen wollten, waren Hans Sahl, Werner Türk, Heinz Pol und auch Friedrich Burschell.[53] Die Trennung von der *NWB* bedeutete ein finanzielles Risiko und für Burschell zudem einen Zwist mit Ernst Bloch, der die Prozesse befürwortete und der Zeitschrift die Treue hielt.

Nach der Annexion Österreichs im März 1938 war die weitere politische Entwicklung zu erahnen, und die Lage der deutschen Emigranten in der Tschechoslowakei wurde mehr als brenzlig. Unter den Solidaritätsbekundungen von außen setzte der XVI. Internationale P.E.N.-Kongreß in Prag, auf dem Ernst Bloch, Wieland Herzfelde und Oskar Maria Graf die deutsche Sektion offiziell vertraten, ein wichtiges Zeichen für den Zusammenhalt der internationalen Schriftstellergemeinschaft. Praktische Konsequenzen hatte er nicht.

Viele deutsche Emigranten hatten zu diesem Zeitpunkt das Land bereits verlassen, andere saßen auf gepackten Koffern und warteten auf eine Einreisegenehmigung nach England oder Amerika. Für die Schriftsteller und die sie vertretende „Thomas Mann-Gesellschaft" bemühte sich Friedrich Burschell. Spätestens nach dem Münchner Abkommen war dieses Ringen um ein Visum ein Existenzkampf geworden. Schon im Oktober veränderten sich die politischen Verhältnisse im Lande in einer Weise, die den Einmarsch deutscher Truppen in Bälde erwarten ließen. Nicht erst seit

---

[51] Aus einem Brief Friedrich Burschells an Rudolf Jakob Humm in der Schweiz vom 28. Februar 1938. (Zentralbibliothek Zürich)
[52] Hartmut Binder: *Ernst Polak. Literat ohne Werk. Zu den Kaffeehauszirkeln in Prag und Wien*, in: *Jahrbuch der Deutschen Schillergesellschaft* 23 (1979), S. 412.
[53] Hans-Albert Walter: *Deutsche Exilliteratur 1933-1950*, Band 4 (*Exilpresse*), Stuttgart 1978, S. 67.

seiner Ausbürgerung im August[54] wußte Burschell, daß ihn die deutschen Behörden im Auge hatten. Er mußte mit dem Schlimmsten rechnen.
Dringliche Briefe und Kabel gingen an Thomas Mann in Amerika und Rudolf Olden, den Sekretär des deutschen Exil-P.E.N., in London.[55] Thomas Mann schilderte die Lage der ihm anvertrauten Prager Emigranten in einem Brief an den amerikanischen Außenminister Cordell Hull: „Es ist klar, daß eine Gesellschaft dieser Gesinnung nach der politischen Wendung in Europa und der Tschechoslowakei nicht nur nicht fortbestehen konnte, sondern daß ihre führenden Mitglieder durch die neue Situation sogar unmittelbar gefährdet sind, sodaß alles geschehen muß, damit sie Prag so schnell wie möglich verlassen können. Dem stehen nun leider formelle Schwierigkeiten entgegen [...]."[56] Thomas Manns Bitte um den „Schutz der amerikanischen Demokratie" verhallte ungehört, Hilfe kam aus England: Rudolf Oldens Bemühungen in London wurden vom englischen P.E.N.-Club durch Bürgschaften und schnell freigemachte Mittel unterstützt, das britische Konsulat in Prag erteilte die Einreisegenehmigung.
Den Erinnerungen Kurt Hillers zufolge verließ das erste Flugzeug mit gefährdeten Schriftstellern Prag am 15. November und kam mit einem Zwischenstop im polnischen Gdingen am 19. November in London an.[57] Ein zweiter Transport mit u.a. Kurt Hiller und John Heartfield erreichte London am 8. Dezember, eine dritte, von Burschell und Fritta Brod geführte Gruppe, traf zwei Tage darauf ein.

## *England (1938-1954)*

„Wir sind gestern angekommen", schrieb ein erleichterter Friedrich Burschell am 11. Dezember 1938 aus dem Londoner Premier Hotel an

---

[54] Der im Deutschen Reichsanzeiger Nr. 186 veröffentlichten Liste 58 zufolge, wurde Burschell am 12. August 1938 „der deutschen Staatsbürgerschaft für verlustig" erklärt. Vgl. Michael Hepp (Hrsg.): *Die Ausbürgerung deutscher Staatsangehöriger 1933-45 nach den im Reichsanzeiger veröffentlichten Listen,* Band 1, München u.a. 1985, S. 63.
[55] Vgl. die Dokumente zur *Rettung bedrohter Schriftsteller aus der Tschechoslowakei* in: Günther Pflug (Hrsg.): *Der deutsche PEN-Club im Exil 1933-1948*, Frankfurt a.M. 1980, S. 304ff.
[56] Thomas Mann: *Briefe 1937-1947*, hrsg. von Erika Mann, Frankfurt a.M. 1963, S. 60f.
[57] Kurt Hiller: *Leben gegen die Zeit*, Band I: *Logos*, Reinbek bei Hamburg 1969, S. 317ff.

Rudolf Olden in Oxford.[58] In diesem ersten Brief nach seiner Ankunft deutete er an, daß er seine Arbeit als Sekretär der Thomas Mann-Gesellschaft mit der Organisation der drei Rettungsflüge nicht für beendet ansah. Auch von London aus kämpfte er mit Papier und Feder für die wenigen noch in Prag verbliebenen bedrohten Autoren, die keine Einreisegenehmigung erhalten hatten. Die Thomas Mann-Gesellschaft lebte in London als Thomas Mann-Gruppe weiter.

Vorerst aber mußten sich Friedrich Burschell und Fritta Brod einer unsinnig scheinenden Prozedur unterziehen. Großbritannien hatte lange Zeit ein überaus liberales Asylrecht besessen, das aber im Jahre 1914 abgeschafft und nach dem Weltkrieg durch eine strenge Ausländerverordnung ersetzt wurde. Die Einreisebestimmungen waren beträchtlich verschärft worden, das hatten die Prager Emigranten schon am eigenen Leibe erfahren. Angesichts immer größerer Flüchtlingszahlen wurden darüber hinaus Mitte 1939 Tribunale eingerichtet, welche die Emigranten in drei Kategorien einteilten. Man unterschied zwischen staatsgefährdenden Personen, die sofort interniert wurden (A), minder fragwürdigen Emigranten, denen bestimmte Beschränkungen auferlegt wurden (B) und Flüchtlingen, die man als England wohlgesinnt einstufte und die sich einer bedingten Freiheit erfreuten (C). Die recht willkürlichen Auswahlkriterien öffneten der Manipulation Tür und Tor.[59] Burschell und seine Lebensgefährtin erhielten das Prädikat „refugee from Nazi oppression" und gehörten damit zur Kategorie C.

Die britische Haltung gegenüber den Emigranten nahm mit dem Ausbruch des Krieges härtere Formen an. Den vielfältigen Maßnahmen zur Überwachung der Fremden im eigenen Lande folgte nach der Besetzung Frankreichs und der Benelux-Staaten eine panikartige Internierungswelle, die selbst die Verfolgten des Naziregimes nicht ausnahm. „Das Absurdeste des Absurden"[60], sah Kurt Hiller darin. Und nicht nur er, denn es war dem Einsatz einflußreicher englischer Intellektueller, vor allem H.G. Wells, zu verdanken, daß die Regierung Churchill schon kurze Zeit später die Unsinnigkeit dieses Übergriffs gegen Gleichgesinnte einsah. Alle jene, die nicht den Verdacht der Kollaboration mit Deutschland auf sich zogen, wurden freigelassen.

---

[58] Aus einem Brief Burschells an Rudolf Olden vom 11. Dezember 1938. (Deutsches Exilarchiv, Frankfurt a.M.)
[59] Nach Siglinde Bolbecher: *Exilbedingungen und Exilkultur in Großbritannien*, in: *Literatur und Kultur des Exils in Großbritannien*, hrsg. von S. Bolbecher, K. Kaiser u.a., Wien 1995, S. 21ff.
[60] Hiller, S. 337.

Auf dem Höhepunkt der Internierungsmaßnahmen wurde auch Friedrich Burschell am 24. Juni 1940 in das Hutchinson Camp auf der Isle of Man verbracht.
Die Verhältnisse dieses Lagers, die langen Monate hinter Stacheldraht, hat Richard Friedenthal in seinem Roman *Die Welt in der Nußschale* verarbeitet. Im „Vorspruch", einer Art Vorwort, gibt Friedenthal einen resümeeartigen Überblick über das Leben der Internierten auf der „Menscheninsel":
„Eine Insel, die Menscheninsel genannt, nimmt sie auf. Da führen sie, ganz auf sich selbst gestellt, unfrei und doch frei, ihr seltsames Leben im unbewegten Zentrum des Taifuns. Es sind Menschen aller Stände und Berufe, mit ihren Schicksalen, von denen sie uns berichten, 'kleine Leute' und 'Große Männer', Gute und Schlechte, zielbewußte und irrende Gestalten. Sie streiten sich und müssen lernen, miteinander auszukommen. Sie disputieren über Gott und die Welt. Die Künste, die Wissenschaften florieren, Scharlatane treiben ihr Wesen. Es geht hoch her in dieser kleinen Gesellschaft, und zuweilen geht es tief hinunter. Auch die Frauen, die räumlich so weit entfernten, sind dabei. Die Zeit steht still, und sie strömt reißend dahin. Das große Tor öffnet sich. Sie ziehen hinaus und gehen auseinander, der eine hierhin, der andere dorthin."[61]
Während der Zeit seiner Internierung stand Burschell in ständigem Kontakt mit Rudolf Olden, der zwar ebenfalls interniert, aber schon nach drei Wochen wieder freigelassen worden war. Olden hatte den Ruf einer amerikanischen Universität erhalten und sich nach langem Zögern dafür entschieden, ihm Folge zu leisten und England zu verlassen. Aus diesem Grund bat er Burschell, seine Nachfolge als Sekretär des deutschen Exil-P.E.N. anzutreten.
„Jemand müßte die German Group of the International PEN Association hier fortführen, wenn ich weg bin. Wären Sie geneigt, die Sekretärsgeschäfte zu übernehmen?"[62], schrieb Olden in einem Postskriptum eines sehr freundschaftlich gehaltenen Briefes vom 28. August 1940 an Burschell im Hutchinson Camp. Wenig später wandte er sich in dieser Angelegenheit an Hermon Ould, den Präsidenten des Internationalen P.E.N.:
„Wenn ich mich unter meinen Kollegen, die jetzt in diesem Lande leben, umsehe, so finde ich, daß Friedrich Burschell der geeignetste Mann für die Fortführung der Sekretariatsarbeit wäre. Er ist ein Mann von literarischem Ansehen und unzweifelbarer Loyalität der guten Sache gegenüber. Er hat

---

[61] Richard Friedenthal: *Die Welt in der Nußschale*, München 1956, S.5.
[62] Olden in einem Brief an Burschell vom 28. August 1940. (Peter Brod, München)

auch früher schon ähnliche Arbeit als Sekretär der Thomas Mann-Gesellschaft geleistet."[63]

Nachdem Burschell sein Einverständnis signalisiert hatte, konnte Olden die Berufung am 6. September offiziell wiederholen und die Entlassung aus dem Lager unter den neuen Umständen in Aussicht stellen. Am 11. September nahm Olden dann brieflich Abschied: „Leben Sie wohl und Auf Wiedersehen in besseren Zeiten."[64]

Am 17. September wurde die „City of Benares", die fünf Tage zuvor von Liverpool aus nach Amerika aufgebrochen war, von einem deutschen U-Boot torpediert. Rudolf Olden zählte nicht zu den wenigen Überlebenden.

Mehr als zwei Monate sollten noch bis zu Burschells Entlassung vergehen. Im Hutchinson Camp hatte er mittlerweile die Rolle eines Camp-Father übernommen, der die Internierten gegenüber der Lagerleitung vertrat. Zwei Artikel der in englischer Sprache erschienenen Lagerzeitung *The Camp* dokumentieren diese Funktion Burschells. In einem Artikel vom 20. Oktober 1940 umreißt Burschell seine Aufgaben als Camp-Father, die er zu jenem Zeitpunkt vor allem in der Erleichterung und Verbesserung der Lebensbedingungen seiner Mithäftlinge sah. Viele waren mittellos und bekamen keine Hilfe von außen, was ihre Lage besonders erschwerte. Burschell wollte diese Not durch die Schaffung von bezahlten Arbeitsmöglichkeiten innerhalb des Lagers beseitigen. In dieser Richtung wirkte er auf die Lagerleitung. Seinen Aufgabenbereich schildert er wenig verlockend: „The work of the Camp-Father is neither easy nor enjoyable. He has to deal with men who feel themselves treated unjustly and whose nerves are not at their best. Nor are the inmates of the Camp a homogeneous body. Amongst them are men of different classes, creeds, professions and opinions, not to mention the extreme individualists. Even a god would not be able to conform to all the wishes of all these men."[65]

Am 31. Oktober durfte Burschell endlich das Lager verlassen. Der Herausgeber der Lagerzeitung Michael Corvin widmete ihm einen Leitartikel mit dem Titel *Farewell, Fredric Burschell!*. Corvin würdigt darin die Tätigkeit Burschells, versäumt es aber nicht, wohlwollend auf Burschells eigenwilligen Charakter einzugehen:

---

[63] Olden in einem Brief an Ould vom 31. August 1940. (Peter Brod, München)
[64] Die Briefe Oldens an Burschell vom 6. und 11. September 1940 sind ebenfalls im Besitz von Peter Brod, München.
[65] Fredric Burschell: *Camp-Father's Task*, in: The Camp (Zeitung der Internierten im Hutchinson-Camp, Isle of Man), Nº 5 vom 20. Oktober 1940. (Zit. nach einer Kopie des Artikels im Besitz von Peter Brod, München)

„He was not popular in this Camp and he could not have been popular. For his nature is not demagogical, he never wishes to persuade, but to convince. He overestimated his friends' reliability and underestimated his foes' slyness. He is a hard worker and sacrified the whole of his time in this Camp to its inmates yielding easily to other men's ambitious acting, he stayed sometimes even then in the background, when ideas of his own were popularized by somebody else. He is used to be misunderstood often just by those for whom he is working."[66]

Bereits an Silvester 1939 hatten Friedrich Burschell und Fritta Brod geheiratet. Sie bewohnten nun eine Etage eines kleinen Häuschens in der Oxforder Stratfield Road und gingen ihrer Arbeit nach. Nach der Aufhebung der Internierung war das wieder möglich. Die britischen Behörden hatten das Arbeitsverbot für Emigranten schon allein deshalb gelockert, weil durch den Militärdienst der Engländer ein Mangel an Arbeitskräften herrschte.

Fritta bekam schon 1940 eine Stellung beim deutschen Sender der BBC. In Oxford unterrichtete sie Deutsch, veranstaltete nebenher Lesungen und unterhielt ein Puppentheater, in dem sie Goethes *Faust* inszenierte. Der Student Peter Zadek gehörte zu den Mitwirkenden, worauf Fritta noch im Alter stolz war.[67]

Burschell seinerseits arbeitete für das deutschsprachige Blatt *Die Zeitung*, das von März 1941 bis Juni 1945 erst täglich und später wöchentlich in London erschien und sich vorrangig an die deutschen Emigranten in England wandte.[68] Burschell schrieb von der ersten Ausgabe an im politischen Teil und veröffentlichte über die Jahre hin auch einige Essays.[69] Er hatte sich um seiner Arbeit willen in London ein Zimmer genommen und fuhr nur am Wochenende zu Fritta nach Oxford. Unter der Woche besuchte er häufiger seine Stieftochter Ursula, die mit ihrem Mann in London wohnte. Mit Egon Lehrburger verstand sich Burschell ausgezeichnet.

---

[66] Michael Corvin: *Farewell, Fredric Burschell!*, in: *The Camp*, N° 7 vom 3. November 1940. (Zit. nach einer Kopie des Artikels im Besitz von Peter Brod, München)

[67] Achim Barth: *Aufregende Collage eines Künstler-Lebens: Fritta Brod-Burschell*, in: *Münchner Merkur* vom 25. November 1982 und Jürgen Serke: *Böhmische Dörfer. Wanderungen durch eine verlassene literarische Landschaft*, Wien/Hamburg 1987, S. 292.

[68] Angela Huß-Michel: *Literarische und politische Zeitschriften des Exils 1933-1945*, Stuttgart 1987, S. 87ff.

[69] Hanno Hardt u.a. (Hrsg.): *Presse im Exil. Beiträge zur Kommunikationsgeschichte des deutschen Exils 1933-1945*, München, New York u.a. 1979, S. 234.

Es gab wieder eine Art von Alltag. In Oxford trafen Burschells ab und zu Gerty von Hofmannsthal, mit der sich vor allem Fritta angefreundet hatte. Die Freundschaft überdauerte das Exil und die Begegnungen fanden im Hause der Hofmannsthalwitwe, im österreichischen Zell am See, nach dem Kriege eine Fortsetzung.

Anfang 1941 wurde Alfred Kerr von Hermon Ould mit einer Neuformierung der deutschen Gruppe des P.E.N. beauftragt. Burschell, von Olden designiert, fungierte als Sekretär. Gegen Ende des Jahres wurde Richard Friedenthal von Kerr als „assistant secretary" bestellt, leistete aber schon bald den Löwenanteil der Arbeit und übernahm schließlich Ende 1942 alle Funktionen des Sekretärs.[70] Es ist unklar, weshalb sich Burschell dieser Aufgabe entzog. Vielleicht war er der vorrangig bürokratischen Arbeiten nach den langen Jahren als Sekretär der Thomas Mann-Gesellschaft überdrüssig geworden, vielleicht hatte er an seiner publizistischen Tätigkeit genug zu tragen.

Seit April 1943 gehörte auch Burschell zu den Mitarbeitern des deutschen Senders der BBC, der zahlreiche Schriftsteller beschäftigte. In den folgenden sechs Jahren war er dort hauptsächlich als Sprecher und Übersetzer tätig, gestaltete aber auch eigene Sendungen.

Als „Vereinigung der Geistigen gegen allen Ungeist"[71] wurde von Alfred H. Unger, Monty Jacobs, Hugo Fischer und Hans José Rehfisch der literarische „Club 1943" ins Leben gerufen. An der Gründungsversammlung nahmen etwa 400 Emigranten aus verschiedensten Ländern teil. Am Ende dieser ersten „großen Versammlung war beschlossen worden, einen Sammelband *In Tyrannos!* herauszugeben. Eine Geschichte der deutschen Kulturbewegungen in Einzelpersönlichkeiten, die alle ihre Stimme gegen die Obrigkeit erhoben hatten: von Ulrich von Hutten bis zu Karl Liebknecht und Rosa Luxemburg."[72] Friedrich Burschell steuerte einen Beitrag *Boerne and Heine in exile* bei.[73]

---

[70] Günther Pflug (Hrsg.): *Der deutsche PEN-Club im Exil 1933-1948*, S. 358 und 370ff.

[71] Grete Fischer: *Dienstboten Brecht und andere. Zeitgenossen in Prag, Berlin, London*, Olten und Freiburg 1966, S. 344.

[72] Alfred H. Unger: *Die Entwicklung einer geistigen Front gegen die Verfälschung der deutschen Kultur durch die Nazis*, in: Walter Zadek (Hrsg.): *Sie flohen vor dem Hakenkreuz. Selbstzeugnisse der Emigranten*, Reinbek bei Hamburg 1981, S. 152f.

[73] F.B.: *Boerne and Heine in exile*, in: Hans J. Rehfisch (Hrsg.): *In Tyrannos. Four centuries of struggle against Tyranny in Germany*, London 1944, S. 162-180.

Auf den meist einmal wöchentlich stattfindenden Veranstaltungen des Clubs gab es Lesungen oder Vorträge. Hinterher wurde kontrovers diskutiert. Unter den Vortragenden waren Richard Friedenthal, Hermann Friedmann, Elisabeth Gundolf, Monty Jacobs, Hans J. Rehfisch, Kurt Hiller, Peter de Mendelssohn, Otto Zarek, Heinrich Böll, Berthold Viertel und Julius Bab.[74]

Die Journalistin Grete Fischer, ehemals Lektorin bei Ullstein, hat diese Abende nicht in besonders guter Erinnerung behalten:

„Mir erschienen die zahlenmäßig überraschend großen, lärmenden Versammlungen als Sturm im Wasserglas und die Zänkereien zwischen den Vorstandsmitgliedern grotesk. Sowohl im Club 1943 wie in dem gleichzeitig gegründeten PEN-Club deutschsprachiger Autoren im Ausland stritten die kleingewordenen Ehrgeizigen um Ehrenplätze. Friedmann war arrogant und jähzornig, Rehfisch aggressiv und ordinär, Burschell eingebildet und uneinsichtig."[75]

Der so gescholtene Burschell trat ebenfalls als Redner auf. In der *Zeitung* vom 4. Februar 1944 findet sich in der Veranstaltungsvorschau ein Hinweis auf einen vom „Club 1943" am darauffolgenden Tag angebotenen Vortrag: „Samstag, 5.2., 15$^{30}$ Uhr: Dr. Friedrich Burschell über „Charakter der Bauerndichtung". Durchaus ein ungewöhnliches Thema für Burschell. Den Titel eines Doktoren hat man ihm übrigens häufiger angehängt, sei es, um ihn auf diese Weise zu ehren, sei es, um selbst am ausstrahlenden Glanze der Doktorenaura teilzuhaben. In der Tat hatte Burschell geplant, sein Heidelberger Studium mit einer Promotion abzuschließen. Ernst Bloch berichtet davon 1911 in einem Brief an Georg Lukács:

„Er will jetzt in Philosophie promovieren, und Ehrenberg, ein Esel von einem Heidelberger Privatdozenten, gab ihm (angeblich mit Windelbands Übereinstimmung) das ungeheure Thema: der Mythos in Schellings Ästhetik. Ich riet Burschell so scharf und begründend als möglich davon ab und riet ihm, die seltsame Geschichtsphilosophie in Hegels Ästhetik (ein den Quellen als den immanenten und transzendenten Gedanken nach begrenztes und beschlossenes Problem) zu untersuchen, auch in Beziehung zu seiner politischen Geschichtsphilosophie."[76]

---

[74] Vgl. auch Walter A. Berendsohn: *Die humanistische Front. Einführung in die deutsche Emigranten-Literatur*. Zweiter Teil, S. 67.
[75] Grete Fischer, a.a.O., S. 345. (Der P.E.N.- Club wurde bereits 1941 gegründet, s.o.)
[76] Ernst Bloch in einem Brief an Georg Lukács aus dem Dezember 1911, in: Ernst Bloch: *Briefe*, Bd. 1, S. 70. Hans Ehrenberg war seit 1910 Privatdozent für Philosophie in Heidelberg, seit 1918 Professor.

Es gibt keinerlei Hinweise darauf, daß Burschell seine Promotionspläne verwirklicht hat.

Nach Kriegsende konnte Burschell seine Tätigkeit bei der BBC zunächst ausweiten. Er schrieb Sendungen, in denen er von einem anderen Deutschland sprach, dem Deutschland Goethes, Rilkes und Hölderlins. „Was bedeutet Goethe für die heutige deutsche Jugend", war beispielsweise der Titel einer Aufnahme vom 28. März 1947.
Anfang 1947 begann Burschell sich wieder stärker im P.E.N. zu engagieren. Im neu gewählten Vorstand übernahm er den Posten eines Beisitzers, im Sommer nahm er am XIX. Internationalen P.E.N.- Kongreß in Zürich teil. Der Internationale P.E.N. diskutierte bei dieser Zusammenkunft vor allem die Frage der Wiedererrichtung eines P.E.N.- Clubs in Deutschland. Diese „deutsche Frage" bewegte und erregte die Gemüter, da viele Delegierte den Zeitpunkt für eine solche Entscheidung noch als verfrüht ansahen. Als sich Erich Kästner als Präsident des deutschen P.E.N. im Jahre 1969 für die Verleihung eines Verdienstordens an Friedrich Burschell stark machte, gedachte er auch der wichtigen Rolle Burschells auf diesem Kongreß:
„Auf dem Züricher P.E.N.-Kongress im Jahre 1947 war er es, der im Auftrage des deutschen Exil-P.E.N. den Antrag auf Wiedererrichtung eines P.E.N.-Zentrums auf deutschem Boden stellte. Dabei wurde er wirkungsvoll unterstützt von Professor Hermann Friedmann und Thomas Mann, mit dem Erfolge, dass der Kongress sich nahezu einstimmig für die Wiedererrichtung entschied."[77]
Die Weichen für den neuen deutschen P.E.N.- Club stellte endgültig der Kopenhagener Kongreß, der im Jahr darauf stattfand und an dem Burschell ebenfalls teilnahm. Das P.E.N.-Zentrum Deutschland konstituierte sich im November 1948.[78]

Im Sommer 1947 betrat der britische Staatsbürger Friedrich Burschell seit seiner Emigration im Jahre 1933 erstmals wieder deutschen Boden. In dem schon einmal angeführten Entwurf *Aus meinem Leben. Wiedersehen mit Deutschland* hat er seine Eindrücke festgehalten:
„Erst im Sommer 1947 konnte ich Deutschland wiedersehen, das Deutschland der totalen Niederlage. Ich war aus einem Siegerstaat gekom-

---

[77] Aus dem Antrag Erich Kästners zur Verleihung des Verdienstkreuzes erster Klasse an Friedrich Burschell. Zweiseitiges Typoskript ohne Adressaten im Nachlaß Wilhelm Sternfelds (Deutsche Bibliothek, Frankfurt a.M.).
[78] Günther Pflug (Hrsg.): *Der deutsche PEN-Club im Exil 1933-1948*, S. 383ff.

men, aus einem Land, das zwar einen furchtbaren Preis für den Sieg hatte zahlen müssen, wo es aber gesittet und ordentlich zuging und wo jeder zu essen hatte, wenn auch dürftig und schlecht. Das Erste was ich sah, war eine Schar von hungrigen Kindern. Sie standen auf dem Bahnsteig und sahen zu den Wagenfenstern hinauf. Sie sagten nichts, sie standen und starrten. Dann streckten sich mir Hände entgegen. Ich warf ihnen zu, was ich an essbaren Dingen bei mir hatte. Andere Fenster öffneten sich und aus fast allen Abteilen regneten belegte Brote, Orangen, Schokolade herunter. Ich war erstaunt, dass die verhungerten Kinder nicht gleich in die Brote bissen. Sie gingen den Zug entlang, von Fenster zu Fenster, und sammelten ein. Dann liefen sie mit ihrer Last über aufgerissene Schienen hinter einen zertrümmerten Wagen. Eines der Mädchen liess sich die Sachen reichen und verschwand damit in einem Versteck. Die anderen kamen wieder mit leeren Händen und streckten sie aus, ebenso wortlos wie zuvor. Ein Mann in einer verschlissenen grünen Uniform, die ihm zu weit war, mit einem Gewehr über der Schulter, erschien jetzt auf dem Bahnsteig. Er rief den Kindern etwas mir Unverständliches zu, hob seine Arme und jagte sie weg. Als er an meinem Fenster vorüberkam, fragte ich ihn, weshalb er die Kinder verscheuche; sie hätten doch Hunger und wir gäben gern. Der Beamte schaute zu mir empor und sagte wörtlich: 'Das Betreten des Bahnkörpers ist verboten.' Es war kein Zweifel, ich war wieder in Deutschland.

Als ich diesen Beamten hörte, wurde mir bange, noch banger als vor Beginn meiner Reise. Ich wusste nicht, wie man mich aufnehmen würde und ob ich mich überhaupt noch verständlich machen könnte. Ich fuhr durch das Ruhrgebiet und dabei wurde mir immer banger zu Mut. Ich wusste wohl von dem Ausmass der Zerstörungen in Deutschland, ich hatte darüber gelesen und Abbildungen gesehen. Aber die Wirklichkeit ist immer anders. Ich konnte keine Vorstellung haben von der trostlosen Nüchternheit dieser totalen Ruinen, dieser schäbigen, verrosteten, ineinander gekeilten Masse an zerstörtem Material. Da standen noch Mauern, hinter ihnen nichts als Schutt und Unkraut, aber auf den Mauern war noch in deutlichen Buchstaben zu lesen: 'Der Endsieg ist uns gewiss!' mit einem riesigen Ausrufezeichen. Danach sah ich das Gerippe einer einstigen Grossstadt, die Ruinen von Hannover, erhellt von einem grausamen Mond, und im Morgengrauen fuhr ich an den Berliner Vorstadtbahnhöfen vorbei und sah Massen von Männern und Frauen, die auf ihre Züge warteten, und alle diese Menschen waren ausgemergelt, müde und stumpf, eingehüllt in eine Wolke des Elends.

Und so kam ich nach Berlin, das ich schon von meiner Studentenzeit her kannte, wo ich später in meiner schönen Wilmersdorfer Wohnung viele Jahre zugebracht hatte und wo ich vor fünfzehn Jahren ein paar Koffer gepackt hatte zu einer vorübergehenden Reise ins Ausland. Dorthin war ich nun zurückgekommen, aber ich kannte mich nicht mehr aus. In Paris und in London wußte ich besser Bescheid als in dieser Stadt, wo jetzt ganze Strassenzüge verschwunden waren. Aber dann kam ich mit Menschen zusammen, mit Freunden und Bekannten, die in Deutschland geblieben waren, in dem mir so fremd gebliebenen Deutschland. Es war nicht nur das ozeanische Klima dieser Stadt, das mich berauschte, es war vielmehr die Freude des Wiedersehens, des Wiedererkennens, die beglückende Bestätigung, dass es noch menschliche Beziehungen gab, denen eine noch so lange Trennung, eine noch so tiefe Kluft zwischen den erlebten Schicksalen nichts anhaben konnten. So war es nicht nur in Berlin, es ist mir kurz darauf in München und in Heidelberg, der Stadt meiner Jugend, ganz ähnlich ergangen.

Aber bei aller Freude an der Wiederkehr konnte ich nicht übersehen, wie es damals ganz allgemein um Deutschland bestellt war. Die Not und der Hunger drängten sich überall auf.

Als ich nach anderthalb Jahren wiederkam, war ein Wunder geschehen. Deutschland war aufgeblüht trotz seiner vielen Ruinen. Die Läden, in deren Auslagen bis vor kurzem nichts zu sehen gewesen war als ein paar schäbige Ersatzprodukte, prunkten mit einer Fülle von Waren. Es war ein Schlaraffenland, verglichen mit früher, sogar verglichen mit England, woher ich kam. Ich weiss sehr wohl, dass viele Deutsche heute ein ironisches Lächeln aufsetzen wenn das Wort vom Wirtschaftswunder fällt. Sie wollen es nicht wahr haben, selbst dann noch nicht, wenn der überraschend über sie gekommene Wohlstand es ihnen erlaubt, ihren kleinen Wagen gegen einen grossen zu vertauschen. Sie verdrängen das ebenso, wie sie oder doch viele es mit ihrer politischen Vergangenheit tun. Ich habe mir in diesen ersten Jahren alle Mühe gegeben, aus den Millionen ehemaliger überzeugter Parteigenossen, die es doch gegeben haben muss, auch nur einen einzigen ausfindig zu machen, der sich noch offen zu seinem Führer bekannte. Es ist mir nicht gelungen. Selbst der Name dieses Mannes, mit dem man sich vor kurzem noch öffentlich begrüsste, schien in Vergessenheit zu geraten.

Meine Frau und ich verbrachten zunächst jeden Sommer bis tief in den Herbst hinein in Deutschland, in Heidelberg, wo meine alte Mutter lebte, und an den Seen der lang vermissten oberbayrischen Landschaft. Deutschland war wunderbar, aber es war mir unheimlich mit seinen betriebsamen und vergesslichen Menschen, auf die man überall stiess. Jedes Mal, wenn ich bei der Rückfahrt über den Kanal die weissen Klippen von Dover auftauchen sah, beschlich mich ein seltsam zwiespältiges Gefühl. Ich hatte in England nicht mehr viel verloren. Aber ich konnte die Gastfreundschaft nicht vergessen, mit der wir, die Flüchtlinge, von den uns gegenüber gar nicht kühlen Inselbewohnern aufgenommen worden waren. Vor allem musste ich daran denken, welch anderes moralisches Klima mich hier in England erwartete, in einem Land, wo trotz des auch dort spürbar gewordenen Verfalls noch Tugenden herrschten, die Tugenden des fair plays, des menschlichen Anstands und zugleich der Unaufdringlichkeit."[79]

Während seines ersten Deutschlandaufenthaltes nach dem Krieg machte Burschell bei Hermann Kasack Station, der in Deutschland geblieben und von Fritta und Friedrich aus London lange Zeit mit Paketen versorgt worden war.[80] Ein weiterer Besuch galt Karl Jaspers in Heidelberg, dessen Bekanntschaft Burschell 35 Jahre vorher vielleicht über Arthur Kronfeld gemacht hatte. Jetzt wollte er die Gelegenheit nutzen und einen Rundfunkbeitrag über ihn vorbereiten. Jaspers hat sich einige Monate später für den Besuch bedankt, der Brief hat sich im Nachlaß Burschells erhalten:

„Sehr verehrter Herr Burschell! Ihr Besuch bei mir war mir eine ungewöhnliche Freude. Den alten Heidelberger nach Jahrzehnten wieder zu sehen und aus der grossen englischen Welt Ihre reichen Erfahrungen zu hören, war mir sehr wohltuend.

Dass Sie die Absicht haben im Rundfunk über meine Arbeit zu berichten, hat mich natürlich besonders gefreut. [...]

Ich wünsche Ihnen für Ihre Arbeit von Herzen alles Gute und hoffe auf ein Wiedersehen. Ihr ergebener Karl Jaspers."[81]

Die häufigeren Reisen in die Heimat bestärkten Burschell in dem Wunsch, für immer nach Deutschland zurückzukehren. Das Vorhaben scheiterte zunächst daran, daß er dort keine Arbeitsstelle fand. Seitdem er 1949 seinen Posten bei der BBC verloren hatte, die nach dem Krieg den Mitarbeiterstab der deutschen Abteilung naturgemäß auf Friedensniveau absenkte, richtete er seine publizistischen Bemühungen vorrangig nach Deutschland aus. In Sendungen meist südwestdeutscher Rundfunkanstalten berichtete er über

---

[79] Friedrich Burschell: *Aus meinem Leben. Wiedersehen mit Deutschland.* (Archiv der Akademie der Künste, Berlin), S. 2-6.
[80] Vgl. Achim Barth: *Aufregende Collage eines Künstler-Lebens*, a.a.O. (Anm. 64).
[81] Auszug aus einem Brief von Karl Jaspers an Burschell vom 9. September 1947. (Peter Brod, München)

die Kultur seines Gastlandes England oder las aus seinen Erzählungen. Eine feste Stelle stand 1951 in Aussicht, als er als Leiter der Sendestelle Heidelberg-Mannhcim-Karlsruhe des Süddeutschen Rundfunks im Gespräch war.[82] Offenbar entschied man sich für einen anderen.

Schon Anfang 1949 entstand die Idee, sich um eine Stelle bei der UNESCO zu bemühen, die ihre Tätigkeit in Deutschland aufnehmen wollte. Wilhelm Sternfeld, der nunmehr die Londoner Thomas Mann-Gruppe leitete und außerdem im Vorstand des P.E.N. tätig war, unterstützte dieses Vorhaben durch ein Gutachten, das er an die UNESCO leitete. In einem Brief vom 12. Februar 1949 bat Burschell auch Thomas Mann um persönliche Fürsprache bei den entsprechenden Stellen. Aber Burschell war auch in dieser Angelegenheit glücklos.

Die alten Kontakte mit dem S. Fischer-Verlag wurden neu belebt. Burschell stand in ständigem brieflichen Kontakt mit seinem Leiter Rudolf Hirsch, für den er nicht nur den englischen Buchmarkt beobachtete. Die *Neue Rundschau* brachte 1950 einen Vortrag Virgina Woolfs in der Übertragung Burschells[83], im Jahr darauf wurde sein Essay über Henry Green veröffentlicht.[84] Burschell hatte die Absicht, mehrere Romane Greens zu übersetzen und war in dieser Angelegenheit zuerst an den S. Fischer-Verlag herangetreten, der sich zu einer solchen Ausgabe allerdings nicht durchringen konnte. „Verzeihen Sie bitte, dass ich so lange nichts habe hören lassen", schrieb Burschell am 26. April 1953 an Rudolf Hirsch. „Aber vielleicht haben Sie erfahren, dass sich der Suhrkamp Verlag zu einer Henry-Green-Ausgabe entschlossen hat, nachdem leider unsre Verhandlungen zu nichts geführt hatten. Ich habe vorläufig die Uebertragung von zwei Romanen übernommen und diese diffizile Arbeit hat mich übermässig lange und fast ausschliesslich in Anspruch genommen. Aber die Uebertragung des ersten Romans ist nahezu abgeschlossen und ich habe jetzt eine Atempause."[85]

Henry Greens Romane *Dämmerung* (*Concluding*) und *Schwärmerei* (*Doting*) erschienen 1953 und 1954 im Suhrkamp-Verlag. *Lieben* (*Loving*) folgte 1964.

---

[82] *Entscheidung über Sendestelle Heidelberg bevorstehend*, in: Rhein-Neckar-Zeitung vom 23. Oktober 1951.
[83] Virginia Woolf: *Arnold Bennett und Frau Brown*. Ein Vortrag aus dem Jahre 1924, übersetzt von F. Burschell, in: *Die neue Rundschau* 61 (1950), S. 215-235
[84] *Der moderne englische Roman: Henry Green*, in: *Die neue Rundschau* 62 (1951), S. 56-72.
[85] Auszug aus einem Brief von Friedrich Burschell an Rudolf Hirsch vom 26. April 1953. (Archiv des S. Fischer-Verlages)

*Burschells Brief an Belzner vom 8. Juni 1954 (Seite 1)*

Im Mai 1954 berichtet Burschell Rudolf Hirsch von seiner Arbeit an einem Beitrag über neu aufgefundene Byron-Briefe für die *Neue Rundschau*: „Der Byron macht mir das allergrösste Vergnügen, hoffentlich später auch den Lesern. Ich denke aber bei der Arbeit weniger an die Neue Rundschau als an das Buch, über das wir schon vor langer Zeit sprachen. Mich reizt es jetzt mehr als je, das Leben Byrons auf Grund seiner Briefe darzustellen, die wahrscheinlich die lebendigsten der Weltliteratur sind und eine Biographie ergeben, die spannender und inhaltsreicher ist als die Napoleons."[86] Eine Auswahl der Briefe Byrons mit einem Beitrag Burschells *Zu Byrons Briefen* erschien erst 1956 in der *Neuen Rundschau*. Im Jahre 1960 gab Burschell Byrons *Briefe und Tagebücher*[87] in eigener Übersetzung als Nummer 341 der Fischer Bücherei heraus.

Es schien, als hätten sich Fritta und Friedrich darauf eingestellt, vorerst wenigstens in England zu bleiben. Ende 1953 zogen sie um, ein paar Häuser weiter nur, von Stratfield Road 32 nach Nummer 19. Als dann auch noch Burschells Mutter in Heidelberg starb, wurde eine baldige Rückkehr immer unwahrscheinlicher und es ist dann in der Tat eine Überraschung, wenn Burschell am 8. Juni 1954 dem befreundeten Schriftsteller Emil Belzner einen baldigen Aufenthalt in Heidelberg ankündigt und fortfährt: „Ich habe mich jetzt zu einer endgültigen Rückkehr entschlossen und würde mich sehr freuen, das mit Ihnen besprechen und vielleicht auch ein bischen [sic] feiern zu können."[88]

## *Wieder in Deutschland (1954-1970)*

„Von jeher war ich dieser Stadt zugetan und jedesmal, wenn ich nach längerer Abwesenheit bei der Einfahrt in den Bahnhof die Frauentürme aufragen sah, schlug mir das Herz vor freudiger Erwartung.
Ich habe München nicht vergessen, weder in den Jahren, in denen ich in Berlin und Heidelberg lebte, noch viel weniger in der langen Zeit meiner Emigration. Und als der Weg nach Deutschland frei geworden war, brauchte ich nicht lang zu überlegen. Es zog mich nach München, der Stadt meiner Jugend."[89]
Nach langer vergeblicher Suche fand sich erst im November in der Zentnerstraße 31 eine passende Wohnung. Seinen 65. Geburtstag am 9. August beging Burschell noch in einer Pension im österreichischen

---

[86] Auszug aus einem Brief von Friedrich Burschell an Rudolf Hirsch vom 4. Mai 1954. (Archiv des S. Fischer-Verlages)
[87] Lord Byron: *Briefe und Tagebücher*. Ausgewählt und eingeleitet von F.B., Frankfurt a.M/Hamburg (Fischer) 1960.
[88] Aus einem Brief Burschells an Belzner vom 8. Juni 1954. (Deutsches Literaturarchiv, Marbach a.N.)
[89] Friedrich Burschell: *Liebe zu München*, in: *Stimme der Pfalz* 20 (1969), Heft 5/6, S. 13.

Mauterndorf. Unter den zahlreichen Glückwünschen zu Geburtstag und Heimkehr, unter denen sich auch ein Telegramm von Thomas Mann befand, dürfte sich der Jubilar am meisten über eine Postkarte Ernst Blochs gefreut haben, der sich nach langen Jahren des Schweigens nun aus Leipzig meldete:

„Mein lieber Fritz, herzlich willkommen. Dem Hans Reetz, unserem Homer in der Rheinpfalz, verdanke ich Deine Adresse. Ich hoffe, der Brief erreicht Dich. Bin sehr begierig, von Dir zu hören. Da ich nicht weiss, ob Du diese Karte bekommst, schreibe ich von hier aus nichts weiter, als dass es uns gut geht, ich volle Lehrfreiheit und ein schönes Haus habe, mit Karola gut stehe und Jan sich zu einem schmucken klugen Oberprimaner (im klassischen Schulpforta) entwickelt hat. Manchmal träume ich noch englisch, das heisst in amerikanischen Slogans, aber nur den guten Tabak betreffend. Also lass von Dir hören, von Herzen Dein Ernst."[90] Der neugeknüpfte Kontakt zwischen den beiden alten Freunden sollte bis zum Tode Burschells nicht mehr abreißen.

*Die Karte Blochs an Burschell vom 30. August 1954*

Nachdem die erste Euphorie der Heimkehr verflogen war, erlebte Burschell die bittere Enttäuschung, daß er nach den langen Jahren des Exils ein

---

[90] Karte Blochs an Burschell vom 30. August 1954. (Peter Brod, München)

Unbekannter geworden war. Nur die wenigsten Kulturredakteure der Zeitungen oder Zeitschriften kannten seinen Namen. Er mußte von vorne beginnen. „Der Wiederaufbau einer Existenz hierzulande ist doch viel schwieriger, als ich mir dachte"[91], klagte er Belzner. Die finanzielle Lage Burschells sah in den Jahren nach dem Krieg nicht besonders rosig aus. Bis zum Jahre 1933 hatte er schon durch das vom Vater ererbte Vermögen keine Sorgen. Nachdem er Deutschland den Rücken gekehrt hatte, war sein gesamter Besitz in Berlin konfisziert worden.

Nun war er gezwungen, seine Artikel und Hörfunkbeiträge breit zu streuen, um über die Runden zu kommen: Er publizierte im *Hamburger Echo* ebenso wie im *Münchner Merkur*. „In den letzten Jahren musste ich mich aus puren Existenzgründen allzu sehr an Kleinkram verzetteln"[92], schrieb er im Februar 1954 noch aus London an Rudolf Hirsch, demgegenüber er sich auch über seine Hoffnung auf eine Wiedergutmachung für das von den Nazis einbehaltene Vermögen äußerte:

„Mein Londoner Rechtsberater, der meine Entschädigungsansprüche vertritt, hat mir geraten, einen Antrag auf ein sogenanntes Wiederaufbaudarlehen zu stellen, das nur für Angehörige freier Berufe gilt und schnell erledigt werden kann. Der Anwalt, der gerade eine Besprechung mit dem für mich zuständigen Berliner Entschädigungsamt hatte, schreibt mir, dass den amtlichen deutschen Stellen sehr daran liegt, emigrierte Schriftsteller von Rang wieder nach Deutschland zu ziehen und ihnen mit einem Darlehen in 'ausreichender Höhe' den Aufbau einer Existenz in der alten Heimat zu ermöglichen."[93] Das Ansuchen hatte Erfolg und Burschell war Adenauer dankbar. Im Alter war aus dem revolutionären Jüngling ein CDU-Anhänger geworden.

Nach einigen Anfangsschwierigkeiten hatte sich Burschell auch im literarischen Geschäft wieder etabliert. Neben seiner Rundfunkarbeit lieferte er Beiträge für die *Neuen deutschen Blätter* und andere Zeitschriften. Für Rowohlt gab er Jean Pauls *Siebenkäs*[94] heraus. Vor allem aber wandte er sich nun wieder seinen Schillerstudien zu, die bis in die 30er Jahre zurückreichten. Damals hatte der Kiepenheuer-Verlag eine Schillerbio-

---

[91] Aus einem Brief Burschells an Belzner vom 11. August 1954. (Deutsches Literaturarchiv, Marbach a.N.)
[92] Aus einem Brief Burschells an Rudolf Hirsch vom 7. Februar 1954. (Archiv des S. Fischer-Verlages)
[93] Ebenda.
[94] Jean Paul: *Ehestand, Tod und Hochzeit des Armenadvokaten F. St. Siebenkäs im Reichsmarktflecken Kuhschnappel.* Mit einem Essay zum Verständnis des Werkes, einer Bibliographie u. Texterläuterungen von F.B., Hamburg (Rowohlt) 1957.

graphie Burschells angeregt. Einige Zeit hatte er bereits daran gearbeitet, zwei Kapitel daraus waren erschienen.[95] Während der langen Jahre der Emigration blieb die Arbeit dann liegen. 1958 erst erschien bei Rowohlt die Bildmonographie *Friedrich Schiller*.

# FRIEDRICH SCHILLER

IN

SELBSTZEUGNISSEN

UND

BILDDOKUMENTEN

—

DARGESTELLT

VON

FRIEDRICH BURSCHELL

ROWOHLT

Der engste Freund des letzten Lebensabschnitts war der Schriftsteller und Übersetzer Herbert Schlüter, den Burschell schon Ende der 20er Jahre in

---

[95] Friedrich Burschell: *Karl Eugen. Ein Führer zu Schillers Zeiten*, in: *Das Wort* 1 (1936), Heft 5, S. 51-57 und *In Tyrannos*, in: *Das Wort* 2 (1937), Heft 6, S. 30-43.

Berlin kennengelernt hatte. Schlüters Erzählung *Das späte Fest* (1927) hatte Burschell sehr gut gefallen und er bemühte sich um die Bekanntschaft des jungen Autoren, der wie er zu den freien Mitarbeitern des Rundfunksenders „Funk-Stunde" gehörte.

Im Jahr 1933 gab es einen natürlichen Bruch der keimenden Freundschaft. Erst nach Burschells Rückkehr kam es zu einer Wiederbegegnung, die Burschells Stieftochter, Ursula Lehrburger-Larsen, am Simssee in Oberbayern arrangierte. Man traf sich nun häufiger. Burschell las aus seinen Erzählungen und aus seinen im Entstehen befindlichen *Erinnerungen*. Ein kritisches Urteil erwartete er dabei nicht. Er wollte einfach vorlesen. Ohnehin war die Verständigung mit dem im Alter sehr schwerhörigen Burschell nicht einfach und oft mußte Fritta mit ihrer geschulten Stimme „übersetzen".

In Freundschaft war Burschell auch mit dem Essayisten Hans Egon Holthusen verbunden, der gegenüber in der Agnesstraße wohnte. Sie besuchten sich hin und wieder, man tauschte Bücher aus. Schon traditionell war das Zuprosten von Fenster zu Fenster in der Silvesternacht.

Von fern nahm der Schriftsteller Ernst Günther Bleisch, der noch heute in der Schwabinger Zentnerstraße wohnt, von Burschell Notiz. Er erinnert sich, ihn gelegentlich auf der Straße gesehen zu haben: „Es war ein großgewachsener, etwas untersetzter Mann, mit seltsamen kurzen Schritten. Er schien meist in Eile."[96]

Mit Hans Sahl hatte Burschell möglicherweise schon in Prag Freundschaft geschlossen. Sahl hatte in den Vereinigten Staaten eine neue Heimat gefunden, kam jedoch bisweilen nach Deutschland herüber und versäumte es dann nicht, seine Freunde in München zu besuchen. 1959 erschien sein Roman *Die Wenigen und die Vielen*, den er, mit folgender Widmung versehen, bei einem seiner Besuche überreichte:

„Für Friedrich und Fritta, den Wahlverwandten, die dafür sorgen, daß der Wein nicht ausgeht und die Teller gefüllt bleiben, wenn die Unbehausten bei ihnen zu Tische sitzen und die Nashörner umgehen und nichts mehr ist, woran man sich halten kann, es [sei] denn eben jene Gewißheit, daß es sie gibt und daß man immer wieder zu ihnen zurückkehren kann. – liebevoll von ihrem Hans Sahl."[97]

Nicht weniger hübsch ist ein kleines Gedicht, das Hans Sahl anläßlich von Burschells 70. Geburtstag schrieb. Der nähere Zusammenhang ist nicht überliefert, aber er läßt sich doch erschließen:

---

[96] E.G. Bleisch am 30. Juli 1996 in einem Brief an den Herausgeber.
[97] Das Buch ist im Besitz von Sylvia Schweizer (Bad Homburg).

„Lieber Friedrich sei umschlungen,
Heut', an diesem Tag des Lords,
Siebzig Jahre sind verklungen,
Und wie stehst du da? In Shorts.

Furchtlos gingst du durch die Zeiten
Massenhaften Seelenmords,
Schreibend sagtest du's den Leuten,
jeder Zoll ein Mann des Worts.

Essayist und Menschheitslenker,
Meister des Gedankensports,
70 Jahre deutscher Denker,
Und wie stehst du da? In Shorts."[98]

Zum 70. Geburtstag standen auch ernstere Ehrungen an. Auf Vorschlag des P.E.N.-Vorsitzenden Erich Kästner erhielt Friedrich Burschell am 19. August 1959 das Verdienstkreuz 1. Klasse des Verdienstordens der Bundesrepublik Deutschland „für seine besonderen Verdienste um den deutsch-englischen Kulturaustausch sowie für seine Verdienste auf literarischem Gebiet durch Biographien und Übersetzungen." So verzeichnet es verdienstvoll die Ordenskanzlei des Bundespräsidialamtes.
Auch der bemerkenswerte Münchner TUKAN-Kreis, Sammelpunkt und Podium der Literaten, würdigte Burschell mit einer kleinen Feier.

Spärlich sind die Zeugnisse über Burschells Leben in diesen letzten Jahren. Durch Briefe und Karten sind Urlaubswochen in Kreuth am Tegernsee, in Bad Hofgastein, am Thumsee bei Bad Reichenhall und in Brixen belegt. Einen Sommermonat verbrachten Fritta und Friedrich jedes Jahr bei Gerty von Hofmannsthal auf Schloß Prielau in Zell am See. Ein Foto im Besitz der Nichte Sylvia Schweizer, das Burschell auf der Akropolis zeigt, dokumentiert eine Griechenlandreise.
Über Stimmungen und Pläne gibt noch am ehesten der Briefwechsel mit Emil Belzner Auskunft, der insgesamt fünfzehn Briefe und Karten Burschells und fünf Briefe Belzners umfaßt. Mit den Jahren nahm die Korrespondenz, die anfänglich eher geschäftlich begründet war, an Herzlichkeit und freundschaftlicher Übereinstimmung zu. Wenngleich Belzner zwölf Jahre jünger war, fühlten die beiden sich als Angehörige

---

[98] Hans Sahl: *Für Friedrich. Zum 9. August 1959.* (Peter Brod, München)

einer Generation, denen die Zeitläufte nur Stirnrunzeln und Achselzucken entlocken konnten. So schrieb Belzner am 25. Februar 1963 an Burschell: „Ja, wo findet man noch Freunde? Langsam stirbt eine Generation dahin – und die nächste bringt, so angestrengt ich auch ausschaue, nichts Rares. Am Besten: Jeder von uns schreibt noch zwei oder drei gute Bücher, in deren jedem Einzelnen ALLES enthalten ist. Ich bin für leichtes Gepäck und nicht für Intelligenz-Hamster-Folianten. Man kann die Welt zwingen, einen nicht so rasch zu vergessen... Im Übrigen sei es uns ein Trost, dass wir zu den vorläufig Unbemerkten gehören. Geradezu Ehrensache in einer so amorphen Zeit wie der unsern."[99]

Ob Burschell diesem Vorschlag Folge leistete, mag dahingestellt bleiben. Er saß schon bald an einer umfangreichen Schillerbiographie, die der Rowohlt-Verlag, vom großen Erfolg der 1963 bei Piper erschienenen Goethebiographie Richard Friedenthals angestachelt, bei ihm in Auftrag gab. Burschell konnte sich dabei auf seine frühen Vorarbeiten stützen. Der *Schiller* wuchs und wuchs und versprach wenigstens ein Foliant zu werden. „Bloch sehe ich öfter und arbeiten tu ich auch aber mässig"[100], schrieb Burschell im August 1966 an Belzner. Zwei Jahre später vollendete er das 580 Seiten umfassende Buch, das in der gewaltigen Auflagenhöhe von 25.000 Stück im Sommer 1968 erschien.

Der Absatz verlief ganz nach Wunsch. 10.000 Exemplare wurden in den ersten Monaten verkauft. Im Juni 1969 erschien eine Sonderauflage in Höhe von 30.000 Stück. Überaus kontrovers waren die Reaktionen der Kritiker. Emil Belzner lobte das Buch überschwenglich, nannte es „eines der besten monographischen Bücher seit langem" und urteilte: „Dieser 'SCHILLER' ist ein Wurf, ein Werk aus einem Guß, sowohl im Geistigen als auch in jener schwierigen Sphäre, die den erzählerischen Fluß des Biographisch-Monographischen umspannt."[101] In der entgegengesetzten Ecke des Kritikervokabulars bediente sich Herbert Singer im *Spiegel*. „Anekdoten aus heiler Welt" war sein lupenreiner Verriß betitelt: „Burschell bietet einen Schiller für deutsche Kleinbürger, einen Schiller für Bildleser", heißt es da und am Ende steht das Resümee: „Patentanten, Lehrbüchereien, Borromäus-

---

[99] Auszug aus einem Brief Burschells an Belzner vom 25. Februar 1963. (Deutsches Literaturarchiv, Marbach a.N.)
[100] Auszug aus einer Karte Burschells an Belzner vom 16. August 1966. (Deutsches Literaturarchiv, Marbach a.N.)
[101] Emil Belzner: *Burschells „Schiller"*, in: *Rhein-Neckar-Zeitung* vom 2. August 1968.

vereinen und Provinztheatern kann man den Wälzer angelegentlich empfehlen."[102]

„In beiden Fällen: extreme Stellungnahmen, die das Buch nicht treffen, auch nicht betreffen." bemerkt Barbara Bondy in der Süddeutschen Zeitung und fährt dann fort: „Friedrich Burschell, der fast 80jährige, schrieb eine liebenswürdige kenntnisreiche, sympathische Biographie; im geistesgeschichtlichen oder künstlerischen Sinne ist sie durchaus ohne Bedeutung, aber warum sollte man sie als einfühlsame Nacherzählung von Schillers Leben nicht freundlich begrüßen?"[103]

Burschell litt sehr unter der überwiegend negativen Aufnahme des Buches, das man bis heute in erster Linie mit seinem Namen verbindet. Balsam auf die Wunden strich ein Brief Ernst Blochs, der sich sehr freundlich über das späte Werk seines Freundes äußerte. Erhalten hat sich nur die Antwort Burschells:

„Mein lieber Ernst, ich kann Dir gar nicht sagen, wie sehr mich Dein Brief, Deine schöne Anerkennung meines Buchs mit dem endlich erreichten 'langen Atem' angerührt und beglückt hat. Dein Urteil bedeutet für mich unendlich viel mehr als die noch so günstigen Rezensionen mehr oder minder zuständiger Kritiker. Es soll mich stärken auf dem Weg, den ich, soweit möglich, noch zu gehen gedenke. Ich habe weiss Gott viel nachzuholen. Aber die schon vorliegenden Entwürfe zu neuen Büchern runden sich schon."[104]

Über diese Pläne äußerte sich Burschell ausführlicher in einem Interview, das ein Jahr später, am 16. Dezember 1969, in der Ludwigshafener *Rheinpfalz* abgedruckt wurde. Neben seinen Memoiren und der langverwahrten Essaysammlung über deutsche Klassiker (geplant als *Deutsche Porträts*) hatte der nunmehr Achtzigjährige ein Buch über Shakespeare und eine Betrachtung *Über das menschliche Glück* in Arbeit.[105]

Der nähere Anlaß dieses Zeitungsgesprächs war die Verleihung des Pfalzpreises für Literatur durch den Bezirksverband Pfalz, den Burschell am 12. Dezember 1969 in Neustadt entgegennahm. Die aus diesem Grunde

---

[102] Herbert Singer: *Anekdoten aus heiler Welt*, in: *Der Spiegel* 22 (1968), Nr. 45 vom 4. November 1968.
[103] Barbara Bondy: *Ein Schiller für Leser?*, in: *Süddeutsche Zeitung* vom 4. Januar 1969.
[104] Aus einem Brief Burschells an Bloch vom 5. Oktober 1968. (Jan Robert Bloch, Kiel)
[105] Klaus J. Hoffmann: *Auch mit 80 hat man noch Aufgaben: Friedrich Burschell*, in: *Die Rheinpfalz* vom 16. Dezember 1969.

unternommene Reise führte Burschell nach langen Jahren auch wieder nach Ludwigshafen. Von seiner Geburtsstadt hatte er sich eigentlich eine größere Ehrung erhofft. Die Fraktionsvorsitzenden des Stadtrates erteilten dem Gedanken an eine Ehrenbürgerschaft oder die Verleihung eines Ehrenringes allerdings eine Absage. Bei seinem Besuch im Rathaus empfing Burschell lediglich eine Jubiläumsmünze und einige Bücher aus Ludwigshafens älterer und neuerer Geschichte.[106]

Bereits im Sommer waren Fritta und Friedrich innerhalb von München in die Hanselmannstraße 6 umgezogen. Zu seinem 80. Geburtstag im August versammelte Burschell noch einmal seine Münchner Freunde zu einer kleinen Feier um sich. Aus Rom kam ein Glückwunsch von Hermann Kesten:
„Lieber Herr Burschell, zu Ihrem Geburtstag sende ich Ihnen meine besten und freundlichsten Wünsche. Uns eint, abgesehen vom Jahrhundert und vom Exil und von einer nunmehr schon vierzigjährigen Bekanntschaft, auch unsere Liebe zu Schiller, und ich gehöre zu den enthusiastischen Lesern Ihres Schiller und Ihres 'Schiller'."[107]
Es blieb nicht der einzige Gruß zu diesem Geburtstag, dem auch alle überregionalen Zeitungen wenigstens mit kleinen Artikeln Rechnung trugen.

Seinen 81. Geburtstag hat Burschell nicht mehr erlebt. Von seinen vielfältigen schriftstellerischen Vorhaben hat der Pfälzer, der Zeit seines Lebens gerne in Plänen und Genüssen schwelgte, nichts mehr verwirklichen können. Seine letzte kleine Arbeit waren die zu Beginn des Jahres 1970 abgefaßten *Erinnerungen an den jungen Ernst Bloch*[108], die erst posthum erschienen.
Am 19. April 1970 ist Friedrich Burschell einem wenige Tage zuvor erlittenen Schlaganfall erlegen.

---

[106] vs: *Friedrich Burschell kam nach Ludwigshafen: Besinnliches Wiedersehen mit seiner Heimatstadt*, in: *Die Rheinpfalz* vom 18. Dezember 1969.
[107] Aus einem Brief Hermann Kestens an Burschell vom 5. August 1969. (Monacensia-Literaturarchiv, München)
[108] Friedrich Burschell: *Erinnerungen an den jungen Ernst Bloch*, in: *Stimme der Pfalz* 21 (1970), Heft 3, S. 3f.

## *Zeittafel zu Leben und Werk von Friedrich Burschell*

| | |
|---|---|
| 1889 | Friedrich Burschell am 9. August als Sohn des Uhrmachermeisters Friedrich Ludwig Wilhelm Burschell (1857-1923) und seiner Frau Emma Friederike, geb. Nuzinger (1865-1953) in der Oggersheimer Straße in Ludwigshafen geboren. |
| 1890 | Geburt der Schwester Valerie († 1972). |
| 1895-1899 | Besuch der Volksschule in Ludwigshafen. |
| seit 1899 | Besuch des Humanistischen Gymnasiums in Ludwigshafen. |
| 1900 | Geburt des Bruders Richard († 1948). |
| 1907 | Häufige Theaterbesuche in Mannheim. Sommer: Im Rahmen eines deutsch-französischen Schulaustausches Ferienaufenthalt in Le Thillot. |
| 1908 | Abitur. Auf Einladung Herbert Eulenbergs Schauspielstudium an der Düsseldorfer Theaterakademie bei Louise Dumont. Im Rahmen der Ausbildung mehrere Auftritte in kleineren Rollen im Düsseldorfer Schauspielhaus. |
| 1909 | Essays in der Düsseldorfer Theaterzeitschrift *Masken*. Zum Sommersemester Beginn eines breitgefächerten geisteswissenschaftlichen Studiums in München. Burschell besucht u.a. mehrere Veranstaltungen von Artur Kutscher. Freundschaft mit Norbert von Hellingrath, durch den er Fühlung mit dem Georgekreis nimmt. Im Winter Wechsel nach Berlin. Seminare und Vorlesungen u.a. bei Heinrich Wölfflin, Georg Simmel und Adolf Lasson. Beginn der lebenslangen Freundschaft mit Ernst Bloch. Bekanntschaft mit Moritz Heimann und Oskar Loerke. |
| 1910 | Abermals verbringt Burschell den Sommer an der Münchner, den Winter an der Berliner Universität. In München belegt er Kurse bei Kutscher und Muncker. Er schließt sich an eine kunstgeschichtliche Exkursion Fritz Burgers nach Italien an. Anschließend verfaßt er einen Essay über eine Villa Palladios, der in der *Frankfurter Zeitung* erscheint. In Berlin u.a. Vorlesungen bei Wölfflin, Dessoir und Simmel. |

| 1911 | Studienwechsel nach Heidelberg. Durch den Kaffeehausliteraten Kurt Wildhagen kommt Burschell in Kontakt mit dem Verleger Richard Weissbach und den Heidelberger Expressionisten. An der Universität besucht er Veranstaltungen von Gundolf, von Waldberg, Windelband u.a. Er schreibt an einem Drama *Der Sterbende* und plant eine Promotion in Philosophie über *Der Mythos in Schellings Ästhetik*, die nicht zustande kommt. |
|---|---|
| 1912 | Freier Schriftsteller. Beginn der jahrelangen Zusammenarbeit mit der von Moritz Heimann redigierten *Neuen Rundschau*. Burschell veröffentlicht ein Gedicht in der *Schaubühne*. Affäre um Friedrich Sieburg. |
| 1913 | Burschell veröffentlicht einen Aufsatz *Ueber Johann Georg Hamann* in der Zeitschrift *Logos*. Gegen Ende des Jahres zieht er in das Haus Brückenstraße 1, in das ihm mehrere Freunde folgen, u.a. der Dichter Ernst Blass. |
| 1914 | Herausgegeben von Ernst Blass erscheint im Verlag von Richard Weissbach die Zeitschrift *Die Argonauten*, in der Burschell mehrere Artikel veröffentlicht. Auch in den *Weissen Blättern* werden seine Beiträge gedruckt.<br>Kriegsbeginn. Am 7. August meldet sich Burschell in Landau freiwillig zum 3. bayrischen Chevaulegersregiment. |
| 1915-17 | Kriegsgeschehnisse. Burschell wird an der Westfront eingesetzt. Stellungskämpfe. Beförderungen. Im Juli 1917 zur Luftschifferabteilung versetzt. Dezember 1917: Ortskommandant in Carvin. Gelegentlich veröffentlicht Burschell in der *Neuen Rundschau* und den *Weissen Blättern*. |
| 1918 | Im Frühjahr Urlaub in München. Mit. u.a. A. Wolfenstein und H. Bachmair Beteiligung am „Aktionsausschuß revolutionärer Künstler". Gegen Mitte des Jahres Bekanntschaft mit Rainer Maria Rilke, mit dem er häufiger verkehrt. Pläne einer Gesamtübersetzung der Werke von Charles-Louis Philippe im Insel-Verlag, die Rilke bei seinem Verleger Kippenberg unterstützt.<br>Am 10. Oktober neuerliche Einberufung. Anfang November wieder in München. Novemberrevolution. Burschell ist militärischer Adjutant Kurt Eisners. Vermutlich gegen Ende des Jahres Heirat mit Käthe Schiffer (geb. Lippmann), die eine Tochter mit in die Ehe bringt. Herausgeber der expressionistisch gestimmten Zeitschriften *Revolution* (Ende 1918) |

| 1919 | und *Neue Erde* (Anfang 1919). Nach dem Tode Eisners und der Ausrufung der Räterepublik im April Übersiedelung nach Seeshaupt am Starnberger See. Im Roland-Verlag erscheint *Die Einfalt des Herzens. Briefe an einen Künstler.* Der Essay *Vom Charakter und der Seele, ein Gespräch*, der bereits 1915 in den *Weißen Blättern* erschien, kommt im Dreiländerverlag heraus. Mitarbeit an Alfred Wolfensteins Jahrbüchern *Die Erhebung* (1919 und 1920). Bekanntschaft mit Hermann Kasack. |
|---|---|
| 1920 | Arbeit an einem Roman *Ariel*, der nie erscheint. In einem Brief an Rilke äußert Burschell den Wunsch, nach Italien auszuwandern. |
| 1921 | Für den Drei Masken-Verlag übersetzt Burschell den Roman *Monsieur le curé d'Ozeron* (*Der Pfarrherr von Ozeron*) von Francis Jammes. Erstmals erscheint ein Beitrag in *Der neue Merkur*. |
| 1922 | Übersetzungen der Romane *Marie Donadieu* und *Charles Blanchard* (mit W. Südel) von Charles Louis Philippe erscheinen im Insel-Verlag. |
| 1924 | Mai: Burschell übersiedelt allein nach Heidelberg, Frau und Stieftochter folgen später nach. |
| 1925 | Berlin. Beginn der Mitarbeit an der *Literarischen Welt*, dem *Berliner Tageblatt* und der *Vossischen Zeitung*. Gibt *Jean Paul. Werke in vier Bänden* bei der Deutschen Verlagsanstalt heraus. Mitgliedschaft in der von Rudolf Leonhard angeregten „Gruppe 1925", einer zwanglosen Vereinigung linksliberaler und kommunistischer Autoren, der u.a. J.R. Becher, E. Bloch, E. Blass, O. Loerke, H. Kasack und E. Weiß angehören. Mitgliedschaft im Schutzverband deutscher Schriftsteller (SDS). |
| 1926 | Vermutlich durch Vermittlung Kasacks, der im Sender „Berliner Funkstunde" die Reihe „Stunde der Lebenden" leitet, erste Auftritte im Rundfunk. Zahlreiche Zusammenkünfte (Lesungen und Diskussionen) der „Gruppe 1925". Mitgliedschaft im P.E.N.- Club. *Jean Paul. Die Entwicklung eines Dichters* erscheint bei der Deutschen Verlagsanstalt. Scheidung von Käthe Schiffer. |
| 1927 | Bei Jakob Hegner erscheint die Übersetzung des Bernanos-Romans *Sous le soleil de Satan* (*Die Sonne Satans*). Die „Gruppe 1925" löst sich auf. |

| | |
|---|---|
| 1929 | Burschell lernt seine spätere zweite Frau, die Schauspielerin Fritta Brod, kennen. Vermehrt Lesungen im Rundfunk. Als Hörspiel verfaßt er *Doctor Johann Fausts Leben und Höllenfahrt* (1931). |
| 1932 | Für den Gustav-Kiepenheuer-Verlag Übersetzung des Romans *Épaves* (*Treibgut*) von Julien Green. Beginnende Gleichschaltung des SDS-Hauptvorstandes. |
| 1933 | 10. März: als Reaktion auf zunehmende Schwierigkeiten Austritt aus dem SDS-Vorstand. Kurz darauf mit Fritta Brod Emigration nach Paris, im April weiter nach Spanien. Sie verbringen ein Jahr auf Mallorca und Ibiza. Burschells Bücher brennen Unter den Linden in Berlin. |
| 1934 | Juli: Ankunft in der Tschechoslowakei. Vier Jahre lebt Burschell in Prag, der Heimat seiner Lebensgefährtin. Ende des Jahres Beginn der intensiven Mitarbeit an der *Neuen Weltbühne*. |
| 1935 | Gründung des „Thomas Mann-Fonds" (seit 1937 Th. M.-Gesellschaft), einer Notgemeinschaft deutscher emigrierter Schriftsteller. Der Initiator Burschell amtiert als Sekretär. In dieser Angelegenheit Kontakte mit Thomas Mann. Zahlreiche Beiträge für verschiedenste Exilzeitschriften. |
| 1937 | Nach den Moskauer Schauprozessen gibt Burschell mit vielen Kollegen die Mitarbeit an der prosowjetischen *Neuen Weltbühne* und am *Wort* auf. |
| 1938 | Der *Deutsche Reichsanzeiger* vom 12. August meldet Burschells Ausbürgerung. Ein Jahrbuch der „Thomas Mann-Gesellschaft" ist in Arbeit. Ernst Polak hilft Burschell bei der Redaktion. Teilnahme am P.E.N.-Kongreß in Prag.<br>Nach dem Münchner Abkommen wird die Lage der Prager Emigranten bedenklich. Der englische P.E.N.- Club erkämpft der „Thomas Mann-Gesellschaft" schließlich 100 Visa. Die bedrohten Schriftsteller werden mit Sonderflugzeugen nach England gebracht. Am 9. Dezember treffen Fritta Brod und Friedrich Burschell in London ein. |
| 1939 | Bis 1954 Wohnung in Oxford. Weiterhin Arbeit in der „Thomas-Mann-Gesellschaft", die als „Th. M.-Gruppe" weiterexistiert.<br>31. Dezember: Burschell und Fritta Brod heiraten. |

| | |
|---|---|
| 1940 | 24. Juni - 31. Oktober Internierung im Hutchinson Camp auf der Isle of Man. Auf Vorschlag Rudolf Oldens hin Sekretär der deutschen Sektion des internationalen P.E.N. in London. Präsident ist Alfred Kerr. |
| 1941 | Richard Friedenthal wird zweiter Sekretär des P.E.N. und trägt bald die Hauptlast der Arbeit. Burschell liefert Beiträge für die Londoner deutschsprachige *Zeitung*. |
| 1943 | Am 10. April Beginn der Tätigkeit beim deutschen Sender der BBC. Der literarische „Club 1943" wird gegründet, ein Podium der Exilschriftsteller. In dem von H.J. Rehfisch herausgegebenen Sammelband *In Tyrannos* erscheint der Aufsatz *Boerne and Heine in exile*. |
| 1945 | Nach Kriegsende erste Besuche in Deutschland, u.a. bei Hermann Kasack und Karl Jaspers. |
| 1947 | P.E.N.-Kongreß in Zürich. Im Auftrage des deutschen Exil-P.E.N. beantragt Burschell die Wiedereinrichtung eines P.E.N.-Zentrums auf deutschem Boden. Burschell arbeitet zunehmend für süddeutsche Rundfunkanstalten, berichtet dort über England und liest aus eigenen Werken. Neue Kontakte mit der *Neuen Rundschau*. |
| 1949 | Februar: die Tätigkeit bei der BBC endet. Fruchtlose Bemühungen um eine Stelle bei der Unesco in Deutschland. |
| 1951 | Burschell ist als Leiter der Sendestelle Heidelberg-Mannheim-Karlsruhe des SDR im Gespräch. |
| 1953 | Für den Suhrkamp-Verlag Übersetzung von Henry Greens Roman *Concluding* (*Dämmerung*). |
| 1954 | Endgültige Übersiedelung nach München. Für den Suhrkamp-Verlag Übersetzung von Henry Greens *Doting* (*Schwärmerei*). In den folgenden Jahren unterschiedlichste Beiträge in mehreren deutschen Zeitungen. Ein Briefwechsel mit Emil Belzner beginnt, der erst mit dem Tode Burschells endet. In München u.a. Freundschaft mit Herbert Schlüter und Hans Egon Holthusen. Alljährliche Sommeraufenthalte bei Gerty von Hofmannsthal, der Witwe Hugo von Hofmannsthals, mit der sich Fritta in Oxford angefreundet hat. |

| | |
|---|---|
| 1957 | Gibt Jean Pauls *Siebenkäs* in der Reihe Rowohlts Klassiker heraus. |
| 1958 | In der Reihe Rowohlts Bildmonographien erscheint Burschells *Schiller*, der bis zum Jahre 1996 eine Auflage von 200.000 Stück erreicht. |
| 1960 | Für den Fischer-Verlag gibt Burschell eine Taschenbuchauswahl der *Briefe und Tagebücher* von Byron heraus. |
| 1964 | Übersetzung von Henry Greens Roman *Loving* (*Lieben*). Häufigere Begegnungen mit Ernst Bloch. |
| 1968 | Die große Schillerbiographie erscheint bei Rowohlt und erfährt widersprüchlichste Resonanz bei den Kritikern. |
| 1969 | Kurzer Briefwechsel mit Hermann Kesten. Zahlreiche Würdigungen zum 80. Geburtstag, darunter die Ehrengabe des Bezirksverbandes Pfalz.<br>Auf Vorschlag von Erich Kästner erhält Burschell das Verdienstkreuz 1. Klasse des Verdienstordens der Bundesrepublik Deutschland „für seine besonderen Verdienste um den deutsch-englischen Kulturaustausch sowie für seine Verdienste auf literarischem Gebiet durch Biographien und Übersetzungen." (Bundespräsidialamt) |
| 1970 | Am 19. April stirbt Friedrich Burschell in München. |

## *Abbildungsnachweis*

Archiv der Akademie der Künste (Berlin)  S. 155
Bayerisches Hauptstaatsarchiv, Kriegsarchiv (München)  40, 41, 42, 43, 44
Peter Brod (München)  S. 285
Castrum Peregrini (Amsterdam)  29
Deutsches Literaturarchiv Marbach a.N.  23, 24, außerdem S. 283 und
   hinterer Buchdeckel / Lesezeichen
Ernst-Bloch-Archiv (Ludwigshafen)  37
Kristin Harbers (Königstein i.Ts.)  7
Roland Krischke (Heidelberg)  25
Kunsthalle Bremen  36
Stadtarchiv Heidelberg  27, 32
Stadtarchiv Ludwigshafen  1, 4, 5, 6, 8, 9, 10, 11, 12, 13, 39, 46, außerdem
   S. 21 und vorderer Buchdeckel
Stadtarchiv München  17, 18, 35
Stadtmuseum München  45
Sylvia Schweizer (Bad Homburg)  2, 3, 33, 34, 38
Theatermuseum Düsseldorf  14, 15, 16 und S. 59
Universitätsarchiv Heidelberg  28, 30, 31, 47 und S. 88
Zentralbibliothek Zürich  S. 269


*Aus Büchern oder Zeitschriften entnommene Abbildungen*:

Robert Boehringer: Mein Bild von Stefan George, Band 2 (Tafelband),
   Düsseldorf und München 1967, S. 100.  20
Wolfgang Gottschalk (Hrsg.): Alt-Berlin. Historische Fotografien von Max
   Missmann, Leipzig und Weimar 1987, S. 67 und S. 77.  21, 22
Herbert Günther: Drehbühne der Zeit. Freundschaften, Begegnungen,
   Schicksale, Hamburg 1957, gegenüber S. 49.  19
Friesenheimer Stadtteilverein e.V. (Hg.): Aus dem Fotoalbum der Hilde
   Eicher, Ludwigshafen 1994.  39
Heidelberger Fremdenblatt vom 15. Juni 1961, S. 6.  26

*Personenregister*

Kursive Seitenzahlen verweisen auf die erläuternden Teile des Buches.
Autoren von Forschungsliteratur werden nur in besonderen Fällen berücksichtigt.

**Adenauer, Konrad** (1876-1967), 1949-1963 Bundeskanzler der BRD *286*
**Aischylos** (525/24-556/55), griechischer Tragiker 83, *227*
**Alice**, Jugendliebe Friedrich Burschells 124-128
**Alighieri, Dante** (1265-1321), italienischer Dichter 68, 97, 104, *233*
**Altenberg, Peter** (1859-1919), Schriftsteller und Bohemien *240*
**Andreas, Friedrich Carl** (1846-1930), Orientalist *240*
**Andreas-Salomé, Lou** (1861-1937), Schriftstellerin 182, 184, 185, *240*
**Andrian-Werburg, Leopold von** (1875-1951), Diplomat und Schriftsteller *222*
**Apuleius** (um125-um180), römischer Schriftsteller *241*
**Arco-Valley, Graf Anton** (1897-1945), Mörder Kurt Eisners *243*
**Aristoteles** (384-322), griechischer Philosoph *224*
**Aster, Ernst von** (1880-1948), Philosoph 188, *242*
**Auden, Wystan Hugh** (1907-1973), englischer Dichter *268*
**Auer, Erhard** (1874-1945), sozialdemokratischer Politiker 192, 193, *243*
**Auerbach, Erich** (1892-1957), Literarhistoriker 97, *233*
**Bab, Julius** (1880-1955), Schriftsteller und Theaterkritiker *277*
**Bach, Johann Sebastian** (1685-1750), Komponist 78, 130
**Bachmair, Heinrich** (1889-um1960), Schriftsteller, Verleger *294*
**Bakunin, Michail** (1814-1876), russischer Revolutionär, Schriftsteller und Politiker *221*

**Ball, Hugo** (1886-1927), Schriftsteller 209, *246*
**Balzac, Honoré de** (1799-1850), französischer Schriftsteller 62, 138
**Bassermann, Albert** (1867-1952), Schauspieler 72, *224*
**Baumgardt, David** (1890-1963), Philosoph *231, 232*
**Beethoven, Ludwig van** (1770-1827), Komponist 98, *238*
**Becher, Johannes R.** (1891-1958), Schriftsteller *259, 295*
**Becker, Walther** (1893-1984), Maler, Graphiker und Illustrator *231*
**Behmer, Marcus** (1879-1958), Zeichner und Radierer *220*
**Belzner, Emil** (1901-1979), Schriftsteller *8, 283, 284, 286, 289, 290, 297*
**Benjamin, Walter** (1892-1940), Literaturkritiker und Essayist 97, *233, 253*
**Beradt, Martin** (1881-1949), Schriftsteller 92, *231*
**Berend, Eduard** (1883-1973), Literarhistoriker *257*
**Bernanos, Georges** (1888-1948) französischer Schriftsteller *260, 295*
**Bernstein, Henry** (1876-1953), französischer Dramatiker 139, *237, 238*
**Bie, Oskar** (1864-1938), Kunst- und Musikschriftsteller, Herausgeber der *Neuen Rundschau* 78, *225, 226*
**Bierbaum, Otto Julius** (1865-1910), Schriftsteller *231*
**Bimann, Dominikus**, Lateinlehrer Friedrich Burschells in Ludwigshafen 39
**Bismarck, Otto Graf von** (1815-1898), Politiker 34, 42, 69, *227*
**Blanc, Louis** (1811-1882), französischer sozialistischer Politiker 209, *246*

**Blass, Ernst** (1890-1939), Dichter *7, 8, 10*, 91, 95-97, 100, 108, 110, 203, 204, 208, *227, 230-233, 257, 259, 294, 295*
**Blei, Franz** (1871-1942), Schriftsteller 212, *230, 247*
**Bleisch, Ernst Günther** (geb. 1914), Schriftsteller *288*
**Bloch, Ernst** (1885-1977), Philosoph *8-10, 12*, 76-78, 87, 93, 96-100, 117, 125, 209, *224, 226, 233, 234, 253-255, 257, 261, 266, 267, 270, 277, 285, 290-293, 295, 298*
**Bloch, Jan Robert** (geb.1937), Sohn von Karola und Ernst Bloch 9, *226, 266, 285, 291*
**Bloch, Karola**, geb. Piotrkowska, dritte Frau von Ernst Bloch 9, *226, 266, 285*
**Bloch-von Stritzky, Elsa von** (1883-1921), Bildhauerin, erste Frau von Ernst Bloch 98, 99, *253*
**Böll, Heinrich** (1917-1985), Schriftsteller *277*
**Bölsche, Wilhelm** (1861-1939), Schriftsteller *225, 240*
**Boerne, Ludwig** (1786-1837), Schriftsteller und Journalist *276, 297*
**Bondy, Barbara** *291*
**Borchardt, Rudolf** (1877-1945), Schriftsteller 97, *232, 233*
**Bräuer, Josef** (1882-1954), Oberkellner im Café Haeberlein in Heidelberg 81
**Brahm, Otto** (1856-1912), Literarhistoriker, Kritiker und Bühnenleiter 72, *224-226*
**Brecht, Bert** (1898-1956), Schriftsteller und Regisseur *261*
**Brentano, Clemens** (1778-1842), Dichter 68, *223*
**Brentano, Franz** (1838-1917), Philosoph *223*
**Brentano, Ludwig Josef (genannt Lujo) von** (1844-1931), Volkswirtschaftler 70, *223*
**Brod, Josef**, Vater Fritta Brods *260*
**Brod, Peter**, Neffe Friedrich Burschells *273-275, 281, 285, 289*

**Brod-Burschell, Fritta** (1896-1988), Schauspielerin, zweite Frau Friedrich Burschells *8, 10, 260, 262, 263, 265, 266, 271, 272, 275, 276, 280, 281, 284, 288, 289, 292, 296, 297*
**Bruckner, Anton** (1824-1896), österreichischer Komponist
**Bruno, Giordano** (1548-1600), italienischer Philosoph *224*
**Buber, Martin** (1878-1965), jüdischer Religionsphilosph 210, *224*
**Büchner, Georg** (1813-1837), Schriftsteller *217*
**Büchner, Ludwig** (1824-1899), Arzt und Philosoph 44, *217, 218*
**Buek, Otto** (1873-?), Übersetzer *227*
**Bunsen, Robert Wilhelm** (1811-1899), Chemiker *228*
**Burckhardt, Jacob** (1818-1897), Schweizer Kultur- und Kunsthistoriker *220*
**Burger, Fritz** (1877-1916), Kunsthistoriker 63-65, *221, 293*
**Burschell, Auguste Carolina**, geb. Wilhelm, Großmutter Friedrich Burschells *216*
**Burschell, Friederike**, geb. Nuzinger (1862-1953), Mutter Friedrich Burschells 19, 20, 22, 23, 26, 27, 30-33, 36, 41, 47, 48, 55, 61, 75, 80, 90, 93, 118, 120, 174, *216, 280, 284, 293*
**Burschell, Friedrich Wilhelm** (1857-1923), Uhrmachermeister, Vater Friedrich Burschells *11*, 19, 22-26, 30-35, 37, 38, 42-44, 47, 55, 61, 69, 87, 89, 90, 93, 118, 120, 174, *216, 286, 293*
**Burschell, Johann Friedrich**, Großvater Friedrich Burschells, einst Stadtuhrmacher von Speyer 30, 33-35, *216*
**Burschell, Richard** (1900-1948), Bruder Friedrich Burschells *216, 293*
**Burschell, William** (Wilhelm), Großonkel Friedrich Burschells 35
**Burton, Richard** (1821-1890) englischer Reisender und Übersetzer *220*
**Byron, Lord George Gordon Noel** (1788-1824), englischer Dichter *8, 283, 284, 298*

**Carco, Francis** (1886-1958), französischer Schriftsteller *234*
**Carossa, Hans** (1878-1956), Schriftsteller 184, *241*
**Casanova, Giacomo Girolamo, Chevalier de Seingalt** (1725-1798), italienischer Schriftsteller 110
**Cézanne, Paul** (1839-1906), französischer Maler *246*
**Chopin, Frédéric François** (1810-1849), polnischer Komponist 132
**Churchill, Winston** (1874-1965), 1940-1945 und 1951-1955 britischer Premierminister *272*
**Claudel, Paul** (1868-1955), französischer Schriftsteller *247*
**Claudius, Matthias** (1740-1815), Dichter 68
**Cohen, Hermann** (1842-1918), Philosoph 82, *226, 227, 242*
**Colleoni, Bartolomeo** (1400-1475), italienischer Söldnerführer 64
**Corvin, Michael**, eigentlich Leo Freund (1897-?), Schriftsteller *274, 275*
**Dalberg, Wolfgang Heribert Reichsfreiherr von** (1750-1806), 1778-1803 Intendant des Mannheimer Nationaltheaters 54, *218, 219*
**Dauthendey, Max** (1867-1918), Schriftsteller *222*
**Dehmel, Richard** (1863-1920), Dichter 171, 172, *227, 239, 241*
**Derleth, Anna Maria** (1874-1955), Schwester L. Derleths 67, *223*
**Derleth, Ludwig** (1870-1948), Schriftsteller 67, *222, 223*
**De Sanctis, Francesco** (1817-1883), italienischer Literarhistoriker *217*
**Dessoir, Max** (1867-1947), Philosoph *293*
**Dickens, Charles** (1812-1870), englischer Schriftsteller 62
**Dilthey, Wilhelm** (1833-1911), Philosoph *225, 228, 229*
**Döblin, Alfred** (1878-1957), Schriftsteller *8, 257, 259*
**Dostojewskij, Fjodor Michailowitsch** (1821-1881), russischer Schriftsteller 62, *233, 234, 239, 241*

**Dreyer, Max** (1862-1946), Schriftsteller 58, *220*
**Dreyfus, Alfred** (1859-1935), französischer Artilleriehauptmann 139, *238*
**Dürr, Oskar**, Stadtkommandant in München 191, *243*
**Dumont, Louise** (1862-1932), Schauspielerin und Theaterleiterin 9, 56, 57, 60, *219, 293*
**Dyroff, Karl** (1862-1938), Orientalist *220*
**Ebler, Gretel**, um 1917 vermutlich Freundin Friedrich Burschells 174, 176, *239, 240*
**Edschmid, Kasimir**, eigentlich Eduard Schmid (1890-1966), Schriftsteller *260*
**Ehrenberg, Hans** (1883-1958), Philosoph *237, 277*
**Ehrhart, Franz Josef** (1853-1908), Tapeziermeister und Möbelhändler in Ludwigshafen, Politiker 42, 43, 78, *217*
**Eisner, Kurt** (1867-1919), Publizist und Politiker 188, 189, 191-194, 198, 200-205, 213, *236, 242-244, 248, 249, 294, 295*
**Elisabeth** (1837-1998), Kaiserin von Österreich 116, *237*
**Ernst, Paul,** (1866-1933), Schriftsteller 97, 110, 201-204, *230, 232, 244*
**Erzberger, Matthias** (1875-1921), Politiker 204, *244*
**Eulenberg, Hedda** (1876-1952), Übersetzerin 56, *219*
**Eulenberg, Herbert** (1876-1949), Schriftsteller 55-57, 60, 71, *219, 293*
**Fechenbach, Felix** (1894-1933), Schriftsteller und Politiker 193, 194, 198, 199, *244*
**Feist, Hans** (1887-1952), Übersetzer 183, *241*
**Feuchtwanger, Lion** (1884-1958), Schriftsteller *267*
**Feuerbach, Ludwig** (1804-1872), Philosoph 44, *217*
**Fichte, Johann Gottlieb** (1762-1814), Philosoph 209, *224*

**Fischer, Grete** (1893-1977), Schriftstellerin und Journalistin *276, 277*
**Fischer, Hugo** (1897-1975), Schriftsteller *276*
**Fischer, Kuno** (1824-1907), Philosoph *228*
**Fischer, Samuel** (1859-1934), Verleger *225, 226*
**Flaubert, Gustave** (1821-1880), französischer Schriftsteller *245*
**Fleischel, Egon**, Verleger *251*
**France, Anatole**, eigentlich Jacques Anatole Thibault (1844-1924), französischer Schriftsteller 101, *234*
**Frank, Bruno** (1887-1945), Schriftsteller *268*
**Frank, Leonhard** (1882-1961), Schriftsteller 209, *246*
**Franz Ferdinand**, Erzherzog (1863-1914), österreichischer Thronfolger 116, 117
**Franz Joseph I** (1830-1916), seit 1848 Kaiser von Österreich 110
**Freud, Sigmund** (1856-1939), Psychotherapeut und Schriftsteller *231, 240, 268*
**Friedenthal, Richard** (1896-1979), Schriftsteller *273, 276, 277, 290, 297*
**Friedmann, Hermann** (1873-1957), Schriftsteller *277, 278*
**Fromentin, Monsieur**, Kaufmann in Le Thillot 49, 52
**Fry, Christopher** (geb. 1907), englischer Dramatiker *241*
**Führmann**, Pensionswirt in München 104, 105
**Gallimard, Gaston** (1881-1975) französischer Verleger *251*
**Gandorfer, Ludwig** (1880-1918), Bauernführer und revolutionärer Politiker 193, *244*
**Gehrke, Martha Maria** (1894-1986), Schriftstellerin *239, 240*
**Geiger, Moritz** (1880-1937), Philosoph 188, *242*
**Geiger, Willi** (1878-1971), Maler und Graphiker 152-154, 172, *239*
**George, Stefan** (1868-1933), Dichter 66-68, 97, 103, 104, 107, 113, 180, *222, 224, 226, 230, 232, 235, 236, 241*
**Gerstäcker, Friedrich** (1816-1872), Schriftsteller 47, *218*
**Gide, André** (1869-1951), französischer Schriftsteller *234, 241, 247, 268*
**Giorgione**, auch Giorgio da Castelfranco oder Giorgio Barbarelli (1478-1510), italienischer Maler 64
**Girardi, Alexander** (1850-1918), österreichischer Schauspieler 58, *220*
**Giraudoux, Jean** (1882-1944), französischer Diplomat und Schriftsteller *241*
**Goebbels, Paul Joseph** (1897-1945), *228, 235*
**Goethe, Johann Wolfgang von** (1749-1832), Schriftsteller 57, 74, 82, 89, 95, 97, *227, 228, 231, 239, 241, 261, 263, 275, 278, 290*
**Gogol, Nikolaj** (1809-1852), russischer Schriftsteller 91, *227, 231, 241*
**Graf, Oskar Maria** (1894-1967), Schriftsteller *270*
**Greco, El**, eigentlich Domenikos Theotokopulos (1541-1614), griechischer Maler 153, 181
**Green, Henry** (1905-1973), englischer Schriftsteller *8, 282, 297, 298*
**Green, Julien** (geb. 1900), amerikanischer Schriftsteller französischer Sprache *260, 261, 268, 296*
**Greve, Felix Paul** (1879-1948), Schriftsteller und Übersetzer *220*
**Groß, Otto** (1877-1920), Essayist, Publizist und Psychopathologe *236*
**Grosz, George**, eigentlich G. Ehrenfried (1893-1959), Maler und Graphiker *261*
**Gulbransson, Olaf** (1873-1958), Maler und Illustrator *217*
**Gundolf, Elisabeth**, geb. Salomon (1893-1958) *277*
**Gundolf, Friedrich**, eigentlich F. Gundelfinger (1880-1931), Literarhistoriker 106, 107, *222, 228, 236, 294*
**Haas, Willy** (1891-1973), Schriftsteller und Literaturkritiker *257, 258*
**Hall, Nikolaus**, Volksschullehrer in Ludwigshafen 37

**Hamann, Johann Georg** (1730-1788), Philosoph 89, 208, *228, 229, 294*
**Hammerstein, von**, Rittmeister 137-139
**Hamsun, Knut**, eigentlich K. Pedersen (1859-1952), norwegischer Schriftsteller 167, *239*
**Hardenberg, Henriette**, eigentlich Margarete Franckenschwert, geb. Rosenberg (1894-1993) Dichterin *250*
**Harich, Walter** (1888-1931), Schriftsteller *257*
**Harnack, Adolf von** (1851-1930), Theologe 75, *225*
**Hartmann, Eduard** (1842-1906), Philosoph 87, *228, 229*
**Hasenclever, Walter** (1890-1940), Schriftsteller *245, 257*
**Hatzfeld, Adolf von** (1892-1957), Schriftsteller 210, *247*
**Hauptmann, Gerhart** (1862-1946), Schriftsteller 42, 54, 68, 72, 73, 171, 172, *219, 220, 224, 239, 240, 257*
**Hausenstein, Wilhelm** (1882-1957), Kunstgelehrter und Essayist *8*
**Heartfield, John** (1891-1968), Graphiker und Bühnenbildner *271*
**Hegel, Georg Wilhelm Friedrich** (1844-1924), Philosoph 74, 89, 131, *217, 224, 228, 234, 277*
**Hegner, Jakob** (1882-1962), Verleger und Übersetzer *260, 295*
**Heimann, Moritz** (1868-1925), Schriftsteller und Lektor *8, 78, 79, 226, 293, 294*
**Heine, Heinrich**, eigentlich Harry Heine (1797-1856), Dichter *240, 276, 297*
**Heine, Thomas Theodor** (1867-1948), Illustrator und Maler *217*
**Heinrich IV** (1553-1610), seit 1589 König von Frankreich *218*
**Hellingrath, Norbert von** (1888-1916), Literarhistoriker 66, *222, 235, 293*
**Herder, Johann Gottfried** (1744-1803), Schriftsteller, Theologe und Philosoph 89
**Herzfelde, Wieland**, eigentlich W. Herzfeld (1896-1988), Schriftsteller und Verleger *261, 270*

**Hesse, Hermann** (1877-1962), Schriftsteller *257*
**Heyer, Wolfgang** (1893-1917) *235*
**Heym, Georg** (1887-1912), Dichter 95, 96, *230, 232*
**Heymel, Alfred Walter** (1878-1914), Schriftsteller und Verleger 92, *230, 231*
**Hiller, Kurt** (1885-1972), Schriftsteller 95-97, *230, 232, 271, 272, 277*
**Hirsch, Rudolf** (geb. 1905), Cheflektor des Fischer-Verlages *282-284, 286*
**Hirschfeld, Georg** (1873-1942), Schriftsteller *226*
**Hoddis, Jacob van**, eigentlich Hans Davidsohn (1887-1942), Dichter *230, 232*
**Hölderlin, Carl**, Bruder Friedrich Hölderlins 93, *231*
**Hölderlin, Friedrich** (1770-1843), Dichter 66, 68, 80, 93, 131, *222, 231, 232, 267, 278,*
**Hoffmann, Ernst** (1880-1952), Philosoph *226*
**Hoffmann, Klaus J.**, Journalist *291*
**Hofmannsthal, Gertrud von** (1880-1959), *276, 289, 297*
**Hofmannsthal, Hugo von** (1874-1929), österreichischer Dichter 101, *220, 222, 233, 241, 276, 297*
**Hohoff, Curt** (geb. 1913), Schriftsteller und Literarhistoriker *9*
**Holthusen, Hans-Egon** (1913-1997), Schriftsteller *288, 297*
**Holz, Arno** (1863-1929), Schriftsteller *232*
**Homer** (8. Jh. v. Chr.), griechischer Dichter *241, 285*
**Horatius Flaccus, Quintus** (65-8 v.Chr.), römischer Lyriker 58
**Huelsenbeck, Richard** (1892-1974), Schriftsteller *261*
**Huettchen**, ein Herr *257*
**Hull, Cordell** (1871-1955), 1933-1944 amerikanischer Außenminister *271*
**Humboldt, Wilhelm von** (1767-1835), Schriftsteller und Philosoph 209

**Hume, David** (1711-1776), schottischer Diplomat, Historiker und Philosoph 87
**Humm, Rudolf Jakob** (1895-1977), Schweizer Schriftsteller *268-270*
**Husserl, Edmund** (1859-1938), Philosoph 89, *225, 242*
**Hutten, Ulrich von** (1488-1523), Humanist *276*
**Ibsen, Henrik** (1828-1906), norwegischer Dichter 42, 53, 54, 57, 58, 72, *220, 224*
**Iffland, August Wilhelm** (1759-1814), Schauspieler, Theaterkritiker, Dramatiker 54, *219*
**Ihering, Herbert** (1888-1977), Film- und Theaterkritiker, Dramaturg *261*
**Jacobs, Monty** (1875-1945), Schriftsteller *276, 277*
**Jacobsohn, Edith**, geb. Lippmann, Schwester von Käthe Schiffer-Burschell *249*
**Jacobsohn, Siegfried** (1881-1926), Publizist *249*
**Jaffé, Edgar** (1866-1921), Nationalökonom 105, 188, 191, *236, 243*
**Jaffé, Else**, geb. von Richthofen (1874-1973), Volkswirtschaftlerin 105, *236*
**Jahnn, Hans-Henny** (1894-1959), Schriftsteller und Orgelbauer *227*
**Jammes, Francis** (1868-1938) französischer Schriftsteller *253, 295*
**Jaspers, Karl** (1883-1969), Philosoph *281, 297*
**Jean Paul**, eigentlich Johann Paul Friedrich Richter (1763-1825), Schriftsteller *7-9*, 89, 209, *255-257, 286, 295, 298*
**Jünger, Ernst** (geb. 1895), Schriftsteller *235*
**Kästner, Erich** (1899-1974), Schriftsteller *278, 289, 298*
**Kafka, Franz** (1883-1924), Prager Schriftsteller *260*
**Kafka, Hermann** (1852-?) Kaufmann, Vater Franz Kafkas *260*
**Kainz, Josef** (1858-1910), österreichischer Schauspieler 54, *218*

**Kant, Immanuel** (1724-1804), Philosoph 87, 89, 163, 209, *224, 225, 227, 229, 252, 263*
**Kantorowicz, Ernst** (1895-1963), Historiker *222*
**Karl der Große** (747-814), seit 768 König der Franken, seit 800 römischer Kaiser 28
**Karl Eugen** (1728-1793), seit 1737 Herzog von Württemberg *287*
**Karl Theodor** (?-1909), Herzog in Bayern, (vgl. Anm. 114 auf Seite 238 und s. Ludwig Wilhelm) *238*
**Kasack, Hermann** (1896-1966) Schriftsteller *7, 9*, 210, *247, 257, 259, 281, 295, 297*
**Kassner, Rudolf** (1873-1959), Kulturphilosoph und Essayist 184, *241*
**Kerr, Alfred**, eigentlich A. Kempner (1867-1948), Schriftsteller und Literaturkritiker *276, 297*
**Kersten, Kurt** (1891-1962), Schriftsteller und Publizist *257*
**Kesten, Hermann** (1900-1996), Schriftsteller *292, 298*
**Key, Ellen** (1849-1926), schwedische Pädagogin und Schriftstellerin *242*
**Kiene, Paul**, Lehrer in Ludwigshafen 47, 48, 137
**Kierkegaard, Søren** (1813-1855), dänischer Theologe und Philosoph 129, 208
**Kiesewetter,** Baron von 82
**Kippenberg, Anton** (1874-1950), Verleger 184, *241, 242, 251, 252, 294*
**Klages, Ludwig** (1872-1956), Philosoph und Psychologe *222*
**Klee, Paul** (1879-1945), Maler und Graphiker *233*
**Klein**, Rittmeister 129-133, 137, 148
**Klein, Carl August** (1867-1952), Schriftsteller *222*
**Kleist, Heinrich** (1777-1811), Dichter *227*
**Klopstock, Friedrich Gottlieb** (1724-1803), Dichter 61, *220*
**König**, Konditor in Ludwigshafen 78
**Koeppen, Wolfgang** (1906-1996), Schriftsteller *8*

**Kokoschka, Oskar** (1886-1980), Maler, Graphiker und Dichter *268*
**Kommerell, Max** (1902-1944), Literarhistoriker und Schriftsteller *222, 256*
**Kornfeld, Paul** (1889-1942), Schriftsteller *260*
**Kossack**, Leutnant *134*
**Kotzebue, August von** (1761-1819), Dramatiker *219*
**Koz̕ák, Jan Blahoslav** (1888-1974), tschechischer Philosoph und Abgeordneter *268*
**Kracauer, Siegfried** (1889-1966), Publizist und Soziologe *224, 261*
**Kraus, Karl** (1874-1936), Schriftsteller *182, 183, 240*
**Kronfeld, Arthur** (1890-1941), Arzt, Psychiater und Dichter *232, 281*
**Kropotkin, Pjotr Aleksejewitsch** (1842-1921), russischer Revolutionär *221*
**Kutscher, Artur** (1878-1960), Literarhistoriker und Theaterwissenschaftler *65, 66, 221, 293*
**Landauer, Gustav** (1870-1919) Sozialistischer Erzähler, Kulturkritiker und Übersetzer *221*
**Landauer, Walter** (1902-1945), Lektor *267*
**Landshoff, Fritz** (geb. 1901), Verleger *267*
**Langen, Albert** (1869-1909), Verleger *217*
**Larbaud, Valery** (1881-1957), französischer Dichter *234*
**L´Arronge, Adolf**, eigentlich A. Aaron (1838-1908), Schriftsteller *220*
**Larsen, Egon**, eigentlich E. Lehrburger (geb. 1904), Schriftsteller *249, 275*
**Lask, Emil** (1875-1915), Philosoph *90, 230, 232*
**Lasker-Schüler, Else** (1869-1945), Dichterin *239, 240*
**Lasson, Adolf** (1832-1917), Philosoph *73-75, 224, 293*
**Laurencin, Marie** (1885-1956), französische Malerin *183, 241*

**Lavater, Johann Caspar** (1741-1801), philosophisch-theologischer Schriftsteller *220*
**Lawrence, David Herbert** (1885-1930), englischer Schriftsteller *105*
**Leblanc, Etienne**, französischer Austauschschüler *48*
**Leblanc, Madame**, französische Gastmutter Friedrich Burschells *48-50*
**Lehrburger-Larsen, Ursula**, geb. Lippmann, Stieftochter Friedrich Burschells *249, 254, 275, 288, 294, 295*
**Leibl, Wilhelm** (1844-1900), Maler *246***Leibniz, Gottfried Wilhelm** (1646-1716), Philosoph, Mathematiker *228*
**Lenin**, eigentlich Wladimir Iljitsch Uljanow (1870-1924), russischer Revolutionär und Politiker *212, 247*
**Lenz, Jakob Michael Reinhold** (1751-1792), Dramatiker *219*
**Leonhard, Rudolf** (1889-1953), Schriftsteller *257, 259, 295*
**Lessing, Gotthold Ephraim** (1729-1781), Dichter, Kritiker und Philosoph *57, 220, 228*
**Leviné, Eugen** (1883-1919), Revolutionär *248*
**Liebknecht, Karl** (1871-1919), Politiker *276*
**Liliencron, Detlef von**, eigentlich Friedrich Adolf Axel Freiherr von L. (1844-1909), Schriftsteller *239*
**Lindemann, Gustav** (1872-1960), Regisseur und Theaterleiter *219*
**Lipps, Theodor** (1851-1914), Philosoph *242*
**Locke, John** (1632-1704), englischer Philosoph, Psychologe und Pädagoge *87*
**Loerke, Oskar** (1884-1941), Dichter, Lektor des Fischer-Verlages *7, 8, 78, 208, 209, 226, 230, 245, 246, 257, 293, 295*
**Lotze, Rudolf Hermann** (1817-1881), Physiologe und Philosoph *87, 228*
**Lucheni**, Mörder von Kaiserin Elisabeth von Österreich *116, 237*

**Ludendorff, Erich** (1865-1937) preußischer General 187, *242*
**Ludwig I** (1786-1868), 1825-1848 König von Bayern *216*
**Ludwig II** (1845-1886), seit 1864 König von Bayern *216*
**Ludwig III** (1845-1921), 1913-1918 König von Bayern 70, 196, *223*
**Ludwig XIV** (1638-1715), 1643-1715 König von Frankreich *218*
**Ludwig, Elga** Gattin von Emil Ludwig 84
**Ludwig, Emil** (1881-1948), Schriftsteller und Biograph 83, *227*, *228*
**Ludwig Wilhelm** (1884-1968), Herzog in Bayern, Schwadronchef 148, 149, *238*
**Luitpold** (1821-1912), seit 1886 Prinzregent von Bayern 30, 43, *216*, *223*
**Lukács, Georg von** (1885-1971), ungarischer Literarhistoriker und Philosoph 101, 110, 111, *226*, *234*, *261*, *277*
**Luxemburg, Rosa** (1871-1919), sozialistische Politikerin *276*
**Mahler, Gustav** (1860-1911), österreichischer Komponist und Dirigent 99
**Mallarmé, Stéphane** (1842-1898), französischer Dichter *222*
**Mann**, Doktor 174-178
**Mann, Ewald**, Lehrer in Ludwigshafen 39
**Mann, Heinrich** (1871-1950), Schriftsteller 92, 192, *240*, *267*
**Mann, Klaus** (1906-1949), Schriftsteller 9, *266*, *267*
**Mann, Thomas** (1875-1955), Schriftsteller 65, 66, *219*, *222*, *226*, *257*, *267*, *268*, *271*, *278*, *282*, *285*, *296*
**Mannheim, Karl** (1893-1947), Soziologe *224*
**Marc, Franz** (1880-1916), Maler 68
**Marx, Karl** (1818-1883), Philosoph und Nationalökonom *234*
**Matisse, Henri** (1869-1954), französischer Maler und Graphiker *241*
**Matthias, Carl Ernst**, Schriftsteller *245*
**Matthias, Lisa** *261*

**Max**, Prinz von Baden (1867-1929), badischer Thronfolger, Politiker *242*
**May, Karl** (1842-1912), Schriftsteller 76
**Mehring, Walter** (1896-1981), Schriftsteller *257*
**Meinecke, Friedrich** (1862-1954), Historiker und Geschichtsphilosoph 89, *229*
**Mendelssohn, Peter de** (1908-1982), Schriftsteller *268*, *277*
**Michelangelo Buonarroti** (1475-1564), italienischer Bildhauer, Maler, Baumeister und Dichter 74
**Moleschott, Jacob** (1822-1893), niederländ. Physiologe und Philosoph 44, *217*
**More (Morus), Thomas** (1478-1535), englischer Politiker, Humanist und Philosoph 209
**Moser, Karl Friedrich von** (1723-1798), Beamter und politischer Schriftsteller *229*
**Mozart, Wolfgang Amadeus** (1756-1791), österreichischer Komponist 54
**Mühsam, Erich** (1878-1934), sozialistischer Politiker und Schriftsteller *11*, 66, 190, 195, *221*, *243*, *261*
**Münchhausen, Börries von** (1874-1945), Schriftsteller 132, *237*
**Muncker, Franz** (1855-1926), Literarhistoriker 61, 62, *220*, *293*
**Musil, Robert** (1880-1942), österreichischer Schriftsteller 97, *233*, *257*
**Napoleon I** (1769-1821), 1804-1814 Kaiser der Franzosen *227*, *284*
**Natorp, Paul** (1854-1924), Philosoph *227*
**Naumann, Friedrich** (1860-1919), Politiker 70, *223*, *230*
**Nerval, Gérard de**, eigentlich G. Labrunie (1808-1855), französischer Dichter *245*
**Nestroy, Johann** (1801-1862), österreichischer Schauspieler und Bühnendichter *220*, *240*
**Niebergall, Ernst Elias** (1815-1843), Dialektdichter 99, *233*

**Nietzsche, Friedrich** (1844-1900), Philosoph 87, 131, 184, *239, 240, 247*
**Noeggerath, Hans-Joachim**, Philologe *264*
**Nuzinger, Bertha**, Tante Friedrich Burschells 20
**Olden, Rudolf** (1885-1940), Schriftsteller *271-274, 276, 297*
**Otto I** (1848-1916), 1886-1913 König von Bayern *216, 223*
**Ould, Hermon** (1885-1951), englischer Übersetzer *273, 274, 276*
**Palladio, Andrea**, eigentlich A. di Pietro della Gondola (1508-1580), italienischer Baumeister 65, *221, 293*
**Pasternak, Boris Leonidowitsch** (1890-1960), russischer Schriftsteller 82, *227*
**Petöfi, Sándor** (1823-1849), ungarischer Dichter *227*
**Petrarca, Francesco** (1304-1374), italienischer Dichter 97, *233*
**Peufailli**, Monsieur 138, 139
**Philippe, Charles-Louis** (1874-1909), französischer Schriftsteller 7, 101, 110, *234, 235, 251, 252, 294, 295*
**Philips, Carlo** (1868-1936) Schriftsteller 83-85, 116, *227*
**Picard, Jacob** (1883-1967), Schriftsteller *10*
**Picasso, Pablo** (1881-1973), spanischer Maler und Graphiker *245*
**Pindar** (um 518-nach 446), griechischer Dichter *232*
**Platon** (427-347), griechischer Philosoph *241*
**Pol, Heinz**, eigentlich H. Pollack (1901-1972), Schriftsteller *270*
**Polak, Ernst** (1886-1947), Kaffeehausliterat *270, 296*
**Proust, Marcel** (1871-1922), französischer Schriftsteller 99, 138
**Przygode, Wolf** (1895-1926), Essayist, Herausgeber der *Dichtung* *260*
**Purcell, Henry** (1659-1695), englischer Komponist *218*
**Puschkin, Alexander** (1799-1837), russischer Schriftsteller *241*

**Radbruch, Gustav** (1878-1949), Rechtsphilosoph, Strafrechtler und Politiker 212, *247*
**Raimund, Ferdinand**, eigentlich F. Raimann (1790-1836), Schauspieler und Dramatiker 58, *220*
**Rapp, Albert**, Schriftsteller *245*
**Rathenau, Walther** (1867-1922), Industrieller, Schriftsteller und Politiker 190, *243*
**Rech, Eugen**, Griechischlehrer in Ludwigshafen 40, *217*
**Reetz, Hans**, Publizist *285*
**Rehfisch, Hans José** (1891-1960), Dramatiker *12, 276, 277, 297*
**Reinhardt, Max**, eigentlich M. Goldmann (1873-1943), Regisseur 71, 73, *219, 224*
**Richthofen, Frieda von** (1879-1956), 105
**Rickert, Heinrich** (1863-1936), Philosoph 89, *228-230*
**Riehl, Alois** (1844-1924), Philosoph 74, *225*
**Rilke, Rainer Maria** (1875-1926), Dichter 7, *10*, 68, 101, 179-186, 189, 191, 205, 210, *227, 240-243, 245, 247, 250-253, 278, 294, 295*
**Rilke-Westhoff, Clara** (1878-1954), Bildhauerin, seit 1901 Gattin Rilkes *242, 243*
**Röntgen, Wilhelm Conrad** (1845-1923), Physiker 63
**Rössler, Carl**, eigentlich Franz Reßner (1864-1949), Schauspieler, Regisseur, Schriftsteller *260*
**Rolland, Romain** (1866-1944), französischer Schriftsteller 149, *238*
**Romains, Jules** (1885-1972), französischer Schriftsteller *234*
**Roth, Joseph** (1894-1939), österreichischer Schriftsteller *257*
**Ruélius, Ferdinand**, Spielwarenhändler in Ludwigshafen 23, 25, 26
**Sack, Gustav** (1885-1916), Schriftsteller 210, *247*
**Sahl, Hans** (1902-1993), Schriftsteller *9, 10, 270, 288, 289*

**Salin, Edgar** (1892-1974), Nationalökonom und Schriftsteller 222, *235, 236*
**Sanctis, Francesco de** (1817-1883), italienischer Literarhistoriker *217*
**Sauer, Oscar** (1856-1918), Schauspieler 72, *224*
**Schäffer, Albrecht** (1885-1950), Schriftsteller 184, *241*
**Schaffgotsch, Xaver** (1890-1979), Übersetzer und Essayist *261*
**Schaukal, Richard von** (1874-1942), Schriftsteller *256*
**Scheer, Maximilian** (1896-1978), Schriftsteller und Übersetzer *235*
**Scheler, Max** (1874-1928), Philosoph *224*
**Schelling, Friedrich Wilhelm** (1775-1854), Philosoph 89, *224, 228, 237, 277, 294*
**Schickele, René** (1883-1940), Schriftsteller, Herausgeber der *Weissen Blätter 230*
**Schiffer, Käthe**, geb. Lippmann (1888-1939), erste Frau Friedrich Burschells *244, 249, 250, 254, 294, 295*
**Schiller, Friedrich von** (1759-1805), Dichter 8, 9, 54, 204, *218, 219, 228, 255, 286, 287, 290-292, 298*
**Schlüter, Herbert** (geb. 1906), Schriftsteller und Übersetzer *287, 288, 297*
**Schmidkunz, Walter** (1887-1961), Schriftsteller und Verleger 209, *246*
**Schneider, Reinhold** (1903-1958), Schriftsteller *241*
**Schnitzler, Arthur** (1862-1931) österreichischer Schriftsteller *224*
**Scholem, Gershom**, eigentlich Gerhard Scholem (1897-1982), jüdischer Religionswissenschaftler *253*
**Schonauer, Franz** (1920-1989), Essayist und Literaturkritiker *235*
**Schopenhauer, Arthur** (1788-1860), Philosoph *228*
**Schröder, Rudolf Alexander** (1878-1962), Schriftsteller und Übersetzer *231, 233*
**Schürer, Oscar** (1892-1949), Schriftsteller und Kunsthistoriker *245*

**Schütz, Wilhelm von** (1776-1847), Dramatiker, Kritiker, Historiker *228*
**Schumacher, Joachim** (1904-1984), Philosoph und Kunsthistoriker *267*
**Schwabach, Ernst E.** (1891-nach1933), Schriftsteller *230*
**Schwarzschild**, Fräulein 111
**Schweizer, Valerie**, geb. Burschell (1890-1972), Schwester Friedrich Burschells *216, 293*
**Schweizer, Sylvia**, Nichte Friedrich Burschells *236, 288, 289*
**Seewald, Richard** (1889-1976), Maler, Graphiker, Schriftsteller 210, *246*
**Shakespeare, William** (1564-1616), englischer Dramatiker, Schauspieler und Dichter 54, 57, 73, *224, 227, 236, 291*
**Shelley, Percy Bysshe** (1792-1822), englischer Dichter *245*
**Sieburg, Friedrich**, „M." (1893-1964), Schriftsteller und Publizist *10*, 103-115, *235, 236, 294*
**Silone, Ignazio**, eigentlich Secondo Tranquilli (1900-1978), italienischer Schriftsteller *268*
**Simmel, Georg** (1858-1918), Philosoph und Soziologe 73, 75, 77, 86, 89, *224, 225, 234, 293*
**Sinclair, Upton** (1878-1968), amerikanischer Schriftsteller *268*
**Singer, Herbert** (1923-1970), Literarhistoriker *290, 291*
**Sinsheimer, Hermann** (1883-1950), Publizist und Kritiker 122, *237*
**Soergel, Albert** (1880-1958), Literarhistoriker *9*
**Sombart, Werner** (1863-1941), Volkswirtschaftler und Soziologe *236*
**Sommerfeld, Martin** (1894-1939), Literarhistoriker 207, *245*
**Stärk, Franz Heinrich** (1887-1947), Literarhistoriker und Schriftsteller 110, 111
**Stalin, Jossif Wissarionowitsch**, eigentlich Dschugaschwili (1879-1953) 270
**Stanislawskij, Konstantin Sergejewitsch**, eigentlich K.S. Aleksejew

(1863-1938) russischer Schauspieler, Regisseur und Theaterleiter 71, *223*
**Sterne, Laurence** (1713-1768), englischer Schriftsteller *241*
**Sternfeld, Wilhelm** (1888-1973), Schriftsteller *278, 282*
**Stifter, Adalbert** (1805-1868), Schriftsteller und Maler *241*
**Stoecker, Adolf** (1835-1909), evangelischer Geistlicher und Politiker *223*
**Stoltze, Friedrich** (1816-1891), Schriftsteller 99, *233*
**Strauss, Richard** (1864-1949), Komponist 99
**Strich, Fritz** (1882-1963), Literarhistoriker 188, *242*
**Stumpf, Carl** (1848-1936), Philosoph, Psychologe und Musikforscher 74, *225*
**Südel, Wilhelm** (1872-1926) Schriftsteller und Übersetzer 101, *234, 251, 252, 295*
**Thode, Henry** (1857-1920), Kunsthistoriker *226*
**Thoma, Ludwig** (1867-1921), Schriftsteller 149
**Timmermans, Felix** (1886-1947), flämischer Schriftsteller *241*
**Tintoretto** (1518-1594), italienischer Maler 64
**Tizian**, eigentlich Tiziano Vecelli(o) (um1476-1576), italienischer Maler 64
**Toller, Ernst** (1893-1939), Schriftsteller und Revolutionär *257, 261*
**Tolstoj, Lew Nikolajewitsch** (1828-1910), russischer Schriftsteller 42, 82, 117, 182, 208, *234, 239, 240*
**Toscanini, Arturo** (1867-1957) italienischer Dirgent 72
**Trenker, Luis** (1892-1990), Bergsteiger und Filmschauspieler *246*
**Troeltsch, Ernst** (1865-1923), Theologe und Philosoph 89, *229, 232*
**Tschechow, Iwan Pawlowitsch** (1860-1904), russischer Schriftsteller *223*
**Tucholsky, Kurt** (1890-1935), Schriftsteller *249, 257, 261*

**Türk, Werner** (geb. 1901), Schriftsteller *270*
**Turgenjew, Iwan Sergejewitsch** (1818-1883), russischer Schriftsteller 82, *227*
**Ullmann, Regina** (1884-1961), Schriftstellerin 210, *247*
**Unger, Alfred H.** (geb. 1900), Schriftsteller *276*
**Unold, Max** (1885-1964), Maler und Graphiker 210, *246*
**Valéry, Paul** (1871-1945), französischer Schriftsteller *241*
**Varnhagen von Ense, Rahel** (1771-1833), Schriftstellerin *267*
**Verdi, Giuseppe** (1813-1901), italienischer Komponist 92
**Verlaine, Paul** (1844-1896), französischer Dichter *241, 245*
**Veronese, Paolo**, eigentlich Paolo Caliari (1528-1588), italienischer Maler 64
**Vico, Giambattista** (1668-1744), italienischer Schriftsteller und Philosoph *233*
**Viertel, Berthold** (1885-1953), Schriftsteller und Regisseur *240, 277*
**Vogel, Franz**, Hutmacher in Ludwigshafen 23, 78
**Vogt, Carl** (1817-1895), Arzt, Naturforscher und Politiker *217*
**Wagner, Richard** (1813-1883), Komponist 54, 98, *220, 227, 238*
**Waldberg, Max Freiherr von** (1858-1938), Literarhistoriker 86, *228, 294*
**Wallenstein, Albrecht**, Herzog von Friedland etc. (1583-1634), Feldherr im Dreißigjährigen Krieg 132
**Wandrey, Conrad** (1887-1944), Literarhistoriker *255, 256*
**Wassermann, Jakob** (1873-1934), Schriftsteller *226*
**Weber, Alfred** (1876-1963), Volkswirtschaftler und Soziologe *236*
**Weber, Max** (1864-1920), Volkswirtschaftler und Soziologe 89, 106, 189-191, *223, 226, 228-230, 234, 236, 243*
**Wedekind, Frank** (1864-1918), Schriftsteller 65, 66, *221, 230, 239, 240*

**Weiß, Ernst** (1882-1940), Schriftsteller *295*
**Weissbach, Emma** (1893-1967), Schwester des Verlegers 91
**Weissbach, Richard** (1882-1950), Verleger *10*, 91, 92, 95, *227, 230-233, 294*
**Wells, Herbert George** (1866-1946), englischer Schriftsteller *268, 272*
**Werfel, Franz** (1890-1945), Prager Schriftsteller 92, *240, 268*
**Whitman, Walt** (1819-1892), amerikanischer Dichter *239*
**Wilde, Oscar** (1854-1900), englischer Schriftsteller *241, 247*
**Wildhagen, Kurt** (1871-1949), Schriftsteller, Bohemien, Privatgelehrter *10*, 81-86, *226, 227, 294*
**Wildt, Ludwig Friedrich**, Konditor in Ludwigshafen 26, 27
**Wilhelm II** (1859-1918), 1888-1918 deutscher Kaiser 34, 43, 69, 70, 201, *227, 242*
**Wilson, Thomas Woodrow** (1856-1924), 1913-1921 amerikanischer Präsident 186, 189
**Winckelmann, Johann Joachim** (1717-1768), Archäologe und Kunstgelehrter *267*
**Windelband, Wilhelm** (1848-1915), Philosoph 86, 87, *228-230, 232, 277, 294*
**Wölfflin, Heinrich** (1864-1945), Schweizer Kunsthistoriker 63, 89, *220, 221, 242, 293*
**Wolfenstein, Alfred** (1888-1945), Schriftsteller *8*, 207, *245, 250, 251, 257, 259, 294, 295*
**Wolfskehl, Karl** (1869-1948), Schriftsteller 66-68, *222*
**Wolters, Friedrich** (1876-1930), Historiker *222*
**Woolf, Virginia** (1882-1941), englische Schriftstellerin *282*
**Zadek, Peter** (geb. 1926), Regisseur *275*
**Zarek, Otto** (1898-1958), Schriftsteller *277*

**Zuckmayer, Carl** (1896-1977), Schriftsteller *254*
**Zola, Émile** (1840-1902), französischer Schriftsteller 42, 152, *238*
**Zweig, Arnold** (1887-1968), Schriftsteller *267*